中文社会科学引文索引（CSSCI）2023—2024年来源集刊

# 中国国际法年刊

## 2022

## Chinese Yearbook of International Law

中国国际法学会　主办

法律出版社
LAW PRESS · CHINA
北京

**图书在版编目(CIP)数据**

中国国际法年刊. 2022 / 中国国际法学会主办. --
北京 : 法律出版社, 2023
ISBN 978 - 7 - 5197 - 8298 - 6

Ⅰ. ①中… Ⅱ. ①中… Ⅲ. ①国际法 - 2022 - 年刊
Ⅳ. ①D99 - 54

中国国家版本馆 CIP 数据核字(2023)第 172683 号

**中国国际法年刊(2022)**
**ZHONGGUO GUOJIFA NIANKAN(2022)**

中国国际法学会 主办

**责任编辑** 王 珊
**装帧设计** 李 瞻

**出版发行** 法律出版社
**编辑统筹** 学术 · 对外出版分社
**责任校对** 王 丰
**责任印制** 陶 松
**经 销** 新华书店

**开本** A5
**印张** 17.75 **字数** 449 千
**版本** 2023 年 9 月第 1 版
**印次** 2023 年 9 月第 1 次印刷
**印刷** 永清县金鑫印刷有限公司

地址:北京市丰台区莲花池西里 7 号(100073)
网址:www. lawpress. com. cn
投稿邮箱:info@ lawpress. com. cn
举报盗版邮箱:jbwq@ lawpress. com. cn
销售电话:010 - 83938349
客服电话:010 - 83938350
咨询电话:010 - 63939796


**书号**:ISBN 978 - 7 - 5197 - 8298 - 6
**定价**:98.00 元
凡购买本社图书,如有印装错误,我社负责退换。电话:010 - 83938349

# 《中国国际法年刊》编辑委员会名单

# 目　录

## 特　载



## 论　文

## 书　评



## 纪　念



## 机构综述

## 文件资料

# Contents

**· Book Review ·**



**· Memorial ·**



**· Institutions and Activities ·**

# 特　　载

# 坚持守正创新，推进国际法治

## ——在中国国际法学会2022年学术年会开幕式上的致辞

黄　进

2022年5月28日

尊敬的辽宁省高级人民法院郑青院长，
尊敬的辽宁大学党委书记周浩波教授，
尊敬的各位嘉宾、各位专家学者，
老师们、同学们、朋友们：

大家上午好！

今天，中国国际法学会2022年学术年会在线上举行，很高兴同大家在云端相聚。今年的年会由中国国际法学会和辽宁大学主办，辽大法学院承办，本来应该在沈阳线下举行，但因新冠疫情原因，改为线上举行。首先，我谨代表中国国际法学会对年会别开生面的顺利召开，表示热烈的祝贺！对出席年会的各位嘉宾、各位专家学者、各位老师同学、各位朋友，表示诚挚的欢迎和美好的祝愿！对长期以来关心支持中国国际法学会工作的辽宁省高级人民法院、主办今年年会的辽宁大学和承办今年年会的辽大法学院，表示衷心的感谢！

自去年海南年会以来，中国国际法学会在外交部的有力领导下，在外交部条法司的直接指导下，坚持以习近平新时代中国特色社会主义思想，特别是习近平法治思想为指导，团结依靠学会理事、常务理事和全体会员，不忘初心，砥砺奋进，加强国际法研究和运用，推进高素质国际法治人才培养，深度参与国家涉外法治建设，服务国家外交大局，积极促进全球治理体系变革与国际法治，发挥了积极而重要的作用。学会先后与世界久负盛名的学术团体国际法研究院(Institute of International Law，IDI)共同主办了主题为“国际法和全球治理：后疫情时代的多边主义”的线上国际学术对话会；与亚洲国际法律研究院在中国香港联合主办了主题为“‘后’疫情时代的国际贸易法发展”的“2021・国际法论坛”；与中国贸促会和武汉大学合作主办了主题为“坚持真正的多边主义与维护以国际法为基础的国际秩序”的第六届“东湖国际法律论坛”。尤其值得一提的是，经过国际法同仁们的持续呼吁和共同努力，国际法一级学科设置和国际法本科专业建设取得新进展，国家主管部门发文明确表示：支持能够开展学位授权自主审核工作的高校按程序设置国际法学相关一级学科，支持高校按程序设置涉外法治相关二级学科、交叉学科和专业，建设一批以国际法为特色的国家级一流法学专业建设点。此外，学会加强智库建设，咨政建言做出新贡献；学会秘书处、《中国国际法年刊》、《国际法学刊》、中英文网站和微信公众号运行正常；而且，学会经专家评估并报全国哲学社会科学工作领导小组批准，被确定为全国“优秀社科学术社团”，并获得国家社科基金给予的两年优秀社科学术社团奖励性资助。总之，过去的一年，是中国国际法事业不断发展的一年，也是见证中国国际法学界自强不息、追求卓越的一年。

当前，百年变局和世纪疫情交织，经济全球化遭遇逆流，俄乌冲突改变世界地缘政治，中美战略竞争博弈日趋激烈，世界进入新的动荡变革期。全球面临的不稳定性不确定性，国际关系和世界格局的剧烈动荡与深刻调整，对全球治理与国际法治提出了前所未有的挑战,给以联合国为核心的国际体系和以国际法为基础的国际秩序带来了巨大的冲击。在这样的时代背景下,人们不禁要问:国际社会还有规矩吗? 国际法还是法吗? 国际法还管用吗? 全球治理与国际法治该何去何从? 这些都是值得我们国际法学界关注、深思和研究的问题。

尽管世界正处于大变革大调整时期,但我们坚信,和平与发展仍然是时代的主题,各国人民对和平发展的期盼更加殷切,对公平正义的呼声更加强烈,对合作共赢的追求更加迫切。国际法是全球治理之重器,国际法治是全球治理体系和治理能力的重要依托。为此,我们把今年年会的主题确定为"以习近平法治思想为引领,迈向国际法研究和实践新征程"。在这个主题之下,我们还设置了20 个分议题展开研讨。借此机会,我就年会的学术研讨和今后学会的工作提出 5 个建议,与大家分享。

第一,服务国家大局。国家大局就是国家面临的根本性、决定性、方向性、战略性的整体局势,是国家最重要、最突出、最急需解决的重大问题,也是国家的长远、根本、核心利益之所在。当前,聚力战胜疫情、稳经济保民生、有效应对百年变局,就是国家的重中之重。我国国际法学人要坚持以习近平法治思想为指导,立足中国、放眼世界,站稳立场、高瞻远瞩,秉持家国情怀,不忘社会责任,求真务实,关心"国之大者",面向国家重大战略需求,面向国家涉外法治工作战略布局,面向统筹推进国内法治和涉外法治,加强国际法研究和运用,加强国际法治人才队伍建设,努力服务好国家深化对外开放、坚持和平发展、推动构建人类命运共同体的大局。

第二,聚焦百年变局。世界正经历的百年未有之大变局,给世界带来了天翻地覆的变化,有危机、有风险、有挑战。大变局就是大变法,要变既有之法,要变陈旧之法,要变过时之法,实际上是规则重定的博弈,是机制重置的博弈,是制度更新的博弈,意味着现行国际法规则的改变、现行国际机制的改变,甚至是现行国际体系和国际秩序的改变。所以,大变局也是大机遇。这为创新和完善国际法,提高新兴力量在全球治理规则制定中的地位,提供了机遇。无论是在传统国际法领域体制机制和规则制度的改革完善方面,还是在深海、极地、外空、气候变化、网络、人工智能、大数据等新疆域和新领域的国际规则制定方面,我国国际法学人应该聚焦百年变局,抓住机遇,展现智慧,有所作为,建设性参与和引领全球治理规则的制定,对不公正、不合理、不符合国际格局演变大势的国际规则、国际机制,提出改革方案,增强中国在国际法领域的话语权和影响力。

第三,坚持守正创新。创新是一个民族进步的灵魂,是一个国家兴旺发达的不竭源泉。创新也是引领国际法理论与实践发展的第一动力。我国国际法学界虽然在国际法研究和运用方面取得了很大的成绩,做出了许多贡献,但我们在国际法理念、思想、理论、规则和制度的创新方面乏善可陈,还缺少创造性的贡献。这就要求我国国际法学界要坚持解放思想、实事求是,与时俱进,建立形成"独立之精神、自由之思想"的学术文化,深耕细作,交流合作,破除壁垒,开放包容,让国际法领域的创新源泉充分涌流,不断推动国际法理论和实践创新。

第四,推进国际法治。国际法是国际法原则、规则和制度的总和,而国际法学是以国际法及其相关社会现象为研究对象的学问。因此,国际法学不仅要研究国际法原则、规则和制度本身,而且还要研究国际法的运行、运用、实施和实践,要更加关注和深度研究国际社会基于国际法原则、规则和制度开展全球治理的法治活动,包括国际立法、执法、司法、守法、用法的方方面面,也就是国际社会基于国际法的治理,或者说在国际法之下的法治。法治不仅是一个国家核心竞争力的重要内容,而且更是全球共识,是国际社会的最大公约数。在处理国际事务和参与全球治理过程中,我们要高扬国际法治大旗,拿起国际法武器,善用国际法话语体系,占据法治制高点;强化法治思维,运用法治方式,有效应对挑战、防范风险，综合利用国际立法、执法、司法等手段开展活动，坚决维护国家主权、安全和发展利益，推动全球治理朝着更加公正、更加合理、更加高效的方向变革，推动构建人类命运共同体。

第五，强化人才培养。我国加强涉外法治体系建设，加快涉外法治工作战略布局，积极参与全球治理体系变革和建设，急需一大批熟悉党和国家方针政策、了解我国国情、具有全球视野、熟练运用外语、通晓国际规则、精通国际谈判、善于处理国际法律事务的高素质国际法治人才或者说涉外法治人才。我国国际法学界是国际法治人才培养的主力军，要高度重视并全力以赴参与国际法治人才队伍建设，突破人才瓶颈，做好人才储备，为我国参与全球治理与国际法治提供有力的人才支撑。当前，除了要强化国际法学科专业建设外，还要注重建立健全国际法教研室、国际法系、国际法研究所、国际法学院、国际法治研究院、国际法期刊杂志、国际法网站和微信公众号等，有机整合资源，优化体制机制，为国际法治人才特别是青年国际法治人才健康成长、脱颖而出创造宽松适宜的环境和施展才能的广阔舞台。

各位同仁，老师们、同学们、朋友们！

百舸争流千帆竞，长风破浪正当时。当今世界，各国前途命运紧密相连。面对世界百年未有之大变局，中国始终坚持走和平发展道路，坚持真正的多边主义，坚持践行共商共建共享的全球治理观；坚定维护以联合国为核心的国际体系，坚定维护以国际法为基础的国际秩序，坚定维护以联合国宪章宗旨和原则为基础的国际法基本原则和国际关系基本准则，推动构建人类命运共同体。中国扩大高水平开放的决心不会变，中国开放的大门只会越开越大。这为我国国际法学人提供了一展抱负、挥洒热血、奉献才智、实现价值的广阔天地。我们当立足祖国、胸怀天下，踔厉奋发、笃行不怠，担当作为、勇毅前行。积极以专业所长服务国家大局、聚焦百年巨变、坚持守正创新、推进国际法治、强化人才培养，为实现中华民族伟大复兴，维护世界和平及安全，促进国际合作与发展，增进人权尊重和保障,推动构建人类命运共同体,做出自己应有的贡献。

最后,让我们携起手来,勠力同心推动中国国际法事业走向更加美好的未来！预祝今年年会取得圆满成功！谢谢大家!

# 论　　文

# 中国与国际海洋法

## ——从《万国公法》到《联合国海洋法公约》

贾　宇*

**摘要**:以《万国公法》为代表的国际法在晚清传入中国后,清廷官员曾尝试学习、运用其中的海洋法章节和内容,以为办理洋务交涉之手段。虽偶有成功案例,但不平等条约中的涉海条款亦无平等可言。民国时期,海洋法在中国有所发展,已经超出了《万国公法》的框架内容。此间,中国遭遇了有史以来的第一桩国际官司。中华人民共和国恢复在联合国的合法席位后,积极参加第三次联合国海洋法会议。团结带领发展中国家,推动变革片面有利于少数海洋大国的旧海洋法规则,为谈判制定新海洋法公约做出不懈努力,在《联合国海洋法公约》开放签署后继续为完善相关制度贡献中国方案。中国统筹推进国内法治和涉外法治,丰富了《联合国海洋法公约》的国家实践。中国对海洋争端强制解决程序的立场保守稳妥,通过参加国际性法庭的咨询意见案,谨慎地迈出了参与国际司法活动的步伐。

**关键词**:《万国公法》;《联合国海洋法公约》;中国实践;国际争端解决

---

* 法学博士,自然资源部海洋发展战略研究所研究员,自然资源部海洋发展战略研究所党委书记、副所长。

1648年缔结的《威斯特伐利亚条约》(Treaty of Westphalia)确认"国家不论领土大小、人口多寡,或是信仰新教或是旧教,地位均一律平等,这种国家平等的概念,被认为是奠定了近代国际法发展的基础"。[①] 在古老而遥远的东方,历史却是另一种写法。"以中国为核心的与亚洲全境密切联系存在的朝贡关系即朝贡贸易关系,是亚洲而且只有亚洲才具有的唯一的历史体系。"[②]在这种"中国中心主义和中国优越色彩"[③]独特的"易斯特伐利亚"(Eastphalia)体系中,"溥天之下,莫非王土;率土之滨,莫非王臣",[④]缺乏生发国际法的"土壤",更不会孕育海洋法规则。

1689年中俄《尼布楚条约》签订后,中国封建王朝统治者眼中的"天下"开始有了具体的地理轮廓。1820年《嘉庆重修大清一统志》所附《皇舆全图》的"盛清疆界:北到外兴安岭,西到帕米尔和后藏的阿里地区,东到库页岛,南到南海",表明"近代民族国家的标志性要素已在中国生成"[⑤]。清朝统治者"始知不披海图海志,不知宇宙之大,南北极上下之浑圆也"。[⑥]

然而,国际法并没有在当时的中国得到发展。直到"从海上涌进中国的势力已不可抗拒……在整个远东地区,西欧及美洲的主要海权国家按照他们的意志发展其势力"的19世纪,[⑦]"在中国始

---

① 丘宏达著,陈纯一修订:《现代国际法》(第三版),台北,三民书局2014年版,第29页。亦见刘达人、袁国钦:《国际法发达史》,中国方正出版社2007年版,第81页。

② [日]滨下武志:《近代中国的国际契机——朝贡贸易体系与近代亚洲贸易圈》,朱荫贵、欧阳菲译,中国社会科学出版社1999年版,第5页。

③ [美]费正清编:《中国的世界秩序:传统中国的对外关系》,杜继东译,中国社会科学出版社2010年版,第2页。

④ 程俊英、蒋见元:《诗经注析》(中册),中华书局2017年版,第689页。

⑤ 于逢春:《论中国疆域最终奠定的时空坐标》,载《中国边疆史地研究》2006年第1期,第4页。

⑥ 夏剑钦编:《中国近代思想家文库·魏源卷》,中国人民大学出版社2013年版,第451页。

⑦ [美]拉铁摩尔:《中国的亚洲内陆边疆》(第二版),唐晓峰译,江苏人民出版社2010年版,第5~6页。

终没有国际法的痕迹”[①]，当然，也没有海洋法。

## 一、《万国公法》：清末民初学习和运用的尝试

1864年8月，美国传教士丁韪良（William M. P. Martin）主持翻译亨利·惠顿（Henry Wheaton）的《国际法原理》（Elements of International Law），冠以《万国公法》之名，将包括海洋法在内的国际法系统地传入中国。“中国总理衙门现已将公法一书择要译出，凡遇交涉西洋之事，亦常征诸公法以立言，但事须行之以渐，目下断不能锱铢必合者。”[②]自此，海洋法开始在中国的流变与体认。

### （一）《万国公法》中的海洋法

《万国公法》第二卷“论诸国自然之权”中的很多章节是关于海洋法的内容，涉及和涵盖了海洋法的基本原理、主体架构、主要内容。包括“海乃万国共用，不能专属一国”的海洋共有物和远离海岸的茫茫“洋海”无人可私据之的公海自由思想；“炮弹所及之处，国权亦及焉”的大炮射程论；“沿海本国辖内”的海洋管辖权范围，沿海国对近岸海域、海湾、海峡、港口的管辖权；“疆内所有湖海江河皆为国土”的领土范围，包括“浮动领土”——“凡可行权之处皆是也”；“无论何故皆不能稽查”他国公船的公务船舶管辖豁免；“各国人民有专权捕鱼”的专属捕鱼权；通海河流、海峡等“无损过疆”的通行权；无人滩沙的归属，河流、界河及国际河流等的分界；“各国刑权所能及”的海盗普遍管辖权。其他有关章节还涉及了海上礼仪、和平解决争端、武装冲突、拿捕、封锁、中立、缔约等方面内容。此外，诸如主权、权利、捕鱼之权、争端等《万国公法》所“翻

① 邓正来编：《王铁崖文选》，中国政法大学出版社2003年版，第228页。

② （清）曾纪泽：《出使英法俄国日记》，岳麓书社1985年版，第225页。

译、定型成中文的名词,许多后来都得到了学界的认可",[①]对海洋法的发展有积极作用。

尽管"在中国人理想的世界秩序中,所有夷狄都受中华帝国的统治。只有中国才是文明的真正代表",但在现实世界中,"很多国际关系实际上并不承认中国的中心地位"。[②]《万国公法》的内容,与以"华夷"为基础的传统的中国中心主义世界秩序观念和正统的知识谱系有天壤之别。更为重要的是,《万国公法》在将西方国际法基本原则带入中国的同时,还将国际法以及法治的概念带了进来,[③]这对当时中国社会的发展具有一定的积极意义。

尽管《万国公法》中有较大篇幅是对国际法基本原理的释义和讲解,部分译文出现变异和失真,[④]一些用词也不甚准确,有的还很模糊,但就清廷的理解和接受度而言,即便属于海洋法的常识性内容,已殊为不易。1869 年丁韪良出任京师同文馆总教习后,还组织翻译了国际公法、英法法典、外交领事指南等方面书籍。[⑤]然而,中国学界并未就此展开对海洋法理论和实践的自主研究。虽有 1898 年创立于长沙的公法学会"研究国际法,特别是从国际法的角度研究中国缔结的条约",[⑥]但公法学会只存续较短时间,少见对海洋法的研究。直至清末,海洋法在中国学界基本处于译介的程度。

---

① 何勤华:《法律翻译在近代中国的第一次完整实践——以 1864 年〈万国公法〉的翻译为中心》,载《比较法研究》2014 年第 2 期,第 193 页。

② [美]魏斐德:《中华帝国的衰落》,梅静译,民主与建设出版社 2017 年版,第 110 页。

③ [美]惠顿:《万国公法》,[美]丁韪良译,中国政法大学出版社 2003 年版,"点校者前言",第 21 ~ 22 页。

④ 何勤华:《法律翻译在近代中国的第一次完整实践——以 1864 年〈万国公法〉的翻译为中心》,第 195 页。

⑤ [美]丁韪良:《花甲忆记》(修订译本),沈弘等译,学林出版社 2019 年版,第 290、314 页。

⑥ 王铁崖:《公法学会——中国第一个国际法学术团体》,载《中国国际法年刊》(1996 年卷),第 372 ~ 374 页。

## (二)清末民初运用海洋法的尝试

以《万国公法》为代表的国际法传入中国之际,“泰西诸国已环列虎视,通商传教,辄起衅端”。[①] 清廷的一些官员反思“洋人逞刁,皆由平素迁就过甚,故气焰逾骄,动行要挟”,[②]开始学习运用国际法,以图在应对列强、办理洋务中有理可依。日俄在中国领土上为争夺在华利益交战,清廷甚至颁布了“局外中立条规”,[③]虽然荒谬,但也是有清一朝罕见的包含了维护海洋权益因素的法律文件。对日本吞并琉球、染指朝鲜的侵略行径,詹事府少詹[④]何如璋“援公法据条约与争”。[⑤] 清廷官员曾引用包括海洋法在内的国际法,试图维护主权和海洋权益。民国之后,一些国家实践有助于海洋法在中国的发展。

1. 普丹拿捕事件的内水与公海之辩

《筹办夷务始末(同治朝)》(三)清楚记载了普鲁士驻京公使李福斯(Guido Von Rehfues)来京赴任途中,所乘兵舰“羚羊号”在天津大沽口拦江沙外扣留三艘丹麦商船事件的交涉处理。在处理“羚羊号”在中国“内洋”拿捕丹麦商船的交涉过程中,总理衙门适用国际法,批驳普方之举“系显夺中国之权”。特别援引《万国公法》第二卷第四章第六节相关内容,驳斥李福斯混淆“中国洋面”和“各国公共海洋”的狡辩,坚持大沽口拦江沙外“实系中国洋面,并非各国公共海洋”。针对李福斯所称“扣留该船系属按照欧罗巴所定军法”,总理衙门反驳“欧罗巴所定军法,则不能强中国以

① 温廷敬辑:《茶阳三家文钞　何如璋　林达泉　邱晋昕》(影印版),书林书局 2021 年版,第 9 页。

② 蔡钧:《外交辩难》,张晓川整理,上海古籍出版社 2020 年版,第 39 页。

③ (清)朱寿朋:《光绪朝东华录》(五),张静庐等点校,中华书局 1958 年版,第 159 ~ 161 页(总第 5145 ~ 5147 页)。

④ 詹事府是辅导太子的机构,少詹是詹事府的官员,载故宫博物院网站,https://www.dpm.org.cn/court/system/236420.html,最后访问时间:2022 年 12 月 14 日。

⑤ 温廷敬辑:《茶阳三家文钞　何如璋　林达泉　邱晋昕》,第 11 页。

必知”。最后,李福斯被迫承认“咎在”普方,释放所扣丹麦商船并做出赔偿。清政府运用国际法对外交涉取得成功。①

鸦片战争后,出于侵略和扩张的需要,西方列强将国际法有选择地适用于亚洲等地区。被西方列强排斥在所谓“文明国家”之外的中国,被迫签订了一系列不平等条约。② 据学者黄刚研究,清廷在“尚未完全了解国际法上的领海意义以前,即与英美法挪威等签订商约”。这些不平等条约“自始即侵夺了中国在领海主权方面的各项权利”。如同《中外旧约章汇编》③收录的从1689年到1949年中华人民共和国成立之前260余年计1182件条约、协定、章程、合同等约章所示,通过不平等条约,列强攫夺在中国内水的航行权、引水权和海关管辖权等多项主权性质的权利。旧约章中的涉海条款,无论在内容上还是在实质上,多是不平等的。一本《万国公法》、偶尔一次的交涉成功,无法改变清廷的倾颓,历史必定向前发展。

2. 中比改约之诉的进退两难

清廷覆亡后,中华民国政府通过参加相关国际会议、加入《斯匹茨卑尔根群岛条约》等有关海洋的重要国际条约,进一步学习、运用海洋法。然而,民国虽然成立,但旧中国积贫积弱、军阀混战,国力衰微,海洋法于维护国家主权和海洋权益的作用十分有限。中国共产党的创始人之一李大钊曾感叹,“吾华在世界国际法上之地位,变转迁流”“国之不竞,法于何有?”④其间,一些士人学者对国际法、海洋法,包括国际争端的解决多有研习。但即便细议讲求中外通商以来所立约章等之弊、疵、增、改,“专讲公法之学……庶

① 中华书局编辑部:《筹办夷务始末(同治朝)》(三),李书源整理,中华书局2008年版,第1144~1155页。

② 柳华文主编:《国际法研究导论》,中国社会科学出版社2021年版,第20~22页。

③ 王铁崖编:《中外旧约章汇编》(全三册),上海财经大学出版社2019年版。

④ 李大钊:《李大钊法学文集》,张小军点校,法律出版社2014年版,第70页。

为将来自强之本”[①]的公法学会延续下来,恐怕也是于事无补。第一起国际官司的应对是很好的说明。

1919 年巴黎和会上,中国第一次提出废除、修改强加于中国的诸多不平等条约的强烈要求,但列强虚与委蛇,支吾敷衍。[②] 1926 年,清廷与比利时签订的《通商条约》已满 60 年。[③] 中国政府照会比利时驻华公使,通知比政府终止旧约、谈判缔结新约。比利时坚持根据旧约,只有比方有权提出修改。虽然比利时同意谈判缔结新约,但新约生效前旧约依然有效。[④] 时任外长顾维钧坚持以 6 个月为期谈判缔结新约,此间可以“临时协定”名义仍按旧约行事。半年届满则“临时协定”即告终止。[⑤] 中比往来交涉之间,在英法等国的怂恿支持下,[⑥]比利时向海牙常设国际法院提起诉讼。关于是否到庭应诉有两种截然相反的意见。其一认为,虽然于理中国应该出庭应诉,并可援引“情势变迁”规则与比方较量,但常设国际法院由列强把持,中国出庭必败无疑。[⑦] 其二认为,虽无胜算,但应遵守相关国际公约,出庭应诉,以在国际法院陈述中国要求废除不平等条约的原委和苦衷,争取国际支持。[⑧] 几番辗转之下比利时撤诉,[⑨]中比签订新约。中国历史上第一起国际官司,没有真正开打,便草草收场。

清季中国是反映在不平等条约中的海洋法的受害者。随着西

---

① 端木正:《中国第一个国际法学术团体——“公法学会”》,载《中国国际法年刊》(1998 年卷),第 105 ~ 111 页。

② 张忠绂编著:《中华民国外交史》,华文出版社 2011 年版,第 248 ~ 278 页。

③ 王铁崖编:《中外旧约章汇编》(第一册),三联书店 1957 年版,第 230 ~ 237 页。

④ 唐启华:《被“废除不平等条约”遮蔽的北洋修约史(1912 – 1928)》,社会科学文献出版社 2010 年版,第 367 ~ 406 页。

⑤ 《顾维钧回忆录》(第一分册),中国社会科学院近代史研究所译,中华书局 2013 年版,第 338 ~ 343 页。

⑥ 李育民:《中国废约史》,中华书局 2005 年版,第 583 ~ 584、595 ~ 596 页。

⑦ 祝曙光:《法官外交家王宠惠》,福建教育出版社 2015 年版,第 118 ~ 125 页。

⑧ 金光耀:《以公理争强权　顾维钧传》,社会科学文献出版社 2022 年版,第 210 页。

⑨ 唐启华:《被“废除不平等条约”遮蔽的北洋修约史(1912 – 1928)》,第 399 页。

法东渐日深,中国开始被动地融入国际社会,继而成为海洋法的学习者和跟随者,并尝试利用国际法、海洋法,包括通过国际司法的手段维护国家主权和海洋权益。

## 二、《联合国海洋法公约》:中国的贡献

积百多年迅速发展之势,科学和技术已经成为左右人类命运、改变人类物质和精神生活的重要力量。① 到了20世纪,随着对海洋科研、勘探和开发能力的提高,大科学和高技术直接影响海洋秩序的构建和海洋法律制度的形成与完善。1958年日内瓦海洋法四公约②固然是编纂海洋法的重要进步,但也存有诸多缺憾,包括扩大领海宽度未尽人意,深海科技装备的不断进步而使大陆架的"容许开采的深度"标准可能变得不确定。③ 殖民地的纷纷独立,发展中国家迅速形成国际事务中的重要力量,既有海洋法律秩序和规范面临必要的调整和变革。适应国际海洋形势的发展和沿海国家对开发海洋资源、保护海洋环境、维护海洋权益等的需求,变更已经不合时宜的旧制度,制定新的海洋法公约,也是多数国家的共同需求。

"在世界形势发生了重大变化的情况下召开的"第三次联合国海洋法会议,④恰逢中华人民共和国恢复在联合国的合法席位,⑤

① 董光璧:《五百年来科学技术发展的回顾与展望》,载《自然科学史研究》第16卷第2期。

② 1958年在日内瓦召开的联合国第一次海洋法会议,通过了《领海和毗连区公约》《公海公约》《公海捕鱼和生物资源养护公约》及《大陆架公约》。其中,《大陆架公约》第1条规定:大陆架是指邻接海岸但在领海以外,深度达200米或超过此限度而上覆水域的深度容许开采其自然资源的海底区域的海床和底土。

③ 北京大学法律系国际法教研室编:《海洋法资料汇编》,人民出版社1974年版,第61页。

④ 《我国代表团出席联合国有关会议文件集　续集(1973)》,人民出版社1974年版,第59页。

⑤ 《联合国大会第二十六届会议　大会决议二七五八(二十六).恢复中华人民共和国在联合国的合法权利》,载联合国网站,https://www.un.org/zh/ga/26/res/ares2758.html,最后访问时间:2023年2月2日。

团结广大新独立发展中国家必不可少的引领力量适时到来。中国积极参加联合国第三次海洋法会议,带领广大发展中国家,反对海洋霸权主义,维护海洋主权和权益,对《联合国海洋法公约》(以下简称《公约》)条款的谈判、《公约》内容的达成、新海洋法律制度的构建做出了重要贡献。中国率先签署、批准《公约》,积极践行《公约》,丰富了运用包括海洋法在内的国际法发展海洋经济、建设海洋生态文明、维护海洋主权、安全和海洋权益、解决海洋争端的国家实践。

## (一)发挥对第三世界国家的引领作用

中华人民共和国政府恢复在联合国的合法席位后,从“海底委员会”会议①到第三次联合国海洋法会议,中国统筹自身主权、安全和海洋权益与沿海国、内陆国的利益和国际社会的共同利益,兼顾中国的立场主张与广大发展中国家的合理诉求,积极参与创制新海洋法公约实质事项的讨论和磋商。

1973 年 12 月 3 日,联合国第三次海洋法会议开启为期近十年的缔约谈判后,中国代表团积极参加各期会议,在有关海洋权利和海洋利用的诸多方面提出正当合法主张,宣示中国立场,批判美日侵犯中国领土台湾岛、钓鱼岛和掠夺中国的海洋资源,坚决维护中国领土主权和海洋权益。

通过与一些国家联合提交条款草案、共同提案和问题清单、在协商组和委员会提出非正式建议等多种方式,中国坚定支持“拉美国家带头兴起的坚持 200 海里海洋权的斗争”,②巩固正在形成和发展的对第三世界国家有利的国际关系的力量对比。包括“反映了大多数发展中国家的意见,可以成为第二小组委员会进行讨论

① 1967 年 12 月,第 22 届联合国大会通过的第 2340 号决议成立一个特设委员会,以研究国家管辖范围以外海床洋底的和平利用问题。1968 年 12 月的第 23 届联大决议,将特设委员会改为常设委员会,建立“联合国和平利用国家管辖范围以外海床洋底委员会”。

② 《我国代表团出席联合国有关会议文件集　续集(1973)》,第 17 页。

的良好基础”的亚非拉56国海洋法清单;[①]与阿尔及利亚等13个国家共同提出关于国家管辖范围以外海床洋底区域国际制度的共同提案(A/AC. 138/L. 11/REV. 1);[②]与巴西等15个国家共同提出关于从事海洋科学研究要求同意的条款草案;[③]27国代表团关于修改公约条款草案,增加外国军舰通过领海应事先得到批准或通知该国内容的共同提案(C. 2/Informal Meeting/58/Rev. 1)[④];等等。

在联合国这个最重要的国际舞台,“参加像第三次联合国海洋法会议这样规模宏大的多边造法会议,对我国代表团来说还是第一次。但是,作为一贯站在第三世界国家一边的具有十亿人口的社会主义国家,我国在海洋法主要问题上的原则立场对发展中国家却是个巨大的鼓舞”。[⑤] 这促进了传统海洋法制度的变革,为建立更加公平合理的国际海洋法律秩序做出了积极贡献。

### (二)深刻影响《公约》制度和内容的形成

中国统筹自身正当海洋权益和包括广大发展中国家在内的国际社会整体利益,通过各种层面的会议发言、提交国家立场文件、在协商组和委员会提出非正式建议等多种方式,积极全面参与谈判磋商,明确、充分阐述中国的立场,有的案文和意见一定程度上成为讨论的基础。

确定领海宽度是本次会议的重要目标之一。中国从领海权问题是必须妥善解决的重大原则问题的高度,就领海宽度问题阐述

---

① 《我国代表团出席联合国有关会议文件集(1972)》,人民出版社1972年版,第199页。

② 《我国代表团出席联合国有关会议文件集(1972)》,第224页。

③ 北京大学法律系国际法教研室编:《海洋法资料汇编》,第79页。

④ 《中国代表团出席联合国有关会议文件集(1982.1-6)》,世界知识出版社1983年版,第86~87页。

⑤ 董世忠:《我国在第三次联合国海洋法会议上的原则立场》,载赵理海主编:《当代海洋法的理论与实践》,法律出版社1987年版,第1页。

中国立场。不同于旧中国采用3海里领海宽度,1958年《领海声明》所建立的领海基本制度,已经确定了12海里的领海宽度,[①]代表了关于领海宽度这一海洋法重要问题的发展方向。在此基础上,中国在第三次联合国海洋法会议中坚持"规定领海权的范围是各个国家的主权",[②]沿海国有权根据自己的自然地理条件、国家安全和民族经济发展的需要,"合理地确定自己的领海"。[③] 第三次联合国海洋法会议最终确立了12海里的领海宽度。《公约》明确规定沿海国"有权确定其领海的宽度",直到不超过领海基线向海12海里的界限为止。《公约》的有关规定表明中国和第三世界国家主张的合理性。

中国坚持军事船舶通过一国领海应得到该国批准或提前通知该国。这一立场基本上延续自1958年《领海声明》。尽管措辞有所区别,但事先的明确同意或是许可或是批准,不包括通知。在签署《公约》40年中一直未曾发生根本改变,在1992年《中华人民共和国领海法及毗连区法》中有同样规定。[④]

中国的海洋地理条件并不具备天然优势,但中国支持拉丁美洲国家提出的200海里海洋权主张,并在海域性质、沿海国和其他国家的权利义务等重要问题上持续发声。中国坚持应将专属经济区与领海相区别,尽管"领海与专属经济区均在国家管辖范围以内,但二者是有不同的法律地位。领海是沿海国领土的一部分,沿海国行使其全部主权。而在专属经济区内,沿海国主要享有经济区内经济资源的所有权,包括生物的与海底自然资源的所有权"。[⑤] 这正是《公约》所创立的专属经济区的独特性质。

---

① 《中华人民共和国政府关于领海的声明》,载《人民日报》1958年9月5日,第1版。

② 北京大学法律系国际法教研室编:《海洋法资料汇编》,第17页。

③ 《我国代表团出席联合国有关会议文件集(1973)》,人民出版社1973年版,第61页。

④ 《中华人民共和国领海及毗连区法》第6条第2款:外国军用船舶进入中华人民共和国领海,须经中华人民共和国政府批准。

⑤ 董津义:《我国在第三次联合国海洋法会议上的原则立场》,第14页。

尽管专属经济区和大陆架在空间上有一定的重合性,中国支持将专属经济区与大陆架作为两种不同的制度,前者不能取代后者。中国对公约草案关于大陆架的定义多次提出修改意见,以使作为大陆架定义或概念的一般性规定,“包含一定的灵活性,以便普遍适用于世界各地具有不同情况和特点的大陆架”。[①] 主张沿海国根据自然延伸原则,享有构成其陆地领土全部自然延伸的大陆架及其底土的资源的权利。坚持自然延伸原则是确定沿海国大陆架的范围和大陆架划界的基础。关于海岸相邻或相向国家的大陆架划界,中国主张通过谈判协商,在公平原则的基础上,考虑一切有关情况进行。[②]

面向宽阔大洋的国家具有扩展大陆架的先天优势。有别于1958年《大陆架公约》的可开发标准,《公约》第76条第4~7款关于确定200海里外大陆架外部界限的“技术标准”杂糅了海洋地质学的内容,复杂晦涩。确信有自然延伸超过200海里之外的大陆架的沿海国,应在一定期限内将支撑其主张的信息资料,提交《公约》三大机构之一的大陆架界限委员会(以下简称委员会),由委员会审查后提出关于外部界限之所在的“建议”。沿海国在此“建议”基础上划定200海里外大陆架外部界限,此等界限具有确定性和拘束力。然而,这种信息资料的获取殊非易事且所费不赀,很多发展中国家能力不足,按时提交划界案力有不逮。为了解决这个困扰多国的问题,2007年,中国在《公约》第17次缔约国大会上提出了“挂号”的建议。[③] 在中国建议的基础上,缔约国大会通过了关于200海里外大陆架初步信息的决议:沿海国将关于200海里外大陆架外部界限的指示性资料、编制划界案的情况等内容的“初

① 《中国代表团出席联合国有关会议文件集(1982.1-6)》,第84~85页。

② 北京大学法律系国际法教研室编:《海洋法资料汇编》,第76页。

③ 参见《王宗来副司长在〈联合国海洋法公约〉第十七次缔约国大会上的发言》(2007年6月8日),载中华人民共和国常驻联合国代表团网站,https://www.un.china-mission.gov.cn/zgylhg/flyty/hyfsw/200706/t20070608_8356143.htm,最后访问时间:2023年2月2日。

步信息"提交联合国秘书长,即视同符合《公约》关于提交划界案期限的规定,但却无需即刻正式提交划界案。① 初步信息是推动《公约》大陆架制度具体实施的重要措施,中国方案为此做出了创造性贡献。

2009 年 5 月,根据《公约》有关规定及《公约》缔约国会议的有关决定,中国常驻联合国代表团向联合国秘书长提交了"中华人民共和国关于确定 200 海里以外大陆架外部界限的初步信息"。② 2012 年提交"中华人民共和国东海部分海域 200 海里以外大陆架外部界限划界案"。③ 鉴于日本划界案中关于"冲之鸟"礁的过度主张严重侵蚀国际海底区域,④违背"人类共同继承财产原则",引起国际社会对有关岛礁划定 200 海里外大陆架的权利基础问题的关注和讨论。⑤ 中国坚守国际道义,向联合国秘书长提交反对照会,⑥维护国际社会的共同利益。

---

① Decision regarding the workload of the Commission on the Limits of the Continental Shelf and the Ability of States, Particularly Developing States, to Fulfill the Requirements of Article 4 of Annex 2 to the United Nations Convention on the Law of the Sea, as well as the Decision Contained in SPLOS/72, para. (a), SPLOS/183, https://digitallibrary. un. org/record/630975 (Last visited February 2,2023).

② 《中华人民共和国关于确定二百海里以外大陆架外部界限的初步信息》,载联合国网站, https://www. un. org/Depts/los/clcs _ new/submissions _ files/preliminary/chn2009preliminaryinformation_chinese. pdf,最后访问时间:2023 年 2 月 2 日。

③ 《中华人民共和国东海部分海域二百海里以外大陆架外部界限划界案执行摘要》,载联合国网站, https://www. un. org/Depts/los/clcs _ new/submissions _ files/chn63 _ 12/excutive%20summary_CH. pdf,最后访问时间:2023 年 2 月 2 日。

④ Japan's Submission to the Commission on the Limits of the Continental Shelf pursuant to Article 76, Paragraph 8 of the United Nations Convention on the Law of the Sea Executive Summary, November 2008, http://www. un. org/Depts/los/clcs_new/submissions_files/jpn08/jpn_execsummary. pdf (Last visited February 2,2023).

⑤ Seabed Authority Organizes Briefing for Members and Observers Attending Its Fifteenth Session, June 2, 2009, https://rans3. s3. amazonaws. com/isa. org. jm/s3fs-public/files/documents/sb – 15 – 10. pdf (Last visited February 2,2023).

⑥ 《中国常驻联合国代表团就日本划界案向联合国秘书长提交的普通照会》(2009 年 2 月 6 日),载联合国网站,https://www. un. org/Depts/los/clcs_new/submissions_files/jpn08/chn_6feb09_c. pdf,最后访问时间:2023 年 2 月 2 日。

中国从“保护海洋环境,是关系到世界各国人民健康和经济发展的一件大事”的高度,坚持沿海国对邻接其领海的一定范围内的海域进行直接的管辖,以有效防止和控制海洋污染,保护人民健康、安全和经济发展;提出尊重沿海国权利、履行各国责任、建立国际管制三项有效防止和控制海洋污染的具体主张。会议期间,中国在会议发言中,多次谴责海洋大国将废弃物和有毒物质倾泻入海、污染越来越多的海域,破坏海洋生物资源,严重威胁各国人民健康和生命安全。① 虽有《公约》及其他相关国际立法,2023 年 8 月,日本悍然启动福岛核污染水排放入海计划。② 应该说,中国当时的立场具有前瞻性,更具有正确性。

关于海洋科学研究,中国认为“海洋科研同一切科学研究一样……都是直接间接为政治、经济和军事目的服务的……所谓‘纯科学’,实际上是不存在的”。③《关于海洋科学研究的工作文件》比较清楚地阐明了中国对有关问题的立场。④ 未经同意,任何外国不得在沿海国的领海进行任何研究。鉴于专属经济区内的海洋科学研究是为一定的政治、经济甚至军事目的服务的,可能构成对沿海国主权和安全的威胁。中国主张,进入沿海国的专属经济区进行海洋科学研究应征得沿海国的同意,遵守沿海国的有关规定。⑤ 中国的主要立场与后来通过的《公约》案文是基本一致的。

《公约》并未明确海洋科学研究的概念和范围,亦未对与此相关联的测量特别是军事测量等加以概念性限定和厘清。现实中,美国军事船舶从事海洋科学研究但却归于军事测量,属于航行自由而不是海洋科学研究,不需要事先征得沿海国同意,从而游离于

① 参见《我国代表团出席联合国有关会议文件集(1972)》,第 216 ~ 220 页。

② 《2023 年 2 月 1 日外交部发言人毛宁主持例行记者会》,载外交部网站,https://www.mfa.gov.cn/web/wjdt_674879/fyrbt_674889/202302/t20230201_11017878.shtml,最后访问时间:2023 年 2 月 6 日。

③ 北京大学法律系国际法教研室编:《海洋法资料汇编》,第 64 页。

④ 北京大学法律系国际法教研室编:《海洋法资料汇编》,第 78 页。

⑤ 北京大学法律系国际法教研室编:《海洋法资料汇编》,第 65 页。

《公约》规范之外，[①]或与“窃书不算偷”异曲同工。

《关于国际海域一般原则的工作文件》界定的“国际海域”范围，是“位于各国管辖海域范围以外的一切海域”。[②] 中国坚定支持建立国际海底制度，确保“区域”及其资源或是作为“人类共同继承财产”，或是由“各国人民所共有”，反对“任何在公约之外对国际海底开发另搞一套的行为”。[③]《公约》确定的“人类共同继承财产”，与中国最初提出的“共有”，在理念上是相通的，与美国等坚持以“公海自由”勘探开发海底资源的丛林法则有天壤之别。

为维护《公约》的普遍性、完整性和与时俱进，中国积极、全面、建设性地参加关于《公约》第十一部分执行协定、养护和管理跨界和高度洄游鱼类种群协定的谈判和磋商，深度参与作为《公约》第三份执行协定的国家管辖范围外区域海洋生物多样性养护和可持续利用问题（BBNJ）法律制度的制定，在海洋遗传资源及惠益分享、划区管理工具、公海保护区、环境影响评价、能力建设和技术转让等核心问题上发挥重要作用。在“区域”资源勘探开发制度的酝酿和制定过程中，中国把握节奏，循序渐进，对争议不下的矿区面积提出建设性意见，将富钴结壳勘探区面积从 2000 平方公里提高到 3000 平方公里，将开采区面积从 500 方公里提高到 1000 平方公里。[④] 中国的修改意见为国际海底管理局理事会所接受，推动了钴结壳规章的通过，为国际海洋治理体系的完善和发展做出了实质性贡献。

随着时间的推移，国际社会预判的“区域”资源从勘探到开发的

---

① 黄惠康：《中国特色大国外交与国际法》，法律出版社 2019 年版，第 228～230 页。

② 北京大学法律系国际法教研室编：《海洋法资料汇编》，第 81 页。

③ 沈韦良、许光建：《第三次联合国海洋法会议和海洋法公约》，载《中国国际法年刊》（1983 年卷），中国对外翻译出版公司 1983 年版，第 434 页。

④ 参见《中国出席国际海底管理局第 17 届会议副代表贾桂德副司长在理事会上的发言（关于富钴结壳规章草案）》，载中华人民共和国常驻国际海底管理局代表处网站，http://isa.china-mission.gov.cn/chn/hdxx/201109/t20110901_8200054.htm，最后访问时间：2023 年 2 月 2 日。

转变迄未到来,开发规章的制定却出现由快速推进到踌躇不前的倾向。立足"区域"资源开发的宗旨,中国主张开发规章应当以鼓励和促进"区域"内矿产资源开发为导向,同时切实保护海洋环境,合理平衡"区域"资源开发与海洋环境保护及海洋的可持续性和健康。

有关国家以谈判协商作为解决海洋争端主要途径和方法,符合《联合国宪章》的宗旨和目的。① 在《公约》谈判过程中,立足国家自愿原则的立场,中国反对有关海洋法庭强制管辖权的案文。要求一个主权国家无条件地接受一个国际司法机构的强制管辖,违反国家主权原则。② 任何强制解决争端的程序,只能在主权国家自愿原则的基础上才能适用。2006 年 8 月 25 日,中国依据《公约》第 298 条的规定,向联合国秘书长提交书面声明。"对于《联合国海洋法公约》第 298 条第 1 款(a)、(b)和(c)项所述的任何争端,中国政府不接受《公约》第十五部分第二节规定的任何国际司法或仲裁管辖。"③

《公约》的缔结及后《公约》时代多个专门执行协定、规章的不断跟进更新,反映了海洋政治力量对比的此消彼长,大科学和高技术对海洋法律秩序的影响与革新。中国坚守国际法治,站在历史正确的一边,在近十年的《公约》谈判和其后的执行协定、规章、软法文件等的制定中,兼顾自身利益和国际社会共同利益,坚定维护中国海洋主权、安全和海洋权益,支持发展中国家的合理诉求,深刻影响了国际海洋法的发展,为构建更加公平合理的海洋秩序和全球海洋治理,贡献了中国智慧和中国方案。作为陆海兼备的东方大国,中国也是《公约》所继承、重建、新建法律制度的受益者。

① 《中国代表团出席联合国有关会议文件集(1979.1-6)》,世界知识出版社 1979 年版,第 90~92 页。

② 《我国代表团出席联合国有关会议文件集(1976.1-6)》,人民出版社 1976 年版,第 93~94 页。

③ Declarations and Reservations, https://treaties.un.org/Pages/ViewDetailsIII.aspx?src=TREATY&mtdsg_no=XXI-6&chapter=21&Temp=mtdsg3&clang=_en#EndDec (Last visited February 2,2023).

1982年，当《公约》开放签署之时，中国率先在《公约》上签字。1996年5月，第八届全国人民代表大会第十九次会议批准《公约》。1996年7月，《公约》开始对中国生效。

## （三）丰富《公约》的国家实践

从1949年中华人民共和国成立到2021年，中国对外签订了27,000多项双多边国际条约，包括被誉为“海洋宪章”①的《公约》。中国缔结或参加的国际条约已经成为中国特色社会主义法律体系的组成部分。② 中国统筹推进国内法治和涉外法治，加强海洋立法，加快海洋法治建设，积极践行《公约》，切实履行条约义务，丰富了《公约》的国家实践。

1. 加快海洋法治建设

《公约》的签署和生效促进“海洋两法”制定。1992年《中华人民共和国领海及毗连区法》（以下简称《领海法》）和1998年《中华人民共和国专属经济区和大陆架法》（以下简称《专属经济区和大陆架法》），比较全面地“落实”了《公约》赋予沿海国的权利和义务。上述“海洋两法”与《公约》确立的海洋法律制度“接轨”，为维护中国领土主权和海洋权益、履行国际义务，提供了有力的国内法保障。《领海法》继承和延续了1958年《领海声明》的基本原则和内容，再次明确了包括群岛等岛礁滩沙在内的海洋地形地物的“领土构成”性质、确定领海的直线基线法和领海宽度、无害通过、紧追权的行使、包括安全在内的毗连区基本内涵。1996年和2012年，中国政府分两次宣布了大陆领海的部分基线、西沙群岛的领海基线③和钓鱼

① “A constitution for the Oceans” Remarks by Tommy T. B. Koh, of Singapore, President of the Third United Nations Conference on the Law of the Sea, https://www.un.org/depts/los/convention_agreements/texts/koh_english.pdf (Last visited February 2, 2023).

② 黄进：《百年大变局下的国际法与国际法治》，载《交大法学》2023年第1期，第11页。

③ 国家海洋局政策法规办公室编：《中华人民共和国海洋法规选编》（第四版），海洋出版社2012年版，第4～6页。

岛及其附属岛屿的领海基线。[①]《专属经济区和大陆架法》建立了中国的专属经济区制度和以陆地领土自然延伸为基础的大陆架制度,确立了对专属经济区自然资源和大陆架的主权权利、管辖权和专属权利,提出了按照公平原则协议划界基本主张。特别是该法第14条关于“本法的规定不影响中华人民共和国享有的历史性权利”的规定,对于维护中国在包括南海在内的周边海洋的历史性权利具有十分重要的意义。“海洋两法”基本覆盖了中国的管辖海域,大体上涵盖了《公约》赋予沿海国的各项权利以及中国政府的相关权利主张,发挥了“海洋基本法”的作用,丰富了全面践行《公约》的国家实践。

新时代海洋法治建设快速发展。2015年《中华人民共和国国家安全法》[②]第32条规定,坚持和平探索和利用国际海底区域和极地,增强安全进出、科学考察、开发利用的能力,加强国际合作,维护在国际海底区域和极地的活动、资产和其他利益的安全。2016年《中华人民共和国深海海底区域资源勘探开发法》[③]是第一部规范中国公民、法人或者其他组织在国家管辖范围外海域从事资源勘探、开发活动的法律,是中国参与深海海底区域资源勘探开发活动的重要准则,也是中国积极履行国际义务的重要体现。2021年《中华人民共和国海警法》[④]明确,《公约》中或与《公约》相关的登临、检查、拦截、紧追、毗连区的管制权等权力由海警机构行使。

---

① 《中华人民共和国政府关于钓鱼岛及其附属岛屿领海基线的声明》,载中国政府网,http://www.gov.cn/jrzg/2012-09/10/content_2221140.htm,最后访问时间:2023年2月6日。

② 《中华人民共和国国家安全法》,载中国政府网,http://www.gov.cn/npc/c10134/201507/5232f27b80084e1e869500b57ecc35d6.shtml,最后访问时间:2023年2月6日。

③ 《中华人民共和国深海海底区域资源勘探开发法》于2015年10月31日提请第十二届全国人大常委会第十七会议初次审议;2015年11月6日至12月5日公开征求意见;2016年2月26日第十二届全国人大常委会第十九次会议通过。

④ 《中华人民共和国海警法》(2021年1月22日),载中国人大网,http://www.npc.gov.cn/npc/c30834/202101/ec50f62e31a6434bb6682d435a906045.shtml,最后访问时间:2023年2月6日。

2. 协调海域划界和资源开发

中国与周边国家的海洋划界实践包括:一是谈判划定中越北部湾海洋边界,二是中韩海洋划界谈判。中越两国于2000年签署《关于两国在北部湾领海、专属经济区和大陆架的划界协定》(以下简称《北部湾划界协定》),[1]将北部湾海域"大体对半分"。中越北部湾划界是中国第一条公开划定的海上边界,为以后的海洋划界积累了经验。2015年中韩启动海域划界谈判以来,[2]实质性成效尚不明显。双方在划界原则、相关岛礁的划界效力、有关情况的具体内容以及生物资源的开发等方面还有较大分歧。位于东海北部中韩两国专属经济区和大陆架主张重叠区的苏岩礁,确乎中韩划界谈判中的一块"暗礁",但两国曾就苏岩礁不具领土地位达成共识。[3] 中国在一南一北两个海区通过谈判解决海域划界问题的努力,为本地区国家通过谈判解决海洋争端带来积极的示范效应。

根据《公约》第73、84条的规定,在争议解决前,中国提出"搁置争议、共同开发"的倡议。"有些国际上的领土争端,可以先不谈主权,先进行共同开发。这样的问题,要从尊重现实出发,找条新的路子来解决。"[4]围绕东海油气资源的开发问题,中日两国在十几轮磋商后,于2008年探索出"中日关于东海共同开发的谅解"和"关于日本法人依照中国法律参加春晓油气田开发的谅解"(以

---

① 《中华人民共和国和越南社会主义共和国关于两国在北部湾领海、专属经济区和大陆架的划界协定》,载联合国网站,http://www.un.org/Depts/los/LEGISLATION AND TREATIES/statefiles/VNM.htm,最后访问时间:2023年2月8日。

② 《中华人民共和国和大韩民国联合声明》,载外交部网站,https://www.mfa.gov.cn/web/ziliao_674904/1179_674909/201407/t20140704_9868411.shtml,最后访问时间:2023年2月6日。

③ 《外交部发言人就中国在苏岩礁问题上的立场等答问》,载中国政府网,http://www.gov.cn/govweb/xwfb/2012-03/12/content_2090108.htm,最后访问时间:2023年2月6日。

④ 《邓小平文选》(第三卷),人民出版社1993年版,第49页。

下简称“东海共识”)的“新路子”。[①] 作为中日两国政府的政治磋商文件,“东海共识”既不涉及各自既往的权利诉求,也不影响双方未来的海洋划界。除《北部湾划界协定》中包括的共同开发条款外,中国还同菲律宾、文莱等国进行共同开发的多种尝试,签订了共同开发文件。

谈判签订渔业协定,就渔业问题作出妥善安排,是顺应国际海洋法律秩序和海洋管理发展历史潮流之举。中国与韩日越分别达成的渔业协定的共同特点,是设置一些特殊的水域,如“暂定措施水域”“过渡水域”“中间水域”“共同渔区”“专属经济区水域”等,成立渔业联合委员会,[②]协商确定采取共同的养护和管理措施,保护海洋生物资源,规范和调整海上渔业秩序。

3. 谨慎参加国际司法活动

中国政府一贯主张,国家之间的任何争端,应当由各当事国在互相尊重主权和领土完整以及平等的基础上通过谈判协商解决,反对国际性法院或法庭的强制管辖权。2006 年中国关于排除第三方强制管辖的声明[③]表明:未经中国政府同意,与中国相关的海洋划界、军事活动、渔业和科研执法等重要领域的争端,都不得提交《公约》所规定的第三方强制解决程序(包括《公约》附件七仲裁),而只能通过双边协商等政治方法加以解决。当然,中国政府也不主动提交或采取这些争端解决方式。声明与中国一贯坚持的通过协商方式解决海洋争端的基本立场是一致的。1996 年批准

---

① 参见《中日双方通过平等协商 就东海问题达成原则共识》,载中国政府网,http://www.gov.cn/jrzg/2008-06/18/content_1020543.htm,最后访问时间:2023 年 2 月 6 日。

② 《国务院关于决定核准〈中华人民共和国政府和大韩民国政府渔业协定〉及其〈谅解备忘录〉的批复》,载中国政府网,http://www.gov.cn/gongbao/content/2001/content_60847.htm,最后访问时间:2023 年 2 月 6 日。

③ 联合国海洋事务和海洋法处,http://www.un.org/Depts/los/convention_agreements/convention_declarations.htm#China%20after%20ratification,最后访问时间:2023 年 2 月 6 日。

《公约》之后，中国有关争端解决问题的立场并未改变。[①]

这并不意味着中国完全排斥国际司法活动。发表咨询意见是国际性法院和法庭的职能。咨询意见虽然无法律拘束力，但对于国际争端的发展和解决、对于国际海洋法的发展有着重要的影响。在国际法院的“单方宣布科索沃独立是否符合国际法咨询意见案”、[②]“1965年查戈斯从毛里求斯分离法律后果咨询意见案”、[③]国际海洋法法庭海底争端分庭“担保国关于区域内活动的责任和义务咨询意见案”（以下简称第17号案）[④]和国际海洋法法庭全庭“次区域渔业委员会咨询意见案”（以下简称第21号案）[⑤]中，中国分别向国际法院、国际海洋法法庭提交了书面陈述，并有选择地参加了口头程序，表达中国的立场和观点。

在国际海洋法法庭海底争端分庭关于担保国责任的咨询意见案的审理过程中，中国政府应邀提交书面意见。[⑥] 关于“担保国依

---

① Liu Zhenmin, "The Basic Position of China on the Settlement of Maritime Disputes through Negotiations", (2005) 2 *China Oceans Law Review* 18, pp. 18 – 23.

② Written Statement of the People's Republic of China to the International Court of Justice on the Issue of Kosovo, http://www.icj-cij.org/public/files/case-related/141/15611.pdf (Last visited February 2, 2023).

③ Written Statement of the People's Republic of China, https://www.icj-cij.org/public/files/case-related/169/169 – 20180301 – WRI – 03 – 00 – EN.pdf (Last visited February 2, 2023).

④ Responsibilities and Obligations of States Sponsoring Persons and Entities with respect to Activities in the Area (Request for Advisory Opinion submitted to the Seabed Disputes Chamber), https://www.itlos.org/en/main/cases/list-of-cases/case-no – 17/ (Last visited February 2, 2023).

⑤ Request for an Advisory Opinion Submitted by the Sub-Regional Fisheries Commission (SRFC) (Request for Advisory Opinion submitted to the Tribunal), Request for an advisory opinion submitted by the Sub-Regional Fisheries Commission (SRFC), https://www.itlos.org/en/main/cases/list-of-cases/case-no – 21/ (Last visited February 2, 2023).

⑥ Responsibilities and Obligations of States Sponsoring Persons and Entities with respect to Activities in the International Sea-bed Area (Request for Advisory Opinion Submitted to the Seabed Disputes Chamber), Written Statement of the People's Republic of China, ITLOS, August18, 2010, https://www.itlos.org/fileadmin/itlos/documents/cases/case_no_17/C17_Written_Statement_China.pdf (Last visited February 2, 2023).

据《公约》及1994年《执行协定》所承担的责任和义务应合理、适度,既能对承包者实施监管,又避免给担保国造成过重负担”的核心观点,在法庭最后发表的咨询意见中得到体现。① 中国对国际海洋法法庭全庭关于“次区域渔业委员会咨询意见案”发表的书面陈述意见认为,《公约》没有明确的条款赋予法庭全庭咨询管辖权,法庭全庭对第21号案行使咨询管辖权的法律依据不够充分,中国有必要质疑。②

就第17号案发表书面陈述,是新中国参加国际海洋法法庭司法活动的第一步。在第21号案中,中国的书面陈述明确反对国际海洋法法庭全庭的咨询管辖权,反对司法机构不当扩权滥权。上述两案的咨询意见,以及中国在国际法院就科索沃独立是否违反国际法和英国将查戈斯群岛从毛里求斯分离是否违反国际法发表书面或口头陈述表明,中国已经谨慎地迈出参加国际司法活动的步伐。特别是针对“南海仲裁案”,通过多种途径和方式的庭外斗争,明确反对部分国际争端解决机构缩小“任择性例外”的解释范围,管辖本不属于《公约》处理的事项。

## 三、海洋法在中国的百年跨越

《万国公法》和《公约》代表了中国与国际海洋法百年互动历史进程的重要节点。一方面,尽管旧中国是被动、被迫地接受和学

① Responsibilities and Obligations of States Sponsoring Persons and Entities with respect to Activities in the International Sea- bed Area ( Request for Advisory Opinion Submitted to the Seabed Disputes Chamber), Advisory Opinion of 1 February 2011, https://www. itlos. org/fileadmin/itlos/documents/cases/case_no_17/17_adv_op_010211_en. pdf (Last visited February 2,2023).

② Request for an Advisory Opinion Submitted by the Sub-Regional Fisheries Commission (SRFC) (Request for Advisory Opinion Submitted to the Tribunal), Written Statement of the People's Republic of China, 26 November 2013, https://www. itlos. org/fileadmin/itlos/documents/cases/case_no. 21/written_statements_round1/C21_Response_Round_1_China. pdf (Last visited February 2,2023).

习海洋法，《万国公法》进入中国在客观上仍具有标志性意义，清廷试图学法用法以张海权。另一方面，不平等条约中的涉海条款成为列强侵犯中国海洋主权的“法律依据”。列强攫取在中国内河内海的航行权、驻军权等凌驾于中国主权之上的特权，直到中华人民共和国成立后才被彻底清除。

联合国主持召开的第一次海洋法会议被台湾当局窃取了代表权，日内瓦海洋法四公约作用不彰。联合国第二次海洋法会议无果而终。是故，参加第三次海洋国际造法会议并对《公约》的谈判缔结发挥重要作用，标志着海洋法在各个层面真正实质性地进入中国并得到发展。从《万国公法》到《公约》，不啻历百年才实现的质的飞越。

1949 年特别是 1978 年改革开放以来，以中国对《公约》及其执行协定和《公约》项下各类规章、规则、软法等的贡献为表征，中国由海洋法的学习者，迅速成为发展中国家政治上的引领者、公平公正海洋法规范的受益者和维护者，越来越成为制定海洋规则的贡献者，以《公约》为代表的国际海洋法的实践者，显性和隐性海洋霸权的揭露者和批判者，对推动国际海洋法的发展做出了实质性贡献。

科学技术是第一生产力，也是海洋法发展的主要驱动力。无人装备、智能装备等在海洋科学研究、海洋资源开发及海洋军事活动等方面的研发和应用，必然带来海洋法规范的调整、更新和创制。即便作为所谓的“海洋宪章”，《公约》也是有边界的。[①] 维护《公约》确立的现代海洋法基本框架和规范，适应国际海洋形势的发展制定推出海洋法新规则，需要继承发展、守正创新的辩证思维。伴随着国际法“碎片化”趋势对国际法整体发展带来的挑战，[②]海洋法与国际法其他“部门法”的发展也出现相互交叉、关联

① 施余兵：《〈联合国海洋法公约〉的“海洋宪章”地位：发展与界限》，载《交大法学》2023 年第 1 期，第 20 ~ 34 页。

② 薛捍勤：《国际法治的挑战》，载《国际经济法学刊》2021 年第 3 期，第 5 ~ 6 页。

和影响。如《生物多样性公约》(CBD)的适用范围正向领海之外延伸,“3030 目标”①所要保护的海域可能与 BBNJ 的公海保护区出现交叉融合。海洋塑料垃圾、微塑料、海洋人工智能技术的使用,以及海平面上升所带来和引发的相关问题,或将很快进入国际海洋立法的议程,期待中国智慧和中国方案的新贡献。

## 四、余论:关于国际海洋争端解决方式的再思考

以百多年来国际法、国际司法在中国历史进程的视角观之,中国参加国际性法庭的咨询意见案,已经是一个较大的进步。然而,就公法意义上的国际诉讼或仲裁而言,中国参加国际性法院或法庭的司法活动依然是十分慎重的。1926 年的中比修约案并没有真正地上庭交锋,2013 年的“南海仲裁案”则由仲裁庭和菲律宾演绎了一出双簧戏。虽然相隔近百年,中国是否出庭应诉依然不是容易的选择。

作为安理会常任理事国之一,中国积极地向国际性法院和法庭提名和推荐中国籍人士参选法官。从民国到共和国,国际司法机构里都有中国籍法官,这些国际法、海洋法专家在一些案件的审理中也发挥了比较重要的作用,其中的佼佼者还曾担任国际法院的院长。但是,中国在接受第三方强制争端解决程序方面依然十分保守和谨慎,并不寻求通过国际性法院或法庭解决争端,而是执着于双边谈判磋商,这当然有助于维护当事国关系的和谐友好。虽然“对国际司法的态度因文化而异”,②但一些海上邻国通过国

---

① 2022 年 12 月 19 日,联合国《生物多样性公约》缔约方大会第 15 次会议(COP15)第二阶段会议达成“昆明—蒙特利尔全球生物多样性框架”等多项决议,确立了到 2030 年保护至少 30% 的全球陆地和海洋等目标。

② Choon-ho Park, “Judicial Settlement of International Maritime Disputes—An Overview of the Current System”, https://heinonline.org/HOL/LandingPage?handle=hein.journals/stet28&div=67&id=&page= (Last visited February 2, 2023).

际司法手段解决涉及领土主权和海洋权益争端的实践，一定程度上改写了“上庭诉讼实乃不得已而为之的最后出路”的刻板印象。① 马来西亚和新加坡、印度尼西亚和马来西亚、柬埔寨与泰国、孟加拉国和缅甸等国，都曾通过国际司法的手段解决其间的领土主权、海洋权益等方面的纷争，有关当事国并未因此而势不两立。

诚然，无论是国际性法院的裁判还是仲裁庭的裁决，“除对于当事国及本案外，无拘束力”。② 除非事先规定法院的咨询意见具有拘束力，否则咨询意见仅“代表国际法院在特定法律问题上的倾向性意见，仅供请求方参考，一般不具有法律拘束力”。③ 但是，国际法院、国际海洋法法庭、仲裁庭等国际司法活动的活跃，或许从一个侧面反映了“法治的理念在和平解决国际争端领域的确在产生影响，这个趋势不容忽视”。④ 此外，国际法的经典著作《奥本海国际法》强调，就《国际法院规约》第 38 条所指国际法而言，司法判决和权威公法学家的学说，除“作为确定法律规则之补助资料”外，也“常常被用作辩论和裁判的依据”。⑤ 由詹宁斯、瓦茨修订的《奥本海国际法》进而认为，“司法判决已经成为国际法的发展中一个最重要的因素，而且司法判决的权威和说服力有时使它们具有比它们在形式上所享有的更大的意义”。⑥ 虽然国际性法院或法庭发表的咨询意见对当事方也无强制力，但作为最具权威的国际司法机构和具有崇高威望的国际法学家的智力成果，咨询意见的权威性和开创性，对国际法发展的影响自不待言。经典国际法

① Choon-ho Park, “Judicial Settlement of International Maritime Disputes—An Overview of the Current System”.

② 《国际法院规约》第 59 条。

③ 参见《联合国特权与豁免公约》第 8 条；另见许光建主编：《联合国宪章诠释》，陕西教育出版社 1999 年版，第 606 页。

④ 薛捍勤：《国际法治的挑战》，第 7 页。

⑤ [英]劳特派特修订：《奥本海国际法》（上卷　平时法　第一分册），王铁崖、陈体强译，商务印书馆 1989 年版，第 22 页。

⑥ [英]詹宁斯瓦茨修订：《奥本海国际法》（第一卷第一分册），王铁崖、陈公绰等译，中国大百科全书出版社 1995 年版，第 24 页。

著作作为“法律原则之补助资料”对国际法的阐释,“在实际上有助于某一项国际法原则、规则和制度的形成”。[①]

中国当然不会止步于以提交书面意见和参加口头程序的方式参加国际性法院和法庭对咨询意见案的审理。也有国内学者建议,中国应结合现实情况,适当利用国际海洋法法庭的迅速释放程序,将有关船员、渔船被他国抓扣的争议,交由国际海洋法法庭审理,[②]进而善用包括国际性法院和法庭在内的国际组织和平台,综合运用包括国际司法机制在内的多种争端解决方法。

百年未有之大变局仍在深化演进,全球治理体系正处于调整变革的关键时期。国际海洋秩序也在转型过渡,国际海洋规则的创新和完善正在加速推进。统筹推进国内法治和涉外法治,协调推进国内法治和国际法治,既要加强国内海洋法治建设,健全中国特色社会主义法治体系,也要通过更多地参与国际司法活动、适用国际司法规则来影响规则的发展。随着时代的进步,现存国际秩序和规则当然不是完美无缺的。参与其中,有利于趋利避害并改变其中的不合理部分。[③] 内外兼修,方能统筹提高科学运用国际法维护国家主权和海洋权益的能力和水平。是故,有必要进行与时俱进、守正创新的再思考。

---

① 王铁崖:《国际法引论》,北京大学出版社1998年版,第106页。

② 施余兵、庄媛:《国际海洋法法庭迅速释放程序与国内程序的关系探析——兼论对我国的启示》,载《武大国际法评论》2021年第4期,第46页。

③ 钱其琛:《外交十记》,世界知识出版社2003年版,第390页。

# China and the Law of the Sea—From *Elements of International Law* to United Nations Convention on the Law of the Sea

JIA Yu

**Abstract**: After the introduction of international law represented by the Elements of International Law into China in the late Qing Dynasty, the officials of the Qing Dynasty tried to learn and apply the chapters and contents of the law of the sea as a means to handle Sino-foreign affairs. Although there are occasional successful cases, there is no equality in the sea-related provisions of the unequal treaties. During the period of the Republic of China, the law of the sea has developed, which has exceeded the framework of the public international law. Meanwhile, China encountered the first international lawsuit in its history. After restoring its legitimate seat in the United Nations, the People's Republic of China actively participated in the Third United Nations Conference on the Law of the Sea. China united and lead the developing countries to promote the reform of the old rules that are one-sided beneficial to a few maritime powers, made unremitting efforts to negotiate and formulate a new convention on the law of the sea, and continued to contribute Chinese wisdom to the improvement of relevant regimes after the Law of the Sea Convention was opened for signature. China has promoted the rule of law at home and abroad in a overall plan and has enriched the national practice of the Convention. It has taken a conservative and prudent position on the compulsory settlement procedure of marine disputes, and has cautiously taken the step of participation in international judicial activities by taking part in the advisory opinion cases of international courts, tribunal and chamber.

**Key Words**: Elements of International Law; UNCLOS; practice of China; settlement of dispute

# 自卫权语境中的“不愿意或不能够标准”评析

张　华*

**摘要**：禁止使用武力原则构成国际法的基本原则。自卫权遂成为各国开展对外军事行动时频繁诉诸的国际法依据。在早期理论和实践的基础上，美国近年来先后两次在致联合国安理会的信函中正式援引“不愿意或不能够标准”，试图在他国领土上自由打击非国家行为体，成为西方国家扩张自卫权的最新主张。但是，无论是从国家归因的角度，还是从自卫必要性的角度来看，该标准都无法与现行国际法规则兼容。同时，从目前有限的国家实践和国际社会的反应情况来看，该标准尚未演化为国际习惯法规则。未来该标准也不宜进化为具有法律约束力的国际法规则，这是因为：该标准内涵缺乏精确界定，实质性地降低了自卫权适用的门槛标准，完全突破了自卫权的时间限制。中国应当坚决抵制美国等西方国家对外输出的此类单边主义规则，切实维护以国际法为基础的国际秩序和以联合国为核心的国际体系。

**关键词**：“不愿意或不能够标准”；非国家行为体；自卫权；国际法

---

* 法学博士，教授，博士生导师，南京大学法学院。

自卫权是国家开展对外军事行动时频繁诉诸的法律依据。在自卫权语境中,相关国家不断创设全新的理论,试图突破传统自卫权规则的限制,以尽可能为其单边军事行动辩护。“不愿意或不能够标准”(“unwilling or unable” standard)就是最新的典型。2021年2月25日,美国在叙利亚东部地区针对伊朗支持的军事团体开展空袭行动。作为拜登政府首次海外军事行动,美国的空袭行动引起了国际社会的高度关注。几无悬念,在阐释空袭行动的国际法依据时,美国仍然诉诸《联合国宪章》第51条中的自卫权,并在联合国层面公然主张“不愿意或不能够标准”。① 这并非美国第一次在联合国层面以“不愿意或不能够标准”扩张自卫权。实际上,早在2014年9月23日,当美国向联合国安理会报告其在叙利亚境内采取的军事行动时,“不愿意或不能够标准”就已经成为美国扩大自卫权的重要依据。② 该原则在自卫权语境中大有“甚嚣尘上”之势。抚今追昔,“9·11事件”至今的二十余年当中,自卫权俨然已经成为美国滥用武力的“万灵丹”,国际社会理应谨慎对待美国试图突破传统自卫权规则的最新理论主张。有鉴于此,文章将首先概述自卫权语境下“不愿意或不能够标准”的演化历程,进而从国家归因和自卫必要性原则两个层面深度探讨该原则与现行国际法的不兼容性。在此基础上,文章分别从现行法和未来法角度动态考察该原则的国际法地位,并揭批其隐藏的法律风险,从而防止美国等西方国家对外输出单边规则,切实维护以国际法为基础的国际秩序。

① Letter dated 27 February 2021 from the Permanent Representative of the United States of America to the United Nations addressed to the President of the Security Council, UN Doc. S/2021/202.

② Letter dated 23 September 2014 from the Permanent Representative of the United States of America to the United Nations addressed to the Secretary-General, UN Doc. S/2014/695.

# 一、自卫权语境下“不愿意或不能够标准”的演化历程

何为自卫权语境下的“不愿意或不能够标准”？简言之，当一国受到非国家行为体（non-state actor）[①]现实的或迫在眉睫的武力攻击时，非国家行为体所在国（简称领土国）如果不愿意或不能够采取阻止行动，则受害国可以无需领土国同意，直接在后者境内针对非国家行为体行使自卫权。由于在大多数情况下非国家行为体的行为很难或无法归因于特定的国家，出于回应和威慑非国家行为体攻击的现实需要，受害国以领土国的过失作为其侵犯后者主权的理由。质言之，“不愿意或不能够标准”与自卫权行使对象的扩张密不可分。在坚持非国家行为体构成自卫权行使对象的前提下，相关国家主张“不愿意或不能够标准”，试图绕过领土国主权的藩篱，转而寻求更加灵活的使用武力空间。

## （一）历史起源

“不愿意或不能够标准”最早可以追溯至1837年的“卡罗琳事件”（*Caroline*）。彼时加拿大处于英国的统治之下。加拿大的叛乱分子利用美国的“卡罗琳号”蒸汽船，在尼亚加拉河上从事人员和物资的运输活动，进而针对英国统治者发动袭击。英军因此越境袭击了“卡罗琳号”，“卡罗琳号”被焚毁，同时造成了美国公民的死亡。在美英两国外交官员嗣后的交涉中，双方争议的焦点在于英国行使自卫权的具体条件是否完全满足。[②] 同时，英国方面主张美国没有能力也没有意愿预防“卡罗琳号”的贩运活动，以

---

① 发动袭击的“非国家行为体”是指恐怖组织、叛乱团体、跨国犯罪组织、军事武装人员等非国家性的实体或个人，有别于常规战争的作战主体。

② ［英］安德鲁·克拉彭：《布赖尔利万国公法》（第7版），朱利江译，中国政法大学出版社2018年版，第278页。

此证明英国的行动在某些情况下是正当的。“卡罗琳事件”可谓“不愿意或不能够标准”的滥觞。问题在于,19世纪的国际法并不禁止使用武力,由“卡罗琳事件”引申出来的“不愿意或不能够标准”并没有像自卫必要性、相称性和即时性原则那样引人注目。

进入20世纪70年代,“不愿意或不能够标准”在自卫权语境中“初露锋芒”。在对黎巴嫩真主党和巴勒斯坦解放组织开展军事行动时,以色列经常会以“不愿意或不能够标准”作为辩解。例如,在1978年联合国安理会的会议上,以色列声称:“以色列的行动完全符合国际法和《联合国宪章》中的规范。国际法在这方面的规定非常明确……如果武装团体的攻击构成武力攻击的前奏,或其本身即构成武力攻击,而武装团体所处领土之当局不能够,或是不愿意对之实施控制和限制的话,那么单纯以铲除或摧毁武装团体的基地为目标的武装干涉就能以《联合国宪章》第51条中的自卫权为依据。”①在追溯“不愿意或不能够标准”的起源时,不少学者都会提及以色列的早期实践。②

## (二)反恐战争的催化

进入20世纪80年代,国际社会开始意识到恐怖主义的严重威胁。1983年,美国驻黎巴嫩大使馆和海军陆战队的军营先后遭受恐怖袭击,造成数百人死亡。受此事件刺激,美国里根政府通过了一系列国家安全指令,其中涉及对国家支持的恐怖活动采取单边军事行动的可能性评估。时任美国国务卿乔治·舒尔茨(George Shultz)则公开提倡以预防和震慑未来恐怖活动为目标的军事行动,由此产生了著名的“舒尔茨主义”(Shultz doctrine)。舒尔茨认为:“国际法并不禁止美国在国际水域或国际空域捉拿恐怖

① UN Security Council Official Records, 33rd Year, 2071st Meeting, 17 March 1978, UN Doc. S/PV. 2071, p. 7.

② Ashley Deeks, “‘Unwilling or Unable’: Toward a Normative Framework for Extraterritorial Self-Defence”, (2012) 52 *Virginia Journal of International Law* 483, p. 486.

分子,在其他国家领土上攻击恐怖分子,以及针对那些支持、训练、包庇恐怖分子的国家使用武力。国际法允许遭受恐怖袭击的国家使用武力以阻止或预防未来的恐怖袭击,抓获恐怖分子,或在无其他方法时拯救本国公民。"①"舒尔茨主义"大大扩展了反恐自卫权的适用范围,极大程度地助长了美国武力反恐的倾向,②成为美国在反恐战争语境中诉诸"不愿意或不能够标准"的先声。

第一次海湾战争以后,为打击库尔德武装的需要,土耳其军队经常越境进入伊拉克北部省份。此举遭到伊拉克的强烈反对。在 1995 年提交给安理会的信函中,土耳其表示:"由于伊拉克自 1991 年以来就无法对其北部领土实施统治,土耳其无法要求伊拉克政府去预防其领土被用于发动针对土耳其的恐怖袭击。就此情况而言,土耳其为自身安全需要而采取的正当措施并未侵犯伊拉克的主权。当一国的领土完整受到源于邻国的恐怖组织的持续威胁,而邻国不能阻止这些攻击时,不能指望该国会袖手旁观。"③作为回应,美国国务院声称:一国有权行使自卫权以保护其免受源自邻国的恐怖袭击——如果邻国不愿意或不能够防止其领土被用作恐怖袭击的话。④ 这说明至少在 20 世纪 90 年代,美国、以色列、土耳其等国都已经不同程度地接受了"不愿意或不能够标准"。

① George Shultz, "Low-Intensity Warfare: The Challenge of Ambiguity", (1986) 25 *International Legal Material* 204, p. 204.

② "舒尔茨主义"得以实践的典型例如:1998 年,美国驻坦桑尼亚和肯尼亚使馆遭受炸弹袭击,美国旋即轰炸了苏丹境内的一家制药厂和阿富汗境内的基地组织训练营。美国在向安理会提交的信函中援引自卫权。See Letter dated 20 August 1998 from the Permanent Representative of the United States of America to the United Nations addressed to the President of the Security Council, UN Doc. S/1998/780.

③ Letter dated 24 July 1995 from the Chargé d'affaires a. i. of the Permanent Mission of Turkey to the United Nations addressed to the President of the Security Council, UN Doc. S/1995/605.

④ Tom Ruys, *"Armed Attack" and Article* 51 *of the UN Charter: Evolutions in Customary Law and Practice* (Cambridge University Press, 2010), pp. 430 – 433.

“9·11事件”发生后,美国小布什政府提出著名的“包庇主义”(harbouring doctrine)。“9·11事件”发生当天,小布什向美国民众发表全国讲话时宣称,“对于那些从事恐怖行为的恐怖分子和包庇恐怖分子者,我们不做区分”。① 此外,在向国会发表题为“反恐战争”的演说时,小布什表示“从今往后,任何继续包庇或支持恐怖主义的国家将会被美国视为敌对政权”。② 在发动阿富汗战争的当天,美国向安理会报告时表示:“9·11事件”之所以发生,是因为“塔利班政权允许其控制下的阿富汗领土被用作基地组织的行动基地”。③ 此后,在联合国讲话时,小布什声称:“如果你们包庇恐怖分子,你们也是恐怖分子;如果你们训练或武装恐怖分子,你们也是恐怖分子;如果你们供养或资助恐怖分子,你们也是恐怖分子,并且你们需要向美国及其盟友承担责任”。④ 由于“包庇主义”属于“不愿意或不能够标准”的范畴,⑤阿富汗战争构成“不愿意或不能够标准”的一次早期尝试。在奥巴马政府时期,美国针对基地组织和塔利班频频开展“定点清除”(targeted killing)

---

① “The Text of President Bush's Address Tuesday Night, after Terrorist Attacks on New York and Washington”, https://edition.cnn.com/2001/US/09/11/bush.speech.text/index.html (Last visited January 23, 2023).

② “The Full Text of President Bush's Address ‘War on Terrorism’ to a Joint Session of Congress and the Nation”, https://history.house.gov/Historical-Highlights/2000-/President-George-W—Bush-addressed-a-Joint-Session-of-Congress-on-the-subject-of-the-war-on-terrorism/ (Last visited January 23, 2023).

③ Letter dated 7 October 2001 from the Permanent Representative of the United States of America to the United Nations addressed to the President of the Security Council, UN Doc. S/2001/946.

④ “President Bush Speaks to United Nations”, https://georgewbush-whitehouse.archives.gov/news/releases/2001/11/20011110-3.html (Last visited January 23, 2023).

⑤ 西方学者阐述的“不愿意或不能够标准”往往包含了“包庇和支持恐怖分子”这一情形,“包庇主义”因此构成“不愿意或不能够标准”的组成部分。See Daniel Bethlehem, “Self-Defence against an Imminent or Actual Armed Attack by Nonstate Actors”, (2012) 106 *American Journal of International Law* 770, p. 776.

行动,“不愿意或不能够标准”成为美国主张合法性的理由之一。①

基于反恐战争的实践,不少西方国际法学者在总结“9·11 事件”以来国际法上自卫权规则的变化时,将“不愿意或不能够标准”视为反恐战争所确立的国际法规则。例如,英国查塔姆研究所(Chatham House)编撰的题为“关于自卫中使用武力的国际法原理”的报告指出,如果是在另一国领土上对非国家行为体行使自卫权,这一点必须是明显的:在无法获得领土国的同意的情况下,该国自身不能够或不愿意对付非国家行为体,并且有必要从外部使用武力以解决威胁。② 又如,在荷兰政府的倡议和支持下,莱顿大学格劳秀斯国际法研究中心组织的国际法专家组系统总结了反恐战争对国际法的挑战,其中指出:国家在考虑使用武力反恐时必须适当顾及在外国领土上之军事行动的例外性。要求领土国对军事行动表示同意,除非领土国自身不能够或不愿意对付恐怖袭击。③

### (三)叙利亚战场的实践

“不愿意或不能够标准”在美国反恐战争中“登堂入室”,并真正引发国际社会的高度关注,主要是在绵延至今的叙利亚战事中。2013 年前后,由于极端组织“伊斯兰国”(ISIS)在中东迅速崛起,伊拉克向国际社会呼吁联合打击境内的 ISIS。继在伊拉克领土上开展打击 ISIS 的空袭行动后,美国于 2014 年 9 月 23 日开始将空袭行动扩大到叙利亚境内。根据《联合国宪章》第 51 条,行使自卫权的国家有义务向联合国通报其所采取的军事行动。美国为了论证其叙利亚军事行动的合法性,在向联合国安理会提交的信函中

---

① “Attorney General Eric Holder Speaks at Northwestern University School of Law”, https://www. justice. gov/opa/speech/attorney-general-eric-holder-speaks-northwestern-university-school-law(Last visited January 8,2023).

② Elizabeth Wilmshurst *et al.*, “Chatham House Principles of International Law on the Use of Force in Self-Defence”, (2006) 55 *International and Comparative Law Quarterly* 963, p. 969.

③ Nico Schrijver and Larissa van den Herik, “Leiden Policy Recommendations on Counter-Terrorism and International Law”, (2010) 57 *Netherlands International Law Review* 531, p. 540.

首次诉诸“不愿意或不能够标准”。美国主张:“叙利亚境内的 ISIS 和其他恐怖主义团体不但对伊拉克构成威胁,还对包括美国在内的许多其他国家和我们在该区域内外的伙伴构成威胁。在威胁来源地国家的政府不愿意或不能够阻止其领土被用于此类攻击时,根据《联合国宪章》第 51 条所体现的单独或集体自卫的自然权利,各国必须能够自卫,这里的情况正是如此。叙利亚政权已表明,它本身不能够也不会有效应对这些安全港……”①美国在通报自卫权时堂而皇之地主张“不愿意或不能够标准”,表明美国在多边层面创设全新自卫权理论的倾向。叙利亚战争成为美国实践“不愿意或不能够标准”的试验场。

无独有偶,美国若干反恐同盟国及其政府官员近年来亦在不同的场合提倡“不愿意或不能够标准”。例如,英国总检察长怀特(Jeremy Wright)2017 年在英国国际战略研究所(IISS)发表演讲时特别指出该原则对于打击非国家行为体的现实意义。② 更有甚者,有西方国际法学者还以此为由,主张“不愿意或不能够标准”构成国际习惯法。③ 这些动向表明,西方军事强国不满足于《联合国宪章》中有关禁止使用武力原则的有限例外,试图为更加自由地开展反恐军事行动提供法律依据。在反恐军事行动的背景下,自卫权再次出现了扩大化的趋势,“不愿意或不能够标准”引发了“9·11 事件”以来有关反恐自卫权问题的又一轮大讨论。④

---

① Letter dated 23 September 2014 from the Permanent Representative of the United States of America to the United Nations addressed to the Secretary General, UN Doc. S/2014/695.

② Jeremy Wright, “The Modern Law of Self-defence”, https://www.gov.uk/government/speeches/attorney-generals-speech-at-the-international-institute-for-strategic-studies (Last visited January 12, 2023).

③ Elena Chachko and Ashley Deeks, “Which States Support the ‘Unwilling or Unable’ Test?”, https://www.lawfareblog.com/which-states-support-unwilling-and-unable-test (Last visited January 12, 2023).

④ “9·11 事件”之初,受到小布什反恐战争的影响,国际社会开始广泛讨论反恐战争的法律依据问题,以及反恐战争中的国际人道法问题。

特朗普执政时期,美国曾经多次宣布从叙利亚撤军,但始终保持在叙利亚的军事存在。[①] 与此同时,美国和伊朗关系持续恶化的后果也蔓延至叙利亚战场。拜登政府上台后,美国首次海外军事行动即针对叙利亚境内的伊朗军事团体。“不愿意或不能够标准”在美国近期的军事行动中再度得以实践。

2021 年 2 月 15 日,美军驻伊拉克基地遭遇火箭弹袭击,造成 1 名美军和 4 名美国军事承包商受伤,1 名菲律宾军事承包商死亡。2 月 25 日,为回应伊拉克境内美国目标遇袭事件,美国在叙利亚东部地区开展空袭行动。美国声称,袭击地点位于伊朗所支持的军事团体的控制区,这一军事团体需要为 2 月 15 日伊拉克境内发生的美国人及其盟友遇袭事件负责,美国空袭行为既是为了回应这一袭击事件,也是为了威慑未来针对美国及其盟友的攻击。和以往军事行动一样,美国诉诸《联合国宪章》第 51 条中“固有的自卫权”,并再一次在联合国公然主张“不愿意或不能够标准”。2 月 27 日,出于形式上履行自卫权行使之报告义务的需要,美国常驻联合国代表向安理会主席提交了信函。美国表示:正如 2014 年 9 月 23 日美国致安理会的信函所指出的那样,当威胁所在国之政府不愿意或不能够防止其领土被那些需为袭击负责的非国家军事团体所利用时——本案情形即是如此,国家必须能够依据《联合国宪章》第 51 条中的固有自卫权来保护自己。[②] 同日,在根据总统战争权决议(War Powers Resolution)向美国国会提交的信函中,美国总统拜登以同样措辞表示:美国时刻准备采取必要和相称的自卫行动——包括:当威胁所在国政府不愿意或不能够防止其领土

---

① 2018 年和 2019 年期间,美国特朗普政府多次宣布从叙利亚撤军。但从实际情况来看,美国撤军行动迟缓,叙利亚境内始终有美国军事力量存在。

② Letter dated 27 February 2021 from the Permanent Representative of the United States of America to the United Nations addressed to the President of the Security Council, UN Doc. S/2021/202.

被那些需为袭击负责的非国家军事团体所利用时。[①]

从美国最新的主张来看,“不愿意或不能够标准”似乎已经成为现实有效的国际法规则,领土国的主权需要为美国反恐军事行动的现实需要“让道”。考虑到西方国家集团近期反复宣扬“以规则为基础的国际秩序”,美国再次在联合国系统中主张“不愿意或不能够标准”的危险动向值得警惕。

## 二、“不愿意或不能够标准”与现行国际法的不兼容性

“不愿意或不能够标准”貌似正当,但与现行国际法存在明显的不兼容性。无论是从国家归因,还是从自卫必要性的角度进行考察,“不愿意或不能够标准”本质上违反了现行的国家责任法和自卫权规则。

### (一)基于国家归因角度的考察

从国际法理论界和实务界的讨论来看,“不愿意或不能够标准”与国家归因具有密切联系。换言之,国家归因的需要催生了自卫权语境中的“不愿意或不能够标准”。自“9·11 事件”以来,虽然有不少西方国际法学者极力主张自卫权的行使对象包括非国家行为体,[②]但这一激进主张并未成为国际社会的普遍共识。无论是从国际法院的相关判决,还是从国家之间或学者们的争论来看,“非国家行为体能否构成《联合国宪章》第 51 条意义上的武力攻

① A Letter to the Speaker of the House and President pro tempore of the Senate Consistent with the War Powers Resolution, https://www.whitehouse.gov/briefing-room/statements-releases/2021/02/27/a-letter-to-the-speaker-of-the-house-and-president-pro-tempore-of-the-senate-consistent-with-the-war-powers-resolution (Last visited January 16,2023).

② Wilmshurst *et al.*,“The Chatham Principles of International Law on the Use of Force in Self-Defence”,pp. 969 – 970.

击的来源,从而成为自卫权的行使对象”这一问题在现行国际法上尚无定论。[①] 从反恐军事行动的实践情况来看,但凡有国家以自卫权作为开展反恐军事行动的理由,都需要通过国家归因这一“渠道”以确保合法性。问题在于,一般国际法上的国家归因标准并不足以证成反恐军事行动的合法性,“不愿意或不能够标准”因此“粉墨登场”。

国际法委员会于2001年编撰成功的《国家对国际不法行为责任条款草案(二读)》(ARSIWA)第4条至第11条系统规定了国家归因的规则,通常被视为国际习惯法规则。在将非国家行为体的袭击行动归因于特定国家时,最具相关性的条款是第8条。[②] 倘若受害国能证明发动恐怖袭击的非国家行为体接受了一国的指示,又或者是在一国的指挥或控制下发动袭击,则受害国可以直接将恐怖袭击归因于特定的国家,从而以自卫权的名义对非国家行为体及相关国家开展反恐军事行动。这种理想的国家归因过程停留在理论层面。因为在现实中,恐怖袭击的发动过程往往较为隐秘,受害国恐怕很难提供“令人信服”的证据,以实现个人行为的国家化。更何况国家指挥或控制的程度究竟应满足“有效控制标准”还是“整体控制标准”?现行国际法并无统一答案。[③] 这就注定了在反恐军事行动中,常规的国家归因标准极易“失灵”。

“不愿意或不能够标准”是从主观和客观方面分别概括了国家对待非国家行为体的态度和现实能力,意图为受害国行使自卫权提供替代性的法律依据。虽然没有明文提及国家归因,但其中

---

① Georg Nolte, “Article 51”, in Bruno Simma *et al.*, *The Charter of the United Nations: A Commentary* (Oxford University Press, 3rd edn, 2012), p. 1418.

② ARSIWA 第8条规定:“如果一人或一群人实际上按照国家的指示或在其指挥或控制下行事,其行为应视为国际法所指的该国的行为。”

③ Antonio Cassese, “The *Nicaragua and Tadić* Tests Revisited in Light of the ICJ Judgment on Genocide in Bosnia”, (2007) 18 *European Journal of International Law* 649, p. 666.

隐含了将非国家行为体的攻击直接归因于特定国家的倾向。而且西方国际法理论界和实务界也大多是在国家归因的语境下讨论该标准的优势和缺陷。

有西方学者曾经依据反恐战争的实践,概括了“不愿意或不能够标准”的适用情形:第一,国家为恐怖组织或恐怖分子提供训练基地或庇护所;第二,国家以消极应付,或拒绝起诉恐怖分子的方式容忍跨境恐怖活动;第三,国家在特定的恐怖袭击发生之前疏于防范,在恐怖袭击发生之后疏于起诉或惩罚恐怖袭击要犯;第四,由于不知情或缺乏能力,国家未能采取及时的反应措施;第五,国家对一部分或全部领土失去控制。①

按照常规的国家归因标准,上述情形其实无法将非国家行为体的行为直接归因于国家。无论是“有效控制标准”,还是“整体控制标准”,都无法在非国家行为体的恐怖袭击和领土国之间建立直接的法律联系。

领土国包庇、支持、纵容非国家行为体的做法至多违反了国际法上的“审慎义务”(due diligence)。在“科孚海峡案”中,国际法院指出“一国不得在明知的情况下允许其领土被用于有损他国利益的行为”。② “审慎义务”构成国际习惯法规则。这意味着国家至少有义务采取必要措施以防止或惩治其领土上的恐怖势力和恐怖分子,以避免对他国造成损害。需要指出的是,“知情”是履行“审慎义务”的前提条件,在一国在不知情的情况下,很难认为该国存在违反国际法的行为。此外,当一国缺乏履行义务的能力时,亦无违反国际法之说。ARSIWA 第 10 条规定,一国原则上无需为其领土上的叛乱运动的行为承担责任,此规定蕴含着国际法上的

① Paulina Starski, “Right to Self-Defence, Attribution and Non-State Actor: Birth of the ‘Unable or Unwilling’ Standard”, (2015) 75 *ZaöRV* 455, pp. 459–460.

② Corfu Channel Case (UK v. Albania), Judgment, I. C. J Reports 1949, p. 22.

"有效控制原则"。[①] 作为类比,当一国对恐怖组织或恐怖分子所处领土无法实施有效控制时,自然亦无需为恐怖袭击承担直接法律责任。

纵使领土国违反"审慎义务",受害国的反应措施除追究其国际不法行为责任外,至多只能针对领土国的不作为采取反措施。而反措施只能以和平方式进行,且需严格遵守禁止使用武力原则,[②]缺乏行使自卫权的空间。

基于"不愿意或不能够标准"将非国家行为体的袭击归因于领土国的做法,无异于是要求领土国为此袭击承担间接责任。众所周知,国际法上并无间接责任的规定。更何况国际法权威意见认为:国家要防止其领土上的私人对外国所作的一切损害行为,在实际上是不可能的。[③] 所以"不愿意或不能够标准"缺乏国际法依据,与现行的国家归因标准,乃至更为广泛的国际法律责任规则断无兼容的可能。

需要指出的是,ARSIWA 第 55 条规定了"特别法",亦即当国际法上存在有关国际法律责任规则的特殊规定时,可以不适用 ARSIWA 中的一般规则。那么,"不愿意或不能够标准"理论是否构成"特别法"呢?从条约中寻求法律依据恐怕是徒劳的,也许国际习惯法可以提供一定的支持。这正是国际法理论界和实务界极力主张"不愿意或不能够标准"构成国际习惯法的原因所在。后文第三部分将对此展开进一步分析。

---

① ARSIWA 第 10 条规定,只有当叛乱运动成为一国新政府,或一国领土内的叛乱运动组成一个新国家时,其行为才能被视为国家行为。

② ARSIWA 第 50 条第 1 款规定,反措施不得影响《联合国宪章》中规定的禁止威胁或使用武力的义务、保护基本人权的义务、禁止报复的人道主义性质的义务、依一般国际法强行规则承担的其他义务。

③ [英]詹宁斯、瓦茨修订:《奥本海国际法》(第九版,第一卷第一分册),王铁崖等译,中国大百科全书出版社 1995 年版,第 425 页。

### (二)基于自卫必要性角度的考察

鉴于"不愿意或不能够标准"在国家归因语境中难以"自圆其说",有学者试图在自卫必要性的语境中维护该理论的合法性。例如,美国国际法学者迪克斯(Ashley Deeks)认为,当一国在决定是否要行使自卫权时,通常应考虑必要性、相称性和即时性,而"不愿意或不能够"检验与必要性最为相关。[①] 英国国际法学者特拉普(Kimberly Trapp)也认为,当领土国不愿意或不能够防止和惩治其领土上的非国家行为体时,受攻击国有行使自卫权的必要性。对领土国的主权和领土完整的侵犯也因为"不愿意或不能够"而得以消除不法性。[②] 换言之,由于"不愿意或不能够",领土国应当接受领土主权被侵犯的不利后果。

美国官方于 2016 年 12 月发布了一份题为"指导美国使用军事力量和相关国家安全行动的法律与政策框架"的报告(以下简称《美国军力使用报告》)。这份报告明确将"不愿意或不能够标准"界定为自卫必要性的表现形式。在美国看来,自卫权的行使对象当然包括非国家行为体。当领土国不愿意或不能够防止其领土被非国家行为体用于对外发动恐怖袭击时,美国就有必要以单独或集体自卫的方式行使自卫权。在特定的情形中,这类针对非国家行为体的自卫行动甚至无需征求领土国的同意。[③]

问题是,依据传统的自卫必要性规则,"不愿意或不能够标准"是否就能够"自圆其说"呢? 必要性是指受攻击国除使用武力

---

① Deeks, "'Unwilling or Unable': Toward a Normative Framework for Extraterritorial Self-Defence", p. 494.

② Kimberley Trapp, "Can Non-state Actors Mount an Armed Attack?", in Marc Weller (ed.), *The Oxford Handbook on the Use of Force in International Law* (Oxford University Press, 2015), p. 686.

③ Report on the Legal and Policy Frameworks Guiding United States' Use of Military Force and Related National Security Operations, December 2016, p. 10.

外,不可能有其他替代性的反应措施。[1] 换言之,在遭受武力攻击后,自卫乃是受攻击国最终诉诸的措施。在1837年的"卡罗琳事件"中,英国和美国之间的外交通信表明,自卫的必要性是指"立刻的、压倒性的,没有选择手段的余地,也没有讨论的时间"。[2]

判断必要性原则是否得以遵守,重点在于行使自卫权的国家是否始终以阻止正在发生的武力进攻为主要目标。这就意味着自卫行动不得以干涉他国内政、推翻他国政权,或侵占他国领土为目标。另外,如果武力攻击已经终止,或者受攻击国有其他可供选择的和平手段的话,很难认为受攻击国的军事行动符合必要性原则。当然,必要性原则并不要求穷尽一切和平手段。

值得注意的是,必要性和相称性是国际法上行使自卫权的限制性条件,而非"触发"自卫权的前提条件。从国际法院有关自卫权合法性问题的裁决来看,判断一国能否行使自卫权,关键在于该国是否遭受了"武力攻击"。至于必要性原则,仅仅是国际法院裁定争端当事国违法行使自卫权的辅助依据。需要指出的是,国际法院通常对必要性原则进行严格解释。例如,在"石油平台案"中,国际法院指出:"宣称以自卫为目的的措施必须是必要的,国际法上的这一要求是严格的和客观的,并未留下任何自由裁量的空间。"[3]又如,在"刚果(金)诉乌干达案"中,国际法院坚持:"只有在《联合国宪章》第51条所规定的严格限制内,以自卫的名义行使武力才能够成立"。[4]

根据国际法院有关必要性原则的裁决,影响自卫权必要性问题的因素包括三个方面:时间、地点以及军事行动的目标。例如,

---

① Christine Gray, *International Law and Use of Force* (Oxford University Press, 4th edn, 2018), p. 159.

② Martin Dixon *et al.* (eds.), *Cases and Materials on International Law* (Oxford University Press, 6th edn, 2016), p. 602.

③ Oil Platforms (Iran v. USA), Judgment, I. C. J Reports 2003, p. 161, para. 73.

④ Armed Activities on the Territory of the Congo (DRC v. Uganda), Judgment, I. C. J Reports 2005, p. 168, para. 148.

在“尼加拉瓜诉美国军事行动案”中,美国主张因支持萨尔瓦多而行使集体自卫权。国际法院认为,萨尔瓦多境内的反对派武装的进攻被完全击溃已过数月,美国才开始军事行动,因此不符合必要性原则。[①] 在“刚果(金)诉乌干达案”中,国际法院认为,乌干达抢占距离其边境数百公里以外的机场和城镇,既不符合相称性原则,也不符合必要性原则。[②] 在“石油平台案”中,由于美国此前并没有就石油平台上开展的军事活动向伊朗提出控诉,国际法院裁决,将石油平台作为军事行动的目标是没有必要的行为。[③]

从上述分析可以看出,认为满足必要性就可以行使自卫权的观点有“本末倒置”之嫌,如此宽松解释只会导致自卫权的滥用。必要性原则并非启动自卫权的独立条件,而毋宁是在具体行使自卫权时应遵守的限制,构成判断自卫权合法性的辅助标准。因此,一国在自卫必要性的语境中也许可以一定程度地增强“不愿意或不能够标准”的正当性,但无论如何都无法将之合法化。必要性无法作为该理论与自卫权之间的链接因素,否则等于否定了行使自卫权的前提——“武力攻击”。究其本质,国际法上并无“必要面前无法律”一说,[④]必要性不能成为非法使用武力的辩解之词。

## 三、“不愿意或不能够标准”的国际法地位

根据现行有关自卫权的国际习惯法规则,基于“不愿意或不能够标准”的所谓自卫行动应当属于违法行为。但可以预料的是,违法国会转而主张:这些有争议的自卫行动并非对现行自卫权规则

---

① Military and Paramilitary Activities in and against Nicaragua (Nicaragua v. USA), Merits, Judgment, I. C. J Reports 1986, p. 14, para. 237.

② Armed Activities on the Territory of the Congo (DRC v. Uganda), Judgment, I. C. J Reports 2005, p. 168, para. 147.

③ Oil Platforms (Iran v. USA), Judgment, I. C. J Reports 2003, p. 161, para. 76.

④ 黄瑶:《论禁止使用武力原则——联合国宪章第二条第四项法理分析》,北京大学出版社2003年版,第295页。

的违反,而毋宁是在创造新的国际习惯法。近年来已经有不少西方国家的官员和学者在鼓吹该标准构成国际习惯法。在此意义上,有必要进一步厘清"不愿意或不能够标准"的国际法地位,以避免国际法上的自卫权被滥用。

## (一)"不愿意或不能够标准"构成国际习惯法吗?

"不愿意或不能够标准"近年来大行其道,但毕竟缺乏条约依据的支撑。于是,有西方国际法学者未经详细论证,仅仅依据美国、以色列、土耳其等个别国家的反恐军事行动实践,即主张"不愿意或不能够标准"构成国际习惯法规则。这一危险论调如果被"理所当然"地接受,无异于实质性地修改了作为国际法基石的禁止使用武力原则,严重冲击现存的国际法秩序。

众所周知,国际习惯法由国家惯例和法律确信这两项要素构成。国家惯例必须具备一般性,即必须足够普遍和有代表性,还必须是一贯的;法律确信要求有关国家惯例的采用必须带有一种法律权利或义务感。国家惯例的证据主要包括:外交行为和信函;与国际组织通过的或在政府间会议上通过的决议有关的行为;与条约有关的行为;执行行为;立法和行政行为;各国法院的判决。法律确信的主要证据包括:以国家名义发表的公开声明;官方出版物;政府的法律意见;外交信函;条约规定;与国际组织通过的或在政府间会议上通过的决议有关的行为。[①] 由此可见,为判断"不愿意或不能够标准"是否构成国际习惯法,可以从相关国家的外交信函、官方声明、官方出版物、政府法律意见等方面进行考察。

诚如文章第一部分所述,美国、英国和以色列是"不愿意或不能够标准"的"发明者"。土耳其、俄罗斯在反恐军事行动中偶尔

① 联合国国际法委员会:《习惯国际法的识别:起草委员会一读通过的结论草案案文》,UN Doc. A/CN. 4/L. 908(2018)。

也会诉诸该原则。[①] 除此以外,是否还存在更为广泛的国家惯例呢? 由于美国在叙利亚的反恐军事行动是以“不愿意或不能够标准”作为主要法律依据,各国在叙利亚战争中的反应为检验其国际法地位提供了机会。

2014 年 9 月之后,美国及其盟友陆续在叙利亚境内开展针对 ISIS 的空袭行动。根据《联合国宪章》第 51 条的规定,会员国以自卫权为由的军事行动应立即向安理会报告。除美国向联合国安理会提交有关军事行动的信函外,英国、澳大利亚、加拿大、比利时、德国、法国、土耳其、丹麦、挪威、荷兰等也相应地履行了向安理会通报的义务。在这些提交给安理会的信函中,只有美国、澳大利亚、加拿大和土耳其明确提及了“不愿意或不能够标准”。美国的传统盟友英国只是在信函中提及单独或集体的自卫权,以及安理会第 2249 号决议中有关打击 ISIS 及其庇护所的呼吁。丹麦、挪威和荷兰也采取了类似的措辞。法国起初在提交给安理会的信函中还只是一般性提及《联合国宪章》第 51 条中的集体自卫权。在遭受巴黎恐怖袭击之后,法国表明其在叙利亚打击 ISIS 的军事行动是依据单独自卫权。

德国在信函中除提及安理会第 2249 号决议外,还阐明了一项更为具体的理由:“叙利亚政府此刻没有对 ISIS 发动武力攻击的那部分叙利亚领土实施有效控制。遭受 ISIS 武力袭击的国家因此可以根据《联合国宪章》第 51 条采取必要的自卫措施——即使没有叙利亚的同意。”[②]比利时的信函也采取了类似的措辞。[③] 考

---

① 2002 年俄罗斯多次对格鲁吉亚进行空袭,理由是车臣恐怖分子利用格鲁吉亚境内的基地对俄罗斯开展恐怖袭击。俄罗斯在提交给安理会的信函中诉诸“不愿意或不能够标准”。See Letter dated 31 July 2002 from the Chargé d'affaires a. i. of the Permanent Mission of the Russian Federation to the United Nations addressed to the Secretary-General, UN Doc. S/2002/854.

② Letter dated 10 December 2015 from the Chargé d'affaires a. i. of the Permanent Mission of Germany to the United Nations addressed to the President of the Security Council, UN Doc. S/2015/946.

③ Letter dated 7 June 2016 from the Permanent Representative of Belgium to the United Nations addressed to the President of the Security Council, UN Doc. S/2016/523.

虑到"不愿意或不能够标准"涵盖领土国无法实施有效控制这一情势,德国和比利时的立场或许可以视为是隐含地援引了"不愿意或不能够标准"。但有学者认为,德国和比利时的立场是专门针对叙利亚的特殊情势而言的,并非明确或隐含地接受"不愿意或不能够标准",而毋宁是提出了一项更加具体的,且更为狭窄的标准。[①] 的确,为论证叙利亚战争"师出有名",国家在提交给安理会的信函中往往采取模糊性的措辞,以至于国家的真实立场难以从信函中准确识别。[②] 此为"建设性模糊"这一惯常的外交策略所使然。

参与打击 ISIS 的阿拉伯国家并未向安理会提交信函,因而无从知晓这些国家对"不愿意或不能够标准"的官方立场。此外,俄罗斯虽然曾经在打击车臣恐怖分子的问题上对格鲁吉亚奉行"不愿意或不能够标准",但在叙利亚打击 ISIS 时,明确反对美国的主张。[③]

据西方学者统计,目前其实只有 5 个国家支持"不愿意或不能够标准"。其中美国、以色列、澳大利亚和土耳其的立场相对确定,英国的态度则较为含糊。俄罗斯和加拿大的立场又因为政治因素而发生了改变。[④] 因此,就国家惯例而言,"不愿意或不能够标准"远未达到"一致性、普遍性和连贯性"的要求,更不用奢谈是否存在法律确信了。

---

① Jutta Brunnée and Stephen Toope, "Self-Defence against Non-State Actors: Are Powerful States Willing but Unable to Change International Law?",(2018) 67 *International and Comparative Law Quarterly* 263,pp. 272 – 273.

② See Marko Milanovic,"Belgium's Article 51 Letter to the Security Council",https://www. ejiltalk. org/belgiums-article – 51 – letter-to-the-security-council/ (Last visited February 15,2023).

③ 俄罗斯指责美国未经叙利亚合法当局同意即在该国境内打击 ISIS,属于侵略行为,严重违反了国际法。任何此类军事行动都必须获得联合国的授权或者是叙利亚当局的明确许可。See Olivier Corten,"The 'Unwilling or Unable' Test: Has It Been, and Could It be, Accepted",(2016) 29 *Leiden Journal of International Law* 777,p. 788.

④ Brunnée and Toope,"Self-Defence against Non-State Actors: Are Powerful States Willing but Unable to Change International Law?",p. 277.

另外值得注意的是,在2021年2月25日的空袭行动中,尽管美国在联合国主张"不愿意或不能够标准",但遭到了叙利亚、伊朗和俄罗斯等国的明确反对。叙利亚将此军事行动视为"入侵",认为拜登政府和特朗普政府一样奉行丛林法则。伊朗亦表示强烈谴责,指责美国的空袭行动构成"非法入侵",以及"对人权和国际法的违反"。俄罗斯外长则抗议美国空袭行动通知过晚,极有可能造成美俄军事人员的冲突。就连伊拉克也表示不支持此番空袭行动,认为伊拉克与反恐国际联盟的合作限于打击ISIS这一具体目标,并维护伊拉克的主权。[①] 不出所料,美国基于"不愿意或不能够标准"的最新军事行动再次招致多方反对。鉴于国际习惯法的形成要求普遍、一致和长期的国家实践,以及相伴的法律信念,这些利益相关方的反对声音足以否定"不愿意或不能够标准"的国际习惯法地位。

### (二)"不愿意或不能够标准"适合成为"未来法"吗?

从"现行法"(*lex lata*)的角度来看,"不愿意或不能够标准"缺乏国际法依据。那么,是否从"未来法"(*lex ferenda*)的角度来看,该标准仍然值得提倡呢?答案是否定的。

1. 该标准的内涵缺乏精确界定

"不愿意或不能够标准"最大问题在于其本身缺乏精确的内涵,其适用与否完全取决于使用武力的国家的主观判断,因而为滥用自卫权提供了机会。有国际法律师试图阐述"不愿意"和"不能够"的含义。例如,曾经担任过英国外交部法律顾问的著名国际法律师丹尼尔·伯利恒(Daniel Bethlehem)在《美国国际法杂志》上列举了一套针对非国家行为体行使自卫权的国际法规则,其中对"不愿意"和"不能够"进行较为详细的阐释。在他看来,当有合理

① Kristen E. Eichensehr, "Biden Administration Relies on Constitutional Authority and Unwilling or Unable Theory of Self-Defence for Airstrikes in Syria", (2021) 115 *American Journal of International Law* 567, p. 570.

和客观的证据表明一国同非国家行为体串通(即串通国),或者是一国不愿意有效限制非国家行为体的武力行动(即包庇国),或者一国不能够有效限制非国家行为体的武力活动,致使受害国没有其他足以应对武力攻击的有效手段时,就有采取自卫行动的必要,而无需获得领土国的同意。① 伯利恒的阐释在反恐自卫权的法律商谈进程中具有代表性,很大程度上推动了"不愿意或不能够标准"的细化。

美国国务院法律顾问布莱恩·艾根在出席2016年4月1日美国国际法学会的年会中发表演讲,对叙利亚军事行动的国际法依据进行了详细说明。他认为"不能够"最为明显的例子是:一国丧失或放弃对武装团体活动的那部分领土的有效控制,叙利亚在2014年9月时就是这种情形。② 艾根演讲中未说明"不愿意"的做法引起了学者的批评。③ 或许是受到了这一批评的影响,2016年12月的《美国军力使用报告》分别对"不愿意"和"不能够"进行了举例说明。"不能够"的典型例如,一国丧失或放弃对武装团体活动的那部分领土的有效控制;"不愿意"的典型例如,一国串通或包庇在其领土上活动的恐怖组织,并且拒绝解决该组织产生的威胁。④ 从这些阐述来看,"不愿意或不能够"与其被视为法律标准,还不如说是个案分析时的事实认定。在缺乏令人信服的证据的情况下,"不愿意或不能够标准"在适用时极易被别有用心的国家操纵,成为在他国领土上肆意攻击非国家行为体的借口。

---

① Bethlehem, "Self-Defence against an Imminent or Actual Armed Attack by Nonstate Actors", p. 776.

② Brian J. Egan, "International Law, Legal Diplomacy and the Counter-ISIL Campaign", https://2009-2017.state.gov/s/l/releases/remarks/255493.htm (Lasted visited February 10, 2023).

③ Douglas Cantwell, "'Unwilling or Unable' in the Legal Adviser's ASIL Speech", https://www.lawfareblog.com/unwilling-or-unable-legal-advisers-asil-speech (Lasted visited February 22, 2023).

④ Report on the Legal and Policy Frameworks Guiding United States' Use of Military Force and Related National Security Operations, December 2016, p. 10.

2. 该标准实质性地降低了国际法上诉诸自卫权的门槛

"不愿意或不能够标准"系出于打击非国家行为体的需要而发明的规则,可以使相关国家相对自由地对非国家行为体的低烈度攻击行使自卫权,该标准一味强调采取武力回应的现实需要,无视自卫权适用的门槛——武力攻击,等于是推翻了《联合国宪章》第 51 条中的自卫权规则,存在严重冲击联合国集体安全体制的风险。

在"尼加拉瓜诉美国军事行动案"中,国际法院从规模和效果的角度,不仅区分了"武力攻击"和边境事件,而且特别就"武力攻击"和一般性的使用武力进行了区分。依据国际法院的裁决,一国以提供武器、后勤支持等形式援助另一国境内的叛军,也许构成使用武力或使用武力相威胁,或是干涉他国内政和外交事务,但不构成"武力攻击"。[①] 国际法院的限制性裁决符合《联合国宪章》第 2 条第 4 款和第 51 条的精神,已经成为国际法上有关"武力攻击"的主流认识。以此类推,上述有关一国不愿意或不能够打击境内恐怖分子的情形无论如何都无法构成"武力攻击",甚至有些情形都不属于"使用武力"的范畴。美国等国倡导的"不愿意或不能够标准"完全无视现存的国际法共识,等于是在《联合国宪章》第 51 条之外,又另外创设一种合法使用武力的例外依据。更何况,根据《联合国宪章》第 39 条的规定,理应由联合国安理会来判断是否存在和平的威胁、和平的破坏或侵略行为。但在"不愿意或不能够标准"的框架下,安理会的这一特权被计划发动对外军事行动的国家取代。因此,"不愿意或不能够标准"本质上颠覆了联合国集体安全体制。这一危险理论一旦被广为采纳,只会导致单边军事行动的肆意横行,自卫权也将沦为西方军事强国自由开展单边军事行动的"橡皮图章"。

3. 该标准完全突破了自卫权的时间限制

从美国 2014 年和 2021 年提交联合国安理会的信函来看,"不

---

① Military and Paramilitary Activities in and against Nicaragua (Nicaragua v. USA), Merits, Judgment, I. C. J. Reports 1986, p. 14, para. 195.

愿意或不能够标准”不仅适用于现实发生的攻击事件,而且适用于潜在的威胁。2016 年的《美国军力使用报告》中也采取类似的表述,认为面对来自非国家行为体的现实或迫在眉睫的攻击,一国可以基于“不愿意或不能够标准”行使自卫权。这就意味着,相关国家基于“不愿意或不能够标准”,既可以实施常规的自卫权,亦可以理所当然地行使预先性自卫(anticipatory self-defence),甚至是先发制人式自卫(preemptive self-defence)。众所周知,预先性自卫和先发制人式自卫本身在国际法上就富有争议。小布什政府时期发动的伊拉克战争就曾经引发过全球有关预先性自卫和先发制人式自卫的广泛争论。美国有关“不愿意或不能够标准”适用条件的表述俨然将预先性自卫和先发制人式自卫视为现行法,全然不顾两者的国际法依据存疑。相应地,一旦“不愿意或不能够标准”被接受为法律规范,预先性自卫和先发制人式自卫同时得以合法化,原本自卫权适用的时间限制难以维系。这无异于从根本上否定了自卫权的必要性和即时性原则,与自卫权相关的国际习惯法规则也因此会被完全颠覆。

其实只要稍微回顾一下预先性自卫和先发制人式自卫被滥用的实例,就可以预判“不愿意或不能够标准”的潜在风险。2003 年爆发的伊拉克战争可谓“殷鉴不远”。当时美国及其军事盟友正是以预先性自卫为由,对伊拉克采取了先发制人式的军事行动。美国曲解预先性自卫适用的前提——存在迫在眉睫的攻击,将过于遥远和间接的威胁也视为激发自卫权的条件,并在先发制人战略的指引下入侵伊拉克,引发了国际社会的强烈谴责。事实证明,有关萨达姆政权研发大规模杀伤性武器的指控并无充分证据,美英等国事后也陆续承认发生了“情报错误”。[①] 这一反面典型足以证明预先性自卫和先发制人式自卫已经沦为美国及其军事盟友规

① See Mark Phythian, “Intelligence Failure as a Mutually Reinforcing Politico-Intelligence Dynamic: The Chilcot Report and the Nature of Iraq WMD Intelligence Failure”, (2017) 87 *British Yearbook of International Law* 196, p. 215.

避自卫权时间限制的借口,严重损害国际和平与安全。鉴于“不愿意或不能够标准”意在为针对非国家行为体的预先性自卫和先发制人式自卫行动提供法律依据,国际社会应尽可能阻止该原则进化成“未来法”。

## 结　语

在战争构成国家自然权利的19世纪,德国著名军事家克劳塞维茨尝言:“战争无非是政治通过另一种手段的继续”。[①] 这一观点彰显了彼时战争的合法性与正当性。随着人类进入20世纪,国家诉诸战争的权利逐渐受到限制,进而国际法开始禁止战争作为推行国家政策之工具,乃至使用武力或以武力相威胁的行为亦被完全禁止。战争被彻底禁止乃是人类文明进步的表现。相应地,战争理由是否正义成为法律上无关紧要的事情。[②] 由冷战后的战争实践观之,除联合国安理会授权采取的军事行动外,美国等西方国家单方采取的军事行动无一例外地都存在合法性争议。自卫权俨然成为西方国家谋求单边军事行动合法化的“万灵丹”。在此意义上,“不愿意或不能够标准”无法改变一国违反国际法的事实。从现行法的角度来看,“不愿意或不能够标准”既不符合一般的国家归因标准,也不符合传统的自卫必要性原则。在无条约依据的情况下,目前有限的国家实践和立场也很难从国际习惯法层面证立“不愿意或不能够标准”的合法性。诉诸“不愿意或不能够标准”也许可以为美国的军事行动提供一定程度的正当性,但终究无法避免合法性方面的争议。

“9·11事件”后的反恐军事行动其实一直体现出两种权利之

---

① [德]卡尔·冯·克劳塞维茨:《战争论》(上册),时殷弘译,商务印书馆2017年版,第119页。

② 参见[英]马尔科姆·肖:《国际法》(第六版下),白桂梅等译,北京大学出版社2011年版,第888~891页。

间的紧张关系：受害国对恐怖分子行使自卫的权利，以及恐怖分子所在国的领土主权。[①] 从法律演化的角度而言，美国在联合国系统中反复主张的“不愿意或不能够标准”似乎为国际造法活动提供了新的起点。但是，考虑到该标准对传统的自卫权规则和联合国集体安全体制构成了巨大的冲击，国际社会理应对此持谨慎态度。现阶段国际社会对“不愿意或不能够标准”的不同反应决定了该标准目前仍属于演进中的状态，尚没有上升为现实有效的国际法规则。更何况，从美国历次军事行动的实际效果来看，阿富汗、伊拉克、利比亚、叙利亚非但没有因为美国的反恐战争而变得更加安全和繁荣，反而成为滋生恐怖主义的温床，世界和地区安全局势因此动荡不安。由此可以看出，“以暴制暴”式的反恐军事行动充其量只是美国国家安全政策的一种对外输出，无法从根源上杜绝恐怖主义。纵使在特定的情势下军事行动不可避免，美国也应该尽可能寻求联合国安理会的明确授权和领土国的同意。任何试图突破《联合国宪章》所规定的有限例外的努力，都被证明不仅在法律上难以“自圆其说”，而且在实践中也会造成“得不偿失”，乃至“适得其反”的效果。

近年来，中国致力于维护以国际法为基础的国际秩序和以联合国为核心的国际体系，坚决反对动辄使用武力或以武力相威胁，主张任何强制行动都应由联合国安理会授权。[②] 相形之下，美国等国主张所谓的“以规则为基础的国际秩序”，试图以自己制定的单边规则来取代普遍接受的国际法则——“不愿意或不能够标准”就是此类典型。鉴于该标准颠覆了传统的自卫权规则，不仅有悖国际法基本原则，而且冲击着联合国的集体安全机制，国

① 参见[美]巴里·卡特、艾伦·韦纳：《国际法》（第六版下），冯洁菡译，商务印书馆2015年版，第1322页。

② 《中国关于联合国成立75周年立场文件》，载外交部网站，https://www.mfa.gov.cn/web/ziliao_674904/tytj_674911/202009/t20200910_7948527.shtml，最后访问时间：2023年1月25日。

际社会不宜将之转化为“未来法”。为此,中国应坚决抵制美国在自卫权语境中所主张的“不愿意或不能够标准”,有效应对单边主义和强权政治,积极捍卫联合国在维护世界和平与安全方面的权威。

## Some Reflections on the “Unwilling or Unable” Standard for Resorting to the Right of Self-defence

ZHANG Hua

**Abstract**: The prohibition of the use of force constitutes the fundamental principle of international law. Accordingly, the right of self-defence has been frequently invoked as the legal basis for overseas military operations. Based on early theory and practice, USA has twice officially adopted “unwilling or unable” standard in letters addressed to UN Security Council in order to freely strike non-State actors in the territory of other States, which is the most recent claim for western powers to expend the right of self-defence. Nevertheless, in light of State attribution and the necessity for self-defence, such standard can hardly be compatible with existing international legal rules. Meanwhile, considering the limited State practice and reactions from international community, it has not become new rule of customary international law. Nor should it evolve into a legally binding rule under international law for such standard lacks accurate definition of content, lowers down substantially the threshold for applying self-defence, and breaks through totally the temporal limitation of self-defence. China should boycott determinedly such a unilateral rule exported by western powers including USA, and uphold faithfully the international order underpinned by international law as well as the UN-centred international system.

**Key Words**: "unwilling or unable" standard; non-State actor; right of Self-defence; international law

# 国际民事执行程序中国家财产的认定及其豁免的决定机制

纪林繁*

**摘要**：对国家财产的执行问题牵涉国家间的外交关系并影响国家主权职能的实现，各国对此持有较为谨慎的态度。对管辖豁免的限制并不能推导出对执行豁免的限制，执行豁免仍表现出很大程度的绝对性。但是，国家豁免在管辖领域的相对化发展也影响了执行中的豁免问题并使之呈现限制主义的趋向。由于对国家财产执行的复杂性与敏感性，各国法院在国际民事诉讼中仍需平衡主权国家与私主体的利益，严格限定作为执行标的的国家财产的范围。各国国内法院在执行程序中既要明确国家财产的范围和识别标准，避免对国家财产的泛化处理、不当扩大执行标的的范畴；又要慎重对待行政机关的意见并将其作为执行豁免决定的参考。

**关键词**：国际民事执行；国家财产；执行豁免；分权制

* 法学博士，中国政法大学博士后研究人员，青岛大学法学院副教授。

# 一、针对国家财产的执行程序的复杂性

## (一)民事执行程序中国家财产的豁免权

根据平等者之间无管辖权的要求,一国未经另一国之同意,不受他国法院的司法管辖,其财产也不能成为他国法院的诉讼标的或执行标的。这就是所谓的国家豁免原则。[①] 国家豁免的内容涵盖了审判管辖、审理程序以及判决执行在内的整个诉讼过程。[②] 在执行程序中,执行国法院不得依据有关判决对外国国家的财产采取强制执行措施,这构成了执行豁免。

事实上,执行豁免有狭义与广义之分。狭义的执行豁免是一国财产在另一国法院的诉讼执行程序中免予被采取查封、扣押、冻结、划拨、变卖等强制措施的权利。[③] 而广义的执行豁免则是指一国财产免予强制措施的权利,它贯穿于诉讼的始终,甚至包括免予法院在确立管辖阶段以及诉讼审理中为履行预期判决而采取的查封、扣押及冻结等临时性措施的权利。[④] 但是,这种广义的执行豁免在称谓上有混淆诉讼审理程序与执行程序之虞,为了避免这种表述的含混,更多地被称为免予强制措施的豁免。《联合国国家及其财产管辖豁免公约》在第 18 条和第 19 条分别规定了免予判决前强制措施的豁免与免予判决后强制措施的豁免。其中,判决前的强制措施是法院在判决前作出的一种临时性的措施,主要发生在诉讼开始之前或审理阶段。因为强制措施一般只针对国家财产、不得针对国家的行为,所以这种免予强制措施的权利也被称为

---

① 黄进:《国家及其财产豁免问题研究》,中国政法大学出版社 1987 年版,第 1 页。

② 韩德培:《国际私法》,武汉大学出版社 1983 年版,第 398 页;李双元、谢石松:《国际民事诉讼法概论》,武汉大学出版社 2001 年版,第 287 页。

③ 龚刃韧:《国家豁免问题的比较研究》,北京大学出版社 2005 年版,第 267 页。

④ 刘元元:《国家财产执行豁免问题研究》,厦门大学出版社 2015 年版,第 8 页。

财产保全的豁免。[①] 而判决后的强制措施主要是指执行阶段的强制措施,免予判决后的强制措施其实就是狭义的执行豁免。

一般而言,诉讼的保全程序与执行程序有严格的区别,这种区别主要体现在程序性质和时间顺序等方面。但无论保全还是执行都有一个共性特征,即采取了"强制措施":财产保全所采取的查封、扣押、冻结等措施同样见诸执行阶段。[②] 正因为如此,在一些大陆法系国家的实践中并不明确区分判决前的财产保全豁免与判决后的执行豁免,而且通常允许法院对外国国家财产采取保全措施。例如,德国、瑞士、比利时等国认为只要无涉公共利益,法院就得依原告之申请对被诉国的财产采取保全措施。[③] 不过,毕竟"保全"是为了保证将来之判决得以执行而采取的一种临时性的强制措施,它不以生效的判决作为依据,法院在判决作出前就对外国的国家财产采取保全措施会显得极其失礼,因此,英美法系国家一般都区分判决前的财产保全豁免与判决后的执行豁免,并原则上禁止对外国国家的财产采取保全措施。例如,美国《外国主权豁免法》第1610条(d)款(2)项为判决前的扣押科以了更严格的限制条件:要求国家的明确放弃,而且扣押的目的是确保对外国国家的判决得以执行而非单纯为了获取管辖权。英国《国家豁免法》第13条(2)、(3)款规定,除非征得外国国家之同意,否则不得为"禁令"或"强制履行令"等保全措施。其他英联邦国家的立法中也有类似的规定。事实上,针对国家财产的任何形式的强制措施都无助于争议的解决,反而会激化法院地国与被诉国之间的紧张关系。当地法院在管辖权以及案件的是非曲直确定之前就贸然对被诉国的财产采取强制措施,被诉国完全有理由对此表示担忧,甚至可能采取对等措施。有鉴于此,《联合国国家及其财产管辖豁免公约》

① 龚刃韧:《国家豁免问题的比较研究》,第297页。

② Xiaodong Yang, *State Immunity in International Law* (Cambridge University Press, 2012), p. 374.

③ 刘元元:《国家财产执行豁免问题研究》,第8页。

在区分保全程序与执行程序的基础上分别对免予判决前强制措施的豁免与免予判决后强制措施的豁免作出了规定,对判决前的强制措施规定了更多的限制。[①] 按照公约第18条的规定,除非国家“明示同意”以及“拨出或指定财产用以清偿”,否则不得排除一国财产所享有的保全豁免。相比之下,判决后的强制措施则有着更多的适用余地。

考虑到诉讼程序的阶段性区分以及保全措施与执行措施的不同特点,本文所说的执行豁免宜采狭义的概念,仅指在判决作出后的执行程序中,一国之财产免予被他国法院采取强制措施的权利。

## (二)执行程序中国家豁免的绝对主义色彩

晚近以来的国际实践表明,在国家豁免问题上绝对主义的主张日趋式微,而限制主义的立场越来越占据支配地位。[②] 然而,在事关国家利益的特定领域,那种基于国家身份而主张豁免的绝对主义立场在短期内仍很难退场。特别是在执行程序中,国家豁免仍保持着浓厚的绝对主义倾向。事实上,国家豁免涉及“如何协调两个国家主权和两种利益的关系这一重大而敏感问题。如何在主张豁免国的国家人格的域外效力与法院地国的司法主权的域内效力之间取得合理平衡,不单纯是一个法律问题,而且还是一个政治问题,涉及到政治利益的考量、价值判断和政策取舍等多重因素”。[③] 执行程序是法院依仗国家强制力而迫使被告履行判决义务的强制手段,其对外国的国家利益与尊严有着明显而直接的影响,因此,即便是在管辖豁免日趋相对化的背景下,各国对执行豁免仍秉持着慎重的态度,不会轻易执行外国国家的财产。国家财

---

① 黄进、曾涛、宋晓、刘益灯:《国家及其财产管辖豁免的几个悬而未决的问题》,载《中国法学》2001年第4期,第148页。

② Yang, *State Immunity in International Law*, p. 11.

③ 马新民:《联合国国家及其财产管辖豁免公约评介》,载《法学家》2005年第6期,第2页。

产在执行程序中受到更多的保护而在很大范围内保留有豁免权,主要有以下几个方面的原因:

首先,这是考虑到执行问题对国家间关系的影响。法院地国在拒绝了外国管辖豁免的请求而作出判决后,被诉国一方还会受到执行豁免的保护,故而执行豁免也被称为"国家豁免的最后堡垒"。① 在不得援引管辖豁免的情形下,一国法院针对另一国所作出的判决只是从应然层面确认当事人的权利与义务关系。这时法院的判决还停留在书面,未必真正损害到被诉国的实际利益。然而,一旦在执行程序中国内法院对外国之财产采取强制措施,就会实质性地触及被诉国的核心利益,危害其在国际场合的尊严及信誉。这势必会给两国关系带来严重后果。② 倘若处理不好,甚至会招致外国国家的报复措施。因而,在一些国家的立法中执行程序往往被附加了更为苛刻的条件。例如在美国《外国主权豁免法》的起草工作中,美国国会就曾指出,虽然限制豁免原则已被广泛接受,但这主要针对诉讼的管辖,对外国国家财产的执行仍是一个存在争议的问题。③《外国主权豁免法》在采纳限制主义的背景下,仍然要求对执行外国之财产给予特别保护,对执行问题设定了严格的限制条件。④ 这是认真权衡后妥协的产物,毕竟没有任何国家为了某一私主体权利的实现而希望与其他主权国家交恶。

其次,这是基于国家职能的要求。国家承担着公共服务和社会管理的职能,国家的财产通常都会服务于国家或社会的整体利益,具有显著的公共属性。如果国家的财产遭受扣押、冻结或划拨等强制性措施,那么国家职能将难以实现。在那些实行限制豁免

① Jeremy Ostrander, "The Last Bastion of Sovereign Immunity: A Comparative Look at Immunity from Execution of Judgments", (2004) 22 *Berkeley Journal of International Law* 541, p. 582.

② 龚刃韧:《国家豁免问题的比较研究》,第270页。

③ US House Report, 94$^{th}$ No. 1487, Congress, 2$^{nd}$ Session, at 27 (1976).

④ 李庆明:《美国的外国主权豁免理论与实践》,人民日报出版社2021年版,第266页。

原则的国家往往通过区分国家行为来实现对国家豁免范围的限制。[①] 一般而言,国家行为被区分为实现政治目的的统治权行为与从事社会管理以及商贸活动的管理权行为,只有那些具备主权属性的统治权行为国家方得援引管辖豁免。但是,在执行问题上,情况却没有这般简单。执行的标的原则上不可能是国家的行为,而只能是国家的财产。显然,行为的评价体系不能成为判断能否援引执行豁免的依据。实践中,除了同意放弃,各国常以国家财产的"商业用途"作为给予豁免的参照。但是,某些用于商业目的的财产本身也可能关系到一国经济的命脉,特别是对那些财力有限的国家而言,这类财产一旦被采取执行措施甚至会影响国家职能的整体实现。有鉴于此,各国法院针对外国财产的执行程序中往往会顾及国家财产所担负的主权职能而尽可能地抑制本国法院的执行措施。

除此之外,各国为吸引国际投资也不愿执行外国的国家财产。因为一旦某一国家在法院地国所属的财产受到威胁或被实际成为执行的对象时,其他国家为了保障其国有财产的安全,就会避免在法院地国投资或撤回存放在法院地国的财产。[②]

尽管现阶段各国已就国家豁免问题达成了一定程度的共识,很多国家逐渐接受了限制豁免主义原则,但这种接受总是在其作为法院地国时才心甘情愿。事实证明,无论哪一国家卷入诉讼都不会轻易接受法院的管辖,遑论执行程序。因此,即使是那些完全接受限制豁免主义的国家也会意识到执行问题的敏感性与严重性,从而授予外国国家在执行程序中更多的豁免抗辩。

---

① 赵建文:《国家豁免的本质、适用标准和发展趋势》,载《法学家》2005 年第 6 期,第 21 页。

② 刘元元:《国家财产执行豁免问题研究》,第 24 页。

## 二、执行程序中国家豁免的限制主义趋势

### (一)管辖豁免的限制对执行豁免的影响

从过程来看,诉讼大致可以分为审判程序与执行程序两大阶段,而审判程序又细分为管辖、审理以及判决三个环节。一般认为,涉外案件的管辖权具有极为重要的意义。管辖的确定在时序上先于案件的审理以及判决的执行。没有适格的管辖权,诉讼就无法进行下去,也就不会有判决,遑论判决的承认与执行。在一些涉外案件中,审判程序与执行程序可能分属不同国家的法院处理,这时,管辖与执行的关系更趋于复杂化。受诉法院在确定管辖时必定会顾及后续判决的承认与执行。如果法院意识到自己的判决可能会在执行中遭遇障碍,那么出于管辖自尊的考虑,它极有可能会拒绝管辖。

在国家豁免问题上,管辖与执行的关系更加微妙。在外国国家享有管辖豁免的情况下,不存在执行豁免的问题。一旦法院在审判阶段给予了外国国家以管辖豁免,则会阻却诉讼程序的继续进行,自然也就不会出现执行豁免的问题。在这种情况下,管辖豁免与执行豁免的关系是简单而清晰的。然而,在限制豁免主义背景下,法院可能会在审判阶段否定外国国家的管辖豁免,这时管辖豁免的例外是否一定会导致执行豁免的例外就成为一个颇具争议的问题。根据各国对于“不得援引管辖豁免”能否推导出“不得援引执行豁免”的不同回答,国际社会形成了在管辖豁免与执行豁免关系问题上的关联论与分割论。

按照关联说的观点,既然管辖与执行具有程序上的承接关系,相应地,管辖豁免与执行豁免也应当具有这种承接关系,因此否定了管辖豁免就意味着否定了执行豁免。如果在诉讼中外国国家不

得援引管辖豁免,那么该外国的国家财产也不得享有执行豁免。[①]时至今日,在国家豁免问题上支持关联论的国家并不多见,而与此相对的区分论则得到了大多数国家司法实践的认可。[②] 区分论认为,尽管管辖与执行有着诉讼上的联系,但是管辖豁免与执行豁免在法律性质、理论依据和行为效果上分属于不同领域的问题,不能等同视之。[③] 在一项诉讼中,排除一国的管辖豁免并不影响一国所享有的执行豁免,国内法院对外国国家行使管辖权并不必然引致法院有权执行该外国国家财产的结论。而且,外国国家对管辖豁免的放弃也不能及于执行程序的豁免。

从实践来看,尽管有些国家在管辖问题上很早就采纳了限制豁免主义的立场,但是在执行中却长期坚持绝对豁免主义的立场。各国对执行豁免问题表现出了更加审慎的态度。例如,1972 年欧洲的《关于国家豁免的欧洲公约》采取了区分论的立场。公约在内容上接受了限制豁免主义原则,其中第一章“司法管辖的豁免”详细规定了管辖豁免的例外事项。但是,公约在执行程序上仍恪守绝对豁免主义,原则上禁止对外国的国家财产采取强制措施。[④]美国政府在 1952 年发表泰特公函(Tate Letter)之后开始实行限制豁免主义的政策,但是公函的内容主要是针对管辖问题,国家财产的执行豁免并不受公函的影响。直到 1976 年《外国主权豁免法》颁行,美国法院得以在执行程序中对外国财产的豁免给予限制。1978 年英国的《国家豁免法》同样采取了区分管辖豁免与执行豁免的立法政策,对执行豁免的例外附加了严格的条件。其后,一些英联邦国家的国家豁免立法受到英国的影响也秉持着区分论的做法。《联合国国家及其财产管辖豁免公约》在第四部分规定了“免

---

① 龚刃韧:《国家豁免问题的比较研究》,第 268 页。

② Ian Sinclair, *The Law of Sovereign Immunity: Recent Development*, *Recueil Des Cours* (1980 *II*) (Sijthoff & Nordchoff, 1981), p. 220.

③ 龚刃韧:《国家豁免问题的比较研究》,第 269 页。

④ 杨玲:《欧洲的国家豁免立法与实践》,载《欧洲研究》2011 年第 5 期,第 142 页。

于强制措施的国家豁免”,其中第19条对国家财产的执行附加了种种限制条件,除了“明示同意”、“已经拨出或专门指定财产用于清偿诉讼请求”和“用于商业交易目的的财产”等情形,国家财产享有执行的豁免。第20条规定,国家对管辖豁免的放弃不及于执行豁免。第21条则承认某些特定种类的财产仍享有绝对豁免。中国的《外国国家豁免法》在第13条单独规定了外国国家的财产享有司法强制措施的豁免,并且指出外国国家接受中国法院的管辖,不应当视为放弃司法强制措施的豁免。可见,这也是承袭了区分主义的理念,在执行问题上赋予了外国国家财产以更周全的保护。

综上所述,管辖与执行在程序上存在逻辑关联,但基于现实的考虑,各国大都会将管辖豁免与执行豁免区分处理,据此,合法的管辖并不构成执行国家财产的充分根据。

### (二)执行豁免的转向及限制依据

大多数国家的实践证明,对管辖豁免的排除并不必然推导出对执行豁免的排除,对两者应予区分处理。但同时也不能否认,两者之间存在一定程度的牵连关系。晚近以来,受到管辖豁免相对化的影响,各国实践中对国家财产的执行也呈现出了一定程度的限制主义倾向,这突出表现在涉及国家参与商业交易的诉讼。[①]其实,这也不难理解,倘若国内法院针对外国的国家财产一律免予执行,那么法院的管辖就缺乏了实质意义。

从司法实践的视角观察,受到公法与私法分类的法律思维影响,大陆法系一些国家很早就在区分国家行为的基础上接受了限制管辖豁免的理念。这在一定程度上影响到了执行程序的豁免问题。早期,一些国家在司法判决中承认了具有商业用途的国家财产可以作为执行标的。但同时又为执行的启动设定了政府授权批

---

① 纪林繁:《不得援引国家豁免的商业交易诉讼》,法律出版社2016年版,第199页。

准的程序，而这些国家的政府基于国家间关系的考虑从未有过批准执行的授权，因而，这种程序在效果上等于承认了国家财产的不可执行性。[1] 但是，这为以后限制外国国家财产的豁免埋下了伏笔。比利时布鲁塞尔民事法院在苏克贝尔诉希腊案（Socobelge v. Greek State）、[2]荷兰海牙上诉法院在卡博伦公司诉伊朗国家石油公司案（NV Cabolent v. National Iranian Oil Company）、[3]德国宪法法院在菲律宾大使馆银行账户案（Philippine Embassy Bank Account Case）、[4]西班牙宪法法院在雅培诉南非共和国案（Abbott v. Republic of South Africa）、[5]意大利最高法院在利比亚诉罗斯贝顿案（Libya v. Rossbeton SRL）[6]以及法国最高上诉法院在伊朗伊斯兰共和国诉欧洲气体扩散公司案（Islamic Republic of Iran v. Eurodif）[7]中都表达了类似的观点，即尽管外国国家财产享有执行豁免是一项法律原则，但这项原则存在一些例外情形，特别是对那些用于商业目的的外国财产不得免予执行措施。这说明，在执行程序中的绝对豁免主义立场逐渐受到了削弱。尽管那些用于外交事务和公共职能的财产仍不能成为执行的对象，但是，在主权用途并不明显的领域，法院开始倾向于审查财产的背景用途以及国家

① Romanian Government v. Trutta, Italian Cour de Cassation, 14 February 1926, 3 ILR 176; Luigi Condorelli and Luigi Sbolci, "Measures of Execution Against the Property of Foreign States: The Law and Practice in Italy", (1979) 10 *Netherlands Yearbook of International Law* 197; Soviet Republic (Immunity in Greece) case, Ct of Athens (1928), 4 ILR 172; Greek Law of 1938 No. 1519, Greek rev IL (1950) 331.

② Socobelge v. Greek State, Belgium, Tribunal Civil de Bruxelles, (1951) 18 ILR 3.

③ NV Cabolent v. National Iranian Oil Co. (1968) Ct of Appeal, The Hague, 28 November 1968, 47 ILR 138.

④ Philippine Embassy Bank Account Case, Federal Republic of Germany, Federal Constitutional Court, Case No. 2 BvM 1/76, (1977) BVerfGE 46, 342. 65 ILR 140.

⑤ Abbott v. Republic of South Africa, Spain Const Ct ($2^{nd}$ Chamber), 1 July 1992, 113 ILR 413.

⑥ Libya v. Rossbeton SRL, Case No. 2502, 25 May 1989, 87 ILR 63, 67.

⑦ Islamic Republic of Iran v. Eurodif, Ct of Appeal, Paris, 21 April, 1982, 65 ILR 93; Cour de Cassation, 14 March 1984, 77 ILR 513.

与财产的联系程度。[①] 1972年《关于国家豁免的欧洲公约》尽管在执行程序方面仍保留了绝对豁免主义的立场。[②] 但公约第26条规定了,缔约国专用于商业活动的国家财产,得根据判决予以执行。尽管该条属于公约任意选择条款,它毕竟实现了一种示范效应,特别是在该公约出台以来,越来越多的欧洲国家开始在执行问题上接受限制豁免主义的立场,可以说它在一定程度上推动了执行领域限制豁免主义的发展。

英美法系国家自20世纪70年代以来先后通过国内立法确立起了限制豁免主义的原则,对执行程序的豁免附加了一些限制条件。之后,在这些国家的司法实践中出现了查封、扣押、冻结以及执行外国国家财产的现象。1976年,美国《外国主权豁免法》以立法的形式确立了在执行程序上的限制豁免主义。这部立法在第1609条一般性地规定了"对外国财产扣押和执行的豁免",但又在第1610条详细说明了"扣押豁免"或"执行豁免"的例外,该法案从管辖到执行一以贯之地坚持了限制豁免主义的立场。随着时代的发展,第1610条项下的外国国家财产免予扣押和执行之豁免的例外事项有扩大的趋势。[③] 1978年英国《国家豁免法》在第13条(2)款中规定"国家财产不得作为法院判决或仲裁裁决强制执行的标的,或者,在对物诉讼中不得作为扣押、留置或拍卖的标的"作为对执行豁免的一般规定。同时,按照该条(3)、(4)款的规定,"同意放弃"和"用于或意图用于商业目的的财产"构成了执行豁免的例外。英国《国家豁免法》的规定很大程度上影响了英联邦成员国的国内立法,从而有效推动了国际社会接受执行程序的限制豁免规则。

---

① 纪林繁:《不得援引国家豁免的商业交易诉讼研究》,第202页。

② 徐宏主编、中华人民共和国外交部条约法律司审定:《国家豁免国内立法和国际法律文件汇编》,知识产权出版社2019年版,第139页。

③ 徐宏主编、中华人民共和国外交部条约法律司审定:《国家豁免国内立法和国际法律文件汇编》,第15~17页。

对于执行豁免的限制主义倾向主要集中在西方发达国家的立法和司法实践。但是,这些实践确实影响了国际共识的达成。[①]在《国家及其财产管辖豁免公约》制定过程中,国际法委员会逐步接受了对执行豁免进行限制的做法。2004 年《联合国国家及其财产管辖豁免公约》在第 18 条、第 19 条分别确认了判决前、判决后免予强制措施的国家豁免,同时又以除外条款规定了不得请求执行豁免的情形。尽管公约至今尚未生效,一些国家在有关执行的司法实践中仍旧坚持绝对豁免的原则,但是从国际法的发展趋势而言,联合国公约的规定影响深远,它将那些碎片化的共识凝聚成了规范性的表述。在此之后,以色列、日本、西班牙、俄罗斯等国相继出台了有关国家豁免的国内立法,这些立法基本都接受了执行程序中的限制豁免主义。中国也在《外国国家豁免法》第 13 条第 1 款确认外国国家财产在执行问题上免予强制措施的一般原则以外,第 14 条又列举了三项除外情形。基本可以确定,中国在不久的将来在对国家财产的执行问题上会采取更灵活的做法,不会继续固守绝对豁免主义的立场。

总体而论,越来越多的国家开始对外国国家财产在执行程序中的豁免权施加限制条件,执行豁免不再拥有绝对性而呈现相对化的趋向。但是,考虑到执行问题对国家间关系的影响,各国对外国财产的执行又大多持有保守的态度,不会轻易取消外国国家财产的豁免权,这使得对外国国家财产的执行问题表现出很大程度的复杂性。这种复杂性集中体现在两个方面:一是对国家财产范围的认定;二是政治或外交的考量对司法决策的作用。

---

① Hazel Fox and Philippa Webb, *The Law of State Immunity* (Oxford University Press, 3rd edn, 2013), p. 486.

## 三、国家财产的范围及其识别依据

在限制豁免背景下,一国的财产在另一国法院并不一律受到豁免的保护。由此,确定属于一国国家财产的范围问题就变得十分重要。一般而言,在针对外国国家的诉讼程序中,由于被告的特殊身份以及执行的强制属性,使得执行标的只能是国家的财产而不太可能是国家的行为。国家财产本身是一个抽象的概念,而且由于政治经济制度的差异,各国对国家财产的规定也不尽一致。因此,有必要对作为执行标的的国家财产的内涵与外延予以检视。

### (一)国家财产的泛化及其批判

通常,国家财产是指为国家所有的财产,它作为一个笼统的概念在各国法律体系中的涵义不尽相同。从理论上讲,国家财产往往不是被国家直接占有、使用、收益或处分的,而是以法定的方式委托或转授给法人或组织来控制管理。就国家所设立的私法人而言,国家出资成立国有公司,并以股份制的形式对其进行股权控制,有时我们会说该公司的财产属于国家所有。但这种说法并不严谨,这并非私法意义上的所有权,其实,国家所享有的只是股东权利而已。就国家所设立的公法人而言,国家依照法律成立行政管理单位,并通过财政手段由国库负担其日用开支,当国家财政将钱款物资分配或拨付给单位之际,这些财产实际上就成了单位所有的财产。可见,国家财产概念的外延并不容易确定,到底哪些财产可以被归属为国家财产是一个错综复杂的问题。

现实中,国家所有和国家财产有被泛化的倾向,这种情况在社会主义国家表现得尤为明显。在社会主义国家,公有制奠定了国家的经济基础,而国家所有作为公有制的一种实现方式普遍存在于社会经济生活之中。在这种背景下,国家所有的财产具有双重法律涵义,它不仅蕴含了公法意义上的公共国有财产管理权,而且蕴含了私法意义上的国家作为法人对其财产所享有的所有权，这两种不同性质的财产权构成了国家所有制的基本立法结构。[①]

尽管公法上的国家财产与私法上的国家财产都强调“国家所有”的观念和对物的控制和支配，但是，两者在权利性质和支配范围方面有着根本的差异。私法中的所有权所支配的范围可以超越主权的界限，公法中“国家所有”所支配的范围则必须以主权为界。申言之，从私法的角度而言，所有权具有普遍适用的效力，这种效力不仅存在于一国国内而且还可以延伸至国外。但是，公法上的“国家所有”却不具备这种域外适用的特征。举例而言，国家通过私法方式取得的财产，即使这项财产位于国外，该国仍享有占有、使用、收益与处分的所有权权能；而公法上规定的某项财产属于国家所有，其并不具有私法所有权的域外效力。例如，“河流属于国家所有”，这里的国家所有只是说国家可以对其境内的河流进行管理、对水资源进行调配，但绝不意味着国家对河流等自然资源享有私法意义上的所有权。事实上，当一些国际河流流入他国境内时，一国不可能基于对河流的所有权而请求该外国返还这些水资源。不宁唯是，从归责的视角也不难发现公法上的国家所有与私法上的国家所有具有的不同规范内涵。例如，一条猎犬伤人之后，猎犬的所有权人要承担侵权责任；但是，国家所有的野生动物致人损伤之后，法律并不会支持以此为诉因对国家提起的侵权之诉。其中的原因在于，尽管法律规定了野生动物属于国家所有，但是，国家所拥有的并非私法意义上的所有权，在私法体系下这些野生动物往往被视为“无主物”。

这说明，将公法体系中的“国家所有”同私法体系中的“国家所有”做一体化的阐释有泛化国家财产之虞，这种做法非但不会确保国家财产在执行程序中的安全性，反而会在更大程度上增多针

① 马俊驹：《国家所有权的基本理论和立法结构探讨》，载《中国法学》2011年第4期，第89页。

对国家提起索赔之诉的概率。

## (二)执行程序中国家财产的外延

国家对财产的所有应当区分公法层面的所有与私法层面的所有两种类型。公法上的所有权是国家和所有权人之间发生的授权法律关系,它所注重的是对客体的控制管理以及得到保护的资格。私法上的所有权是所有权人和其他私法主体之间发生的民事法律关系,它所注重的是权利所指向的客体。[①]

公法层面的国家所有指向的对象往往是自然资源,之所以如此,是因为自然资源具有稀缺性,而它们对于人类社会的生产活动又有着极为重要的意义,这就需要国家从社会整体利益出发来配置其产权。由于国家的机构系统辐射全国且被视为全体公民的法定代表,自然就承担起了对这类资源的控制和管理的任务。但是,立法将自然资源设定为国家所有,其目的不在于让国家独享这些资源,而是为了确保这些资源能为社会公平、有效地利用。[②] 国家概念的性质决定了某些特定资源的国家所有只能限于名义上的所有。国家财产制度的宗旨在于确保某些具有稀缺性的资源不应该为任何私人独享,而应当增进全体人民的共同福祉。[③] 由此可见,国家以公法的方式规定国家所有制是为了把一些不能为私人占有和支配的资源转由国家控制,以定分止争、防止私权的滥用,而并非为了赋予国家以私法上的所有权。当然,国家所有制并非为社会主义国家所独有,世界上绝大多数国家和地区都以立法的方式确认了自然资源与社会财富的国家所有制,只不过在资本主义社会,国家所有制的范围相对较小。

在执行程序中作为执行标的的国家财产应当是在私法意义上

---

① 徐涤宇:《所有权的类型及其立法结构》,载《中外法学》2006 年第 1 期。

② 王智斌:《行政特许的私法分析》,北京大学出版社 2008 年版,第 85 页。

③ 张千帆:《城市土地"国家所有"的困惑与消解》,载《中国法学》2012 年第 3 期,第 183 页。

国家所有的财产。私法体系中所有权的概念强调权利主体对客体绝对地控制与支配,[①]相应地,国家所有是指国家依照法律对财产全面支配的权利。但是,由于国家的抽象性,国家所有主要是一个经济或社会意义上的概念,很难成为特定个体权利上的法律概念。[②] 这就要求对国家这一抽象人格做可辨识化的处理以确定能够代表国家的机构或组织。在此基础上,通过国际私法的方法来识别国家财产的范畴,解决国家财产的外延不确定的问题。

### (三)国家财产的识别方法

公法中的"国家所有"的所有制与私法中的所有权有着实质的区别,在诉讼程序中将两者混为一谈会引起"国家财产"识别的泛化。一方面,将公法人甚至国有企业的私有财产作为国家财产处理会威胁公法人职能的实现及国有企业的自主经营;另一方面,把本不应该由私法关系支配的"主权财产"纳入私法的支配范围而成为侵权之诉的执行标的会造成对国家主权职能的严重干扰。

在限制豁免主义背景下,将国家财产扩大化未必能够取得保护国家财产的作用。在某些情形下,一国在他国法院的诉讼中不得援引管辖豁免,其财产也不免予执行措施,这样,国家财产的泛化处理可能引发执行标的范围的扩大,使原本与国家无涉的公法人甚至国有企业的私有财产面临被执行的风险。当一个国家在他国法院被诉、继而遭受执行措施的时候,识别国家财产就显得特别重要。法院地国在认定被诉国的国家财产时,需要考虑被诉国的国内法规定,以此来识别到底哪些财产属于被诉国的国有财产,哪些财产不在此列。[③] 这意味着,被诉国法律体系中有关国有财产

① 王泽鉴:《民法概要》,北京大学出版社 2011 年版,第 389 页。

② 王利明:《物权法论》,中国政法大学出版社 1998 年版,第 454 页。

③ 这涉及冲突法中的识别问题,在解决识别冲突的问题上有一种观点就主张"每一条法律概念或规则都依其所属的法律体系来识别"。相关问题的评论参见肖永平:《法理学视野下的冲突法》,高等教育出版社 2008 年版,第 91 页以下。

的法律规定对于法院识别被诉国的国家财产而言有至关重要的参考价值。如果被诉国的法律将“国家所有”等同于私法中的“所有权”,而这种“国家所有”的规定又是宽泛的,那么无异于扩大了法院有权执行被诉国的财产的范围。本来私法体系中国家所有权涵义是相对狭窄的,而将其与公法中的“国家所有制”混同,会扩大国家财产的范畴,从而给予外国法院对“国家所有”的财产作扩大解释的机会。在有些国家的司法实践中,法院在其本国找不到可供执行的外国国家的财产则会根据原告一方的意见把外国国有企业的财产也解释为它的国家财产,而去执行这些国有企业的财产。

当然,即使排除了国家所有制框架下那些名义上属于国家所有的财产,国家财产的范围仍有待确证。实践中,由于受到法律传统以及政治制度的影响,各国法院对于国家财产这一法律概念存在不同的认识,采用不同国家的法律观念识别就会赋予其不同的涵义或归入不同的分类,因而就有了国家财产的识别冲突问题。国际私法上解决识别冲突的方法归纳起来主要有:法院地法说、准据法说、分析与比较法说、个案识别说、功能定性说以及两级识别说。① 这些学说各具所长,但亦均有缺点。一般情况下,各国法院普遍依据法院地法对案件有关的事实或问题进行识别,但是又不能把法院地法说作为一种僵硬不变的模式。②

具体到执行中外国国家财产的识别问题,恐怕法院地法不宜作为识别之依据,理由如下:其一,国家财产的范围受到政治制度、社会经济体制以及法律传统的影响很大,各国对国家财产的法律规定不尽相同,以法院地国的法律来解释外国国家财产并不客观,可能不恰当地扩大作为执行标的的国家财产的范畴。其二,考虑到执行程序更具敏感性,倘若采用法院地法识别外国国家的财产并据此采取执行措施,容易进一步激化法院地国与该外国的矛盾。

① 黄进:《国际私法》,法律出版社 2005 年版,第 189 ~ 192 页。

② 沈涓:《国际私法》,社会科学文献出版社 2006 年版,第 106 页。

较为稳妥的策略是采取柔化处理的方法,依据与案件执行标的有最密切联系的法律来识别。具言之,在比较法研究的基础上,了解各国的法律结构和体系,并从功能主义的立场出发形成对国家所有权的一般性认识:排除公法语境中国家所有的财产;按照最密切联系原则的要求,适用被执行国的法律来识别其国家财产。

总之,公法意义上的国家财产所形成的是一种客观的法秩序,其意图不在于要求国家垄断某些资源和财产的所有权,而是要通过确立国家对一些重要资源的控制建立起对这些资源合理分配和有效利用的机制。在这一问题上,资本主义国家同社会主义国家概莫能外。但是,国家对这类财产的所有只是名义上的所有,是一种所有制形式,并不能等同于私法意义上的国家所有权,也不具备可执行性。在针对外国国家诉讼的执行中,应当避免国家财产的泛化处理,将执行标的限于私法层面的国家财产;并依据与案件执行标的有最密切联系的法律来具体确定国家财产的范围。

## (四)诉因与国家财产的关联度

在限制豁免主义背景下,对国家财产的执行的条件主要存在于三种情形:明示的同意、默示的同意以及财产被用于商业用途。① 其中,国家财产的商业用途是一种相对宽泛的表述,而且,它又不像明示或默示的同意是以被诉国的意志为转移的,对商业用途的判断权通常都保留在法院地国手中。现实中,为了避免国内法院对外国国家财产的过度执行,各国在立法或司法实践中对可供执行的国家财产课加了一些限定条件,例如,被用于商业用途的时间点、位于法院地国领土内等。对于这些限定条件,各国之间的分歧不大,在此不做赘述。在涉及国家财产执行豁免的实践中,外国国家财产与该国行为之间的关联性是一个至关重要的问题,

① 默示的同意在《联合国国家及其财产管辖豁免公约》第 19 条表述为"该国已经拨出或专门指定该财产用于清偿该诉讼标的的请求"。

它在某种程度上决定了可得作为执行标的的国家财产的范围。对于这一问题的处理,各国有着明显的分歧。

有些国家要求,只有外国国家财产与商业活动相关时方可构成执行的对象。例如,美国《外国主权豁免法》第1610条(a)款(2)项指出"该财产用于或曾经用于商业活动,且诉讼基于该商业活动而提起"。这实际上是要求财产与诉讼请求所基于的商业活动之间必须存在联系。如果外国财产在美国用于商业活动,但与原告的诉讼请求无关,则该财产不能被执行。① 同样地,法国在司法实践中持有类似的主张,法国最高上诉法院在伊朗伊斯兰共和国诉欧洲气体扩散公司一案中指出,国家财产在被用于诉讼要求所基于的商业活动时不再享有执行豁免。② 这意味着,只有国家财产与诉讼请求的事由存在联系时才能对该财产予以执行。尽管目前各国对限制豁免范围的理解不尽一致,但从《联合国国家及其财产管辖豁免公约》的表述来看,除了传统的国家同意构成国家的例外,在诸如商业交易,雇佣合同,财产的所有、占有和使用,人身伤害和财产损害,知识产权和工业产权,参加公司或其他集体机构,国家拥有或经营的船舶及仲裁协定等情形中,一国都不得援引豁免。在这些不得援引豁免的情形中,商业交易活动中往往会有与商业行为相关的国家财产。但是,在另一些争议中,如侵权索赔的争议、雇佣关系的争议却有着与商业交易不同的情况。例如,侵权行为是不以意思表示为要件的事实行为。③ 一国自然不会在事前期望侵权事实发生并筹集用以侵权的财产。很难想象哪些国家财产是为了实施侵权而使用的,因此,如果在外国侵权之诉的执行中强调国家财产与作为诉因的侵权行为的关联性,那么会极大地限制被用以执行的国家财产的范围。

有些国家并不要求被执行的国家财产必须与诉讼要求所基于

① 李庆明:《美国的外国主权豁免理论与实践》,第283页。

② Islamic Republic of Iran v. Eurodif, Cour de Cassation, 14 March 1984, 77 ILR 513.

③ 王泽鉴:《侵权行为》,北京大学出版社2009年版,第61页。

的行为有联系。例如,英国《国家豁免法》第 13 条第 4 款规定,用于或意图用于商业目的的财产不享有免予执行的程序特权。就其表述而言,它没有像美国的《主权豁免法》要求财产必须同诉讼请求所基于的商业活动具有关联性。在英国,那些被用于商业目的的外国国家财产,无论是否构成诉讼的基础,都可以被作为执行的对象。英国的这种做法也影响了其他英联邦国家的立法,在新加坡、巴基斯坦、南非、马拉维、加拿大以及澳大利亚有关国家豁免的立法中都没有规定作为执行标的的国家财产与诉因之间必须具有关联性。① 这意味着,在执行程序中,法院不需要特意关注国家财产与导致诉讼发生的原因行为的关系。原告可以根据获得的判决要求法院去执行那些与诉因无关但位于法院地国且被用于商业目的的外国财产。

在国家财产与诉因的联系问题上,国际法上一直未有定论。联合国国际法委员会一直坚持国家财产与诉讼请求所基于的行为应当有联系的立场。在 1986 年一读通过的条款草案第 21 条(a)项要求国家财产应与诉讼要求的标的有关。在 1991 年二读通过的条款草案第 18 条 1 款(c)项仍旧贯彻了这一立场。这对于保护外国国家财产在海外的安全、防止国内法院任意扩大对外国财产的执行范围具有重要意义。② 不过,这种立场却备受西方国家的批判,因为这会让那些在诉因上与商业交易无关的国家侵权诉讼的赔偿变得难上加难。2004 年通过《国家及其财产管辖豁免公约》为处理这一问题提供了新的参考。该公约第 19 条 1 款(c)项规定:"已经证明该财产被该国具体用于或意图用于政府非商业性用途以外的目的,并且处于法院地国领土内,但条件是只可对与被

① 1979 年新加坡《国家豁免法》第 15 条第 4 款;1981 年巴基斯坦《国家豁免条例》第 14 条第 2 款;1981 年南非《外国国家豁免法》第 14 条第 3 款;1984 年马拉维《特权与豁免法》第 15 条第 3 款;1985 年加拿大《国家豁免法》第 12 条第 2 款;1985 年澳大利亚《外国国家豁免法》第 32 条。

② 龚刃韧:《国家豁免问题的比较研究》,第 289 页。

诉实体有联系的财产采取判决后强制措施。”

其使用的措辞是“与被诉实体有联系的财产”。尽管这里也强调了某种联系,但是这种联系是与被诉实体的联系,而不是与作为判决基础的诉因的联系。从表述上看,《国家及其财产管辖豁免公约》放弃了国家财产与诉因之间具有关联性的要求,不再将与诉讼请求的标的有关作为对外国财产采取执行措施的必要条件。这样,在那些同商业活动无关的针对外国的诉讼中,即便外国国家的财产与诉讼原因没有联系,只要其被用于商业目的且又位于法院地国境内,就可以成为执行的对象。这其实是扩大了可被用以执行的外国国家财产的范围。

此后,在一些国家的国内立法中都不再把国家财产与诉因的关联性作为可得执行的一项条件。例如,2008 年以色列《外国国家豁免法》第 16 条直接规定外国国家的商业资产不享受执行豁免,而没有附加任何限定条件;2009 年日本《对外国国家民事管辖法》第 18 条第 1 款规定,可以针对外国国家所有的专门用于或意图用于政府非商业目的用途之外的财产采取民事执行程序;2015 年西班牙《外国政府等享有的特权与豁免的组织法》第 17 条第 2 款甚至明确指出,可执行的标的“无须与诉讼所基于的事实依据有关联性”;2015 年俄罗斯《关于外国国家及其财产在俄罗斯联邦的管辖豁免法》第 15 条规定了判决后的执行豁免及其例外,基本是联合国公约的翻版,没有提及对外国国家财产与诉因关联性的要求。不过,中国《外国国家豁免法》第 14 条第 3 项规定的“与诉讼有联系”实际上强调了作为执行标的的国家财产与诉因的联系,这可能限制在某些诉讼特别是国家侵权诉讼中可供执行的国家财产的范围。这种立法表述或许是出于对外国财产采取执行措施慎重性的考虑。

综上所述,在外国国家财产与诉因的联系问题上,各国的做法并不统一。但是,《联合国国家及其财产管辖豁免公约》并没有要求可被执行的国家财产必须与判决所基于的诉因存在关联性。近些年来的国家立法表明,即便外国的国家财产与诉因之间没有联系,其仍旧可以构成执行的标的。

## 四、执行程序中限制豁免决定的双轨制

按照传统法治主义的观点,一切有权力的人都容易滥用自己的权力,而且不用到极限决不罢休。为了防止权力滥用,必须通过事物的统筹协调,以权力制止权力。① 一般认为,司法权是个体实现权利救济的最后途径,司法机关有权对行政行为的合法性予以审查。② 而在另一方面,行政不受司法的过度干预,司法权对行政的审查必须符合法定的范围幅度,这是分权理论的逻辑结果。③ 很多时候,司法权与行政权并非泾渭分明,而是相互渗透、相互影响的。在某些带有政治性的问题上,司法权的行使需要参考行政机关的意见。特别是外交领域,为了实现国家的目的,侧重强调公民个体对国家的从属关系。这样,个人被吸收进行政内部,不再适用一般权力关系下所具有的法律保留和权利保护等原则,形成了一种特别权力关系。④ 在处理这类关系时,行政权发挥着主导的作用。

一国的国内法体系会将国家的政治及外交问题分配给行政机关管理,行政机关对处理对外关系也更为熟悉、更有经验。国家豁免问题是私人一方在一个主权国家的法院起诉另一个主权国家,就个人与法院地国而言这涉及权利保护与救济的问题;就被诉国与法院地国而言,它牵涉国与国之间的外交关系,正因为如此,这一问题长期以来都被作为政策问题而非简单的法律问题加以处理。随着人权运动的发展,个人诉诸法院的权利越来越受到重视,

---

① [法]孟德斯鸠:《论法的精神》(上册),许明龙译,商务印书馆2012年版,第185页。
② 莫纪宏:《论人权的司法最终救济性》,载《法学家》2001年第3期,第16页。
③ 何海波:《行政诉讼法》,法律出版社2016年版,第19页。
④ 吴庚:《行政法之理论与实用》,中国人民大学出版社2005年版,第143页。

国家豁免的范围受到限制,一国在另一国法院得援引豁免权不再是一项绝对的原则。涉及国家与私人争议的问题越来越多地通过司法诉讼的途径来解决,国家豁免也逐渐从一个政治问题转变为了司法问题。但不可否认的是政治因素仍在其中扮演着至关重要的角色。

实践中,不承认法院管辖权或不愿到法院应诉的外国国家一般是通过派驻在法院地国的外交代表或领事向受理案件的法院地国提出豁免主张,行政机关特别是外交部门在处理国家豁免问题上发挥着举足轻重的作用。[①] 执行豁免问题出现在法院完成审理、作出判决后的执行阶段,这本是司法的过程,法院享有主导权。但鉴于执行程序带有的强制性,对外国国家财产采取执行措施较为敏感,处理不好会对国家间关系造成破坏,因此,各国对执行豁免大都表现出慎重的态度。

在当前的形势下,各国在国家豁免问题上持有不同的立场而且这种分歧在短期内不易消除,国家豁免在适用范围上的模糊地带仍将长期存在。各国尽管在立法中没有具体阐述,但在实践中大都会将互惠或对等原则保留用以应对他国不适当地对本国及其实体施加管辖权。这种状况在执行程序中更为常见。国际社会对于以对等原则限制国家豁免问题的合法性曾有过争论。一般认为,一国援引豁免的权利是一项习惯国际法规则,一国不得以对等原则为由减损外国国家主权行为的豁免权。[②] 但是,在实践中,各国通常都是以本国利益为中心考虑问题的,对等原则常常被作为应对另一国国内法院不当管辖的法律工具。借助对等原则,一国既能保留在国家豁免问题上的政策灵活性,又能防御另一国恣意

① 杨晓东:《国家豁免理论的转变》,载《外交学院学报》1994 年第 3 期,第 48 页。

② International Law Commission, *Draft Articles on Jurisdictional Immunities of States and Their Property: Titles and Texts Adopted by the Drafting Committee*, A/CN. 4/L. 399 (1986), pp. 183 – 185.

排除其援引豁免的权利。[①] 从目前的国际实践来看,对等原则的适用并没有一个明确的范围,反制措施乃是针对管辖事实发生后的事件,也很难被具体化。很多时候,是否实施对等的反制以及如何贯彻这种对等的反制措施,因为关系到国家之间的外交关系,属于行政权保留的范畴。这种决定理应是由行政机关来主导。尽管受到分权制的影响,行政权与司法权难以合而为一,但是在对外关系中无论是行政机关还是司法机关作为政府权力的有机组成部分都代表了本国政府,它们之间的意见应当得到协调与整合,从这个意义上讲,法院的司法决定也必然要受到行政机关的意见的影响。

在涉及国家财产的执行时,行政部门会考虑外交方面的影响而给法院出具带有政治性的意见。[②] 行政机关的意见更多地考虑政治因素,如两国的外交关系、经济利益以及对等原则等问题,并通过施加政治压力,迫使法院接受行政机关的豁免建议。这种意见的交流并不总是单向的,法院在执行外国国家财产之前也时常会咨询行政机关的意见,以期准确评估执行措施对外交关系可能产生的影响。因此,承认行政机关在国家豁免的执行问题上的作用是必要的。最近,中国在《外国国家豁免法》第 19 条规定了在国家豁免问题上行政机关对司法机关决策的影响。该条第 1 款指出了对国家行为的认定,法院应当采纳外交部门意见的情形;第 2 款则概括地规定了在涉及重大国家利益问题上,法院可以采纳外交部门出具的意见。这实际上承认了行政权在国家豁免问题决策中的作用。执行程序往往涉及国家的重大利益,它可以作为第 19 条第 2 款的适用情形。

国家豁免问题既是一个法律问题,又是一个涉及对外关系的

---

① 徐树:《中国国家豁免立法中的对等原则:概念内涵、法理依据与制度设计》,载《国际法研究》2022 年第 2 期,第 35 页。

② 刘元元:《国家财产执行豁免问题研究》,第 25 页。

政策问题。[1] 其中的执行豁免对一国利益具有明显而重大的影响,甚至会波及国家间的外交关系,所以,在对外国国家财产的执行问题上,行政机关拥有一定的话语权,这就造成了司法机关的职权与行政机关的职权重叠对峙的局面,并呈现一种决策机制上的双轨制。尽管既有的立法和司法实践都将这一问题归类为司法问题,但为了保证司法机关在处理这类敏感问题时拥有足够的专业性及灵活性,法院需要认真对待行政机关的意见,并将其纳入决定程序。在制度设计上,可以把法院对行政意见的咨询作为执行前的法定程序加以规定。当然,行政机关的意见在多大程度上能够影响到法院的判断并不是一个容易量化的问题,这需要各国根据自身情况综合权衡。在肯定行政机关意见的参考价值的基础上给予法院以一定的裁量空间是一种较为稳妥的方案。

## 结　论

执行是司法程序的最终阶段,也是实现诉讼目的的重要手段。当执行的标的是外国的国家财产时,各国法院考虑到多方面的影响往往持有较为谨慎的态度,从而授予外国国家在执行程序中更多的抗辩,这使得执行豁免表现出更大程度的绝对性。即便是在管辖豁免问题上持有限制主义立场的国家也大都将管辖豁免与执行豁免区分处理,并不能简单地从对管辖豁免的限制推导出对执行豁免的限制。

当前,执行程序中的国家豁免正经历着绝对主义向限制主义的转变,越来越多的国家在这一问题上接受了限制主义的立场。在这种背景下,对外国国家财产的执行表现出了很大程度的复杂性。这种复杂性集中在两个方面:一方面,由于各国法律制度的差

---

① 孙昂:《国家豁免案件的法律适用问题研究》,载《国际法研究》2021年第2期,第3页。

异,它们对于国家财产的理解也并不一致,执行中的国家财产的范围呈现某种程度的不确定性;另一方面,由于执行问题的敏感性,不当地执行外国财产会在很大程度上影响国家间关系,因而,执行豁免的决策又势必要受到行政机关特别是外交部门的意见的影响。

为了有效地应对这种复杂情况,针对外国国家诉讼的执行程序上,国内法院需要在区分公法上的国家所有与私法上的国家所有的基础上将执行标的限定在私法层面的国家财产,避免对国家财产泛化处理;同时,又要谨慎处理作为执行标的的国家财产与诉因之间的关系。考虑到国家豁免问题既是一个法律问题又是一个政治问题,在对外国国家财产的执行问题上,应当确保行政机关的话语权,法院需要认真对待行政方面的意见并将其纳入决定程序的参考范畴。

## The Identification of State Property and the Decision Mechanism of Immunity in International Civil Enforcement Procedure

JI Linfan

**Abstract**: The enforcement to foreign State property is related to the diplomatic relations between States and the realization of sovereign functions of States, therefore States are cautious about this issue. Limitations on immunity from jurisdiction do not derive limitations on immunity from enforcement. The immunity from enforcement still has a large degree of absoluteness. However, the relative development of State immunity in the field of adjudicative jurisdiction affects the issue of immunity from enforcement, which makes it show a tendency of restrictionism. Due to the complexity and sensitivity of the enforcement procedure to State property, national courts still need to balance the interests of sovereign States and private subjects in international civil proceedings, and strictly limit the scope of State property as the object of enforcement. In practice, national courts should not only clarify the scope and identification criteria of State property in international civil enforcement procedure in order to avoid the expansions of State property, but also treat the opinions of the administrative organs seriously, and use them as an important reference for deciding whether to grant the State property the immunity from enforcement.

**Key Words**: international civil enforcement procedure; State property; immunity from enforcement; division of powers

# 联合国视角下跨国公司域外人权保护的国际法规范模式*

刘　慈**　周　雷***

**摘要：**联合国层面《跨国公司和其他工商企业在人权方面的责任准则草案》、《工商企业与人权：实施联合国“保护、尊重和补救”框架指导原则》和《在国际人权法中对跨国公司和其他工商企业的活动进行监管的具有法律约束力的文书》三份法律文书在形式和内容上具有十分鲜明的特征，呈现出“风险预防模式”“预防—救济平衡模式”“损害救济模式”三种不同的联合国视角下跨国公司域外人权保护的国际法规范模式。不过，这三种模式也暴露出当前联合国相关机制下规制跨国公司域外人权保护存在的问题，即保护范围的片面性、运行结构的狭隘性、权力配置的偏执性。这些问题始终阻碍着工商业与人权条约的缔约进程。一种理想的跨国公司域外人权保护模式，应当在保护范围上具有全方位性，在运行结构上具有开放性，在权力配置上具有可接受性。借鉴于刑事法并植根于本土，本文归纳出由整改、评估、激励、诉前实现保护目标四部分构成的“合规整改模式”，能够因应保护范围的全方位性、适应保护结构的开放性、顺应权力配置的

---

* 本文非职务作品，仅为作者个人观点，不代表供职单位的立场。

** 武汉大学国际法治研究院博士研究生，外交部钓鱼台宾馆管理局干部。

*** 检察工作者，法学博士。

可接受性,而具有适用于跨国公司域外人权保护的必要性。“合规整改模式”以国内法和国际法基础为支撑,能够与风险预防、损害救济实现较好地衔接,并清晰地描绘出其国际法成文化路径,在实操上具有可行性。

**关键词**:工商业与人权;跨国公司;规范模式;合规整改

# 一、问题引入

习近平总书记深刻指出:“人权保障没有最好,只有更好。”① 工商业与人权可谓国际人权法诸领域中,矛盾最为尖锐、情况最为繁复的分支领域,杂糅着南北之争、东西之争、发展与人权之争、国家与跨国公司之争、人权组织与商会之争。涉外法律斗争、国际条约谈判的艰巨性和复杂性,赋予了国际法研究,特别是工商业与人权研究更重责任。近年来,联合国人权理事会关于《在国际人权法中对跨国公司和其他工商企业的活动进行监管的具有法律约束力的文书》(以下简称《文书草案》)②的缔约谈判多次陷入僵局。③究其原因,在于各缔约国围绕义务、责任设定等问题存在较大分歧。这不禁使人产生疑问:针对跨国公司域外人权侵犯问题,究竟

---

① 习近平:《坚定不移走中国人权发展道路》,载《习近平著作选读》(第二卷),人民出版社 2023 年版,第 598 页。

② 本文所指《文书草案》为联合国跨国公司和其他工商企业与人权的关系问题不限成员名额政府间工作组商议拟定的《在国际人权法中对跨国公司和其他工商企业的活动进行监管的具有法律约束力的文书》第三版修订草案(Third Revised Draft Legally Binding Instrument to Regulate, in International Human Rights Law, the Activities of Transnational Corporations and Other Business Enterprises), https://www.ohchr.org/sites/default/files/LBI3rdDRAFT.pdf(Last visited 29 January, 2023)。

③ See Antony Crockett and Jefferi Hamzah Sendut, “UN Business and Human Rights Treaty Negotiations Continue: One Step Forward, Two Steps Back?”, https://www.herbertsmithfreehills.com/lang-es/latest-thinking/un-business-and-human-rights-treaty-negotiations-continue-one-step-forward-two-steps#:~:text=A%20key%20issue%20discussed%20during%20the%20eighth%20session,control%20%22%20of%20a%20State%20party%20%28art.%206.1%29 (Last visited 29 January, 2023).

需要一个怎样的国际法规范模式,才能使各缔约国都能够接受?回溯联合国层面工商业与人权国际立法的发生史,不难看出,《跨国公司和其他工商企业在人权方面的责任准则草案》(以下简称《责任准则草案》)、[①]《工商企业与人权:实施联合国"保护、尊重和补救"框架指导原则》(以下简称《指导原则》),[②]以及《文书草案》在形式和内容上都各具鲜明特点。特点代表着个性和取舍,这意味着,任何法律文书都应当反映一个主题,贯穿一种理念。那么,这三份法律文书所暗含的底层逻辑,能否化约为学术上不同的理论假设,而被提炼为不同的联合国跨国公司域外人权保护的国际法规范模式?如果可以,这些模式是否有其不可避免的局限性?在缔约谈判进程进展缓慢的情况下,学理上是否有可能给出更好的完善方案?这些疑惑,构成了本文对于此选题的最初追问。

针对这一命题,国内不乏研究。然而,本文注意到,国内研究在方法论上主要呈现一种事实上的描述,规范上的提炼乃至建构的学术贡献度有所不足。例如,许多研究陷入"就条约论条约"的思维惯性中,将论证重点置于解释和分析上,欠缺"跳出条约看条约"的智慧和勇气。有论者指出,《文书草案》的预防条款对"人权尽责"的规定过于超前,但其并未提出系统的完善方案。[③] 还有研究主张,《文书草案》中的"跨国司法补救"机制存在实现悖论,却在亟待破解僵局之时收笔结尾。[④] 更有学者勇敢提出了"工商业

---

① UN Commission on Human Rights, *Norms on the Responsibilities of Transnational Corporations and Other Business Enterprises with Regard to Human Rights*, E/CN. 4/Sub. 2/2003/12/Rev. 2 (2003).

② UN Human Rights Council, *Guiding Principles on Business and Human Rights: Implementing the United Nations "Protect, Respect and Remedy" Framework*, A/HRC/17/31 (2011).

③ 黄瑶、袁律丽:《论母国对跨国公司域外侵害人权的预防义务——兼评"跨国公司与人权"国际法律文书草案的预防条款》,载《学术研究》2021 年第 5 期,第 70 页。

④ 梁晓晖、刘慈:《构建联合国工商业与人权条约的规范路径选择与实现悖论》,载《人权研究》2021 年第 3 期,第 21 ~26 页。

人权条约规治模式的中国方案构想”这一问题意识,[1]不过最终仍然停留在“零草案”上左顾右盼、难有突破,多少有“雷声大、雨点小”的遗憾之感。基于此,本文将首先通过梳理联合国层面关于跨国公司域外人权保护的三份代表性法律文书,从学术上归纳出既有的三种国际法规范模式,并概括其局限性;其次,站在应然角度,列举联合国视角下跨国公司域外人权保护的国际法规范模式应当具备的要素,从学理层面为理想状态的保护模式确立标准;最后,提出“以合规整改为中心的全过程保护模式”,论述其基本构成、必要性和法律基础,并讨论其与既有模式的衔接及合法化路径。

## 二、联合国规制跨国公司域外人权保护的三份法律文书及其规范模式

自 1998 年原联合国人权委员会的促进和保护人权小组委员会(Sub-Commission on the Promotion and Protection of Human Rights,以下简称人权小组委员会)设立工商业与人权工作组以来,联合国及其人权机构层面在工商业与人权领域建立的专门工作机制已经走过了二十多年,制定发布了数十份关系到工商业与人权全球治理和国际合作的国际(法律)文书。在这当中,最具典型性、基础性的,无疑是《责任准则草案》和《指导原则》,并深刻影响着《文书草案》的缔约思路。同时,由于这三份法律文书在制定背景、起草主体等因素上存在较大差异,使得联合国推动跨国公司域外人权保护呈现三种截然不同的国际法规范模式,本文分别将其归纳为“以风险预防为中心的单一保护模式”(以下简称“风险预防模式”)、“平衡风险预防和损害救济的双阶保护模式”(以下简称“预防—救济平衡模式”)和“以损害救济为中心的单一保护模

① 何志鹏、鲍墨尔根:《工商业人权条约规治模式的中国方案构想》,载《法治现代化研究》2022 年第 5 期,第 84 ~ 96 页。

式”(以下简称“损害救济模式”)。

## (一)《责任准则草案》与“风险预防模式”

《责任准则草案》是2003年由人权小组委员会通过并提交到当时的联合国人权委员会(以下简称人权委员会)的。尽管人权委员会没有通过该草案,《责任准则》也没有成为具有法律效力的国际文书,却引发了后续针对工商业与人权文书进程的论争,具有丰富的理论和实践意义。① 纵观全文,不难发现,草案的特征十分明显:一方面,全部条文都旨在约束跨国公司和工商企业,对国家直接课予的义务是微乎其微的。难怪国际商会与国际雇主组织声称,“人权小组委员会试图强化私人商业者的义务,向人权私人化方向迈出的步伐过于激进”。② 另一方面,正是由于全部条款都在围绕跨国公司和工商企业的经营活动展开,因此其总体基调注定是侧重甚至是倚赖于事前预防的,无法兼顾事后救济——尽管第18条对补偿、赔偿起到了点到为止的作用。③ 本文将这种逻辑提炼为一种理论假设,即“风险预防模式”。本文认为,“风险预防模式”主要有以下特点:

第一,延续了传统国际人权文书“重事前预防,轻事后补救”的规范建构路径。④ 重事前预防、轻事后补救的传统,旨在重点解

① See Surya Deva, “UN's Human Rights Norms for Transnational Corporations and Other Business Enterprises: An Imperfect Step in the Right Direction?”, (2004) 10 *ILSA Journal of International & Comparative Law* 493; David Weissbrodt and Muria Kruger, “Norms on the Responsibilities of Transnational Corporations and Other Business Enterprises with Regard to Human Rights”, (2003) 97 *American Journal of International Law* 901; David Kinley and Rachel Chambers, “The UN Human Rights Norms for Corporations: The Private Implications of Public International Law”, (2006) 6 *Human Rights Law Review* 447.

② [英]安德鲁·克拉帕姆:《非国家行为人的人权义务》,陈辉萍等译,法律出版社2013年版,第296页。

③ Deva, “UN's Human Rights Norms for Transnational Corporations and Other Business Enterprises: An Imperfect Step in the Right Direction?”, pp. 518–519.

④ 梁晓晖、刘慈:《构建联合国工商业与人权条约的规范路径选择与实现悖论》,第11页。

决事前阶段的人权保护问题,希望达到防患于未然的效果。预防相较于补救,不涉及损害、归责、救济,不影响一国的司法主权或一法域的独立性,更能为缔约国所接受。

第二,内容上将为跨国公司和其他工商企业设定国际法义务作为主要规制方式。在规避补救的同时,这种模式将大部分注意力集中在事前预防上,以设定义务的方式对跨国公司和其他企业的生产、经营、管理行为予以限制,从规范上达到了"履行义务则实现保护"的理想状态。①

## (二)《指导原则》与"预防—救济平衡模式"

2005 年起,经联合国秘书长任命的人权与跨国公司和其他工商企业问题特别代表鲁格(John Gerard Ruggie),认真总结反思《责任准则草案》在坚持强制性、非自愿性立场上遭遇的困境,摒弃了条约式行文方式,采取软法形式,于 2011 年向人权理事会提交了《指导原则》并获通过,不仅成为仍在谈判中的《文书草案》的国际法基础,而且成了目前唯一获得人权理事会通过的工商业与人权领域的框架文件。正如该文件全称标题所揭示的,《指导原则》确立了"国家保护义务—企业尊重责任—补救"的结构。同时,《指导原则》具有的"指导性""原则性""软法性",也更能得到主权国家、跨国公司、工商企业、非政府组织等利害关系方的认同。这一点在鲁格就《指导原则》撰写的导论中体现得十分清楚:

> 在人权理事会之外,一些政府、工商企业和联合会、民间社会和劳工组织、国家人权机构以及投资者附和或采用了该框架。一些多边机构,例如国际标准化组织和经济合作与发展组织在制订其自身的工商企业与人权领域倡议时,借鉴了

① Surya Deva, "The UN Guiding Principles on Business and Human Rights and Its Predecessors Progress at a Snail's Pace?", in Ilias Bantekas and Michael Ashley Stein (eds.), *The Cambridge Companion to Business and Human Rights Law* (Cambridge University Press, 2021), p. 157.

> 该框架。……除该框架固有的实用性外,在该任务过程中或为该任务举行的利益攸关者磋商的次数之多,包容性之明显,无疑也有助于它获得广泛的积极接受。[①]

《指导原则》似乎将注意力由原来纯粹的事前预防转向兼顾事前预防与事后救济。具体来说,"企业尊重责任"的篇幅较《责任准则草案》有较大限缩,"国家保护义务"和"补救"条款所占比重大幅提升。[②] 鲁格对此作出的解释是:"国家负有保护义务,是因为它处于国际人权制度的核心;……获得补救的机会是因为无论怎样通力合作,都不能保证再不发生侵犯人权行为。"[③]"通力合作"显然是针对国家和跨国公司而言的,但在跨国公司侵犯人权行为面前,国家保护、企业尊重和补救之间孰轻孰重,《指导原则》给出了倾向性意见。[④] 基于此,本文将《指导原则》体现出的逻辑提炼为另一种理论假设,即"预防—救济平衡模式"。"预防—救济平衡模式"主要有以下特点:

第一,强调事后补救的作用,但主张事前预防和事后补救同等重要。这一模式形成了"预防+救济"双阶保护,覆盖事前、事后两个阶段。尽管新出现的"补救"功能得到重视,《指导原则》却未在适用上给出明显的偏向,而是不偏不倚地希望"每一支柱都是相互关

---

① UN Human Rights Council, *Report of the Special Representative of the Secretary General on the Issue of Human Rights and Transnational Corporations and Other Business Enterprises*, A/HRC/17/31 (2011), paras. 7-8.

② 《指导原则》除一般原则外共31条,其中"国家保护人权的义务"部分占10条,"公司尊重人权的责任"部分占11条,"补救"部分占10条,三支柱在形式、条款数量和内容上来看较为均衡。

③ UN Human Rights Council, *Report of the Special Representative of the Secretary General on the Issue of Human Rights and Transnational Corporations and Other Business Enterprises*, A/HRC/17/31 (2011), para. 6.

④ UN Human Rights Council, *Guiding Principles on Business and Human Rights at 10: Taking Stock of the First Decade*, A/HRC/47/39 (2021), para. 12.

联和动态的预防和补救措施体系的一个不可或缺的组成部分”。[①]

第二,内容上将承担补救损害的侵权责任作为主要规制方式。该模式除设定传统的预防义务外,还倡导了一系列损害补救的方式作为承担侵权责任的内容,包括基于国家的司法和非司法申诉机制(state-based judicial and non-judicial grievance mechanisms)、非国家申诉机制(non-State-based grievance mechanisms)、工商企业业务层面的申诉机制(operational-level grievance mechanisms)、多利益相关方倡议(multi-stakeholder initiatives),从而将跨国公司域外人权保护的国际法规范模式从预防的理想状态拉回到补救的现实需要中。

## (三)《文书草案》与“损害救济模式”

《指导原则》实施十余年以来,国际社会呼吁对企业施加直接的强制性人权规范和管制机制的声音并没有消失,反而因为《指导原则》相对缓慢的实施效果而产生了更加强烈的呼声。[②] 于是,缔结联合国工商业与人权条约的设想成为现实。回顾《文书草案》的起草和谈判过程,自 2018 年以来,无论是“零草案”还是后续三版草案,联合国跨国公司和其他工商企业与人权的关系问题不限成员名额政府间工作组(以下简称政府间工作组)都意在让该法律文书再次回归《责任准则草案》的强制性行文风格,在编排体例上强调和倚重事后的损害补救路径。

从政府间工作组谈判过程来看,各方均希望通过草拟一份具

① UN Human Rights Council, *Report of the Special Representative of the Secretary General on the Issue of Human Rights and Transnational Corporations and Other Business Enterprises*, A/HRC/17/31 (2011), para. 6.

② See Lee McConnell, “Assessing the Feasibility of a Business and Human Rights Treaty”, (2017) 66 *International and Comparative Law* 143, pp. 143 – 145; “Statement on Behalf of a Group of Countries at the 24th Session of the Human Rights Council”, https://media.business-humanrights.org/media/documents/files/media/documents/statement-unhrc-legally-binding.pdf (Last visited 29 January, 2023).

有法律约束力的国际文书,以“防止与工商业有关的侵犯人权行为,消除有罪不罚现象,并使受害者能够诉诸司法”,①尤其是努力消除受害者获得补救的法律障碍。具体来说,参与政府间工作组谈判的联合国官员强调“需要改进关于企业侵犯人权的问责机制”;②人权理事会为土著人民权利发声的问题特别报告员期待“国际文书可有助于处理国际法律秩序中损害人权的缺陷和不平衡,并可解决缺乏为企业侵犯人权行为受害提供的救济程序的问题”;③参与谈判的主要政府代表团也将谈判重心置于国家司法问责机制的构建。据此,历版文书草案在内容上着重讨论了国家司法补救机制的相关要素。第三版修订《文书草案》共 24 条,其中第 6 条与构建预防机制直接相关,与构建国家司法补救机制的相关条款共 8 条,④占全文 40% 左右,对受害者权利、缔约国对受害者的保护、获得救济、法律责任、裁判管辖权、准据法等制度进行了具体设计,并专条规定了国家的立法责任和跨国公司的法人责任,将责任的实现指向缔约国国内法的司法程序。⑤

基于以上考量,本文将《文书草案》的逻辑思路提炼为第三种理论假设,即“损害救济模式”。⑥ 顾名思义,“损害救济模式”中有关事后补救的主要观点同“预防—救济平衡模式”中对事后补

① UN Human Rights Council, *Report on the Fourth Session of OEIGWG*, A/HRC/40/48 (2019), para. 6.

② UN Human Rights Council, *Report on the Second Session of OEIGWG*, A/HRC/34/47 (2017), para. 3; UN Human Rights Council, *Report on the Third Session of OEIGWG*, A/HRC/37/67 (2018), paras. 2, 4, 8; UN Human Rights Council, *Report on the Fourth Session of OEIGWG*, A/HRC/40/48 (2019), paras. 2, 6, 33.

③ UN Human Rights Council, *Report on the First Session of OEIGWG*, A/HRC/31/50 (2016), para. 4.

④ 《文书草案》第 4、5、7、8、9、10、11、12 条。

⑤ Ilias Bantekas, "Towards a UN Business and Human Rights Treaty", in Ilias Bantekas and Michael Ashley Stein (eds.), *The Cambridge Companion to Business and Human Rights Law* (Cambridge University Press, 2021), pp. 585 – 586.

⑥ Bantekas, "Towards a UN Business and Human Rights Treaty", p. 600.

救的描述是大致相同的,并在此基础上更加依赖事后补救的作用,可谓"预防—救济平衡模式"的"失衡版本",单一保护模式的"另一种极端"。这也从一定程度上印证了,在历经八次工作组会议和四版草案后,争议为何越来越大,以及缔约进程为何被拖向了漫漫长路。[①]

## (四)三种模式的局限性

应该说,"风险预防模式""预防—救济平衡模式""损害救济模式"三种理论假设,基本上完成了对三份联合国法律文书的核心观点和特征的提炼。然而,这一提炼的结果也同时揭示了三种模式存在的问题。考虑到目前《文书草案》久滞不前,这些持续至今的问题不应被回避,有必要直接面对。

第一,在保护范围上呈现片面性。"风险预防模式""损害救济模式"在保护范围上呈现两种极端,要么倾向于事前预防,要么倾向于事后救济。"预防—救济平衡模式"倒是实现了折衷,同时兼顾事前预防和事后救济,但如果将其放到联合国层面关于跨国公司域外人权保护的国际法规范模式发生史上进行观察,便不难发现,这种模式不过是由一个极端向另一个极端转变的过渡形态。其实,从宏观角度看,跨国公司的域外人权保护不只有事前和事后两个节点,也不只有预防和救济这两种措施,还忽略了潜在的事中环节。这不仅使现有的保护模式在覆盖范围上存在"百密一疏"式的漏洞,而且恰恰因为对事中阶段的保护缺位,才导致前后几套法律文件都迟迟无法实现目的、取得共识。原因在于,事前预防具有前瞻性,意味着立法和政策都很难对尚未发生的跨国公司侵犯人权的行为作出提前而准确的判断,实效性无法得到保证。而事后救济具有个案性,在跨国公司雄厚的财力支撑下,诉讼中的救济

① Claire Methven O'Brien, "Confronting the Constraints of the Medium: The Fifth Session of the UN Intergovernmental Working Group on a Business and Human Rights Treaty", (2020) 5 *Business and Human Rights Journal* 150, p. 151.

赔偿或许就转化为跨国公司可接受的、较低的违法成本，很难杜绝侵犯人权的行为再次发生。

第二，在运行结构上凸显狭窄性。毫无疑问，跨国公司域外人权保护首先是一个国际法问题，但又不能仅仅是国际法问题，不能仅仅停留在国际法层面讨论。由于跨国公司都是以设立经济实体的形式在东道国开展生产经营活动，因此与跨国公司位于东道国的经济实体或分支机构具有最密切联系的法律体系，不是国际法，而是国内法。[①] 这意味着，工商业与人权的保护规范绝不能仅依赖于国际法，更要凭靠国内法尤其是与人权保护和企业合规经营相关的刑法、行政法、经济法、公司法、劳动法等法律部门发挥作用，集聚多元成果，形成保护合力。[②] 这本是法律实践的一项常识，但令人遗憾的是，上述三份法律文件都鲜见其他法律部门的参与，尽管不同时期的工作组成员都具备多元的法律背景；国际法特别是国际公法元素的“垄断”和“独占”，未免有些独木难支之窘。

第三，在权力配置上暴露出偏执性。这一局限主要是针对“预防—救济平衡模式”和“损害救济模式”而言的。强调运用司法实现救济，又被一些研究概括为“跨国司法补救”[③]，主要受到司法审查制度在西方主要法治国家普遍适用，以及非洲、南美洲等法治后发国家接受西方法律移植的影响。不过，笔者认为，这种模式可能

---

① 宋佳宁：《跨国公司国际刑事责任前瞻》，载《时代法学》2016年第2期，第120～121页；UN Human Rights Council, *Report of the United Nations High Commissioner for Human Rights, Improving Accountability and Access to Remedy for Victims of Business-related Human Rights Abuse*, A/HRC/32/19（2016）, paras. 11－12；UN Human Rights Council, *Improving Accountability and Access to Remedy for Victims of Business-related Human Rights Abuse: Explanatory Notes for Guidance*, A/HRC/32/19/Add. 1（2016）。

② Jena Martin, “It's Complicated: The Challenge of Prosecuting TNCs for Criminal Activity under International Law”,（2019）29 *Indiana International & Comparative Law Review* 219, p. 221.

③ 梁晓晖、刘慈：《构建联合国工商业与人权条约的规范路径选择与实现悖论》，第8页。

隐含了一个传统分权的逻辑,也就是默认法院在缔约国宪法秩序中,具有相对于议会和政府的独立地位和比较优势。这显然是片面的,不仅忽略了各国宪法法院和国家人权机构在保护人权上的功能,而且漠视了同样行使司法权或者准司法权的检察机关在单位犯罪领域的公诉和监督职能。[①] 换言之,上述两种模式忽略了各国政治结构客观存在的差异性。因为若使任何一种模式得到落实,都要依靠各缔约国自身的国内法体系。这就要求跨国公司域外人权保护的国际法规范模式,应当尊重缔约国的法秩序,尤其要承认各国国家结构的差异。这一点,也恰好与我国"追究跨国公司侵害人权的法律责任应充分尊重各国司法主权和法律原则,避免为各国规定一套全新的法律义务"的立场不谋而合。[②]

## 三、跨国公司域外人权保护模式的应然要素

从前文的讨论可以看出,无论是"风险预防模式""损害救济模式",还是处在过渡和折衷形态的"预防—救济平衡模式",都存在形形色色难以回避的问题,这些问题成为跨国公司域外人权保护特别是起草工商业与人权条约难以摆脱的桎梏。三种模式存在的局限性,不禁令人思考:如果在联合国层面创设一个体系化、规范化的跨国公司域外人权保护模式,并为尽可能多的缔约国和联

---

① UN Office of the High Commissioner for Human Rights, "The OHCHR Accountability and Remedy Project-Illustrative Examples for Guidance to Improve Corporate Accountability and Access to Judicial Remedy for Business-related Human Rights Abuse", https://www.ohchr.org/sites/default/files/Documents/Issues/Business/DomesticLawRemedies/ARP_illustrative_examples_July2016.pdf (Last visited 29 January, 2023); UN Human Rights Council, *Annual Report of the United Nations High Commissioner for Human Rights and Reports of the Office of the High Commissioner and the Secretary-General, Improving accountability and Access to Remedy for Victims of Business-related Human Rights Abuse: The Relevance of Human Rights Due Diligence to Determinations of Corporate Liability*, paras. 5-6.

② 邵奵:《"跨国公司及其他工商企业与人权"法律文书政府间工作组第五次会议综述》,载《中国国际法年刊(2019)》,法律出版社 2020 年版,第 361 页。

合国成员国所接受,这种模式究竟应当具有怎样的特点,满足怎样的标准?以下分析这一理想模式成立的应然要素。

## (一)保护范围的全方位性

保护范围始终是国际法上人权保护和宪法上基本权利保护的基本议题。保护范围的大小,直接决定了人权和基本权利实现的质量。① 一种保护机制假定能够覆盖某项人权和基本权利的方方面面,使得这项权利在规范上形成了完整的保障链条或者闭环,即被视为向该项权利提供了全方位的保护范围。在公法的话语体系下,所谓保护范围的全方位性,就是指当权利主体面对公共权力主体(包括但不限于国家、社会团体、跨国公司、互联网平台等)时,无论公共权力主体的具体行为在作出前、作出中还是作出后,无论公共权力主体的具体行为效力是合法还是违法,规范或者制度都能给予权利主体充分且必要的保障。否则,人权和基本权利便始终存在"百密一疏"式的不设防空间。这也是前文反复强调联合国对跨国公司的域外人权保护应覆盖事前、事中、事后的理由。本文认为,具体到工商业与人权领域,事前保护即风险预防,事中保护即停止侵害、排除妨碍、消除危险,事后保护即损害救济。现有三种模式能够提供风险预防和损害救济这两种保护,但尚无法有效处理和应对违法行为本身。这意味着,一旦预防措施失效(这种可能性是极大的),即便通过补救,跨国公司向受害者承担并履行了赔偿责任,违法状态很有可能继续存在。对此,借鉴刑法上"特殊预防"与"一般预防"的概念,如果存在一种保护模式,不仅能够制止、消除、停止跨国公司侵犯人权的违法状态、而且能够监督、引导、支持跨国公司完善内部合规管理和经营体系,从源头上避免生产经营对东道国人权的侵犯,就可以成为跨国公司域外人权保护

---

① Aharon Barak, *Proportionality: Constitutional Rights and their Limitations* (Cambridge University Press, 2012), pp. 19 - 20.

规范模式的更优选择。

有鉴于此,保护范围全方位性的倡议,还要兼顾人权保护与企业可持续经营的平衡。一如我国代表团所主张的,发展和人权不能偏废,发展权也是基本人权,发展权的实现有利于人权的充分保障。[①] 西方国家数十年乃至近百年的现代化进程充分证明,企业尤其是大型企业、跨国公司参与的工业化、城市化建设,为维护本国和东道国公民的经济、社会、文化权利提供了实实在在的保障。而且,面对吸引和利用外资的先天不足,作为《文书草案》呼吁者和拥护者的非洲国家,以及跨国公司较为集中的东南亚国家和南美洲国家,也时时显露出在发展与人权之间摇摆不定的犹豫。所以,如何辩证处理二者间的关系,考验着起草者和各缔约国的政治智慧和法治智慧。

## (二)运行结构的开放性

知识从来不存在边界,学科上形成的“隔行如隔山”的传统观念都是人为拟制出的“一亩三分地”。随着人类命运共同体意识和全人类共同价值等理念成为共识,国际秩序与国内秩序、国际环境与国内环境、国际循环与国内循环相互作用,国际(公)法的范围早已超出威斯特伐利亚体系形成之初赋予给它的狭小边界,而是在尊重一国主权、安全和发展利益的前提条件下,愈加需要国内法乃至法学学科整体的加持。换言之,只有充分吸收和借鉴国内法技术的国际法,才是“接地气”的国际法。更何况,跨国公司的域外人权保护,本就有必要主动与国内法相对接、相衔接。因此,一个规范化、法治化的工商业与人权知识体系、应用体系,在运行结构上应是开放的,不仅要体现国际法特色,而且要突出法学特色。

通览各法律部门的知识结构,能够对国际法的跨国公司域外

① 刘梦钊:《“跨国公司与人权”法律文书谈判缓慢推进——“跨国公司及其他工商企业与人权问题”法律文书政府间工作组第七次会议综述》,载《中国国际法年刊(2021)》,法律出版社2022年版,第446页。

人权保护提供智识支撑的不胜枚举。比如,法社会学中的系统论将跨国公司侵犯人权的行为视为社会子系统的扩张,主张摆脱民族国家宪法的有限效力范围,进入一种更为广阔的全球社会宪治的视角中;[①]刑事法中企业从事环境、劳动、卫生等领域的单位犯罪及其刑事责任的认定,以及近年来“合作型司法”理念下倡导的暂缓起诉制度、刑事和解程序、辩诉交易机制,将在一定程度上解决跨国公司侵犯人权行为的入罪和出罪问题;行政法针对市场主体在生产经营过程中存在的就业歧视、破坏生态环境、侵害生命健康权和劳动权等行为,运用许可、强制、处罚等进行政府监管,或指导、引导市场主体进行自我规制(self-regulation),能够为工商业与人权议题注入更多的公法色彩;公司法、环境法、劳动法等广义经济法领域中的企业社会责任理论、“环境、社会和公司治理”概念(Environment, Social and Governance, ESG)、[②]安健环管理体系(Safety, Health and Environment, SHE),有助于跨国公司自身从内部控制和合规经营的角度切入,塑造“企业公民”的社会身份。

## (三)权力配置的可接受性

国际条约的缔结,在程序上涉及一国立法机关的批准或一国中央政府的核准,在实体上涉及一国主权的让渡或一国国家机关(宪法机关)公权力的再分配。对于后者而言,国际条约对缔约国国家义务、责任的规定,都会直接作用于缔约国自身的权力配置。由于各国国家结构、宪法秩序迥乎不同,权力配置的过程和结果又因国而异,缔约最繁复而艰难的部分莫过于找寻一个取得多数国家共识的权力配置方案。

---

① 参见[德]贡塔·托依布纳:《匿名的魔阵:跨国活动中“私人”对人权的侵犯》,泮伟江译,载《清华法治论衡》第10辑,清华大学出版社2008年版,第280~313页;[德]贡塔·托依布纳:《宪法的碎片:全球社会宪治》,陆宇峰译,中央编译出版社2016年版。

② 详见朱慈蕴、吕成龙:《ESG的兴起与现代公司法的能动回应》,载《中外法学》2022年第5期。

本文认为,《文书草案》之所以到目前仍然存在原则性和方向性的争议,相当程度上是因为对国家司法补救机制要素的分歧。回顾前期召开的几次政府间工作组会议,各国对《文书草案》中有关司法管辖权、可适用的法律、诉讼时效的意见较大。而这些条款,无一不指向一国司法权特别是审判权、诉讼制度的分配。但平心而论,法院的裁判是否就一定是跨国公司域外人权保护和救济的万能良药?这种司法审查导向的缔约思路是否具有足够的实操性?正如前文所指出的,推崇"跨国司法补救",其前提条件不仅要求法院依法独立行使审判权,而且要求法院在一国的国家机构中处于纯粹制约其他机关的特殊地位。特别是对于后者来说,这种"制约型权力配置"的传统与新近发展的"合作型权力配置"理念是相悖的,很难从本质上引导跨国公司尊重和保障东道国公民的基本权利。因此,较为理性的方案,是适当摆脱"跨国司法补救"路径的执拗,将追责和维护东道国人权的重任交由更为适合的国家机构承担。这恰好因应我国代表团的一贯主张,那就是充分尊重各国司法主权和既有的保障人权的法律原则和规则,①不针对跨国公司这一类特殊主体另起炉灶重订规则,②为跨国公司和其他工商业企业的经营创造稳定、可预期的规则环境。③

---

① UN Human Rights Council, *Text of the Third Revised Draft Legally Binding Instrument with the Textual Proposals Submitted by States during the Seventh Session of the Open-Ended Intergovernmental Working Group on Transnational Corporations and Other Business Enterprises with respect to Human Rights*, A/HRC/49/65/Add. 1 (2022), p. 2.

② 龚雯聪:《"跨国公司与人权"法律文书谈判缓慢推进——"跨国公司及其他工商企业与人权问题"法律文书政府间工作组第六次会议综述》,载《中国国际法年刊(2020)》,法律出版社2021年版,第504页。

③ 刘梦钊:《"跨国公司与人权"法律文书谈判缓慢推进——"跨国公司及其他工商企业与人权问题"法律文书政府间工作组第七次会议综述》,第446页。

## 四、"合规整改模式"的提出

保护范围的全方位性与片面性,运行结构的开放性与狭窄性、权力配置的可接受性与偏执性……在跨国公司域外人权保护模式的应然与实然差异对比之间,似乎出现了探索一个崭新的国际法规范模式的学术可能。

本文提出,建立"以合规整改为中心的全过程保护模式"(简称"合规整改模式"),从理论上为《文书草案》和跨国公司域外人权保护模式提供有益参考和借鉴。合规(compliance)是企业国际化经营的安全带和生命线。在刑事法中,合规整改(compliance rectification)是一种辩诉交易,指各国检察机关办理单位犯罪(法人犯罪)时,在认定企业行为构成刑事违法的前提下,通过与企业订立暂缓起诉协议(deferred prosecution agreements)或不起诉协议(non prosecution agreements),要求或帮助企业制定体系化的专项合规计划(compliance program),降低企业经营的刑事风险。企业若在协议期限内完成整改并通过验收的,免予起诉或刑事处罚。在行政程序中,合规整改主要以行政和解的形式出现。[①]

人权与合规密切相关。尊重和保障人权,是企业合规经营的应有之义。德国刑法学家乌尔里希·齐白(Ulrich Sieber)指出,防止使用童工、强迫用工或者歧视、环境领域的社会利益等,都是合规计划的目标与价值。[②] 本文提出的联合国层面的"合规整改模式",便是在一定程度上参考和借鉴了国内法中的相关制度。跨国公司域外人权保护适用"合规整改模式"的预设情境是:在侵犯人权行为发生后,跨国公司位于东道国的经济实体承认东道国检察机关、行政主管机关指控的违法犯罪事实,并在两机关或者两机关

① 陈瑞华:《企业合规基本理论》,法律出版社2020年版,第151~174页。

② [德]乌尔里希·齐白:《全球风险社会与信息社会中的刑法:二十一世纪刑法模式的转换》,周遵友等译,中国法制出版社2011年版,第242~243页。

核可的独立第三方的监督和引导下,制定有针对性的整改方案和合规计划,消除生产经营过程中产生侵犯人权行为的制度隐患,经国家人权机构、法律服务中介机构、非政府组织、非营利组织或者国际组织东道国办事处等第三方评估合格后,说服检察机关、行政主管机关作出不起诉、和解、从轻减轻处罚、免除处罚等宽大处理,最终实现“去违法化”或“去犯罪化”目标的激励机制。

## (一)“合规整改模式”的基本构成

借鉴美国《联邦政府起诉商业组织的原则》①和《公司合规计划评估》②、英国《反贿赂法》③和《犯罪与法院法》④、新加坡《刑事司法改革法》⑤等域外公司刑事合规立法,以及我国《涉案企业合规建设、评估和审查办法(试行)》《关于建立涉案企业合规第三方监督评估机制的指导意见(试行)》等政策文件,用于工商业与人权领域的合规整改的有四个基本要素:

第一,整改(rectification)。跨国公司的东道国实体侵犯人权行为发生后,检察机关、行政主管机关在办理相关刑事案件或行政处罚案件过程中,要求该实体停止违法犯罪的事实状态,在承诺期限内提交专项合规计划,对内部治理结构、规章制度、人员管理等方面存在的问题进行整改。

第二,评估(assessment)。检察机关、行政主管机关组织选任国家人权机构、法律服务中介机构、非政府组织、非营利组织或者国际组织东道国办事处建立评估小组,对整改有效性进行评估,形成评估报告,并提出评估意见。检察机关、行政主管机关对评估报

① United States Department of Justice, Justice Manual, Title 9 - 28.800 - Corporate Compliance Programs.

② United States Department of Justice, Criminal Division, Evaluation of Corporate Compliance Programs (Updated June 2020).

③ UK, The Bribery Act 2010, Section 7.

④ UK, The Crime and Courts Act 2013, Section 45.

⑤ Singapore, The Criminal Justice Reform Act 2018, Section 149.

告进行审查,将评估意见作为量刑量罚的重要参考。

第三,激励(incentives)。经评估和审查,跨国公司驻东道国实体确已采取措施制止侵犯人权的违法犯罪状态持续,企业在生产经营和内部治理中出现的漏洞已经得到弥补,检察机关、行政主管机关可以作出宽大处理,从轻、减轻或者免除跨国公司驻东道国实体的法律责任。如果评估和审查未通过,检察机关、行政主管机关依照东道国法律规定的量刑和处罚额度,追究跨国公司驻东道国实体的法律责任。

第四,诉前(*ante litem motam*)实现保护目标。诉讼风险一直是跨国公司较为关注的经营风险,跨国公司往往倾向于支付巨额资金将纷争止于诉前,摆脱诉讼纠缠。由于合规激励的存在,人权保护的重心由诉中的审判程序前移到了诉前的审查起诉和行政程序,为跨国公司配合做好整改提供了契机。在诉前阶段,案件尚未进入法院,法院无法发挥司法审查的作用,代表国家进行追诉的检察机关以及代表国家进行监管的行政主管机关有必要居于主导地位,通过行使检察裁量权或行政裁量权,在保留法定追责渠道的前提下,激励和督促跨国公司驻东道国实体重回合规正轨。

### (二)跨国公司域外人权保护适用“合规整改模式”的必要性

以辩诉交易为内核的合规整改,近年来渐趋成为各法治发达国家惯常适用的刑事司法政策。将其改造为跨国公司域外人权保护的规范模式,主要考虑其与前述列举的三重要素较为吻合,具有突出的适用价值。

第一,因应保护范围的全方位性。“合规整改模式”激活于事后、作用于事中、起效于事前。激活于事后,是指合规整改应以发生跨国公司侵害人权行为,且被东道国检察机关或行政机关立案受理为前提,从而一方面得以保证整改始终处于司法程序、行政程序等法律程序中,另一方面得以保证整改始终以消除涉案侵权行为作为目标任务。作用于事中,是指整改聚焦跨国公司东道国实体在生产经营和内部治理上暴露出的问题,使其立即采取措施,停止侵害、排除妨碍、消除危险。起效于事前,是指整改形成的专项合规计划,在实施过程中将有助于完善公司章程和公司治理文件,从制度上有效避免跨国公司驻东道国实体侵犯人权行为再度发生。这种全方位、全过程的保护模式,可以在很大程度上为跨国公司及其驻东道国实体提供稳定的期待可能性,使其在侵犯东道国人权后既不至于被逐出市场,又不至于逍遥法外,在发展与人权的平衡中继续保持与东道国的合作关系。

第二,适应保护结构的开放性。一个开放的工商业与人权,足以容纳来自其他法律部门的任何可资借鉴的成果。在刑事法领域,合规整改的理论基础和实践经验已经比较成熟,其影响力波及行政法、公司法等部门,实现了由单纯的"治罪"向综合的"治理"的转变。正如日本学者川崎友巳指出:"作为预防犯罪的自主性对策,合规计划兼具质(内容的充实)与量(适用范围的扩大)两方面,达到了可期待其充分发挥效果的水平。"[①]这也为合规整改走出国内法,走向国际法奠定了基础。

第三,顺应权力配置的可接受性。我国代表团在政府间工作组第五次会议上指出:"追究跨国公司侵害人权的法律责任应充分尊重各国司法主权和法律原则,避免为各国规定一套全新的法律义务。"[②]在"合规整改模式"中,发挥主导作用的不再是审判机关(至少不再局限于审判机关),而是检察机关和行政主管机关。检察机关(检察官)在一些国家属于司法机关,位于法院序列;在一些国家属于行政机关,位于政府(司法部)序列。其在刑事诉讼法中处于公诉人的地位,也就是就违法犯罪行为代表国家向法院提

① [日]川崎友巳:《合规计划的现状》,曾文科译,载李本灿等编译:《合规与刑法:全球视野的考察》,中国政法大学出版社2018年版,第21页。

② 邵妩:《"跨国公司及其他工商企业与人权问题"法律文书政府间工作组第七次会议综述》,第362页。

起刑事诉讼,职责较为独立,具有较为自由的裁量权。检察裁量权的存在,使得《文书草案》即便对检察机关在保护工商业与人权上的职能作出了规定,也无法影响检察官是否起诉、法院如何审查,不会对一国司法权尤其是司法主权造成干预,从而更容易取得各缔约国的共识。行政主管机关在履行执法程序时行使的裁量权空间与检察权类似,现有的各类国际执法合作机制可以为东道国行政主管机关监督激励跨国公司推进合规整改搭建沟通平台。

## (三)“合规整改模式”的国内法和国际法基础

1. 国内法基础

为一个国际法问题寻找国内法基础,并非无的放矢。尽管有工商业与人权领域的学者因“长期以来,在法律层面,工商企业承担的责任,往往仅通过国家在民法、刑法、劳动法,以及土地、行政许可等领域的规范来设置”①而大有心余力竭之感,但“合规整改模式”揭示了,意欲真正解决跨国公司域外人权保护问题,是无法单凭国际法而忽视、架空国内法的。只有明确了“合规整改模式”具有国内法基础,才能在母国与东道国之间、跨国公司与国家之间、国际法与国内法之间连接起一条线,才不至于使“合规整改模式”成为无源之水、无本之木。

前文已及,合规整改和与之相关的辩诉交易理念,已在数十年间跻身美国、英国、加拿大等域外法治发达国家的主要刑事司法政策;暂缓起诉协议或延迟起诉协议、不起诉协议、和解协议均已成为这些国家刑事诉讼法、行政法、市场规制法的正式制度,并被频繁运用到跨国公司、大型企业的单位违法犯罪治理当中。近年来,我国也积极落实宽严相济的刑事政策,提出认罪认罚从宽制度,并由最高人民检察院联合多部门在全国范围内开展涉案企业合规改

① Radu Mares,张万洪:《工商业与人权的关键议题及其在新时代的意义——以联合国工商业与人权指导原则为中心》,载《西南政法大学学报》2018 年第 2 期,第 43 页。

革试点,帮助企业,特别是中小企业,从治理根源剔除违法犯罪风险,恢复合规经营秩序。由此可见,“合规整改模式”的实施在主要跨国公司的母国已不存在法律障碍。

考虑到人权侵犯行为的发生地多为跨国公司分支机构所在的东道国,因此更有必要考察位于非洲、东南亚、南美的发展中国家、不发达国家有无辩诉交易的立法例。在南非,辩诉交易自 20 世纪 70 年代起,已实际运行了数十年时间。[①]南非于 2001 年年底修改的《刑事诉讼法》在第 105(A)条中新增了“认罪与量刑协议”(plea and sentence agreements)条款,规定检察官在授权后,可以同被告人谈判协商并签署协议。法庭将对该协议进行审查,并根据协议来确定最终的判决内容。[②] 在肯尼亚,《刑事诉讼法》第 137 条确立了认罪协议(plea agreements)制度,[③]检察官可依照法定情形与被告签订认罪协议,以换取后者从轻、减轻刑罚或撤销指控。肯尼亚还于 2018 年制定了作为该条款实施法的刑事诉讼规则(认罪协议),进一步对认罪协议适用的程序和实体问题进行了细化。[④] 此外,乌干达在 2016 年实施的《司法(辩诉交易)规则》,也设定了类似制度。[⑤]

2. 国际法基础

国际法层面的合规整改和辩诉交易的制度,主要应用于国际

---

① Richard Adelstein, “Plea Bargaining in South Africa: An Economic Perspective”, (2019) 9 *Constitutional Court Review* 81, p. 82.

② South Africa, The 2001 Criminal Procedure Second Amendment Act, https://www.justice.gov.za/legislation/acts/2001-062.pdf (Last visited 29 January, 2023).

③ Kenya, The Criminal Procedure Code (revised edition 2012), Section 137(A)-(O), http://www.kenyalaw.org/kl/fileadmin/pdfdownloads/Acts/CriminalProcedureCode_Cap.75.pdf (Last visited 29 January, 2023).

④ Kenya, The 2018 Criminal Procedure (Plea Bargaining) Rules, http://www.kenyalaw.org:8181/exist/kenyalex/sublegview.xql?subleg=CAP.%2075 (Last visited 29 January, 2023).

⑤ Uganda, The 2016 Judicature (Plea Bargain) Rules, https://old.ulii.org/ug/legislation/statutory-instrument/2016/2016 (Last visited 29 January, 2023).

金融反腐败领域。世界银行为应对贷款和投资过程中潜在的腐败问题,在合规调查和制裁体系中设有专门的制裁解除制度,历经数十年发展已较为成熟。欧洲复兴开发银行、亚洲基础设施投资银行等区域多边金融机构的制裁机制也参照适用世行集团的制裁机制,并在相互之间达成约定实行交叉制裁、同业制裁机制,[①]进一步扩大了制裁解除的覆盖面和影响力。因此,以世行集团的制裁解除机制为代表,可以作为"合规整改模式"的重要国际法基础之一。基于此,本文以世行集团的制裁解除机制为研究对象,探寻将该机制要素融入"合规整改模式"的可能性。

根据《世界银行诚信合规指南》(World Bank Group Integrity Compliance Guidelines)、《世界银行制裁程序》(World Bank Sanctions Procedures)等规定,在世界银行的附条件解除制裁程序下,例如,若借款人存在腐败、欺诈、串通、胁迫或妨碍行为,在世界银行作出最终制裁前,被制裁人可以与世行廉政局(Integrity Vice Presidency,INT)达成和解,及时采取补救措施,严格实施合规计划。[②] 被制裁人应定期向世界银行认可的诚信合规官(Integrity Compliance Officer,ICO)或者通过自己聘请的合规监察官向诚信合规官汇报合规整改情况和诚信合规计划落实情况,并按期提出解禁申请。如诚信合规官认为被制裁人整改已达标,则根据和解协议约定解除对被制裁人的相应制裁。从结果来看,满足制裁解除的条件是较为严格的。根据《世界银行集团2022年制裁报告》,世界银行在2018至2022财年共实施了274项制裁,其中只有117

① Agreement for Mutual Enforcement of Debarment Decisions, https://www.afdb.org/fileadmin/uploads/afdb/Documents/Generic-Documents/Agreement_for_Mutual_Enforcement_of_Debarment_Decisions-1.pdf (Last visited 29 January,2023).

② World Bank Group, "General Principles and Guidelines for Sanctions", Settlements, https://thedocs.worldbank.org/en/doc/04f3eb81823dd7d82e24141c33d962a1-0090012021/original/General-Principles-and-Guidelines-for-Sanctions.pdf (Last visited November 1,2022).

项是以签署和解协议的形式完成的。[①]

实际上,世界银行重点制裁的腐败及其关联行为本身,就是国际人权法领域重点关注的内容之一。[②] 一方面,世界银行聚焦的一些发展议题以及制定的合规领域指导性文件,对包括跨国公司在内的私营机构申请人的人权保护和合规治理起到了导向作用。另一方面,世界银行向跨国公司提供的许多投资和贷款项目,对改善当地生态环境、民生、劳动者权益也起到了促进和示范作用。比如,根据世界银行 2016 年编制的《环境与社会框架》及其系列标准,[③]其作出的环境与社会治理标准、投资项目融资的环境与社会政策、对残障和弱势个人或群体的风险和影响指令等适用于 2018 年 10 月 1 日以后的所有投资和贷款项目。此外,从涉 Construtora Norberto Odebrecht S. A. 公司裁决[④]等既往案例来看,世界银行以和解协议的方式对跨国公司解除制裁,不仅对后者的违规行为形成有效震慑,而且通过合规激励,有效规范和改善了后者在欠发达地区的生产经营环境,达到了合规整改的目标。因此,可以说在国际金融反腐败领域得到广泛适用的制裁解除机制,如果能够继续应用于跨国公司的域外人权保护,将显著增强工商业与人权在国际层面的体系化水平。

---

① World Bank Group, *World Bank Group Sanctions System Annual Report for Fiscal Year 2022*, p. 53.

② UN Human Rights Council, *The Role of Good Governance in the Promotion and Protection of Human Rights*, A/HRC/RES/51/5 (2022), paras. 2,3.

③ World Bank, "World Bank Environment and Social Framework", https://www.worldbank.org/en/projects-operations/environmental-and-social-framework (Last visited 29 January, 2023).

④ World Bank Group, *World Bank Group Sanctions System Annual Report for Fiscal Year 2022*, p. 18.

## 五、“合规整改模式”与两种模式的衔接及法定化路径

上一部分就“合规整改模式”的基本要素、必要性和法律基础所作的论述，大致描绘出了该模式的理论图景。同时，本文深知，一种新的联合国跨国公司域外人权保护模式的提出，绝不是孤立无援、另起炉灶的，必须恰如其分地融入联合国框架下的既有模式当中，必须循序渐进地实现各层级立法的法定化。于是，就有必要讨论“合规整改模式”与另外几种模式的衔接，尤其是与《文书草案》主要制度之间的衔接问题，并勾勒出“合规整改模式”的国际法成文化路径。

### （一）风险预防、损害救济与合规整改的衔接

将合规整改引入联合国层面的跨国公司域外人权保护机制，犹如人体器官的移植——如果说上文法理基础的证立意味着“移植”具有必要性，那么分析合规整改与风险预防、损害救济的衔接问题，就好像检视“移植”前后、新旧器官之间是否产生排异反应。

第一，风险预防与合规整改的衔接。在所有预防制度中，目前最受关注的，莫过于《指导原则》和《文书草案》第6条拟定的人权尽责义务和人权尽责措施，包括影响评估、与弱势群体协商磋商、报告非财务事项、人权尽职调查等。理论与实践也紧盯强制性人权尽责立法，希望将此作为工商业与人权发展的突破口。[①] 但诸如此类漫无目的、一般化的预防，难以对跨国公司构成实质性的约

① 相关国内研究，参见唐颖侠：《强制性人权尽责立法的考量因素与类型化研究》，载《人权研究》2022年第1期，第39～62页；张怀岭：《德国供应链人权尽职调查义务立法：理念与工具》，载《德国研究》2022年第2期，第59～84页；李卓伦：《企业人权尽责实施的模式、取向及启示》，载《社会科学论坛》2022年第3期，第127～140页；李卓伦：《全球供应链治理视角下跨国公司人权尽责的法律规制》，载《人权法学》2022年第4期，第126～148页。

束,往往在实施中流于形式,效果难以保障。而在"合规整改模式"中,上述人权尽责义务和尽责措施可以转化为合规整改的评估考核内容,纳入跨国公司的整改任务,使得跨国公司在整改中逐步通过修改公司章程和治理文件,明确为公司内部治理的规章制度,便于在侵犯人权行为发生后,有针对性地实现"以案促改",解决治理漏洞,消除人权风险。

第二,损害救济与合规整改的衔接。《文书草案》第 8 条有关法律责任的规定,以民事责任作为跨国公司承担责任的主要形式。这意味着,东道国的受害者主要以民事诉讼的途径主张权利。而域外司法实践表明,在与大型企业的法律对峙中,无论是实体上还是程序上,普通公民都难以从法律上获得倾斜性的保护。显然,这种损害救济是缺少强制力的保障的。而"合规整改模式"以刑事责任和行政责任为主,对受害者的民事赔偿是附随于检察机关、行政主管机关推动的合规整改的。从另一个角度看,在合规整改中,对受害者的赔偿力度,一定程度上反映了跨国公司东道国实体配合整改的诚意,因此也会在一定程度上影响对整改的评估。而且,合规整改只是为人权保护的司法过程画上了阶段性的分号,而非终局性的句号。如果跨国公司的整改,未能满足行政主管机关和解协议、检察机关暂缓起诉协议或不起诉协议的要求,可以视为协议的生效条件未成就,行政主管机关依旧可以作出行政处罚决定,检察机关依旧可以提起公诉,法院依旧可以判决承担刑事责任或刑事附带民事责任。

### (二)"合规整改模式"的国际法成文化

国际法成文化是"合规整改模式"从设想走向现实的必由之路。为使合规整改成为各国工商业与人权保护的共识,有必要在坚持和平共处五项原则的前提下,通过双边或多边外交活动,提出以合规整改推进跨国公司域外人权保护全球治理的可行性意见和建议,从而化国内法律制度为国际公共产品,并助推"中国制造"

的国际法律公共产品因地制宜地实现在地化和本土化。

第一,借助《文书草案》谈判,提出增设"合规整改"专条或专款的缔约建议,将"合规整改模式"以法定化形式纳入联合国关于跨国公司与人权保障的立法框架内。在2022年11月举行的第八次政府间工作组会议谈判中,各参会国依旧希望继续深入探索建设以政府为主导的问责机制。① 尽管根据本文构想,建立以合规整改为中心的全过程保护模式的思路能够在逻辑上实现自洽,但考虑到目前条约谈判已进展多轮、草案内容已初具雏形,此时提出更换条约整体思路的建议,颇有"推倒重来""另起炉灶"的意味,并不利于推进条约谈判进程,故可以"将合规整改模式"压缩为《文书草案》的一个或数个条款。具体来说,《文书草案》可考虑规定:针对因工商企业的经营活动造成的人权侵害,缔约国检察机关和行政主管机关在受理相关刑事案件或者行政案件时,可以依照本国法律与从事商业活动的法人进行辩诉交易、签订认罪协议;从事商业活动的法人应向缔约国检察机关和行政主管机关书面承诺,承认跨国性质的商业活动造成了人权侵害,及时采取措施制止违法犯罪状态的持续,充分赔偿受害人的人身财产损失和环境污染损失,修改公司章程和治理文件,确保生产经营和内部治理合规特别是符合尊重和保障人权的理念;缔约国检察机关和行政主管机关设定合理的合规整改期限,并组织国家人权机构、法律服务中介机构、非政府组织、非营利组织或者国际组织的东道国办事处对整改情况进行独立的第三方评估;缔约国检察机关和行政主管机关应对评估报告和合规整改报告进行审查,并将审查结果作为暂缓起诉、不起诉、从轻减轻或免除处罚等法律文书的重要参考依据。

第二,利用我国倡导发起的国际组织,推广"合规整改模式"

---

① UN Human Rights Council, *Draft Report on the Eighth Session of the OEIGWG*, A/HRC/52/XX.

作为成员国(地区)内解决工商业与人权问题的优先方案。近年来,我国积极参与全球治理体系改革和建设,先后发起了国际竹藤组织、上海合作组织、金砖国家新开发银行、亚洲基础设施投资银行等政府间国际组织。其中,上海合作组织、金砖国家合作机制还定期召开总检察长会议,不断深化检察领域国际刑事司法合作。特别是这些国际组织成员方大多为发展中国家(地区),同时为跨国公司的母国(地区)和东道国(地区),直面企业在经营中出现的人权风险和法律风险。在此情况下,我国可通过此类多边外交途径,主动推广在企业合规改革过程中取得的先进经验,并积极运用到跨国公司域外人权保护中,推动"合规整改模式"通过法定程序进入国际组织会议纪要、合作文件、法律文书,把合规整改打造为成员国(地区)内保护工商业与人权的品牌和典范。

第三,加强双边刑事司法合作,促进"合规整改模式"成为中国海外企业应对人权合规风险的解决办法。在中国企业远渡重洋、走向海外的同时,一些中国跨国公司的东道国实体因不熟悉当地法律,在经营过程中时常遇到人权合规风险,引起较多误会,困扰企业发展。其实,对走出去的中国跨国公司来说,一方面需要支付成本,掌握并评估各国的法律制度和法律文化;另一方面当然希望自己相对熟悉的法律实践能够被引入与目标国家商业伙伴的合作中,从而有效降低交易成本,控制法律风险。[①] 为此,我国在同跨国公司较为集中的非洲、南美洲、东南亚国家进行双边来往时,可以考虑在尊重东道国法律体系的前提下,通过双边刑事司法合作,推动"合规整改"成为解决中国海外企业人权合规风险的主要办法,从而在两国检察机关共同协作配合下,引导和帮助中国海外企业增强合规经营水平,减少因司法纠纷引起的贸易摩擦,维护中国海外企业合法权益和竞争优势,并为东道国人民带来可观的经

---

① 参见鲁楠:《"一带一路"倡议中的法律移植——以美国两次"法律与发展运动"为镜鉴》,载《清华法学》2017年第1期,第31页。

济效益和社会效益。

## 结　语

论述至此，本文的初步结论是：从《责任草案》到《指导原则》再到《文书草案》，联合国层面关于跨国公司与人权保障的三份法律文书在形式和内容上都具有十分鲜明的特点，本文将其分别归纳为“风险预防模式”“预防—救济平衡模式”“损害救济模式”。不过，这三种模式也暴露出了当前联合国规制跨国公司域外人权保护存在的问题，即保护范围的片面性、运行结构的狭隘性、权力配置的偏执性。这些问题始终阻碍着工商业与人权条约的缔约进程。一种理想的跨国公司域外人权保护的国际法规范模式，应当在保护范围上具有全方位性，在运行结构上具有开放性，在权力配置上具有可接受性。借鉴于刑事法、植根于本土，由整改、评估、激励、诉前实现保护目标四部分构成的“合规整改模式”，能够因应保护范围的全方位性，适应保护结构的开放性，顺应权力配置的可接受性，具有适用于跨国公司域外人权保护的必要性。“合规整改模式”以国内法和国际法基础为支撑，能够与风险预防、损害救济实现较好地衔接，并清晰地描绘出国际法成文化路径，在实操上具有可行性。

法律是人类为了共同利益，由人类智慧遵循人类经验所做出的最后成果。蹄疾步稳的经济全球化进程和全球治理进程，使得人类命运共同体的意识愈加深入人心、引发共鸣。在此背景下的国际法特别是国际人权法已然不是一座孤岛，而是不断需要来自国内法和其他法律部门传送的给养丰富自身。习近平主席强调，要推动全球人权治理朝着更加公平公正合理包容的方向发展。①

---

① 参见《习近平向全球人权治理高端论坛致贺信》，载《人民日报》2023年6月15日，第1版。

工商业与人权领域的理论和实践也应尽快摆脱“就人权论人权”“就条约论条约”的被动局面,努力兼顾学术研究的规范性(standardization)与法学研究的规范性(normalization)。在这当中,中国学者更应以实际行动践行全球安全倡议、全球发展倡议和全球文明倡议,认真汲取诸如认罪认罚从宽、涉案企业合规改革、公益诉讼等近年来我国刑事司法实践孕育的宝贵成果,坚守本土实践这块“富矿”和“沃土”,总结提炼出富有解释力的观点、主张和理论,为完善全球人权治理提出中国方案、贡献中国智慧。

## Modes of Norms of International Law to Regulate Extraterritorial Human Rights Protection of Transnational Corporations

LIU Ci　ZHOU Lei

**Abstract**: The three legal instruments under the United Nations, which are Norms on the Responsibilities of Transnational Corporations and Oher Business Enterprises with Regard to Human Rights, Guiding Principles on Business and Human Rights: Implementing the United Nations "Protect, Respect and Remedy" Framework and the International Legally Binding Instrument to Regulate, in International Human Rights Law, the Activities of Transnational Corporations and Other Business Enterprises, have very distinctive features in their forms and contents. These three modes of norms of international law regulating transnational corporations' extraterritorial human rights protection from the perspective of the United Nations could be concluded as the mode of risk prevention, the mode of balancing between prevention and remedy, and the mode of remedy for damage. Nevertheless, the three modes reveal problems existing in the regulation of transnational corporation's extraterritorial human rights protection under relevant mechanisms of the United Nations, that are one-sidedness of scope of protection, narrowness of operation structure and tendentiousness of power allocation. These problems have always been hindering the negotiation of treaties on business and human rights. An ideal mode of transnational corporations' extraterritorial human rights protection should be comprehensive in its scope of protection, open in its operational structure and acceptable in its allocation of power. Referring the ideas in criminal law and rooted in domestic law system, the mode of compliance rectification, consisted of rectification, assessment, incentives and *ante litem motam* realization of the goal to protect, may meet the above requirements and is therefore necessary for the protection. The mode of compliance rectification is based on both domestic law and international law. It can successfully connect risk prevention and remedy for damage. Meanwhile, it can clearly depict its path of international legalization and is thus practicable in operation.

**Key Words**: business and human rights; transnational corporations; mode of norms; compliance rectification

# RCEP联合委员会的条约解释规则及中国参与路径研究*

娄卫阳**

**摘要**:RCEP联合委员会可以在缔约方大会框架下作出条约解释,它属于《维也纳条约法公约》第31条第3款(a)项下的嗣后协定。RCEP尚未明确规定联合解释对国际裁判机构的约束力,这可能导致国际裁判机构适用RCEP联合解释的不确定性。根据国际争端解决实践,RCEP联合解释也可能在程序方面和实体方面面临国际裁判机构的审查。值得注意的是,RCEP联合委员会通过的联合解释应避免超出条约解释范畴,防止RCEP联合解释成为争端解决的阻碍因素。为了充分发挥联合委员会解释RCEP条款的作用,RCEP联合委员会可以通过发布《RCEP联合解释程序规则》来细化联合解释规则,规则中应包括RCEP联合解释对国际裁判机构的约束力、RCEP联合解释的文件形式、RCEP联合解释对投资仲裁的溯及力以及RCEP联合解释对具体争议的处理期限等内容。为了维护国家利益和推进RCEP有效实施,中国应积极引领和参与RCEP联合委员会的条约解释工作,选择合适的条约解释议题,提供可以被RCEP其他成员广泛接受的方案,并推动

* 本文为中国法学会2022年度部级法学研究一般课题“全球治理体系下缔约方联合解释规则及中国参与路径研究”[项目编号:CLS(2022)C55]阶段性成果。

** 上海政法学院上海司法研究所助理研究员,法学博士。

RCEP 联合解释的达成。

**关键词**:RCEP 联合委员会;缔约方联合解释;嗣后协定;协商一致;人类命运共同体

2022 年 1 月 1 日,《区域全面经济伙伴关系协定》(Regional Comprehensive Economic Partnership Agreement,RCEP)正式生效。RCEP 的生效实施,将为区域乃至全球贸易投资增长、经济复苏和繁荣发展作出重要贡献。鉴于缔约方之间的利益差异和条文本身的表达困境,在缔约方对 RCEP 某些条款有不同理解时,则需要通过条约解释来明确缔约方之间的权利义务关系。RCEP 规定设立联合委员会,由每一缔约方指定的高级官员组成,联合委员会在适当和必要时对协定的条款作出解释。RCEP 联合委员会的条约解释(以下简称 RCEP 联合解释)有助于明确缔约方权利义务从而减少争议,同时防止国际裁判机构的条约解释偏离当事国的真实意图。为避免缔约方对 RCEP 条款解释上的分歧,应充分发挥联合委员会解释 RCEP 条款的作用,增加 RCEP 规则的趋同理解。

这将涉及两个基本问题:其一,缔约方之间如何对争议条款达成一致且合理的解释;其二,缔约方达成的联合解释如何约束国际裁判机构。[①] 本文将首先对 RCEP 联合解释规则进行解析,其次分析 RCEP 联合解释约束国际裁判机构可能引发的争议以及完善规则的思路,最后探讨中国参与 RCEP 联合解释工作的路径。

## 一、RCEP 联合委员会的条约解释规则

RCEP 第 18.3 条规定了 RCEP 联合委员会的职能,其中第 1 款第 3 项规定“讨论在本协定的解释或适用时可能出现的分歧,并

① “国际裁判机构”包括国际法庭或法院、投资仲裁庭、贸易争端专家组和上诉机构等司法或准司法性质机构。也有文献中采纳“国际裁决机构”“国际司法机构”等表述,本文不作特别区分,统一表述为“国际裁判机构”。

且在其认为适当和必要时对本协定的条款作出解释”,这表明RCEP联合委员会是由缔约方代表组成的条约解释机构,可以根据需要适时发布条约解释。RCEP联合委员会的条约解释职能意味着缔约方有意将争端解决的控制权放在自己手中,而不完全依赖于国际裁判机构。条约解释是澄清条约含义的过程,RCEP联合解释规则可以从条约解释主体、客体、效力等方面进行解析。另外,RCEP联合解释属于缔约方联合解释模式,RCEP联合委员会的表决机制影响着条约解释的生效方式,也是RCEP联合解释规则的重要因素。

### (一)RCEP联合解释的主体

条约解释的主体是判断所作解释是否为有权解释的依据,由条约本身规定。李浩培教授认为,对条约作出“有权解释”的主体包括缔约方或“根据当事国共同同意”而解释有关条约的国际裁判机构。① 通常情况下,条约缔约方、国际组织、国际裁判机构在一定程度上具有条约解释权的合法性基础和主体资格。② 其中,缔约方当然享有条约解释权,国际组织和国际裁判机构在条约机构设置和授权下享有条约解释权。

缔约方联合解释可以通过条约下设立常设机构发布,也可以通过临时磋商对条约解释问题达成协议。③ 缔约方联合解释模式不是RCEP首创,已经广泛存在于各类条约中。例如,在双边自由贸易协定(Free Trade Agreement,FTA)或双边投资协定(Bilateral Investment Treaty,BIT)设置贸易或投资委员会。2015年韩国—新西兰FTA第170条第3款第4项规定了自由贸易委员会可以发布

---

① 李浩培:《条约法概论》(第二版),法律出版社2003年版,第347页。

② James Crawford, *Brownlie's Principle of Public International Law* (New York: Oxford University Press, 8th edn, 2012), pp. 378 – 379.

③ 靳也:《国际投资仲裁程序规则中的缔约国条约解释机制研究》,载《武大国际法评论》2017年第5期,第89页。

本协定条款的解释。又如,在区域经贸协定中,《美加墨协定》(U.S.-Mexico-Canada Agreement,USMCA)的前身《北美自由贸易协定》(North American Free Trade Agreement,NAFTA)设立了常设机构自由贸易委员会(Free Trade Commission,FTC),FTC由美国贸易代表、加拿大国际贸易部长和墨西哥经济秘书组成,其职能包括对协定条款作出解释。再如,根据《马拉喀什建立世界贸易组织协定》(Marrakesh Agreement Establishing the World Trade Organization,以下简称《WTO协定》)第9条第2款的规定,部长级会议和总理事会拥有通过对本协定和多边贸易协定所作解释的专有权力。

根据RCEP第18.5条第1款规定,联合委员会以缔约方每年召开会议的形式开展RCEP的实施和执行工作。因此,RCEP联合解释区别于缔约方单方面作出的解释,而是在缔约方大会框架下产生,以缔约方大会决议形式发布。

### (二)RCEP联合解释的客体

条约解释的客体即解释过程所指向的条款。理论上而言,RCEP没有对联合委员会的条约解释范围进行限定,RCEP联合委员会可以对协定所有条款发布解释。RCEP不仅在联合委员会的机构职能中规定了条约解释权,而且在部分章节也强调了RCEP联合委员会的条约解释职能。例如,RCEP第12.17条规定:“如缔约方就本章的解释和适用存在任何分歧,有关缔约方应当首先善意进行磋商……如果磋商未能解决分歧,参与磋商的任何缔约方可将该事项提交至RCEP联合委员会……”因此,在缔约方善意磋商而未能解决分歧的情形下,电子商务条款相关争议应由RCEP联合委员会进行解释。RCEP联合委员会下设四个附属机构,他们可以向RCEP联合委员会提出条约解释方面的建议。RCEP第18章附件一规定了RCEP联合委员会的附属机构的职能,其中货物贸易委员会的职能包括“如有必要,审查并向RCEP

联合委员会在以下方面提出合适的建议……对第3章(原产地规则)进行有效和一致的管理,包括其解释和适用……"因此,RCEP联合委员会可以考虑货物贸易委员会向其提交的关于解释和适用原产地规则的意见。

从国际实践来看,RCEP联合委员会只会对特定有争议条款发布解释。首先,条约解释发生在缔约方就某项条款的含义有不同理解时,需要通过条约解释明确缔约方之间的权利义务。对于不易发生争议或不会对缔约方权利义务产生影响的条款,RCEP联合委员会无须发布相关解释。其次,RCEP联合解释需要缔约方就条约解释形成共同理解。对于影响缔约方权利义务的条款,要求具有不同政治理念、战略利益和发展水平的缔约方达成共识,这本身就是一项困难的工作。例如,WTO成立以来,尽管反倾销调查领域涉及"归零法"的贸易争端反复出现,但WTO部长级会议和总理事会却没能通过关于"归零法"的权威解释。[①] 最后,联合委员会的机构设置通常独立于争端解决条款之外,其所扮演的角色是缔约方进行对话沟通的常规机制。在国际裁判机构存在的情况下,联合委员会主要是作为双方的联络点,提供外交磋商的平台,并可能在调停、斡旋、调解的自愿程序中担任中间机构,并不扮演争端解决机制中的核心角色。[②]

因此,RCEP联合委员会只在"认为适当和必要时"才会对本协定的条款作出解释,至于"适当"和"必要"的具体标准,还有待于条约解释实践加以明确。

### (三)RCEP联合解释的生效方式

RCEP第18.4条第1款规定"RCEP联合委员会应当以协商

---

① 张乃根:《论条约的"立法"解释及有关问题——以WTO争端解决为视角》,载《法治研究》2017年第1期,第93页。

② 尚珮璇:《中美第一阶段协议争端解决机制的路径选择:法律规则与政治逻辑》,载《上海对外经贸大学学报》2021年第1期,第70页。

一致的方式对任何事项作出决定”。该条款的脚注对“协商一致”作了进一步说明,“如出席会议的任何缔约方未对拟议决定提出异议,则应当视为 RCEP 联合委员会以协商一致的方式作出决定。如一缔约方未出席会议,该决定应当向该缔约方散发供其考虑,在需要时寻求澄清,并且该缔约方可以在该决定散发后 14 天内表达其承认”。

缔约方大会有关实施和执行条约职能的决定通常以协商一致的方式通过,这种议事规则是为了缔约方之间尽最大努力就实质性事项达成一致意见。联合国秘书处法律事务厅依照联合国大会 2006 年 9 月 8 日第 60/286 号决议发布的“关于某些程序性问题的评论”表明,协商一致通常被理解为一个决策进程,以没有正式反对意见也不通过正式投票的方式作出决定。[①] 作为成员方之间经过广泛地协商而不投票使议案通过的方式,协商一致以温和的态度表达了成员方对议案的态度,实际上就是在进行“表决”。因此,协商一致表决属于表决机制的范畴。[②]

协商一致是区域性条约、全球性公约和 WTO 等国际组织的重要表决机制。协商一致表决机制能够缓和传统投票表决机制中的对抗性,满足主体之间利益最大化需求,有利于促进成员方之间“共同体意识”的形成。[③] 但是,协商一致表决机制存在一定不足,如在表决中因反复协商导致表决时间成本高昂、对表决事项允许解释或保留导致表决事项的不明确性以及表决结果在实际执行中的表面一致性。[④] RCEP 成员方在政治经济体制、发展水平、规模

---

① UN Secretariat,“Consensus in UN Practice: General”, http://legal. un. org/ola/media/GA_RoP/GA_RoP_EN. pdf (Last visited November 14,2022).

② 蔡高强:《论国际组织表决机制发展中的中国话语权提升》,载《现代法学》2017 年第 3 期,第 152 页。

③ 简基松、董祥宇:《国际组织中“协商一致”表决制度适用困境及其消解路径》,载《湖南师范大学社会科学学报》2021 年第 4 期,第 51 页。

④ 简基松、董祥宇:《国际组织中“协商一致”表决制度适用困境及其消解路径》,第 51 ~ 53 页。

体量等方面差异巨大,协商一致在决策原则、容留灵活度和舒适度方面具有弱制度化特征,更利于合作的推进和制度的维护。[①] 在理想状态下,RCEP 联合委员会在协商一致表决机制下的条约解释是缔约各方对某些条款的共同理解,不存在异议和缺席情况。从现实角度来看,协商一致并不代表达成完全一致,可能只是对某些条约解释的有限共识。但是,只要在 RCEP 缔约方之间能够达成共识,在一定程度上便有利于协定的有效实施,这也是协商一致表决机制存在的意义。

### (四) RCEP 联合解释的效力

条约解释的效力主要表现为解释是否具有约束力,主要体现为对缔约方和国际裁判机构的约束力。在国际法中,若条约的全体缔约方在达成一致的情况下对条约进行解释,则此类解释往往属于当然的有权解释,并得以对缔约各方产生法律约束力。[②] RCEP 联合解释是缔约方协商一致后作出的决定,这表明缔约各方经过协商和让步已经对争议条款的解释达成共同理解。因此,RCEP 联合解释应对缔约方都有约束力,其效力高于某一缔约方所作的单方解释。但是,RCEP 联合解释的性质认定将影响其对国际裁判机构的约束力,在未来可能引起较大争议。

RCEP 联合解释在学理上可能被认定为"立法解释"。RCEP 联合委员会作为决策机构,其条约解释职能类似于 WTO 的部长级会议和总理事会,是关于条约解释的最高机构。赵维田教授认为,WTO 部长级会议和总理事会作为 WTO 的决策机构,根据《WTO 协定》第 9 条第 2 款规定所作条约解释具有"立法解释"的

① 魏玲:《小行为体与国际制度——亚信会议、东盟地区论坛与亚洲安全》,载《世界经济与政治》2014 年第 4 期,第 87 ~ 88 页。

② [英]安东尼·奥斯特:《现代条约法与实践》,江国青译,中国政法大学出版社 2005 年版,第 194 ~ 195 页。

性质。[①] 张乃根教授也提出“凡是根据多边条约建立的国际组织对其管辖条约所作的解释不是通过司法或仲裁程序,而是由其决策机构所作出的解释,可称为立法解释”。[②] 如果将 RCEP 联合解释认定为“立法解释”,则其相当于条约文本的效力,不但对缔约方有约束力,国际裁判机构在适用特定规则解决争端时,必须将 RCEP 联合解释作为决定性解释。

但是,RCEP 联合解释在国际争端解决实践中更可能被认定为“嗣后协定”。国际法委员会在 2009 年第六十一届会议上设立了“条约随时间演变”专题组,在 2018 年第 3448 次会议上通过了《关于与条约解释相关的嗣后协定和嗣后实践的结论草案案文》(以下简称《草案》)。[③]《草案》旨在说明嗣后协定和嗣后实践在条约解释中发挥的作用,并立足于 1969 年《维也纳条约法公约》。《维也纳条约法公约》第 31 条第 3 款(a)项规定了条约解释应与上下文一并考虑的有“当事国嗣后所订关于条约之解释或其规定之适用之任何协定”,即“嗣后协定”。《草案》结论 11 第 2 点指出“在缔约方大会框架内通过的决定只要表达了缔约方之间就条约的解释达成的实质性协议,则不论决定以何种形式和程序通过,包括经协商一致通过,均构成《维也纳条约法公约》第三十一条第三款所指的嗣后协定或嗣后实践”。在 WTO 争端解决实践中,WTO 上诉机构在欧盟香蕉第三案(EC-Bananas Ⅲ)中表明:“我们认为根据《WTO 协定》第 9 条第 2 款所作多边性质的解释可以作为适用《维也纳条约法公约》第 31 条第 3 款(a)项有关条约解释的嗣后协定。”[④]因此,

① 赵维田等:《WTO 的司法体制》,上海人民出版社 2004 年版,第 78 ~ 79 页。

② 张乃根:《论条约的“立法”解释及有关问题——以 WTO 争端解决为视角》,第 91 页。

③ 国际法委员会第七十届会议报告:《与条约解释相关的嗣后协定和嗣后实践》,A/73/10(2018)。

④ European Communities-Regime for the Importation, Sale and Distribution of Bananas, Second Recourse to Article 21.5 of the DSU by Ecuador, Report of the Appellate Body, WT/DS27/AB/RW2/ECU; Recourse to Article 21.5 of the DSU by the United States, WT/DS27/AB/RW/USA (26 November 2008), para. 383.

根据国际法委员会决议和 WTO 争端解决案例,RCEP 联合解释在实践中可能被认定为"嗣后协定"。《草案》结论 3 规定:"嗣后协定是缔约方对条约含义理解的客观证据,因而是适用第三十一条所反映的条约解释通则时作准的解释资料。"结论 3 的评注中强调,"国际法委员会将嗣后协定定性为代表'解释条约时必须考虑的缔约方的作准解释',但没有表明嗣后协定高于所有其他解释资料,必然是决定性的"。[①] 如果条约明确规定了联合解释对国际裁判机构的约束力,国际裁判机构通常会遵守这种特殊规定,将联合解释作为权威解释,不会作出与联合解释不一致的解释。但是 RCEP 未明确规定联合解释对国际裁判机构的法律约束力,按照《维也纳条约法公约》的规定,联合解释作为嗣后协定只是《维也纳条约法公约》第 31 条所述解释通则的组成部分。此时,国际裁判机构可以将联合解释和其他解释资料一并考虑,联合解释的解释权重不一定高于其他解释资料。

综上所述,在 RCEP 联合委员会条约解释规则中,主体是由每个缔约方指定代表组成的联合委员会,属于有权解释主体;客体是整个协定的所有条款,但 RCEP 联合委员会只在适当和必要时对特定条款作出解释;生效要件是缔约方之间经协商一致对条约解释达成共同理解;RCEP 联合解释对所有缔约方都有约束力,但因为 RCEP 未明确联合解释对国际裁判机构的约束力,可能削弱 RCEP 联合解释的法律效力。

## 二、国际裁判机构可能对 RCEP 联合解释效力质疑

RCEP 既没有明确规定联合解释对国际裁判机构的约束力,

① 国际法委员会第七十届会议报告:《与条约解释相关的嗣后协定和嗣后实践》,A/73/10(2018),第 25 页。

又没有规定国际裁判机构适用联合解释的条件以及联合解释的法律溯及力等问题,这些不确定性可能导致国际裁判机构适用RCEP联合解释的不一致。RCEP第19章“争端解决”构建了以专家组为核心的争端解决机制,在第10章“投资”暂时搁置了投资者与国家间争端解决(Investor-State Dispute Settlement,ISDS)条款,没有纳入投资仲裁机制。但是,根据RCEP第10.18条的规定,缔约方应在不迟于协定生效之日后两年内就ISDS进行讨论,应在讨论开始后三年内结束讨论。因此,ISDS在RCEP争端解决方面仍可能占一席之地,[①]国际投资仲裁庭适用缔约方联合解释的实践值得参考。由于RCEP生效时日不多,RCEP联合委员会尚未作出任何决定,而缔约方联合解释机制在RCEP之前就存在于《WTO协定》和国际投资协定中。因此,本文主要根据WTO和国际投资争端解决相关实践,探析RCEP联合解释约束国际裁判机构可能引发的争议。

## (一)国际裁判机构如何审查RCEP联合解释

RCEP联合委员会通过每年召开会议的方式开展条约实施和执行工作,其条约解释是通过缔约方大会决议的形式发布的。RCEP联合解释作为嗣后协定,能够对国际裁判机构产生约束力,其前提是RCEP联合委员会决议中有关于条约解释的内容。但事实上,缔约方大会通常不以解决或处理条约解释问题为明确目的,决议本身往往不会直接体现为“嗣后协定”。[②] 因此,国际裁判机构如何从RCEP联合委员会决议中识别条约解释并对其进行审查就显得尤为重要。

根据《WTO协定》第9条第2款,部长会议和总理事会可以作出有关条约解释的嗣后协定。但是,《WTO协定》没有进一步规

---

① 王彦志:《RCEP投资章节:亚洲特色与全球意蕴》,载《当代法学》2021年第2期,第56~57页。

② 国际法委员会第七十届会议报告:《与条约解释相关的嗣后协定和嗣后实践》,A/73/10(2018),第92页。

定专家组和上诉机构适用嗣后协定的条件,需要从 WTO 争端解决实践中总结。在美国丁香烟案(US-Clove Cigarettes)中,WTO 上诉机构分析了“2001 年 11 月通过的多哈部长会议决定《有关执行的问题和关注》第 5.2 段是否可以认定为解释《技术性贸易壁垒协定》第 2.12 条的嗣后协定”。WTO 上诉机构从程序和实体方面确定了审查嗣后协定的要件。在程序方面,上诉机构指出《WTO 协定》第 9 条第 2 款构成嗣后协定的两项条件,包括“1. 部长级会议或总理事会通过的此类解释应由所有成员的四分之三多数作出;2. 此类解释应由总理事会根据有关协定实施情况而提出建议”。[①] 在实体方面,上诉机构对嗣后协定提出两项适用条件:“第一,时间方面,解释协定晚于被解释协定而制定;第二,该协定的术语和内容表明嗣后协定是关于条文解释或适用的协定。”[②]其中,第二个要件是判定嗣后协定的关键性问题,嗣后协定必须与被解释条款具有专向相关性,并且是以解释为目的,而非取代或修改被解释的协定。[③]

在国际法院审理的“南极捕鲸案”中,[④]案件争议涉及捕鲸委员会决议是否属于《维也纳条约法公约》第 31 条第 3 款(a)项的“嗣后协定”。日本认为,捕鲸委员会的决议不能作为解释《国际管制捕鲸公约》第 8 条的嗣后协定。日本主要提出以下两点理由:其一,捕鲸委员会作出的关于特别许可相关的准则和决议都属于它的单方行为,不一定代表缔约方之间共同意愿,并且日本对很多决议提出了反对意见;其二,捕鲸委员会同时具有修改附件和提出

---

① United States-Measures Affecting the Production and Sale of Clove Cigarettes, Report of the Appellate Body, WT/DS406/AB/R, 4 April 2012, para. 251.

② United States-Measures Affecting the Production and Sale of Clove Cigarettes, Report of the Appellate Body, WT/DS406/AB/R, 4 April 2012, para. 262.

③ 孙南翔:《论“发展的条约解释”及其在世贸组织争端解决中的适用》,载《环球法律评论》2015 年第 5 期,第 169～170 页。

④ Whaling in the Antarctic (Australia v. Japan: New Zealand intervening), Judgement, I. C. J. Reports 2014, p. 226.

建议的权力,有必要对捕鲸委员会通过的各项决议具体行使哪种权力进行区分,行使建议权所作的决议不具有约束力。[①] 国际法院虽然没有对捕鲸委员会决议是否构成嗣后协定作深入分析,但总体上支持了日本的观点。日本的观点也对如何从缔约方大会决议中识别条约解释提供了参考:第一点理由是对捕鲸委员会所作决议效力的审查,属于程序性事项;第二点理由是对捕鲸委员会决议内容是否为解释事项进行审查,属于实体性事项。

参考以上国际争端解决实践,RCEP 联合解释也可能在程序方面和实体方面面临国际裁判机构的审查。在程序方面,国际裁判机构可以审查 RCEP 联合解释是否由缔约方通过"协商一致"表决机制而作出的决定,对所有缔约方是否具有约束力。在实体方面,国际裁判机构可以审查 RCEP 联合委员会决议是否与被解释条款具有专向相关性,并且是以解释为目的等问题。缔约方大会决议是否包含条约解释内容,应结合缔约方大会决定的总体案文、其目的和宗旨及适用方式来考虑所选择用语的特定性和明确性。[②]

## (二)RCEP 联合解释是否可以规避条约修改条款

从理论上来说,条约解释和条约修改在法律上有明显区别。条约解释旨在澄清条文含义,法律效力具有溯及力;条约修改变更了条约内容,可能改变缔约方权利义务,通常不具有溯及力。[③] 但是,条约解释和条约修改在实践中难以区分,形式上被认定为条约解释的内容可能因超出解释范畴而构成实质上的条约修改。那么,如果 RCEP 联合解释被认定构成条约修改,是否会影响其对国

① 王庚:《缔约国大会决议作为嗣后行为的条约解释效力问题——兼论"南极捕鲸案"》,载《中山大学青年法律评论》2020 年第 5 卷,第 55 页。

② 国际法委员会第七十届会议报告:《与条约解释相关的嗣后协定和嗣后实践》,A/73/10(2018),第 92 页。

③ David Gaukrodger,"The Legal Framework Applicable to Joint Interpretive Agreements of Investment Treaties", *OECD Working Papers on International Investment* (2016), p. 9.

际裁判机构的约束力？对于这个问题,有“肯定说”和“否定说”两种立场,并且都有相应的国际争端解决实践。

“肯定说”支持者认为国际裁判机构有权在实体方面审查缔约方联合解释是否超出条约解释范畴而构成条约修改,[①]国际裁判机构可以不受构成条约修改的联合解释的约束。根据《WTO 协定》的规定,部长会议和总理事会拥有条约解释职能,但不得以损害《WTO 协定》第 10 条中有关修正规定的方式使用。因此,部长会议和总理事会的条约解释职能仅限于澄清条文含义,而不能修改条约内容。《维也纳条约法公约》第 39 条规定“条约得以当事国之协议修正之”,以此区分《维也纳条约法公约》第 31 条 3 款(a)项下的嗣后协定。这表明《维也纳条约法公约》也将解释条约的嗣后协定和修改条约的协定区分开来。在 WTO 争端解决中,已有案例否认作为嗣后协定的联合解释可以修改条约的内容。例如,在欧盟香蕉第三案中,WTO 上诉机构指出,“第 31 条第 3 款(a)项下的‘适用’一词涉及协定具体规定如何‘适用’当前规则或义务的情况,该词不包含创造新义务或是延长受时间限制的当前义务的意思”。[②] 在国际投资争端解决案件中,有的仲裁庭对联合解释是否超越解释权限而质疑。例如,在 Pope & Talbot Inc. v. Canada 案中,仲裁庭认为“仲裁庭不能简单地采纳 FTC 解释,而应进一步判断 FTC 解释是否针对争议条款的解释和适用问题。因为 NAFTA 第 1105 条规定的公平公正待遇并未提及与国际习惯法下的最低待遇标准相关,本案 FTC 解释实际上是通过条约修改的

---

① Michael Ewing-Chow and Junianto James Losari, "Which is to Be the Master? Extra-Arbitral Interpretative Procedures for IIAs", in Jean E. Kalicki and Anna Joubin-Bret ed., *Reshaping the Investor-state Dispute Settlement System: Journeys for the 21st Century* (Hotei Publishing, 2015), p. 97.

② European Communities-Regime for the Importation, Sale and Distribution of Bananas, Second Recourse to Article 21.5 of the DSU by Ecuador, Report of the Appellate Body, WT/DS27/AB/RW2/ECU; Recourse to Article 21.5 of the DSU by the United States, WT/DS27/AB/RW/USA, 26 November 2008, paras. 391 – 393.

方式减少对投资者的保护，超出了条约解释的范畴”。[①] 从NAFTA相关的投资争端解决实践来看，国际投资条约即使已明确规定缔约方联合解释对仲裁庭的约束力，仲裁庭也可能对联合解释是否超出解释范畴进行实质审查。

“否定说”支持者认为，国际裁判机构不热衷于区分条约解释和条约修改，即使仲裁庭对此进行了裁决，也不影响国际裁判机构对联合解释的采纳。[②] 有学者提出：“《维也纳条约法公约》第31条第3款(a)项所指协定有时也可以具有修改条约的效果。”[③]在阿拉伯和乍得领土争端案中，国际法院指出“有时不需要确定一项协定是具有解释还是修改条约的效果”。[④] 国际投资争端解决实践中也有相关案例。例如，在ADF公司诉美国案（ADF Group Inc. v. U.S.）中，仲裁庭认为“因为NAFTA三个缔约方均认为FTC解释属于条约解释，而非条约修改。对此定性，缔约方的意见才是最为真实和权威的，仲裁庭无须回应这一质疑”。[⑤] 又如，在梅思恩公司诉美国案（Methanex Corporation v. U.S.）中，仲裁庭最终采纳了FTC解释，并指出“即使FTC解释造成条款内容实质性变化，也没有权威观点来支持只有通过正式的修正程序才能对条约进行实质性修改，而不能通过缔约方之间达成某种形式的协议”。[⑥]

---

① Pope & Talbot Inc. v. The Government of Canada, Award in Respect of Damages, UNCITRAL, 31 May 2002, paras. 17 – 24.

② 赵海乐：《国际法治视角下的BIT“联合解释”问题研究》，载《现代法学》2017年第2期，第148～150页。

③ Anthony Aust, *Modern Treaty Law and Practice* (Cambridge University Press, 2013), pp. 212 – 241.

④ Territorial Dispute (Libyan Arab Jamahiriya/Chad), Judgement, I. C. J. Reports 1994, para. 60.

⑤ ADF Group Inc. v. United States of America, ICSID Case No. ARB (AF)/00/1. Award, 9 January 2003, para. 177.

⑥ Methanex Corporation v. United States of America, UNCITRAL, Final Award of the Tribunal on Jurisdiction and Merits, 3 August 2005, para. 20 of Part IV – Chapter C Article 1105 NAFTA.

RCEP 第 18.3 条第 1 款第 2 项规定了 RCEP 联合委员会有"考虑修改本协定的任何提案"的职能,这表明 RCEP 有意将条约解释和条约修改区分开来。国际法委员会通过的《草案》结论 7 第 3 点也强调"可以推定,条约缔约方在适用条约方面达成协定或采用一种实践,其用意是为了解释条约,而不是修正或修改条约"。本文认为,RCEP 联合解释不能规避条约修改条款,两者应遵循不同的程序要求。RCEP 联合解释可以限缩某个用语或条款的可能含义,也可以表明某个条款有更为广义的解释,但不能背离条约用语自然和通常的含义,[①]防止条约解释构成实际上的条约修改。如果涉及条约内容的实质性变动,RCEP 联合委员会应通过正式的条约修改程序进行。

## (三) RCEP 联合解释是否可能成为争端解决的阻碍因素

RCEP 未对联合委员会的解释职能作任何限制性规定,联合委员会既可以针对特定条款作出与个案无关的抽象性解释,也可以针对已发生的争议作出与个案相关的具体解释。RCEP 联合解释可以明确缔约方权利义务,防止国际裁判机构的条约解释偏离当事国的真实意图。但是,RCEP 联合委员会的条约解释职能也可能成为争端解决的阻碍因素。

其一,RCEP 没有规定联合解释的法律溯及力,在案件审理过程中发布的条约解释,可能引发正当程序方面的质疑。例如,FTC 在 2001 年发布的关于 NAFTA 第 1105 条规定的公平公正待遇条款的解释引起了广泛争议。FTC 通知中明确了公平公正待遇等同于国际习惯法中的最低待遇标准。FTC 发布条约解释通知时,Pope & Talbot Inc. v. Canada 案正在审理过程中,仲裁庭在之前的

① [英]詹宁斯、瓦茨(修订):《奥本海国际法》(第 9 版,第 1 卷第 2 分册),王铁崖等译,中国大百科全书出版社 1998 年版,第 655 页。

仲裁程序中已经完成实体问题的审理，并且认定公平公正待遇是独立待遇标准。但是，在仲裁庭审理赔偿事宜的过程中，加拿大援引了 FTC 解释并主张其有法律溯及力。仲裁庭最终承认了 FTC 解释对其具有约束力，被迫放弃原来在实体审理阶段关于公平公正待遇的认定，但 FTC 解释因此备受争议。① 在国际投资仲裁程序已启动后，委员会所作联合解释可能会引发公正与正当程序方面的质疑。②

其二，RCEP 没有规定针对具体条款的解释和适用分歧作出联合解释的时限，可能造成争端无限期拖延。根据 RCEP 第 12. 17 条的规定，缔约方就电子商务条款的解释和适用存在任何分歧，在缔约方善意磋商而无果情形下，相关争议应由 RCEP 联合委员会进行解释，并且任何缔约方不得将本章争议诉诸第 19 章的争端解决。但是，RCEP 没有进一步明确联合委员会对此类分歧作出联合解释的时限。如果 RCEP 联合委员会不能就电子商务条款的解释和适用分歧及时达成协商一致的结果，相关争端将无法妥善解决。

因此，为了避免 RCEP 解释引发的正当程序方面的质疑、防止具体条款的解释和适用分歧久拖不决，RCEP 应该在进一步明确联合解释对审理过程中案件的法律溯及力，以及对具体条款的解释和适用分歧作出联合解释的时限。

## 三、RCEP 联合解释规则的完善思路

在现有的 RCEP 联合解释规则下，RCEP 联合解释约束国际裁判机构存在很多不确定性，甚至可能成为争端解决的阻碍因素。

① ［法］凯瑟琳·蒂蒂：《投资争端预防与解决的非裁决性国家间机制：联合解释、筛选机制和联络点》，刘禹、刘琨译，载《国际法学刊》2021 年第 2 期，第 134 页。

② 张生：《国际投资法制框架下的缔约国解释研究》，载《现代法学》2015 年第 6 期，第 167 页。

RECP 第 18.4 条第 2 款规定:"RCEP 联合委员会应当在其第一次会议中制定其程序规则。"这说明 RCEP 联合委员会有权制定和发布程序规则,发布联合解释的程序性规则也应在其职权范围内。为了充分发挥联合委员会解释 RCEP 条款的作用,RCEP 联合委员会可以通过发布《RCEP 联合解释程序规则》来进一步规范条约解释职能。

## (一)明确 RCEP 联合解释对国际裁判机构的约束力

缔约方联合解释条款已经广泛存在于各类条约中,有些条约明确规定联合解释对国际裁判机构的约束力,有些没有规定联合解释的法律效力。例如,2007 年中国—古巴 BIT(修订版)中明确规定:"经缔约双方同意后形成的对本协定任何条款的解释对于依据本条成立的任何仲裁庭都有约束力。"但是,2004 年中国—新西兰 FTA 和 2009 年中国—秘鲁 FTA 也有缔约方联合解释条款,却没有明确对国际裁判机构的约束力,国际裁判机构可能对联合解释的约束力有所质疑。

如前文所述,国际裁判机构可能将 RCEP 联合解释认定为嗣后协定,而条约或其他程序规则中是否明确联合解释对国际裁判机构的约束力,是国际裁判机构认定嗣后协定在条约解释权重的依据。按照《维也纳条约法公约》第 31 条的规定,条约解释是一个综合各种解释资料并相应地赋予适当权重的过程,解释资料不具有明确的位阶顺序,嗣后协定也只是解释资料之一。国际法委员会发布的《草案》结论 3 也表明,嗣后协定是适用《维也纳条约法公约》第 31 条所反映的条约解释通则时的作准的解释资料,但嗣后协定并不是必然高于所有其他解释资料,具有必然的决定性。[①]但是,条约若明文规定联合解释对国际裁判机构的约束力,作为缔

① 国际法委员会第七十届会议报告:《与条约解释相关的嗣后协定和嗣后实践》,A/73/10(2018),第 25 页。

约方赋予联合解释效力的特别规则,可以排除适用《维也纳条约法公约》第31条第3款(a)项,联合解释的权重将高于其他解释资料,且具有决定性。

因此,在RCEP现有规则下,没有明确RCEP联合解释对国际裁判机构的约束力,国际裁判机构可以援引《维也纳条约法公约》的条约解释规则,只将RCEP联合解释作为解释资料之一,并结合其他解释资料进行综合判断。为了防止国际裁判机构对RCEP条款解释违背缔约方原意,《RCEP联合解释程序规则》应该明确规定RCEP联合解释对国际裁判机构的约束力,可以规定"RCEP联合委员会通过的条款解释对依本协定成立的国际裁判机构都具有约束力,任何裁决都应跟RCEP联合委员会的解释决定保持一致"。

## (二)明确RCEP联合解释的文件形式

在国际争端解决实践中,国际裁判机构可能审查缔约方联合解释是否构成条约修改的问题。但是,条约解释和条约修改在实践中难以区分。RCEP联合委员会除了在程序上区分条约解释和条约修改,[①]还可以在文件形式上强调联合解释作为条约解释而非条约修改的清晰性和明确性。

《RCEP联合解释程序规则》可以参考欧盟和加拿大的《全面经济贸易协定》(Comprehensive Economic and Trade Agreement, CETA)及后续发布的联合解释规则。例如,2018年9月26日通过《CETA联合委员会第001/2018号决议》,规定了CETA联合委员会的程序规则。[②] 其中,第10条规则的第3点规定:"如果

① RCEP第20.4条规定了条约之修正:"缔约方可以通过书面形式对本协定进行修正。一项修正,应在所有缔约方均以书面形式通报保管方其已依据各自适用法律程序批准该项修正之日起60天后生效,或在缔约方同意的其他日期生效。"

② CETA Joint Committee, Decision 001/2018 of the CETA Joint Committee of 26 September 2018 Adopting Its Rules of Procedure and of the Specialized Committees.

CETA 联合委员会根据本协议被授权通过决定、建议或解释,这些通过的文件将分别被称为'决定'、'建议'或'解释'。CETA 联合委员会秘书处将为任何决定、建议或解释标明编号、通过日期和主题说明。每项决定将规定生效日期,但须视任何必要的内部要求和程序的完成情况而定。"

## (三)明确 RCEP 联合解释对投资仲裁的溯及力

联合解释影响尚未作出最终裁决的投资仲裁案件,是引发公正和正当程序方面质疑的主要原因。为了赋予联合解释约束正在进行的仲裁案件的公正性和合法性,消除联合解释违反正当程序的质疑,《RCEP 联合解释程序规则》可以考虑采用以下两种方式:

其一,明确规定联合委员会有权决定联合解释具有约束力的具体日期。2014 年欧盟—新加坡 FTA(草案)第 9.22 条第 3 项规定:"……在缔约国之间的投资仲裁案件中,仲裁庭若尚未作出最终裁决,服务贸易、投资和政府采购委员会向仲裁庭提交任何相关条款解释建议时,应保持适当克制。贸易委员会通过的仲裁裁决对仲裁庭具有约束力,任何裁决都应跟贸易委员会的解释决定保持一致。"①但是,在欧盟和新加坡之后的谈判中,投资章节从 FTA 中分离出来。欧盟和新加坡单独签订了投资保护协定,协定没有保留考虑"尚未作出最终裁决的投资仲裁案件"的相关条款,而是将条约解释的溯及力问题交由委员会决定。2018 年欧盟—新加坡 BIT 第 3.13 条第 3 款规定:"……委员会通过的条款解释对仲裁庭和上诉法庭都具有约束力,任何裁决都应跟委员会的解释决定保持一致。委员会可以决定一项解释从某一具体日期起具有约束力"。②

---

① Draft EU-Singapore FTA, Version October 2014 (Before Legal Revision), Chapter 9 - Investment, Article 9.22 - Application Law and Rule of Interpretation.

② EU-Singapore Investment Protection Agreement, Chapter Three-Dispute Settlement, Article 3.13 - Application Law and Rule of Interpretation.

其二,直接规定联合解释可以约束正在进行或后续的投资仲裁案件。例如,2015 年中国—澳大利亚 FTA 设立了投资委员会,委员会可以通过双方共同决定公布投资章节及附件的条款解释。其中,第 7. 18 条第 2 款规定:“双方通过投资委员会做出的、声明对本协定某一规定解释的共同决定,应对正在进行的或后续的争端的仲裁庭具有约束力,仲裁庭做出的决定或裁决必须符合该共同决定。”

### (四)明确 RCEP 联合解释对具体争议的处理期限

RCEP 联合委员会可以针对已发生的争议作出与个案相关的具体解释。但是,如果没有规定作出解释的期限,将导致争议久拖不决。为避免这个问题,《RCEP 联合解释程序规则》应明确联合委员会对具体争议作出解释的期限。

首先,联合委员会应在争议当事方任一方请求下召开临时会议。RCEP 目前只规定了联合委员会每年召开会议,未明确临时会议的启动程序,不利于及时回应缔约方之间对条款的解释和适用分歧。其次,RCEP 联合委员会应在一定期限内给予回复,可以规定 60 天至 90 天的时限。例如,NAFTA 下的投资仲裁案件,涉及 NAFTA 第 11 章附件内保留或例外范围时,缔约方可以请求仲裁庭将此问题提交给 FTC 作出解释,FTC 应在 60 天内向仲裁庭提交一份书面解释。最后,《RCEP 联合解释程序规则》应明确联合委员会未能协商一致达成解释决定的补救措施。例如,如果 RCEP 联合委员会未能在规定期限内作出解释决定,争议当事方可以将争议提交给专家组或仲裁机构,又或者授权联合委员会主席处理争议,并对授权设置限定条件。

## 四、中国参与 RCEP 联合解释工作的路径

近年来,WTO 体制下的多边谈判举步维艰,区域经贸协定不

断发展,RCEP 是当前全球最大经济体量的区域经贸协定。在 WTO"协商一致"的决策机制下,因为要照顾到 164 个成员的意愿,所以部长级会议和总理事会难以发挥《WTO 协定》第 9 条第 2 款下的条约解释职能。但是,从《关税与贸易总协定》(General Agreement on Tariffs and Trade,GATT)时即已确立的"区域贸易安排"使得少数成员可以在贸易自由化的路上先走一步。[①] RCEP 现有 15 个成员,采用"协商一致"的方式决策,共同商讨议题并友好磋商,相比于 WTO 更容易达成共识。例如,WTO 成立以来,发生了"归零法"的重复争端解决案件,而 WTO 部长级会议和总理事会却没能通过关于"归零法"的权威解释。但是,RCEP 首次在区域经贸协定中明文规定"禁止归零",以协定条款的形式重申和确定了 WTO 争端解决机构多年来在"归零法"上的裁决结果。

为了推进 RCEP 平稳有效地运行和实施,并通过增加在 RCEP 中的参与度和贡献度来维护中国的国家利益和提高话语权,中国应在充分理解 RCEP 联合委员会的条约解释规则的基础上,积极争取担任 RCEP 联合委员会及其附属机构的主席国,引领和参与联合委员会的条约解释工作。

## (一)中国如何选择 RCEP 联合解释的议题

RCEP 联合委员会的条约解释工作,既可以针对特定情境下具体条款解释和适用的争议,也可以在争议发生前通过明确条款含义的方式进行。在 RCEP 联合解释工作中,中国应更加主动地应对国际经贸规则的调整和完善,贡献中国智慧。这意味着:中国不仅在争议发生后被动参与条约解释工作,而且在争议发生前选择合适的条约解释议题;中国不仅在作为争议当事方之时,而且在作为非当事方时对影响中国重大利益的条约解释议题提供中国方案。

① 车丕照:《我们需要怎样的国际多边体制?》,载《当代法学》2020 年第 6 期,第 9 页。

第一,中国应以人类命运共同体理念引领条约解释的选题工作。构建人类命运共同体,是习近平新时代中国特色社会主义思想的重要组成部分,是世界各国共同应对全球性挑战与国际性问题的有力思想工具,也是中国参与国际秩序与国际体系创新发展的先进理论指导。[①] 人类命运共同体理念要求丰富和完善国际法解释在协调国际利益与国际关系时的表达方式,以使国际法解释包容不同文化、制度、意识形态之间的差异,关注国家个体之间、国际社会之内、人类整体之中的共同利益,从而形成可以为国际社会中的任何主体所接受并对各方都有利的国际法解释。[②]

第二,在争议发生前选择合适的条约解释议题。中国在国际法治话语体系中,要特别重视国际议题能力的提高。[③] 习近平主席多次在多边峰会上倡导维护发展中国家的代表性和发言权。例如,我们要继续做全球治理变革进程的参与者、推动者、引领者,推动国际秩序朝着更加公正合理的方向发展,继续提升新兴市场国家和发展中国家代表性和发言权。[④] RCEP 作为东盟主导的区域经贸协定,缔约方也以欠发达国家为主,条约解释议题首先应反映欠发达国家的利益诉求。对于符合公正合理的国际秩序和发展中国家、最不发达国家根本利益的事项,中国应发挥引领作用,倡导通过 RCEP 联合委员会的条约解释来明确相关规则。例如,“特殊与差别待遇”作为多边经贸规则的重要基石,中国应推动 RCEP 联合委员会对争端解决机制中“特殊与差别待遇”条款作出解释,原则上坚持“有利于最不发达国家”,规则上对“特殊与差别待遇”条

① 黄进:《习近平全球治理与国际法治思想研究》,载《中国法学》2017 年第 5 期,第 5 页。

② 杜焕芳、李贤森:《人类命运共同体思想引领下的国际法解释:态度、立场与维度》,载《法制与社会发展》2019 年第 2 期,第 173 页。

③ 王翼:《国际话语权演变特点与中国话语构建》,载《毛泽东邓小平理论研究》2016 年第 4 期,第 71 页。

④ 习近平:《坚定信心　共谋发展——在金砖国家领导人第八次会晤大范围会议上的讲话》,载《人民日报》2016 年 10 月 17 日,第 2 版。

款的用语进行廓清。[①]

第三,作为非争议当事方积极参与影响中国重大利益的条约解释议题。RCEP 联合委员会以协商一致的方式作出决定,任何缔约方都可以对拟议决定提出意见。由于多边机制是一种"我言故我在"的场合,只有充分表达自己的意见和立场,才能让国际社会了解中国,扩大中国的影响力。[②] 在中国作为非争议当事方时,也应自觉和自动地参与 RCEP 条约解释工作,表达中国对 RCEP 相关条款的理解,借此影响 RCEP 条款解释和适用,进而在新一轮国际经贸规则制定中增强主动权和话语权。RCEP 是中国首次在自由贸易协定项下以投资负面清单形式作出承诺,对负面清单中不符措施范围的解释可能是未来争议焦点。对于此类影响中国重大利益的条约解释议题,无论是否作为争议当事方,在符合联合委员会条约解释程序的前提下,中国都应该提交条约解释方案。在 RCEP 后续的工作中,中国应当积极推进负面清单协调模式的设立与谈判,以期在对负面清单中不符措施范围的解释上构建一种"软性、包容性妥协机制"。[③]

### (二)中国如何提交 RCEP 联合解释的方案

国际法是一个系统的知识和运作体系,比起法律判断的是非善恶,更重要的是充分认识到国际法体系中的灰色地带,通过规范的解释和创造来表达自身的观念,而且应时刻铭记始终用法律的语言表达自身的立场。[④] 在 RCEP 联合解释工作中,中国需要提交建设性的条约解释方案,注重方案内容的内在逻辑和国际表达。

---

① 娄卫阳:《RCEP 争端解决机制中特殊与差别待遇条款:意义、挑战和路径》,载《太平洋学报》2021 年第 11 期,第 36～37 页。

② 毛艳琼:《WTO 争端解决机制问题与改革》,法律出版社 2010 年版,第 233 页。

③ 毕莹、何剑波:《条约功能视阙下负面清单范围解释机制之研究——兼评 RCEP 相关条款的完善方向》,载《海南大学学报(人文社会科学版)》2022 年第 1 期,第 149 页。

④ 何志鹏:《开放发展与国际法:风险及应对》,载《政法论坛》2017 年第 3 期,第 29 页。

首先,RCEP 联合解释方案应该凝聚“国际法职业共同体”的力量,需要国际法实践操作者和国际法理论研究者,通过各自分工范围之内的高水平工作为联合解释方案作出贡献。[①] RCEP 联合解释工作是针对性很强的实践性工作,强调根据上级给定的战略目标,细化为具体的工作方案,并完成战术任务。在 RCEP 的谈判和实施过程中,中国商务部为主导的行政机关,涉及条约解释的机会最多。联合解释方案的结构、重点、措辞和安排需要专业的水平和大量的人力物力。中国在确定了联合解释的议题之后,国务院需要推动商务部统筹好各部门掌握的外交资源,集中力量确保 RCEP 联合解释工作的开展。同时,应借助法律专家的力量,中国能否提供建设性联合解释方案,很大程度上取决于法律专家参与决策的程度和方式,[②]法律专家在 RCEP 联合解释工作中应该全程参与、深度介入协商谈判。法律专家的参与可以保障方案采用适当的表述方式,因为在表决中的动作以及表决前后的观点表达中,采取适当的表述方式对于表明本国态度以及取得他国信任而言相当重要。[③]

其次,注重条约解释实践的比较研究。一国如果不重视对国际法的实证研究,不充分掌握他国实践和国际实践,在参与国际法律规则制定和形成的过程中,无论是外交代表还是学者,将很难有效地影响他国,说服其他国家接受本国立场与建议。[④] 学习条约解释的最好方法是研究各种国际法庭的解释实践,[⑤]也包括区域

① 何志鹏:《论国际法职业共同体的构建》,载《法律科学(西北政法大学学报)》2022 年第 2 期,第 188 ~ 201 页。

② 蒋超翊:《中国有效影响国际法规则制定的条件与策略》,载《国际政治研究》2021 年第 3 期,第 85 页。

③ 蔡高强:《论国际组织表决机制发展中的中国话语权提升》,第 156 页。

④ 宋杰:《从英美实践来看我国参与国际法律事务的有效性问题》,载《比较法研究》2015 年第 2 期,第 159 页。

⑤ 余敏友:《国际法学研究要以运用国际法能力建设为重心》,载《法学研究》2011 年第 6 期,第 53 页。

性裁判机构及国内法院的条约解释实践。RCEP 联合解释方案应对条约解释实践进行充分的鉴别和吸纳,从中寻找和使用最有价值的材料,为方案提供国际案例和国家案例的支撑。

最后,以《维也纳条约法公约》作为联合解释方案的解释规则基础。《维也纳条约法公约》规定了条约依其用语按上下文并参照条约之目的及宗旨所具有之通常意义、善意解释的通常规则,已经成为整个国际法律体系共用的法律解释规则和方法。《维也纳条约法公约》作为条约解释的习惯国际法地位“已不再受到任何挑战”。① 在缔约方联合解释模式下,条约解释方案还须考虑外国利益相关者和国际法发展需要,为此应采用国际公认的解释规则。例如,CETA 在 2017 年 1 月 14 日通过的《CETA 联合解释规范》强调:“本解释规范是在《维也纳条约法公约》第 31 条的意义上,清楚且明确地说明加拿大和欧盟及其成员国在 CETA 若干条款达成的一致意见,并提供协商一致的解释。”②在 RCEP 中,也强调了条约解释习惯国际法规则的地位。RCEP 第 19.4 条第 1 款规定“本协定应当依照国际公法解释的习惯规则进行解释”。因此,中国应灵活运用《维也纳条约法公约》的条约解释规则来设计条约解释方案,这样更利于被 RCEP 其他成员接受。

### (三)中国如何推动 RCEP 联合解释的达成

中国在选择 RCEP 联合解释议题并完成方案之后,还需要经历漫长的协商过程才能够与其他成员方达成一致。中国需要与其他就方案进行不断沟通和交流,并且适时酌情妥协与让步。

其一,在协商一致的表决机制下,中国的联合解释方案需要通

---

① See Richard Gardiner, “The Vienna Convention Rules on Treaty Interpretation” in Duncan B. Hollis(ed.), *The Oxford Guide to Treaties* (Oxford University Press, 2012), p. 476.

② Joint Interpretative Instrument on the Comprehensive Economic and Trade Agreement (CETA) between Canada and the European Union and its Member States, L 11/3 (14 January 2017), Preamble (e).

过对其他国家施加影响以达成相应目标。为了解决成员方的信任问题,中国应保障对话沟通渠道畅通,促进相互交流,增进彼此间对方案的理解。在 RCEP 联合委员会会议期间或会议之外,中国可以就联合解释议题与其他成员进行双边磋商,为多边协商谈判营造操作空间。中国也可以通过非官方方式加强沟通和交流,如举行联合解释议题相关的主题研讨会。另外,从中国参与 WTO 谈判的经验来看,WTO 相关部门人员对规则的制定起着微妙的影响作用。[①] 因此,中国应积极争取担任 RCEP 联合委员会及其附属机构的主席国,以便推动联合解释工作的开展。

其二,联合解释决定的达成应循序渐进,协商过程是不断积累和逐步扩大共识,最终达成条约解释的共同理解。从谈判角色定位来看,经贸利益多元化和双重地位决定了中国必须善于处理发达成员和发展中国家成员之间的合作与协调关系,若简单地依据"阵营"确定谈判策略,可能将受到极大束缚,甚至损害自身利益。[②] 同时,协商过程可能需要在不断的博弈、磋商与拉锯战中达成妥协,中国要适时学会酌情妥协与让步,为此需要在不损害国家原则性立场的前提下,及时调整和变更联合解释方案。

其三,中国在 RCEP 联合解释的协商过程中,若做出最大努力仍无法与 RCEP 部分成员方达成共同理解,也要接受协商失败的结果。当然,协商未达成一致并不代表中国没有收获,就中国的联合解释方案进行协商,中国可以表达自身立场和观点,听取其他成员方的不同意见,这本身就是扩大影响提升话语权的过程。

---

① 张磊:《中国参与世界贸易组织决策机制的实践与策略:以多哈回合谈判为例》,载《世界经济研究》2011 年第 12 期,第 20 页。

② 周跃雪:《WTO 多边贸易体制下成员谈判集团制度与中国的策略》,载《社会科学研究》2014 年第 5 期,第 90 页。

## 结　语

国际法的活力和生命在于条约解释,①条约解释对 RCEP 的有效实施至关重要,RCEP 联合委员会在条约解释方面可以发挥重要作用。中国在对外交往中一直倡导求同存异、合作共赢,推动国际秩序朝着更加公正合理的方向发展。RCEP 联合解释工作可以作为提高中国国际话语权,影响国际规则制定的途径之一。2021 年 9 月 16 日,中国已经正式申请加入《全面与进步跨太平洋伙伴关系协定》(Comprehensive and Progressive Agreement for Trans-Pacific Partnership,CPTPP),CPTPP 也规定了 CPTPP 委员会具有条约解释职能。RCEP 联合解释工作考验中国在条约解释方面的议题选择、方案制定、协商谈判等综合能力,既是对中国参与以 WTO 为基石的多边经贸规则谈判经验的总结,也可以为将来中国参与 CPTPP 委员会的条约解释工作提供有益借鉴,起到承前启后的作用。

## Treaty Interpretation Rules of the RCEP Joint Committee and the Path of China's Participation

LOU Weiyang

**Abstract**: Treaty interpretation may be adopted by the meeting of the RCEP Joint Committee, which belongs to subsequent agreement in the Article 31 (3)(a) of the Vienna Convention on the Law of Treaty. RCEP has not yet specified joint interpretation's binding force to international adjudicatory bodies, and it may lead to

① 马忠法:《论条约解释的时间要素》,载《地方立法研究》2022 年第 1 期,第 122 页。

uncertainty about the application of the RCEP joint interpretation. Based on the practice of international dispute settlement, the RCEP joint interpretation may be reviewed by international adjudicatory bodies on procedural and substantive grounds. It's worth noting that RCEP Joint Committee should prevent the joint interpretation from becoming an obstacle to dispute settlement, and avoid going beyond the scope of treaty interpretation. In order to make full use of its treaty interpretation function, the RCEP Joint Committee can refine the rules of joint interpretation by issuing "RCEP Rules on Joint Interpretation Procedures", which should include the binding force of joint interpretation to international adjudicatory bodies, the document form of joint interpretation, the retroactivity of joint interpretation to investment arbitration, and time limit for the settlement of specific disputes. To safeguard national interests and promote the effective implementation of RCEP, China should actively lead and participate in the RCEP Joint Committee's work on treaty interpretation, select appropriate topics for treaty interpretation, provide a scheme widely accepted by other RCEP members, and promote consensus on the RCEP joint interpretation.

**Key Words**: RCEP Joint Committee; Joint Interpretation; subsequent agreements; consensus; A Community of Shared Future for Mankind

# 多边条约中无效保留的法律后果

## ——以国际人权条约为例的探讨

姜居正*

**摘要**：现行国际法中并无关于条约无效保留后果的规定，因此相关争议长期存在，特别是在人权条约领域内，不同主体对无效保留后果的看法大相径庭。国际社会在处理无效保留的过程中逐渐形成了允许性、可反对性和可分割性三种不同的理论，国家、区域性人权法院及人权条约机构适用这些理论，形成了丰富的案例。国际法律规则与国际法主体实践相互影响，推动了问题的研究。国际法委员会为解决无效保留后果问题广泛调查各类主体的不同态度，并提出了《对条约的保留实践指南》。但关于如何处置无效保留，目前仍未形成国际共识和标准，需要国际社会的进一步关注。

**关键词**：条约保留；条约法；无效保留；人权条约；《维也纳条约法公约》

条约是国际法研究中的重点问题，随着国际社会和国际秩序的发展，条约的理论与实践也在不断变化，主要适用于多边条约的

---

* 中国社会科学院大学法学院国际法学博士研究生。

条约保留制度就是一项长期处于变化中的制度。[①] 根据《维也纳条约法公约》的规定,保留是一种单方面声明,并且必须排除或改变条约规定的法律效果对保留国的适用。[②] 条约义务建立在国家同意受条约约束的基础上是国际法的一项基本原则(国家同意原则),[③]基于此项原则传统上国家可以较为自由地提具保留。这并非意味着国家可以不受限制地提具保留,《维也纳条约法公约》第 19 条规定保留必须符合条约规定,在条约不包含有关保留的规定时,保留必须符合条约的目的及宗旨,不符合上述规定的保留即为"无效保留"。[④] 除条约另有规定之外,《维也纳条约法公约》中明文规定的无效保留实际上只有一种,即保留不符合条约的目的及宗旨。这一规定符合国家同意原则,能够有效扩大条约缔约国[⑤]的范围。不过《维也纳条约法公约》的规定较为简单,从而引发了一系列的实践问题:有权判定保留是否有效的主体是谁?如保留确为无效,保留国是否仍为条约的缔约国?如该保留国仍为条约的缔约国,那么保留国是否应遵守其提具保留之条款的规定?

---

① 双边条约能否适用保留制度仍处于争议之中,有关讨论见联合国大会正式记录:《国际法委员会报告》,A/66/10/Add. 1(2011),第 100 ~ 106 页。国际法委员会《对条约的保留实践指南》第 1. 6. 1 条特意提到了对双边条约的"保留",指出本指南仅涉及多边条约的保留,参见联合国大会决议:《对条约的保留》,A/RES/68/111(2013),第 4 页。鉴于本文的主题,本文并不讨论双边条约中的保留。

② 《对条约的保留实践指南》第 1. 1 条对保留的定义完全符合《维也纳条约法公约》的规定,只是在主体部分加入了国际组织,吸收了 1978 年《关于国家在条约方面的继承的维也纳公约》和 1986 年《关于国家和国际组织间或国际组织相互间条约法的维也纳公约》的规定,见联合国大会决议:《对条约的保留》,A/RES/68/111(2013),第 2 页。

③ Reservations to the Convention on the Prevention and Punishment of the Crime of Genocide, Advisory Opinion, I. C. J. Reports 1951, p. 21.

④ 1969 年《维也纳条约法公约》没有明确提出无效保留的定义,这是因为公约第 21 条第 1 款已经规定保留在符合第 19 条时才能成立,见联合国大会正式记录:《国际法委员会报告》,A/66/10/Add. 1(2011),第 479 ~ 480 页。后续实践中,国家普遍将(其认为)不符合《维也纳条约法公约》第 19 条的保留统称为"无效保留"。

⑤ 按照《维也纳条约法公约》第 2 条第 1 款第 6 项规定,"缔约国"(Contracting State)指"不问条约已未生效,同意受条约拘束之国家"。

在人权条约领域内,上述问题更为突出。传统多边条约多具有互惠性(reciprocal)特点,条约规定国家间相互的权利和义务,国家作为缔约方有特定的利益。因此当一国提出保留的时候,其他国家有严格审视保留有效性的动机。但人权条约不同,人权条约具有非互惠性(non-reciprocal)特点,主要受益者为个人,主要规定通常是个人应享有的权利和国家应尽到的义务。①由于人权条约并未规定国家间相互的权利和义务,大多数缔约国失去了严格审查保留有效性的动机,一国较少反对他国的保留。②此外,联合国核心人权公约③均设立了条约机构,这些公约以及其他国际文件均未规定条约机构在条约保留中的法律地位,但在实践中条约机构经常评判缔约国保留的有效性,条约机构在条约保留中应起到怎样的作用同样经常引起争论。鉴于人权条约已经成为国际条约法中保留最普遍、保留数目最多的领域,④围绕国际人权条约探讨无效保留问题有助于了解该问题的现状和发展方向。

目前,我国《缔结条约程序法》中缺少与保留相关的条款,国务院于2022年公布的《缔结条约管理办法》也仍未提及如何应对他国提出的无效保留。为了加强中国的国际话语权,我们有必要

---

① 区域性人权法院较为详细地阐述过此问题,例如,Ireland v. the United Kingdom, ECtHR Application no. 5310/71, Judgment, para. 239; Loizidou v. Turkey, ECtHR Application no. 15318/89, Judgment, para. 70; Effect of Reservations on the Entry into Force of the American Convention on Human Rights, IACtHR Advisory Opinion OC－2/82, para. 29。

② Christian Tomuschat, "International Law: Ensuring the Survival of Mankind on the Eve of a New Century General Course on Public International Law", (1999) 281 *Collected Courses of the Hague Academy of International Law* 9, p. 321.

③ 《消除一切形式种族歧视国际公约》《公民权利和政治权利国际公约》《经济、社会及文化权利国际公约》《消除对妇女一切形式歧视公约》《禁止酷刑和其他残忍、不人道或有辱人格的待遇或处罚公约》《儿童权利公约》《保护所有移徙工人及其家庭成员权利国际公约》《保护所有人免遭强迫失踪国际公约》《残疾人权利公约》。

④ Enzo Cannizzaro (ed.), *The Law of Treaties Beyond the Vienna Convention* (Oxford University Press, 2011), p. 61.

研究多边条约中无效保留的法律后果,[①]尤其是关注这一问题的演变是否会影响我国利益。本文主体包括三个部分:第一部分回顾保留效力问题的由来;第二部分梳理解决无效保留后果问题的几种不同理论;第三部分围绕人权条约简要评价国际法委员会试图解决无效保留法律后果问题而作出的努力。最后结语对国际社会回应无效保留后果问题的理论和实践作总体思考。

## 一、保留效力问题的历史回顾

最先将条约保留法律效力问题置于突出地位的是《防止及惩治灭绝种族罪公约》(以下简称《灭种罪公约》)。原因之一在于相较传统国际法中的条约,《灭种罪公约》在缔约之时是一类崭新的公约,其并非规定国家可享有的权利,而是旨在维护个人的基本权利。[②] 原因之二在于《灭种罪公约》第 13 条规定生效的前提是 20 个以上的国家提交了批准书或加入书,而有些国家在保留遭到反对的情况下批准(或加入)了《灭种罪公约》。各国在遭到反对的保留是否依然具有法律效力以及提具此类保留的国家是否依然是条约的缔约国等问题上的看法无法达成一致,作为公约保管人的联合国秘书长无法判断条约是否生效。[③] 为了解决问题,联合国大会于 1950 年请求国际法院回答下列问题:当保留受到《灭种罪公约》一个或多个当事国[④]的反对,但并非全体其他当事国反对

---

① 最初国际法委员会提议研究的问题名为“无效保留的效果”,但《对条约的保留实践指南》最终确定名称为“无效保留的后果”,因为无效保留的主要后果正是不具有任何法律效果,见联合国大会正式记录:《国际法委员会报告》,A/66/10/Add. 1(2011),第 482 页。本文与国际法委员会的结论保持一致,统一使用“后果”这一术语。

② Kasey L. McCall-Smith, “Severing Reservations”, (2014) 63 *International and Comparative Law Quarterly* 599, p. 601.

③ *Official Records of the General Assembly, Fifth Session*, 305*th Plenary Meeting*, A/PV. 305 (1950), pp. 384 - 388.

④ 此处英语原文为“Party”,按照《维也纳条约法公约》第 2 条第 1 款第 7 项规定,“Party”的对应中文作准用语为“当事国”,指“同意承受条约拘束及条约对其有效之国家”。

时,保留国是否为《灭种罪公约》当事国并仍然能维持其保留?如果对上一问题的回答为肯定的,那么保留在保留国和反对保留的当事国间以及保留国和接受保留的当事国间,分别具有怎样的效力?①

在国际法院作出咨询意见之前,一种较为流行的方式是对条约保留应采取全体一致的态度,一国的保留必须得到全体缔约国的同意或默示同意,否则保留无效,提具并维持保留的国家不能成为条约的缔约国。② 这种全体一致方式较为死板,实际上是一票否决制:只要任意国家反对保留,即便其余全体缔约国均同意保留,保留国也无法成为条约的缔约国。如果采取严格的全体一致方式,部分国家只能在拒绝成为缔约国和接受自己不愿接受的条约义务中做出艰难抉择。国际法院没有直接采纳全体一致方式作出咨询意见,而是请求各国和国际组织提供有关保留问题的国家实践资料。③

除全体一致方式之外,不同的国家和国际组织还提到了两种其他方式。第一种方式主张不应对保留施加任何限制:保留是一种主权行为,是国家行使主权的必要属性。此种方式的赞同国强调国家同意原则的重要性,国家的条约义务来自国家同意,不能强迫国家遵守条约义务,因此国家可以自由地提具保留,摒除或更改

---

① United Nations General Assembly, *Reservations to Multilateral Conventions*, A/RES/478(V).

② 当时联合国秘书长在担任条约保管人时便采用了此种做法,见 Treaty Section of the Office of Legal Affairs, *Summary of Practice of the Secretary-General as Depositary of Multilateral Treaties*, ST/LEG/7/Rev. 1, paras. 168 - 172。部分学者也认为这是当时的国际法规则,例如见李浩培:《条约法概论》,法律出版社 2003 年版,第 127 ~ 130 页; Hersch Lauterpacht, "Some Possible Solutions of the Problem of Reservations to Treaties", (1953) 39 *Transactions Year* 97, p. 97。

③ 国际法院共收到了 16 份来自不同国家和国际组织的书面文件,见 Written Statements, *Reservations to the Convention on the Prevention and Punishment of the Crime of Genocide*, pp. 15 - 298。

条约中的若干义务。[1] 在这种方式之下不存在无效保留,似乎与全体一致方式截然对立。此方式的支持者认为保留对缔约国来说有着重要的意义:条约具体内容一般为缔约国多数表决所确定,保留可以充分尊重缔约国的个别意见。但不对保留施加任何限制,也会严重破坏条约完整性,特别是对《灭种罪公约》这类旨在保护个人基本权利的公约来说,不加限制的保留意味着国家可以凭借保留逃避人权义务。第二种方式由美洲国家组织提出,是一种较为折衷的观点。美洲国家组织认为全体一致做法和不对保留施加任何限制的做法都过于极端,其建议的做法是让保留国在正式提交批准书或加入书之前将拟定的保留意见分发给其他缔约国并征求意见,美洲国家组织鼓励保留国修改或撤回反对意见较多的保留。[2]

国际法院在评估各有关方提交的材料后认为,目前并不存在有关条约保留的习惯国际法,最终国际法院多数意见提出了一种较新的方法:一个国家的保留受到一个或几个国家反对而未受到其他国家反对时,只要这一保留符合条约的目的及宗旨,该保留国仍然是条约的当事国;如不符合目的及宗旨,则该国不能成为条约当事国。国际法院创新性地引入了条约的目的及宗旨这一检测标准,给予缔约国较大的选择权。国际法院假定缔约国有意维护和实现条约的目标,因此缔约国并非故意提具不符合条约目的及宗旨的保留;如果提具了这种保留,只是因为缔约国尚未认识到自己的保留与条约目的及宗旨不相符。[3] 后续《维也纳条约法公约》部分延续了国际法院的观点:公约第 19 条第 3 款正式将"保留与条约目的及宗旨相

---

① 例如,苏联和部分斯拉夫国家支持此种观点,见 Written Statements, *Reservations to the Convention on the Prevention and Punishment of the Crime of Genocide*, pp. 21, 53; Report of the Secretary-General, *Reservations to Multilateral Conventions*, A/1372, para. 20。

② Written Statements, *Reservations to the Convention on the Prevention and Punishment of the Crime of Genocide*, pp. 15 – 18.

③ Reservations to the Convention on the Prevention and Punishment of the Crime of Genocide, Advisory Opinion, I. C. J. Reports 1951, pp. 25 – 29.

符”原则确定为条约法中的一般情况,[①]但并未规定如何处理“保留与条约目的及宗旨不相符”的情况,由此产生了一系列实践问题。

## 二、解决无效保留后果问题的不同理论

在传统的全体一致保留模式下,基本不会存在无效保留的后果问题,因为遭到反对的保留国无法成为条约当事国。[②] 而在《维也纳条约法公约》确定的保留模式下,即使一国明确认定另一国的保留无效,提具无效保留的国家依然可以维持其保留而不必承担任何法律后果。[③] 部分国家和国际法委员会认为《维也纳条约法公约》未能明确无效保留的后果是其保留制度的主要缺陷。[④] 形成这种情况的原因是《维也纳条约法公约》试图在根据客观标准(条约的目的及宗旨)限制保留与维护国家同意原则之间取得平衡。[⑤] 为了填补《维也纳条约法公约》的这一空白,不同国家和机构在实践中形成了三种解决无效保留后果问题的理论。

第一种是“允许性”(permissibility)理论。[⑥] 允许性理论认为,

---

① 如何确定条约的目的及宗旨是另一个较为复杂的问题,本文并不展开讨论。

② 国际联盟国际法逐渐编纂专家委员会认为,保留必须为所有缔约方接受,否则保留和以保留为条件的签署本身都是无效的,见 The Committee of Experts for the Progressive Codification of International Law, “Report of the Committee of Experts for the Progressive Codification of International Law”, (1927) 8 *League of Nations Official Journal* 880, p. 881。

③ Kasey L. McCall-Smith, “Mind the Gaps: The ILC Guide to Practice on Reservations to Human Rights Treaties”, (2014) 16 *International Community Law Review* 263, p. 272.

④ 国家例如萨尔瓦多、挪威和葡萄牙,见联合国大会文件:《对条约的保留:从各国政府收到的评论和意见》,A/CN. 4/639(2011),第 119、129 段和第 130 段;国际法委员会的看法见联合国大会正式记录:《国际法委员会报告》,A/66/10/Add. 1(2011),第 482 页。

⑤ Vassilis Pergantis, “Logique de Validité Redoux? The ILC Guidelines on Reservations between a Rock and a Hard Place”, (2015) 17 *International Community Law Review* 336, p. 343.

⑥ 部分联合国中文文件中也译作“许可性”[例如见联合国大会文件:《关于对条约之保留的法律和实践的第一次报告:特别报告员阿兰 · 佩莱先生的初步报告》,A/CN. 4/470(1995),第 102 段],本文采国际法委员会《对条约的保留实践指南》评注中的翻译方式,见联合国大会正式记录:《国际法委员会报告》,A/66/10/Add. 1(2011),第 309 页。

不符合条约目的及宗旨的保留没有任何法律效力，自始无效，无论其他国家接受还是反对。[①] 这一观点是对《维也纳条约法公约》第19条第3款的自然解读。例如，马尔代夫于1993年对《消除对妇女一切形式歧视公约》中所有要求以任何方式改变国家宪法和法律的条款提具了保留，[②]而奥地利和葡萄牙反对保留，认为该保留不符合《消除对妇女一切形式歧视公约》的目的及宗旨。根据《维也纳条约法公约》第19条第3款，该保留不可接受(inadmissible)。[③] 这一理论的不足在于，若不符合目的及宗旨的保留自始无效，则无论国家反对与否保留均为无效，国家的反对便不具备任何特殊效力，但在实践中绝大多数反对基于"保留不符条约目的及宗旨"而提具，[④]何者才是判断保留有效性的主体也成了必须面对的棘手问题；同时《维也纳条约法公约》第20条第5款规定的12个月反对提出期也失去了法律意义，自始无效的保留并不会因其他国家在期限内未提具反对而具有效力。

第二种是"可反对性"(opposability)理论。[⑤] 可反对性理论认为，在《维也纳条约法公约》构建的体系下，非保留国是评估保留有效性的唯一主体，一项保留的效力完全取决于它是否被另一缔约国接受。《维也纳条约法公约》第19条第3款仅仅是一种理论主张，可在接受保留的问题上指导各国，但无其他用处。[⑥] 如保留

① Derek W. Bowett, "Reservations to Non-Restricted Multilateral Treaties", (1976) 48 *British Yearbook of International Law* 67, p. 88.

② United Nations, *Treaty Series*, Vol. 1726, p. 238.

③ United Nations, *Treaty Series*, Vol. 1830, p. 312.

④ 联合国大会正式记录:《国际法委员会报告》, A/66/10/Add. 1(2011), 第493页。

⑤ 部分联合国中文文件中也译作"可适用性"[例如见联合国大会文件:《关于对条约之保留的法律和实践的第十次报告》, A/CN. 4/558(2005), 第5段], 本文采国际法委员会《对条约的保留实践指南》评注中的翻译方式, 见联合国大会正式记录:《国际法委员会报告》, A/66/10/Add. 1(2011), 第309页。

⑥ José María Ruda, "Reservations to Treaties", (1976) 146 *Collected Courses of the Hague Academy of International Law* 95, p. 190; Edward T. Swaine, "Reserving", (2006) 31 *Yale Journal of International Law* 307, p. 315.

确为无效,应认为保留国对条约的接受有缺陷,不能认为该国是条约的缔约国。① 实践中,荷兰在反对马来西亚、新加坡关于对《灭种罪公约》的保留时认为,两国的保留不符合条约的目的及宗旨,因此它们不是该公约的缔约国。② 英国在反对布隆迪对《关于防止和惩处侵害应受国际保护人员包括外交代表的罪行的公约》的保留时指出,鉴于布隆迪的保留违反了条约的目的及宗旨,在布隆迪撤回保留之前,英国不认为布隆迪有效地加入了该条约。③ 这一理论的缺陷在于,如果所有缔约国均不反对保留,则无论保留的内容是什么,保留国都能成为条约的缔约国。此外,这一理论下国家对有效保留提出反对和对无效保留提出反对的效果相同,实质上是回避了无效保留的后果问题。④

第三种是"可分割性"(severability)理论。可分割性理论认为,如果保留国提具一项无效保留,则保留国将继续受条约约束,但不能受益于保留。⑤ 许多国家通过实践支持这一理论,尤其是在人权条约领域内,很多反对国只是反对保留,并不反对保留国成为条约的缔约国,甚至明确提出愿意与保留国建立条约关系。例如,奥地利在反对马来西亚对《残疾人权利公约》提具的保留时指出,该反对不妨碍公约在奥地利和马来西亚之间全部生效。⑥ 捷克反对卡塔尔关于《消除对妇女一切形式歧视公约》的保留时明确表示,反对保留不影响条约在捷克和卡塔尔之间生效,但卡塔尔

---

① 联合国大会正式记录:《国际法委员会报告》,A/62/10(2007),第8页。此处没有出现"可反对性"这一术语,而是概括了该理论的后果,见 McCall-Smith,"Mind the Gaps: The ILC Guide to Practice on Reservations to Human Rights Treaties",p. 288。

② United Nations, *Treaty Series*, Vol. 1913, p. 377.

③ United Nations, *Treaty Series*, Vol. 1259, p. 432.

④ 正如安托尼·奥斯特所言,一国可以因保留不符合条约目的及宗旨提具反对,也可以因其他任何理由或根本无需理由而提具反对,见 Anthony Aust, *Modern Treaty Law and Practice* (Cambridge University Press, 2nd edn, 2007), pp. 138–139。

⑤ 联合国大会正式记录:《国际法委员会报告》,A/62/10(2007),第8页。此处没有出现"可分割性"这一术语,而是概括了该理论的后果。

⑥ United Nations, *Treaty Series*, Vol. 2763, p. 128.

不能从保留中获益。[①]《维也纳条约法公约》中不包含可分割性理论,目前也没有证据显示习惯国际法支持这一原则,这一理论主要发展于区域性人权法院和人权条约机构的实践。

欧洲人权法院最先在实践中运用可分割性理论,其在1988年贝利洛斯诉瑞士案中指出,瑞士对《欧洲人权公约》所作的保留无效,但瑞士仍受《欧洲人权公约》约束。[②] 欧洲人权法院在后续的韦伯诉瑞士案[③]以及洛伊齐杜诉土耳其案[④]中坚持了可分割性理论。美洲人权法院在2001年的希莱尔诉特立尼达和多巴哥案中运用了可分割性原则。该案中,特立尼达和多巴哥认为如果其对《美洲人权公约》的保留无效,那么其接受美洲人权法院管辖权的声明也应自始无效。美洲人权委员会认为虽然保留无效,但特立尼达和多巴哥仍需接受美洲人权法院的管辖。美洲人权法院最终选择支持美洲人权委员会的意见。[⑤]

根据《公民权利和政治权利国际公约》设立的人权事务委员会在第24号一般性意见中引入了可分割性理论,认为保留不可接受不意味着《公民权利和政治权利国际公约》对缔约国完全不生效,而是公约对保留国继续有效但保留国不受益于保留。[⑥] 一般性意见中并未提及可能产生的其他后果,似乎暗示无效保留产生后无需考虑提出国的意愿,推定条约将继续约束保留国。欧洲人权法院和美洲人权法院分别为《欧洲人权公约》和《美洲人权公约》的解释机构,他们的意见并未引发缔约国的广泛反对;[⑦]而人

---

① United Nations, *Treaty Series*, Vol. 2634, p. 32.

② Belilos v. Switzerland, EctHR Application No. 10328/83, Judgment, paras. 47, 60.

③ Weber v. Switzerland, EctHR Application No. 11034/84, Judgment, paras. 36–38.

④ Loizidou v. Turkey (Preliminary Objections), EctHR Application No. 15318/89, Judgment, paras. 96–97.

⑤ Hilaire v. Trinidad and Tobago (Preliminary Objections), IACtHR Series C No. 80, Judgment, 1 September 2001, paras. 49, 53, 67, 98–99.

⑥ General Comment No. 24, CCPR/C/21/Rev. 1/Add. 6 (1994), para. 18.

⑦ 见《欧洲人权公约》第32条,《美洲人权公约》第64条。

权事务委员会并非公约的解释机构,因此在缔约国间引发了激烈讨论。美国宣称第24号一般性意见"过了头",委员会关于可分割性的立场"完全违反既定的法律和原则"。如果某国拒绝同意受某项条款约束,则不能根据某些法律假设而推定其受该条款的约束。① 英国②和法国③也认为提出无效保留的国家不属于条约缔约国,不受条约约束。

可分割性理论最大的问题在于一定程度上违反了国家同意原则:可分割性理论推定保留并非国家接受条约义务的前提,即无论是否存在保留,国家均愿意承担条约义务,而事实上国家从未直接表达过这样的意图。部分国家坚持批准与保留的一体性,在目前的法律体系下没有简单的方式处理这类国家提具的无效保留。例如,美国认为批准《公民权利和政治权利国际公约》时提具的保留意见不可分割,如果决定其中的某些保留无效,应认定批准案文全部无效。④ 瑞典认为美国对《公民权利和政治权利国际公约》提具的保留违反了条约的目的及宗旨,但也仅是说明反对不妨碍条约在两国之间生效,没有明确表示美国不应从保留中受益。⑤ 相比之下,瑞典在反对叙利亚针对《消除对妇女一切形式歧视公约》提具的保留时提出,叙利亚的保留违反条约的目的及宗旨,不过该反对不应妨碍条约在两国之间生效。条约整体在两国间生效,叙利亚不能从保留中受益。⑥ 从瑞典面对两国的不同态度或许可以看出适用可分割性原则面临的困境。

① 联合国大会正式记录:《人权事务委员会的报告》,A/50/40(1996),第133~137页。
② 联合国大会正式记录:《人权事务委员会的报告》,A/50/40(1996),第140~141页。
③ 联合国大会正式记录:《人权事务委员会的报告》,A/51/40(1997),第66页。
④ 联合国大会正式记录:《人权事务委员会的报告》,A/50/40(1996),第136页。
⑤ United Nations, *Treaty Series*, Vol. 1725, p. 374.
⑥ United Nations, *Treaty Series*, Vol. 2220, p. 354.

## 三、国际法委员会对无效保留法律后果问题的回应

虽然部分缔约国持有不同意见,但人权事务委员会继续坚持运用可分割性理论。在罗尔·肯尼迪诉特立尼达和多巴哥案中,人权事务委员会认定保留无效不妨碍其根据任择议定书审议来文,该国仍受到《公民权利和政治权利国际公约任择议定书》的约束,只是不能从保留中受益。① 人权条约机构主席定期会议随后也引入了可分割性理论,不过态度较为软化:若保留被认定为无效,国家不能享受保留带来的好处,并且该国仍然是条约的缔约方,除非该国无可争议地表达了相反的意图,②关键在于无效保留提出国的意愿。人权条约机构支持可分割性理论的态度不足为奇:基于维护个人基本权利的主旨,人权条约希望尽可能多的国家成为缔约国,以扩大保护范围;同时,它也希望缔约国尽可能少地提出保留或声明,尽量完整地履行条约所规定的义务,而可分割性理论在这两方面可以较好地达成平衡。有学者总结,在人权条约领域内选择可分割性理论的国家不断增多,该理论俨然有成为主流的趋势。③

国际法委员会注意到了 1969 年《维也纳条约法公约》、1978 年《关于国家在条约方面的继承的维也纳公约》和 1986 年《关于国家和国际组织间或国际组织相互间条约法的维也纳公约》在保

---

① Decision of the Human Rights Committee Under the Optional Protocol to the International Covenant on Civil and Political Rights, Rawle Kennedy v. Trinidad and Tobago, CCPR/C/67/D/845/1999 (1999), p. 10. 特立尼达和多巴哥随后选择彻底退出《公民权利和政治权利国际公约任择议定书》。

② International Human Rights Instruments, *Report of the Meeting of the Working Group on Reservations*, HRI/MC/2007/5 (2007), p. 7.

③ McCall-Smith, "Severing Reservations", pp. 620 – 622. 作者举出的例子包括瑞典、丹麦、芬兰、希腊、拉脱维亚、挪威、斯洛伐克等国,涉及《消除一切形式种族歧视国际公约》、《公民权利和政治权利国际公约》、《经济、社会及文化权利国际公约》、《消除对妇女一切形式歧视公约》和《禁止酷刑和其他残忍、不人道或有辱人格的待遇或处罚公约》等条约。

留有效性方面留下的空白,也注意到了人权领域内国家、区域性人权法院和条约机构的实践,[①]因此其将“对条约的保留意见”[②]列入研究议题列表之中,并任命阿兰·佩莱(Alain Pelliet)为这一专题的特别报告员。国际法委员会于2011年向联合国大会提交了最终成果——《对条约的保留实践指南》,联合国大会于2013年在决议中鼓励广泛散发《对条约的保留实践指南》。[③] 国际法委员会认为该专题的一项任务是阐释人权条约在现行条约保留制度下的特殊地位,回应并试图解决人权条约领域出现的新问题,[④]因此尽管《对条约的保留实践指南》不具备法律约束力,但研究人权条约保留问题无法轻易绕过该文件。在有关无效保留的问题上,国际法委员会基于上文提及的三种理论大致重点研究三个方面的问题:无效保留的具体后果、保留效力裁决主体以及保留方如何补救无效保留。

### (一)无效保留的具体后果

国际法委员会在2005年第60届大会上希望各国就无效保留的有效性问题提出自己的看法。支持可分割性理论的国家认为,让无效保留的提出国成为条约的缔约国更有利。例如,代表五个北欧国家的瑞典代表在发言中指出,将与条约目的及宗旨相抵触的保留分割这一做法符合《维也纳条约法公约》第19条的意图,不过应该考虑到保留国的意愿。反对可分割性理论的国家认为,应

---

① Official Records of the General Assembly, Forty-eighth Session, Supplement No. 10, *Report of the International Law Commission on the Work of its Forty-fifth Session*, A/48/10 (1993), para. 428.

② 最初名称为“关于条约保留意见的法律与惯例”,1995年修改为“对条约的保留意见”。见联合国大会正式记录:《国际法委员会第四十七届会议工作报告》,A/50/10(1995),第487段。

③ 联合国大会决议:《对条约的保留》,A/RES/68/111(2013)。

④ 联合国大会文件:《关于对条约之保留的法律和实践的第一次报告:特别报告员阿兰·佩莱先生的初步报告》,A/CN.4/470(1995),第138~142段。

坚持把无效保留国排除在缔约国之外。例如,法国代表认为,在保留无效的情况下,简单忽略保留的存在将破坏作为条约法基础的国家同意原则。[①]

国际法委员会在广泛收集国家意见后认为,不管是持哪一类观点的国家都认为保留国的意愿十分关键。虽然两种观点看似截然相反,但实际上都与国家同意原则密切相关。争论可以转化为:是否即使保留无效(不从保留中受益)保留方也愿意接受条约约束,或者说保留是否构成国家承诺接受条约约束的必要条件?[②]《对条约的保留实践指南》中以正向推定的方式,基本上赞同了可分割性理论及人权条约机构主席定期会议的解决方案,但特别强调需要尊重无效保留国的意愿:《对条约的保留实践指南》第4.5条规定,无效保留自始无效,无效性质不取决于其他缔约方的意见;如果保留无效,而保留方不打算在无法从保留中受益的情况下受条约约束,该主体应当在条约监督机构作出评估后12个月内表达此种意向;无效保留的提出者在表达此种意向之前,推定其为不享受保留益处的缔约方。理论上说,国际法委员会也可以采取反向推定的方式,即除非无效保留国明确表达成为缔约国的意向,否则应拒绝将无效保留国视为缔约国。不过国际法委员会认为正向推定更符合人权条约机构的立场和各国的相关实践,并且正向推定能在维护缔约国意愿的同时完全尊重无效保留提出国的意愿,国际法委员会给出了三点具体理由:第一,无效保留提出国的本意是要成为缔约国;第二,在缔约国内部解决无效保留后果问题更为便利;第三,推定条约生效还可提供法律上的确定性。[③]

尚无法得知国际法委员会的提案能否成为国际社会的共识,目前来看并非所有国家都认同国际法委员会的解决方案。德国认

① 联合国大会正式记录:《第六委员会第14次会议简要记录》,A/C.6/60/SR.14(2005),第23、72段。

② 联合国大会正式记录:《国际法委员会报告》,A/66/10/Add.1(2011),第505页。

③ 联合国大会正式记录:《国际法委员会报告》,A/66/10/Add.1(2011),第509页。

为国际法委员会的正向推定明显超出了现有的国际法律框架,其不能信服国际法委员会在这个问题上的结论,对引入的新规则感到犹豫甚至反对;①美国"根本不同意(国际法)委员会就此准则达成的结论",认为目前参差不一的国家实践不足以支持国际法委员会的结论,国际法委员会援引的论据"完全没有说服力"。② 阿兰·佩莱同样承认各国在无效保留后果问题上存在严重分歧,只有实践才能判断《对条约的保留实践指南》提出的解决方案是否符合国际社会的需要。③

除了可能违反国家同意原则,人权条约机构主席定期会议和国际法委员会提出的解决方案还存在另一个问题:保留被确定为无效后保留国可以选择不受条约约束,这事实上是不存在于《维也纳条约法公约》中的条约退出方式。根据《维也纳条约法公约》第54、56条的规定,如果条约原本不存在有关退出的条款,那么只有在确定所有其他当事国有意允许退出条约或条约的性质意味着可以退出的情况下,一国才能合法有效地退出条约。而部分条约在性质上不允许当事国退出,④此时意图退约的国家只能寻求其他缔约国的一致支持。⑤ 如果完全遵循人权条约机构主席定期会议

---

① 联合国大会文件:《对条约的保留:从各国政府收到的评论和意见》,A/CN. 4/639(2011),第147~162段。

② 联合国大会文件:《对条约的保留:从各国政府收到的评论和意见》,A/CN. 4/639(2011),第170~182段。

③ Alain Pellet, "The ILC Guide to Practice on Reservations to Treaties: A General Presentation by the Special Rapporteur", (2013) 24 *The European Journal of International Law* 1061, p. 1094.

④ 联合国大会正式记录:《人权事务委员会的报告》,A/53/40(1998),第79页。例如,人权事务委员会第26号一般性意见指出《公民权利和政治权利国际公约》不允许废止或退出。

⑤ 这也是联合国秘书长作为条约保管人时的做法。朝鲜于1997年试图退出《公民权利和政治权利国际公约》时联合国秘书长认为,除非该条约所有当事国都同意朝鲜退出,否则不能退出公约,见 Depositary Notification, *Notification by the Democratic People's Republic of Korea*, C. N. 467. 1997 (1997), p. 8。联合国秘书长随后广泛征求各当事国的意见,朝鲜的退约意图并未得到全体当事国的同意。朝鲜未再作出任何表态,不过其后续于1999年向人权事务委员会提交了第二次缔约国报告,或许可以推测其认为自己仍是当事国之一。

和国际法委员会提出的解决方案,缔约国便可凭借无效保留退出条约,进而影响条约体系的稳定。

## (二)保留效力的裁决主体

建立保留效力裁决机制无疑有助于明确无效保留的法律后果,甚至有学者认为第三方审查机制是无效保留理论的核心。[①]在有关条约缺乏规定的情况下,允许性理论回避了保留效力裁决者问题,可反对性理论认为只有国家才能判断保留是否有效,而区域性人权法院和联合国人权条约机构均认为在可分割性理论下自己有权判断国家保留是否有效。有学者认为,贝利洛斯诉瑞士案是保留效力裁决主体问题中的"关键时刻",因为在此之前国家是保留是否有效的唯一裁决者,习惯国际法和《维也纳条约法公约》都承认国家在评估保留有效性方面的作用,但欧洲人权法院在本案中声明它可以独立评估保留的有效性而无需参考其他国家的意见。[②] 美洲人权法院同样认为在《维也纳条约法公约》体系下,条约的解释机构是判断国家保留合法性的最终主体。[③] 人权事务委员会明确提出自己有权审查某项保留是否符合《公民权利和政治权利国际公约》的目的及宗旨以及是否符合一般国际法,[④]人权条约机构主席定期会议也认同这一观点。[⑤]

《对条约的保留实践指南》第 3.2 条规定缔约方、争端解决机构以及条约监督机构均有权评估保留的有效性。几乎所有人权条约都建立了相应的监督机制以监督条约的执行情况,国际法委员

① Pergantis,"Logique de Validité Redoux? The ILC Guidelines on Reservations between a Rock and a Hard Place",p. 354.

② McCall-Smith,"Severing Reservations",p. 613.

③ Restrictions on the Death Penalty,IACtHR Advisory Opinion OC-3/83,para. 45.

④ 联合国大会正式记录:《人权事务委员会的报告》,A/50/40(1996),第 131 页。

⑤ International Human Rights Instruments,*Report of the Meeting of the Working Group on Reservations*,HRI/MC/2007/5 (2007),pp. 6-8.

会在讨论条约监督机构的权限时特别提及应注意人权条约机构。[①] 缔约方和争端解决机构的权限并非争议问题,承认条约监督机构的权限则属于国际法委员会的创新。国际法委员会认同人权条约机构的实践做法应属情理之中:首先,各国确有义务报告执行人权条约过程中的因素和困难。提出保留本身就表明缔约国存在"因素及困难",有关缔约国必须解释其提出和维持保留的动机。如果人权条约机构无法确定相关国家保留的有效性,那么将严重影响其行使条约规定的监督职能,甚至无法审议国家间指控来文、个人提出的申诉以及缔约国定期报告。其次,人权条约机构所作出的各类声明没有法律约束力,[②]承认条约机构有权审查保留并提出建议不会使条约机构在保留方面获得决策权。最后,国家接受或反对保留的权力来自《维也纳条约法公约》第 20 ~ 23 条,无论条约机构作出何种评估都不影响国家行使这一权力。[③]

为了协调不同评估主体的意见,《对条约的保留实践指南》第 3. 2. 1 条规定,条约监督机构作出评估的法律效力,不超过载有该评估意见的文件。国际法委员会在评注中进一步作出阐释,认为"监督机构为处理保留而行使其权力,其调查结果的法律效力不能超过赋予它们履行一般性监督作用的权力产生的法律效力"。[④] 既然条约机构的各类声明均不具有强制约束力,那么国家便无需无条件遵守条约机构的意见。同时为了防止国家完全忽视条约机构的意见,第 3. 2. 3 条又指出国家应考虑条约监督机构对其保留允许性所作出的评估。缔约国与条约监督机构合作是人权条约所规定的义务,即便人权条约机构的评估不具有法律约束力,缔约国

---

① 联合国大会正式记录:《国际法委员会报告》,A/66/10/Add. 1(2011),第 373 页。

② 参见卜凌嘉:《人权事务委员会一般性意见的法律意义》,载《国际法研究》2019 年第 2 期,第 75 ~ 88 页。

③ 联合国大会文件:《关于对条约的保留的第十次报告:增编》,A/CN. 4/558/Add. 2 (2005),第 8 页。

④ 联合国大会正式记录:《国际法委员会报告》,A/66/10/Add. 1(2011),第 379 页。

也应顾及此类评估。第 3. 2. 4 条还明确提出条约监督机构的权力不影响缔约国和争端解决机构评估保留允许性的权力。总体来看,国际法委员会的基本观点是,条约机构确有权评估国家保留的有效性;虽然评估没有强制力,但国家需要将条约机构评估内容纳入考虑范围;条约机构的评估并非决定性的,国家和争端解决机制等其他有权评估的主体可以作出与条约机构意见相左的评估。有国家担心如果不同主体评估同一保留有效性时的结论不同,国际法委员会的解决方案可能会引发更为复杂的局面,①但国际法委员会明确承认人权条约机构评估保留有效性的权限无疑已经具有重大意义。

## (三)无效保留的补救方式

若无效保留的提出方愿意继续成为条约当事方,也意图受益于保留,那么保留方可否通过某些补救方式使保留具有法律效力?该问题不存在于可反对性理论中,但存在于国际法委员会选择的可分割性理论中。为了解决问题国际法委员会提出了两种可能的补救方式。第一种方式是“集体接受”无效保留,即一项受条约禁止或与条约目的及宗旨不符的保留,在条约保存人明确征询所有缔约方意见后,若没有任何其他缔约方反对,保留方可继续维持该保留。② 该方式更接近于修改条约:虽然保留违反了条约的目的及宗旨,但全体缔约方以一致同意的方式事实上修改了条约,从而使保留从“无效”变为“有效”。虽然可以说集体接受方式来源于国家同意原则及《维也纳条约法公约》第 39 条,③但不难看出该方

---

① 联合国大会文件:《对条约的保留:从各国政府收到的评论和意见》, A/CN. 4/639 (2011),第 63 段。

② 联合国大会文件:《关于对条约的保留的第十次报告:增编》, A/CN. 4/558/Add. 2 (2005),第 24 ~ 26 页。

③ Oliver Dörr and Kirsten Schmalenbach (eds.), *Vienna Convention on the Law of Treaties: A Commentary* (Springer, 2nd edn, 2018), p. 323.

式存在固有缺陷:首先,该方式假定始终存在有权决定保留是否有效的主体,但正如上文所述,目前无法明确一般情况下何者为保留有效性的裁决主体,集体接受方式似乎仅能适用于条约明确规定争端解决机制的特殊情况中;其次,全部其他缔约方均认可保留似乎不能弥补保留不符合条约目的及宗旨的后果,特别是在非互惠性的人权条约领域,无效保留一般意味着国家没有彻底履行维护个人基本权利的条约义务;最后,《维也纳条约法公约》第 19 条明确规定保留必须与条约的目的及宗旨相符,不得提具不相符的保留,很难说在保留与条约目的及宗旨不符的情况下不修改保留反而修改条约目的及宗旨的方式符合《维也纳条约法公约》的规定。部分国家质疑和批评集体接受方式,①国际法委员会最终选择在《对条约的保留实践指南》的正式案文中删去集体接受方式。

第二种方式是保留国"修改保留"。国际法委员会在研究无效保留问题之初便明确认为修改保留是无效保留提出国可采用的补救方法之一。② 实践中确有国家成功修改保留:奥地利、加拿大、芬兰、德国、荷兰、挪威、葡萄牙和瑞典均认为马尔代夫于 1993 年加入《消除对妇女一切形式歧视公约》时提具的保留不符合条约的目的及宗旨,马尔代夫于 1999 年 1 月 29 日向联合国秘书长申请修改保留,③秘书长按照惯例确定同年 6 月 23 日前各国可对修改后的保留提出反对意见。④ 德国于 8 月 16 日明确反对修改保留,认为马尔代夫此举是重新提具保留,而根据《维也纳条约法公约》第 19 条,国家只有于签署、批准、接受、赞同或加入条约时才可提具保留。⑤ 由于德国的反对超出最后期限,马尔代夫的修改得

① 例如澳大利亚、奥地利、瑞士和美国,见联合国大会文件:《对条约的保留:从各国政府收到的评论和意见》,A/CN. 4/639(2011),第 72 ~ 86 段。

② 联合国大会正式记录:《国际法委员会报告》,A/52/10(1997),第 103 页。

③ United Nations, *Treaty Series*, Vol. 2052, p. 72.

④ United Nations, *Treaty Series*, Vol. 2068, p. 322.

⑤ United Nations, *Treaty Series*, Vol. 2077, p. 334.

以生效。[①] 有学者认为修改保留可以使国家纠正自己的错误，避免产生保留被确定为无效后无法补救的局面，有助于增强条约体系的稳定性。[②] 消除对妇女歧视委员会[③]和儿童权利委员会[④]都曾表达过支持国家修改保留的态度。但《对条约的保留实践指南》并不包含有关修改保留的具体规定：第2.5条虽然名为“撤回和修改保留和解释性声明”，其具体内容却几乎全部关于“撤回”，甚至并未出现“修改”(modification)这一术语。原因或许在于国际法委员会同意“修改保留的最终结果必须是限制保留的影响”这一原则，[⑤]因此修改保留应结合撤回保留和过时提具保留一并讨论，缩小保留范围的修改实质上属于部分撤回保留(第2.5条的主要内容)，扩大保留范围的修改实质上属于过时提出保留(规定于第2.3条)，没有必要为修改保留单独制定条款。[⑥] 该结论在理论上可能是正确的，但实践中并非所有国家都了解保留是否可以修改，特别是发展中国家和国际法研究基础薄弱的国家，明确规定保留的可修改性也有助于国家了解这一补救措施。

## 结　语

《维也纳条约法公约》创设的条约保留制度并未清晰明确规

① 芬兰也在期限后提出了反对，不过并非反对修改保留行为本身，见 United Nations, *Treaty Series*, Vol. 2077, p. 336。马尔代夫后又两次部分撤回保留，目前对公约第16条第1款第(a)、(c)、(d)和(f)项提出保留。

② William A. Schabas, "Reservations to Human Rights Treaties", (1994) 32 *The Canadian Yearbook of International Law* 39, pp. 77–78.

③ 联合国大会正式记录：《消除对妇女歧视委员会的报告》，A/53/38/Rev. 1(1998)，第38~39页。

④ International Human Rights Instruments, *Report on Reservations*, HRI/MC/2009/5 (2009), p. 4.

⑤ Aust, *Modern Treaty Law and Practice*, p. 156.

⑥ 联合国大会文件：《关于对条约的保留的第七次报告》，A/CN. 4/526/Add. 3(2002)，第2页。

定无效保留的后果,条约准备工作材料中也没有关于起草者意图的明确说明,似乎意味着起草者有意回避这一问题。[1] 无效保留的后果问题极易引起争议,而《维也纳条约法公约》是关于条约法的一般规范,为了减少分歧搁置争议问题是可取的选择,但要弥补《维也纳条约法公约》体系的空白时就必须直面该问题。传统条约领域内国家基于互惠性仍有动力审查保留的有效性,而在缺乏互惠性的人权条约领域内存在大量有效性存疑的保留。违反人权条约目的及宗旨的保留不会损害其他缔约国的利益,但会缩小保留国公民从人权公约中受益的范围。从这个角度出发,在国际法层面上明确无效保留的法律后果有利于国内法层面上落实保护人权的规定。

目前来看,可分割性理论解决无效保留后果问题的效果最佳。既然传统的允许性和可反对性理论无法有效运用于人权条约保留,欧洲人权法院率先提出可分割性理论也就不足为奇。以人权事务委员会为代表的人权条约机构和美洲人权法院随后也用实践赞同了可分割性理论。区域性人权法院人权条约机构的实践正在有效地填补《维也纳条约法公约》体系下的空白。尽管可分割性理论最初起源于人权条约领域,但近期实践证明该理论绝非仅适用于人权条约领域。[2] 国际法委员会早先并不认同可分割性理论,阿兰・佩莱曾特别强调国家同意原则的重要性,[3]而最终国际法委员会选择将可分割性理论纳入《对条约的保留实践指南》或

---

① 联合国大会正式记录:《国际法委员会报告》,A/66/10/Add. 1(2011),第 500 页。

② 例如,美国同意受《禁止或限制使用某些可被认为具有过分伤害力或滥杀滥伤作用的常规武器公约禁止或限制使用燃烧武器议定书(第三号议定书)》约束时提具了保留,称其使用燃烧武器攻击位于平民聚集区军事目标的权利不受附加议定书影响。挪威反对这一保留,称该保留不符合条约的目的及宗旨,并认为反对并不妨碍议定书在两国之间全部生效,只是美国不得从其保留中受益,见 Multilateral Treaties Deposited with the Secretary-General, Chapter XXVI, *Convention on Prohibitions or Restrictions on the Use of Certain Conventional Weapons which may be deemed to be Excessively Injurious or to have Indiscriminate Effects* (*with Protocols I, II and III*), p. 11。

③ 联合国大会正式记录:《国际法委员会报告》,A/52/10(1997),第 88 页。

许也反映出该理论具有普遍适用的潜力。

尽管区域性人权法院、人权条约机构、国际法委员会和部分国家都赞成可分割性理论,但可分割性理论能否形成国际共识仍有待观察。正如国际法委员会所言,其不可能凭空制定和确立关于无效保留法律后果的规则,其“仅限于努力弥补缺陷,并在可行和受欢迎时消除(制度中的)歧义,同时保持(制度的)弹性和灵活性”。[①] 无效保留在人权条约领域内催生了许多难题,虽然现在可能已经错过了解决这些难题的最佳时机,但为了更好地落实国际人权义务、维护个人基本权利,国际社会有责任持续关注无效保留法律后果问题。

## Consequences of Invalid Reservations in Multilateral Treaties—An Exploration of International Human Rights Treaties as An Example

JIANG Juzheng

**Abstract**: The absence of provisions on the consequences of invalid reservations to treaties in current international law has led to a long-standing controversy, particularly in the field of human rights treaties, with different subjects having very different views on how to respond to invalid reservations. The international community has gradually developed three different theories of permissibility, opposability and severability in dealing with invalid reservations, which have been applied by nations, regional human rights bodies and human rights treaty bodies, resulting in a rich body of case law. The interaction between international legal rules and the practice of

① 联合国大会文件:《关于对条约之保留的法律和实践的第一次报告:特别报告员阿兰·佩莱先生的初步报告》,A/CN. 4/470(1995),第 163 段。

subjects of international law on the question of how to deal with invalid reservations has given impetus to the study of the problem. The International Law Commission has extensively investigated the different attitudes of various subjects to address the consequences of invalid reservations and has proposed the Guide to Practice on Reservations to Treaties. However, there is still no international consensus or standard on how to deal with invalid reservations, and further attention from the international community is needed.

**Key Words**: treaty reservation; law of treaties; invalid reservation; human rights treaties; Vienna Convention on the Law of Treaties

# 后疫情时代新冠疫苗知识产权豁免制度评析*

徐丽娟**

**摘要：**自新冠疫情暴发以来，全球疫苗获取呈现两极分化，印度和南非于2020年10月向TRIPS理事会提交新冠疫苗知识产权豁免提案。豁免提案经过一年半多的谈判，WTO第十二届部长级会议最终达成新冠疫苗知识产权豁免决议。全球进入后疫情时代，疫苗获取仍然是应对新冠大流行的关键。本文主要关注新冠疫苗知识产权豁免机制的内容及意义，从论证新冠疫苗知识产权豁免决议的正当性开始，回顾新冠疫苗知识产权豁免决议的谈判历程，追踪新冠疫苗知识产权豁免决议的文本来源，并评估和反思新冠疫苗知识产权豁免决议的价值。尽管豁免决议不够完善，但就目前而言，灵活运用强制许可制度是一个能够达成的具有最大程度灵活性的方案。因此，新冠疫苗知识产权豁免决议是值得欢迎和期待的。

**关键词：**新冠大流行；新冠疫苗知识产权豁免决议；强制许可；后疫情时代

---

* 本文获国家社科基金重大项目“重大突发公共卫生事件的国际法问题研究”（20&ZD201）和国家社会科学基金一般项目“后TRIPS时代知识产权全球治理体系变革与中国因应方略研究”（18BFX157）支持。

** 武汉大学国际法博士生。

## 一、问题的提出

2020 年,新冠大流行在持续且没有立刻结束的迹象,全球疫苗获取的两极分化背离国际法公平原则,影响全球公共健康。面对全球疫苗获取的不平等现象,习近平主席呼吁,共同构建人类卫生健康共同体,①深化疫苗国际合作,坚持公平、公正原则,弥合"免疫鸿沟",确保疫苗广泛的、可负担得起的获取,让疫苗成为全球公共产品。② 2020 年 10 月,印度和南非共同向与贸易有关的知识产权理事会(以下简称 TRIPS 理事会)提交提案,③要求为预防、控制和治疗新冠大流行,暂时豁免《与贸易有关的知识产权协定》(以下简称《TRIPS 协定》)部分条款。该提案一经提出,在世界贸易组织(WTO)内部引发激烈辩论,经过曲折的谈判历程,2022 年 6 月在第十二届部长级会议上达成共识,形成新冠疫苗知识产权豁免决议(以下简称豁免决议)。目前全球正处于后疫情时代,较少有疫苗短缺的报告,甚至出现处理过期疫苗剂量,新的疫苗生产商努力获取生产订单的情形,④与豁免提案提出时的情形相比发

① 习近平:《团结合作战胜疫情,共同构建人类卫生健康共同体——在第 73 届世界卫生大会视频会议开幕式上的致辞》,载新华网,http://www. xinhuanet. com/politics/leaders/2020 - 05/18/c_1126001593. htm,最后访问时间:2023 年 1 月 28 日。

② 习近平:《携手共建人类卫生健康共同体——在全球健康峰会上的讲话》,载新华网,http://www. xinhuanet. com/politics/leaders/2021 - 05/21/c_1127476371. htm,最后访问时间:2023 年 1 月 28 日;《"让疫苗成为全球公共产品":这个庄严承诺彰显大国大党的历史担当》,载求是网,http://www. qstheory. cn/zhuanqu/2021 - 07/25/c_1127693104. htm,最后访问时间:2023 年 1 月 28 日。

③ TRIPS Council, *Waiver from Certain Provisions of the TRIPS Agreement for the Prevention, Containment and Treatment of COVID - 19*, IP/C/W/669 (October 2, 2020), https://docs. wto. org/dol2fe/Pages/SS/directdoc. aspx? filename = q:/IP/C/W669. pdf&Open = True (Last visited January 28, 2023).

④ 《日本废弃的新冠疫苗超过 40 万剂 政府呼吁民众积极接种》,载人民网,http://japan. people. com. cn/n1/2022/0519/c35421 - 32425523. html,最后访问时间:2023 年 1 月 28 日。

生了较大变化。因此,本文的目的不是分析豁免决议的必要性,而是通过分析豁免决议的正当性,回顾不同阶段豁免决议的内容以及不同提案对豁免决议文本的贡献,评析豁免决议的内容,反思豁免决议的影响,以期在未来大流行病条约的谈判中弥补缺陷,为未来大流行病的预防、防范和应对提出建议。

## 二、新冠疫苗知识产权豁免的正当性分析

### (一)新冠疫苗知识产权豁免的合法性基础

知识产权豁免制度源自《马拉喀什建立世界贸易组织协定》(以下简称《WTO 协定》),《WTO 协定》第 9 条第 3 款授权部长级会议和总理事会决定豁免的权力。豁免权被约翰·杰克森(John Jackson)描述为 WTO 成员最重要的单一权力。① 豁免的意义在于,它允许 WTO 部长级会议和总理事会应 WTO 成员的要求,豁免特定成员履行 WTO 的特定义务,与该特定义务相关的 WTO 法律规范不能被用以评估特定措施的合法性,也无法被 WTO 争端解决机构适用。

豁免的法定触发条件是存在"特殊情况"(in exceptional circumstances)。② 该措辞表明,豁免的目的是使个别成员在特殊情况下采取的不遵守 WTO 法律规则的措施合法化,因为遵守规则不是一个可行的选择。从法律文本看,《WTO 协定》并未对"特殊情况"进行任何说明也没有相关注释,只有在《1994 年关税与贸易总协定》(以下简称 GATT 1994)第 25 条第 5 款第 1 项中提到缔约方全体可投票审议"特殊情况"。从司法实践看,接受豁免申

① John Jackson, *World Trade and the Law of GATT* (Bobbs Merrill, 1969), p. 541.

② 规定在《WTO 协定》第 9 条第 3 款中。关于"in exceptional circumstances"的翻译,中文版 GATT1947 将其译为"特殊情况",中文版《WTO 协定》将其译为"例外情况",两者表达的意思相同。

请的工作组对于“特殊情况”的认定并不明确,成员方各有主张。尽管关于“特殊情况”的识别标准没有明确,学界上认为“艰难情势”(hardship)和“目的”(objective)这两个标准可以作为界定“特殊情况”的依据:“艰难情势”标准为微观层面的要求,涉及申请豁免方的自身利益;“目的”标准则是宏观层面的要求,与WTO其他成员方的利益相关。[①] 新冠疫苗知识产权豁免提案是在新冠大流行的背景下提出的,允许有资格的发展中国家豁免WTO有关疫苗专利保护的部分义务,即在未经权利人许可的情况下授权生产新冠疫苗并向其他发展中国家及最不发达国家出口。新冠大流行引发全球公共健康危机,产生的影响程度之深、受害规模之大、影响时间之久史无前例,存在艰难情势且影响全球公共健康,属于“特殊情况”。知识产权限制了各国采取必要措施来解决合作制造和供应疫苗的政策空间,使得人们无法将更多精力集中在有效预防、控制和治疗大流行病上,《TRIPS协定》的灵活性条款并非为了解决如此严重的、大规模公共健康危机而设计的。因此,新冠疫苗知识产权豁免符合豁免的触发因素。

### (二)新冠疫苗知识产权豁免的实践基础——WTO行使豁免权的案例

在WTO几十年的实践中,豁免权经常被使用,使WTO能够在协调相互冲突的规范和利益方面展开政治谈判。豁免权允许申请国对WTO的法律规范进行一般性修改,通过限制WTO对由另一种国际法律制度授权的特定措施的管辖权,以更好地实现非经济利益。豁免类型主要包括单方豁免和集体豁免两种;大多数情况是单方豁免,在涉及个别国家寻求暂缓履行WTO某项具体法律义务的情况下起到安全阀功能;少数情况下,集体豁免被用于为

① 张潇剑:《论GATT及WTO关于豁免成员义务的规定》,载《中外法学》2001年第2期,第203~211页。

WTO 成员团体寻求法律救济以免于履行 WTO 的法律义务。在目前的 WTO 规则下，更多的集体豁免是存在的。其中最为典型的是 2002 年 11 月 5 日《关于金伯利进程毛坯钻石认证计划的因特拉肯宣言》确立的金伯利进程证书制度（以下简称金伯利豁免）。

金伯利豁免是为了预先阻止叛乱分子通过冲突钻石①贸易为其购买武器提供资金，以促进实现维护和恢复和平与安全的目标，并防止在政府和叛乱分子之间的武装冲突中发生严重侵犯人权的情况。② 金伯利豁免使"禁止与非金伯利豁免参与者的贸易"这一特定措施不违反 GATT 1994 规定的法律义务，该特定措施与 WTO 法律规则之间存在潜在冲突，特别是禁止数量限制（GATT 1994 第 11 条第 1 款）、非歧视性地实施数量限制（GATT 1994 第 13 条第 1 款）以及给予最惠国待遇（GATT 1994 第 1 条第 1 款）等义务。金伯利豁免并不具有约束力，主要是通过具有约束力的国内立法和执法实施。

值得注意的是，在知识产权领域，《WTO 协定》意义上的豁免实践尚未出现。2005 年 12 月 6 日 WTO 总理事会通过的《修改〈与贸易有关的知识产权协定〉议定书》（以下简称《TRIPS 协定》修正案）被认为是最接近《WTO 协定》意义上的豁免实践，因为该修正案豁免了《TRIPS 协定》第 31 条（f）款强制许可必须供应国内市场的要求和（h）款进口成员支付报酬的要求。《TRIPS 协定》修正案是对《多哈宣言》中有关有效利用《TRIPS 协定》灵活性条款要求的具体适用和深化，通过修改现有的强制许可制度使其在一定程度上适应发展中成员的需要，回应了关于《TRIPS 协定》限制

---

① 依照联合国的定义，冲突钻石被界定为产自获得国际普遍承认的、同具有合法性的政府对立方出产的钻石，被用来资助对抗合法政府或违反安全理事会决定。

② Isabel Feichtner, "The Waiver Power of the WTO: Opening the WTO for Political Debate on the Reconciliation of Competing Interests", (2009) 20 *European Journal of International Law* 615, pp. 622 – 625.

获取基本药物的指控,提出医药制造能力不足或没有制造能力的WTO成员利用强制许可制度进口药品而无需支付费用的方案。但是该修正案被纳入《TRIPS协定》第31条之二成为条约的组成部分,具有永久有效的特征,不符合《WTO协定》规定的有期限的豁免和定期审查等特征。因此,《TRIPS协定》修正案不是《WTO协定》第9条第3款规定的豁免实践,而是《WTO协定》第10条赋予的修正国际条约特定条款的实践。

综上,在WTO的实践中,豁免并非首次,也不会是最后一次。新冠疫苗知识产权豁免以豁免决议的方式得以实现,是具体适用《多哈宣言》和《TRIPS协定》灵活性条款的新实践和新发展,具有里程碑意义。

## 三、新冠疫苗知识产权豁免决议的谈判历程

### (一)WTO的豁免程序

《WTO协定》第9条第3款和第4款规定了豁免的申请、审查和决策程序:首先,"有关附件一(1)、(2)和(3)或诸边贸易协议及其附件的豁免申请,应首先分别提交货物贸易理事会,服务贸易理事会和TRIPS理事会在不超过90天的期限内予以考虑,当限期届满时,有关理事会应当向部长会议提交报告";其次,部长会议应在不超过90天的期限内协商一致做出决定,否则应经3/4多数成员的同意方可做出豁免决定;再次,豁免需要每年审议一次;最后,关于豁免决定的内容,主要包括特殊情况、实施豁免的条件及豁免的终止日期。

实践中,当提案提交至各理事会,如果各理事会对提交的豁免申请未能达成一致决定则设立工作组进行审议,工作组起草报告和豁免决定后提交各理事会讨论。实施豁免决定后,如果扩展受益国或追加产品,需要重新提出豁免申请,这就意味着豁免的扩展

与提出新豁免申请的程序一样，而非自动扩展。以新冠疫苗知识产权豁免决议的程序为例（见图 1），印度和南非于 2020 年 10 月 2 日和 2021 年 5 月 25 日两次向 TRIPS 理事会提交 TRIPS 豁免提案，TRIPS 理事会经过讨论，期间 TRIPS 豁免提案的讨论一度陷入僵局，为此 WTO 总干事牵头印度、南非、美国及欧盟，达成合意（以下简称《四方协议》）。2022 年 5 月 6 日 TRIPS 理事会讨论并审议通过了 TRIPS 理事会主席准备向 WTO 总理事会①提交的关于《四方协议》的报告，审议期限内 2022 年 6 月 10 日 WTO 第十二届部长级会议就《四方协议》文本进行谈判，此类豁免由成员的四分之三多数通过即可，2022 年 6 月 17 日 WTO 第十二届部长级会议做出豁免决议。豁免决议在第 8 段提到，在决定之日起 6 个月内，成员将决定是否将豁免扩展到新冠诊断和治疗剂的生产和供应。从豁免的复杂流程看，重启谈判并将豁免扩展到其他知识产权类型和新冠相关卫生产品和技术，难以达成共识，其形式意义大于实质意义。

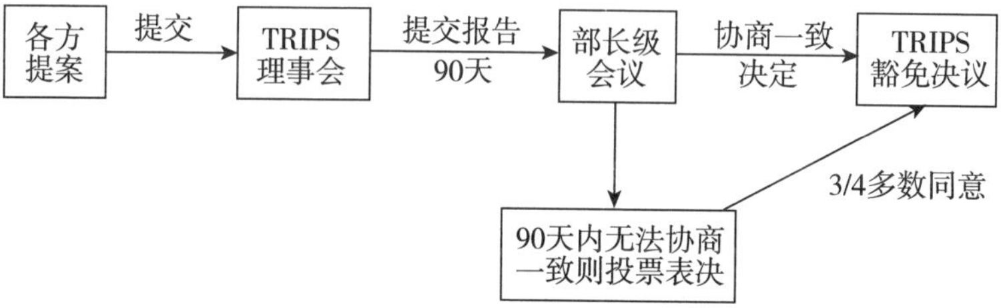


**图 1　知识产权豁免决议程序**

## （二）豁免决议的谈判进展

2020 年 10 月 2 日，印度和南非向 TRIPS 理事会提交提案，要

① WTO 总理事会由所有成员的代表组成，并向部长级会议报告工作。在部长级会议休会期间，总理事会负责行使部长级会议的职能。

求豁免《TRIPS 协定》中有关新冠产品和技术的某些条款,[①]至 2021 年 5 月,WTO 理事会对该提案形成长时间对峙。欧盟和美国是反对该提案的主要 WTO 成员,2021 年 5 月,在特朗普政府向拜登政府过渡后,美国改变了其对新冠疫苗知识产权豁免的立场并宣布愿意参与基于豁免文本的谈判,这促使该提案经过讨论和修正后由 62 个国家于 2021 年 5 月 25 日共同向 TRIPS 理事会提出。[②] 该修正提案旨在豁免适用《TRIPS 协定》第二部分的版权(第 1 节)、工业设计(第 4 节)、专利(第 5 节)和未披露信息保护(第 7 节)以及第三部分的相关执行义务,以预防、治疗或控制新冠大流行,涉及的健康产品和技术包括疫苗、诊断学、治疗学、医疗设备、个人防护设备、其材料或部件以及其制造方法和手段。

欧盟于 2021 年 6 月 4 日向 TRIPS 理事会和 WTO 总理事会分别提交了"应对新冠危机的紧急贸易政策"[③]和"应对新冠危机的紧急贸易政策回应"[④]作为替代解决方案,[⑤]强调充分利用现有的强制许可灵活性条款就能够应对新冠大流行。2021 年 6 月 18 日,

---

① TRIPS Council, *Waiver from Certain Provisions of the TRIPS Agreement for The Prevention, Containment and Treatment of COVID – 19*.

② TRIPS Council, *Waiver from Certain Provisions of the TRIPS Agreement for the Prevention, Containment and Treatment of COVID – 19 Revised Decision Text*, IP/C/W/669/Rev. 1 (May 25, 2021), https://docs. wto. org/dol2fe/Pages/SS/directdoc. aspx? filename = q:/IP/C/W669R1. pdf&Open = True (Last visited January 28, 2023).

③ TRIPS Council, *Urgent Trade Policy Response to the COVID – 19 Crisis: Intellectual Property*, IP/C/W/680 (June 4, 2021), https://docs. wto. org/dol2fe/Pages/SS/directdoc. aspx? filename = q:/IP/C/W680. pdf&Open = True (Last visited January 28, 2023).

④ WTO General Council, *Urgent Trade Policy Response to the COVID – 19 Crisis*, WT/GC/231 (June 4, 2021), https://docs. wto. org/dol2fe/Pages/SS/directdoc. aspx? filename = q:/WT/GC/231. pdf&Open = True (Last visited January 28, 2023).

⑤ 欧盟提案中给出三点建议:第一,贸易便利化和对出口限制的约束;第二,扩大生产,包括通过疫苗生产商和开发商的承诺;第三,澄清和促进有关《TRIPS 协定》的强制许可灵活性条款的适用。

欧盟再次向 TRIPS 理事会提交提案,[①]该提案对强制许可制度,尤其是对《TRIPS 协定》第 31 条之二的内容,进行三点澄清:第一,关于《TRIPS 协定》第 31 条(b)款的内涵,大流行病构成国家紧急情况,可以免除与权利人进行谈判的要求;第二,关于《TRIPS 协定》第 31 条(h)款向权利人支付适当报酬的规定,欧盟建议为了支持中低收入国家以可承受的价格生产疫苗或治疗药物的,专利持有人的报酬应反映这种可承受的价格;第三,关于《TRIPS 协定》第 31 条之二和附件的程序问题,WTO 成员支持出口成员在一份通知中提供由出口成员通过直接或间接方式,如新冠疫苗全球获取机制(COVID - 19 Vaccines Global Access,以下简称 COVAX 机制)等国际或区域联合行动,供应疫苗和药品的所有国家的名单。第三世界网络(The Third Network)表示,欧盟的提案毫无意义,是对现有强制许可制度的机械重复,没有改变其面临的实施困境并且与欧盟以往向实施强制许可国家施压的现实不符,欧盟的提案是为了转移注意力。[②] 尽管如此,该提案对第十二届部长级会议豁免决议文本的形成具有较大作用,成功阻止新冠疫苗知识产权豁免联合提案的进程并最终将谈判聚焦在强制许可制度的灵活适用上。

面对僵局,WTO 总干事于 2021 年 12 月至 2022 年 3 月间,牵头组织印度、南非、欧盟和美国四方,组成高级别小组进行小范围的非正式磋商,进而达成一致意见(以下简称《四方协议》)。2022

---

① Communication from the European Union to the Council for TRIPS, *Draft General Council Declaration on the TRIPS Agreement and Public Health in the Circumstances of a Pandemic*, IP/C/W/681 (June 18, 2021), http://docs. wto. org/dol2fe/Pages/FE_Search/FE_S_S009 - DP. aspx? language = E&CatalogueIdList = 274927, 274473, 274404, 274395, 274268, 274269, 274271, 274186, 273996, 273770&CurrentCatalogueIdIndex = 0&FullTextHash = &HasEnglishRecord = True&HasFrenchRecord = False&HasSpanishRecord = False (Last visited January 28, 2023).

② Third World Network, *EU Proposal Seeks to Derail TRIPS Waiver Discussions at WTO* (June 8, 2021), https://twn. my/title2/wto. info/2021/ti210603. htm (Last visited January 28, 2023).

年 3 月 15 日《四方协议》[①]被提交 TRIPS 理事会,《四方协议》对疫苗相关的专利强制许可进行澄清和有限的豁免。值得注意的是:(1)协议序言部分规定了国内法律,这表明豁免不是自动执行的,除非进行修改或者颁布相关法令。[②] (2)规定该协议只适合“有资格的发展中国家”,并在脚注 1 中给出两种选择:一种是所有的发展中国家成员都有资格,但鼓励有能力出口疫苗的成员选择不参与该项决定;另一种是排除了 2021 年出口新冠疫苗剂量超过 10%的发展中国家。(3)协议的适用范围限定在“应对新冠大流行的必要范围内”。《四方协议》反映了发达国家的立场,即不同意太过宽泛的豁免,这体现了欧盟在最初讨论豁免时的态度,也表明了尽管美国已明确宣布准备参与基于文本的谈判,但是采取消极态度。尽管《四方协议》的参与成员少且磋商结果与豁免提案完全不一样,但是因为其增加了达成共识的可能性,所以成为 WTO 第十二届部长级会议新冠疫苗知识产权豁免决议[③]的基础谈判文本。

2022 年 6 月,在 WTO 第十二届部长级会议上,WTO 成员以《四方协议》为基础文本进行谈判,最终达成共识形成豁免决议。

---

① TRIPS Council, *Communication from the Chairperson*, IP/C/W/688 (May 3, 2022), https://docs. wto. org/dol2fe/Pages/SS/directdoc. aspx? filename = q:/IP/C/W688. pdf&Open = True (Last visited January 28, 2023).

② Carlos M. Correa *et al.*, “Implementation of a TRIPS Waiver for Health Technologies and Products for COVID – 19: Preventing Claims Under Free Trade and Investment Agreements”, South Centre Research Paper 135, South Centre, September 2021, https://www. southcentre. int/wpcontent/uploads/2021/09/RP135_Implementation-of-a-TRIPSWaiver-for-Health-Technologies-and-Products-for-COVID – 19_EN – 1. pdf (Last visited January 28, 2023); Henning Grosse Ruse-Khan and Federica Paddeu, “A TRIPS-COVID Waiver and Overlapping Commitments to Protect Intellectual Property Rights Under International IP and Investment Agreements”, South Centre Research Paper 144, January 27, 2022, https://www. southcentre. int/wpcontent/uploads/2022/01/RP – 144. pdf (Last visited January 28, 2023).

③ The Twelfth Ministerial Conference, *Draft Ministerial Decision on the TRIPS Agreement Revision*, WT/MIN(22)/W/15/Rev. 2 (June 17, 2022), https://docs. wto. org/dol2fe/Pages/SS/directdoc. aspx? filename = q:/WT/MIN22/W15R2. pdf&Open = True (Last visited January 28, 2023).

WTO 总干事召集的《四方协议》磋商和豁免决议谈判都表明，WTO 成员对于豁免决议的谈判重点应该是灵活适用《TRIPS 协定》的弹性机制。这可能加强一种观念——即使在全球公共健康危机时期，促进适用《TRIPS 协定》的灵活性条款也是政策工具箱中的有用部分。豁免决议主要是针对出口强制许可的有限豁免，相较于强制许可(《TRIPS 协定》第 31 条)和出口强制许可制度(《TRIPS 协定》修正案即《TRIPS 协定》第 31 条之二)有放宽的地方，也有限缩之处。从文本内容看，归根到底是来自欧盟的主张，体现了欧盟左右谈判走向的实力。

## 四、新冠疫苗知识产权豁免决议的评价与反思

豁免决议主要内容包括豁免的范围、对象、期限和审查等，具体包括如下几点：(1)即使有国内专利法规定，有资格的成员可以限制《TRIPS 协定》规定的专利权，但以应对新冠大流行所需为限；(2)有资格的成员可以利用其法律中的任何工具，不限于立法行为，如行政命令、紧急法令、政府使用授权和司法命令等，授予强制许可，而无需权利人的同意；(3)允许有资格的成员出口任何比例的疫苗到符合条件的成员包括国际或区域联合行动；(4)有资格的成员应尽一切努力，防止根据授权生产的产品的再出口；(5)应以可以承受的价格支付权利人报酬；(6)有资格的成员应向 TRIPS 理事会通报与执行本决定相关的任何措施；(7)豁免决议有效期为 5 年，每年审查一次；(8)本决定之日起六个月内，成员将决定是否延长本决定，以涵盖新冠诊断和治疗剂的生产和供应；(9)本决议不影响《TRIPS 协定》的灵活性条款。豁免决议经过斗争和妥协，谈判历时较长，体现了各成员共同的意志。豁免决议也体现了中国的大国担当，中国承诺自愿放弃使用该豁免决议的行动，使豁免决议在部长级会议谈判最后一刻得以通过。豁免决议的通过具有重大意义，但也存在局限性。

## (一)豁免决议的积极意义

豁免决议以现有强制许可框架为基础,为需要的成员提供更加便捷的途径,其积极作用主要体现在以下四个方面:

第一,澄清了可资利用的境内法律工具。依据决议,有资格的成员均可充分利用其境内法律工具,不限于强制许可的立法规定,还包括通过行政命令、紧急法令或司法命令即可启动豁免。豁免决议对此作出专门规定,对发展中成员而言是有益的澄清。原则上,任何有资格的成员都可以适用该制度,因而有利于推动新兴发展中成员利用该决议,增加出口成员数量,扩大疫苗生产。

第二,澄清了新冠大流行构成国家紧急状态。豁免决议隐晦地承认,新冠大流行符合国家紧急情况的要求。① 因此,无需事先与权利人协商即可做出强制许可安排。这有助于界定新冠大流行属于 GATT 1994 和《TRIPS 协定》国家安全例外条款中的"国际关系中的其他紧急情况",也符合《多哈宣言》中公共健康危机构成国家紧急情况或其他极端紧急情势的表述,增强了法律确定性。

第三,简化了《TRIPS 协定》第 31 条之二规定的通报要求。对于适用该决议的发展中成员,无论是作为进口成员还是出口成员,与《TRIPS 协定》第 31 条之二的规定不同的是,这两类成员都必须尽快通知被授权实体的名称和地址、被授权的产品。相较于《TRIPS 协定》第 31 条之二的规定而言,豁免决议要求进口成员通报的内容减少,不必通知其成为进口成员的意图,也无需自我声明

① 豁免决议的第 1 段指出以应对新冠大流行所需为限限制《TRIPS 协定》规定的权利;第 2 段明确可以采取强制许可制度的办法不限于立法,还包括行政法令等;第 3 段指出豁免的具体内容包括对于强制许可制度的放宽。强制许可制度的触发条件为国家紧急情况或其他极端紧急情况,因此,新冠大流行符合国家紧急情况的要求。此外,《多哈宣言》第 5 条(d)款明确公共健康危机构成国家紧急情况,新冠大流行作为具有传染病有关的健康危机属于公共健康危机,构成国家紧急情况,两者相互印证。

没有制造这些疫苗的能力,为制造能力不足或者缺乏制造能力的发展中成员方提供了便利。此外,豁免决议要求出口成员通报的内容减少,出口的新冠疫苗没有标记的要求,即出口成员不必要求出口商对其产品进行特殊标记,以区分原产国产品,因此不必通知TRIPS 理事会关于新冠疫苗的标签区别特征。

第四,扩大了合格进口成员的范围。豁免决议第 3 条(b)款规定出口成员可以出口任何比例的疫苗,以供应合格进口成员。合格进口成员,除进口国外,还包括国际或区域联合行动,如获取新冠工具加速计划(A-ACT)下的疫苗支柱——新冠疫苗全球获取机制(COVAX 机制)。对没有制造能力的成员而言,将拥有更多渠道获取疫苗,而不必受制于有限的、特定的生产商或国家。

综上,豁免决议为充分利用《TRIPS 协定》灵活性条款拓宽了政策选择空间,有利于充分整合并利用全球的制造和供应能力,并间接协调与促进知识和技术的获取。对于制造能力不足或缺乏制造能力的成员而言,豁免决议可以提供更多的供应渠道,从而不必受个别制药企业挟持掣肘。对于有制造能力的成员而言,豁免决议为扩大新冠疫苗的生产和供应开拓了新的政策空间,有利于充分挖掘潜在的制造商,为供应渠道多样化和能力提升创造了更多的可能性。因此,尽管豁免决议并未全面解决疫苗获取问题,但达成共识以充分利用《TRIPS 协定》的灵活性是一个较好的解决方案。①

### (二)豁免决议的局限性

豁免决议仅针对疫苗专利的出口强制许可规定了有限豁免,有些规定甚至比强制许可和出口强制许可制度的要求更加严格。

---

① Bryan Mercurio and Pratyush Nath Upret, "From Necessity to Flexibility: A Reflection on the Negotiations for a TRIPS Waiver for COVID－19 Vaccines and Treatments", (2022) 21 *World Trade Review* 1, pp. 1－17.

其局限性主要体现为以下六点:

第一,豁免决议仅适用于新冠大流行期间,不能解决流行病情况下的疫苗获取和供应问题。目前针对“大流行”并无法律定义,根据世界卫生组织(以下简称世卫组织)公告,其意指覆盖多个国家或大陆的广泛地理范围内发生的疾病或健康事件并影响很大一部分人口。[①] 世卫组织将公共卫生事件的风险等级划分为五个级别,结合传染病发生地的社会、经济、环境和政治背景以及当地医疗卫生水平进行评估决定。[②] “大流行病”可以借鉴世卫组织的风险评估方式来界定其内涵,制定客观评判标准,避免因概念模糊而造成不当后果。尤其是当新冠疫情不再是大流行病(pandemic)但仍然构成“流行病”(epidemic)时,豁免决议可能无法适用。相较于强制许可和出口强制许可在国家紧急状态或其他极端紧急情势下即可适用的条件,豁免决议限缩了适用条件,范围显然更加狭窄。

第二,豁免涵盖的知识产权类型极为有限。首先,该决议仅规定了疫苗专利的豁免,没有豁免对未披露试验数据的保护。未披露的试验数据可能涵盖疫苗产品的规格或制造工艺且在疫苗申请上市时无需披露,这可能有碍强制许可的实施。其次,疫苗的供应和获取,尤其是运输、储存疫苗甚至疫苗的标签等,可能涉及版权、外观设计、商标等知识产权类型。这就意味着根据决议有资格生产疫苗的发展中成员还需要注意侵犯其他知识产权的可能性。有学者认为,即使豁免所有知识产权类型不可能实现,但是谈判结果

① Heath Kelly, “The Classical Definition of a Pandemic is not Elusive”, *Bulletin of the World Health Organization*, No. 89, 2011, pp. 539 – 540, https://www.scielosp.org/article/ssm/content/raw/?resource_ssm_path=/media/assets/bwho/v89n7/a17v89n7.pdf (Last visited January 28, 2023).

② 《突发公共卫生事件快速风险评估》,倪大新、金连梅主译,人民卫生出版社2015年版。

也应该更接近初始提案。[①] 当然这种方法也未必是一个适当的方法,却是一个可以参考的替代方案,也是对初始提案的真诚考量。

第三,决议豁免的对象仅涉及新冠疫苗。尽管就应对新冠大流行而言,新冠疫苗的作用不可忽视,但从预防、防范和应对大流行病的系统层面上讲,还远远不够:首先,疫苗的有效性有待进一步验证,仅依赖疫苗无法保障全方位防控和应对新冠大流行;其次,预防、防范和应对新冠相关的卫生产品和技术,包括诊断学、治疗学、疫苗、医疗设备、个人防护设备预防、控制和治疗新冠的方法和手段等同样重要,尤其是未来出现治疗新冠的特效药品,无法适用豁免决议;最后,豁免决议仅针对新冠大流行,是一次性方案,不适用于解决未来的大流行病问题。[②]

第四,不合理地限制了能够适用该决议的发展中成员范围。决议脚注 1 采用了《四方协议》文本的第一个选项,即"鼓励拥有现有能力生产新冠疫苗的发展中成员做出有约束力的承诺,不利用本决议。这种有约束力的承诺包括有资格的成员向总理事会所作的声明,如在 2022 年 5 月 10 日总理事会会议上所作的声明,将由 TRIPS 理事会记录在案,并将在 WTO 网站上汇编和公开发布"。所有发展中成员都有资格,但是声明放弃适用该灵活性的成员除外。这一规定不仅针对进口成员,也针对出口成员,可能存在两个局限性:首先,相较于《TRIPS 协定》第 31 条之二附件对"有资格的进口成员"的定义,脚注 1 没有提及最不发达成员,尽管最不

① 比如采取印度根据《TRIPS 协定》第 70 条第 8 款的规定,在其专利过渡时期采用的"信箱方法"(mailbox approach),印度在延长的过渡期内,自 1995 年起必须接受(医药和农业产品)专利申请,并将其保存在专利"信箱"中休眠,直到 2005 年"信箱"解锁后再对其进行审查评估。See Arno Hold and Bryan Mercurio, "After the Second Extension of the Transition Period for LDCs: How Can the WTO Gradually Integrate the Poorest Countries into TRIPS?", in Bryan Mercurio and Kuei-Jung Ni (eds.), *Science and Technology in International Economic Law: Balancing Competing Interests* (Routledge, 2003), pp. 260 – 290.

② Carlos M. Correa and Nirmalya Syam, "Analysis of the Outcome Text of the Informal Quadrilateral Discussions on the TRIPS COVID – 19 Waiver", *South Centre Policy Brief*, No. 110, May 2, 2022.

发达成员本不受专利保护的约束,尤其是在2021年6月29日TRIPS理事会正式会议上达成共识,将最不发达成员本该于2021年7月1日到期的过渡期延长13年。[①] 其次,将在2021年疫苗出口剂量超过10%的发展中成员排除在豁免决议之外的理由并不充分。根据WTO和国际货币基金组织的疫苗追踪报告,[②]中国将是唯一一个被排除在豁免决议之外的发展中国家,中国不同意被排除在外。[③] 将这样一个具有向其他成员提供亟需疫苗能力和意愿的发展中国家排除在外显然有违初衷,而且这种有能力出口疫苗的发展中国家主动作出声明放弃适用豁免决议的做法及做出这种排除的限制理由未说明也不明确。这意味着未来具有较大潜力、满足世界对这些产品需求的发展中成员可能会被排除在外。豁免决议旨在寻求放宽《TRIPS协定》的灵活性条款的适用条件,但就这点而言,豁免决议限缩了出口强制许可制度中关于"出口成员"的内涵。因此,对出口成员资格的限制似乎并不是基于健康目标,而是一场政治的博弈。

第五,对有资格的进口成员再出口进行限制。尽一切努力防

---

① WTO New Item, "WTO Members Agree to Extend TRIPS Transition Period for LDCs until 1 July 2034", June 29, 2021, https://www.wto.org/english/news_e/news21_e/trip_30jun21_e.htm (Last visited January 28, 2023).

② WTO and IMF, *COVID - 19 Vaccine Trade Tracker* (*data as of May* 31, 2022), https://www.wto.org/english/tratop_e/covid19_e/vaccine_trade_tracker_e.htm (Last visited January 28, 2023).

③ 在2022年5月9日至10日举行的总理事会会议上,李成钢先生就"TRIPS理事会事项"发言称:"使用出口份额占比的标准来界定合格成员方将向外部发出一个错误信号,也对未来的谈判有系统性影响。中国是应对全球大流行的重要贡献国,也是新冠疫苗TRIPS豁免的坚定支持者。为了进一步表明我们的务实性和建设性,并更好地推动谈判,中方在此宣布,如果我们对脚注的关切得以解决,我们将不会寻求利用本决定提供的灵活性。我们希望我们的积极行动能够得到主要利益相关方同样程度的务实和灵活性回报,以便能够在第十二次部长级会议之前尽早取得有利于发展中国家成员和真正需要的最不发达国家的成果。" "Statement by H. E. Ambassador Li Chenggang at GC Meeting", May 9 - 10, 2022, http://wto.mofcom.gov.cn/article/newsupdates/202205/20220503311466.shtml (Last visited January 28, 2023).

止根据该决议进口的新冠疫苗再出口，该要求与《TRIPS 协定》第31 条之二的规定类似，但是在豁免决议中似乎并不合适，尽管脚注 3 规定了例外情形，“在特殊情况下，符合条件的成员，以人道主义和非营利目的，向另一个符合条件的成员再出口新冠疫苗，只要符合条件的成员按照第 5 段的规定进行沟通”，但是在大规模公共卫生情形下，疫苗数量难以确定，加上疫苗自身需要各成员自行试验并遵守必要的审批程序，再出口限制对疫苗的高效流转形成较大障碍，增加了执行的负担。尤其是当通过 COVAX 机制进行疫苗获取的成员出现过剩或即将过期疫苗的时候，如果允许疫苗的再出口，则能够纠正疫苗的错位配置，实现公平分配疫苗，助益更多有需要的成员。

第六，豁免决议缺乏有效的实施机制。豁免决议通过后，由于强制许可实施面临的挑战未得到解决，豁免可能不被适用或受到双边或区域协定约束等无法实施。过去许多成员将强制许可作为谈判筹码，如在 2001 年的炭疽疫情中，美国和加拿大都利用强制许可作为筹码与制药公司进行价格谈判，美国以未来实施强制许可作为威胁，加拿大则先签发强制许可，最后都获得拜耳公司的“西普洛”药品的降价；[①]2001 年巴西政府通过宣布启动而实际并未启动强制许可制度，进而与罗氏制药公司谈判获得抗艾滋病药物的降价。[②] 有能力利用该制度的成员，容易受到制药巨头或发达成员的变相打压，如印度[③]成功申请治疗肝癌和肾癌患者的“多吉美”专利药物的强制许可，遭受拜耳公司的申诉。此外，技术转

① Thomas F. Mullin, “AIDs, Anthrax, and Compulsory Licensing: Has the United States Learned Anything? A Comment on Recent Decisions on the International Intellectual Property Rights of Pharmaceutical Patents”, (2002) 9 *Journal of International & Comparative Law* 185, pp. 200 – 202.

② 于良：《科技领域的强制实施实践与启示——以各国强制专利许可、强制产能调配为例》，载《科技中国》2020 年第 8 期，第 69 页。

③ 文希凯：《印度授予第一例药物专利强制许可的启示》，载《中国发明与专利》2013 年第 3 期，第 83 ~ 88 页。

让的缺乏,尤其是专有技术和未披露的试验数据保护,加上疫苗技术自身的复杂性,使得实施强制许可成本较高,甚至无法成功制造出疫苗产品。豁免决议并没有就这些老旧未决问题进行讨论,让人不得不担心该决议可能无法被有效实施。还需要注意的是,在国际层面通过豁免,并不意味着在国家层面就能直接执行该豁免,这取决于一个国家的政治或宪法安排,留待各成员处理。因此,只有通过实践不断充实和完善,新机制才有可能正常运转,这是一项耗时、浩大的工程,显然无满足应对新冠大流行的紧迫性。

### (三)对豁免决议的反思

1. WTO 不是快速应对全球公共健康危机的合适场所

WTO 的很多谈判都无疾而终,主要原因之一是 WTO 是一个基于共识达成决策的组织,这体现在《WTO 协定》第 9 条第 1 款——“在提交讨论事项的会议上,如果到会的成员没有人对该拟做出的决定正式地提出反对,就视为该机关以共识做出了决定”。虽然这种决策方式考虑到所有利益相关方的意见并调和了相互冲突的论点,但是代价就是进程缓慢甚至直接被搁置。印度和南非在 2020 年 10 月提交豁免提案时面对的现实是众所周知的,若能真诚对待这一提议,豁免的预期结果可能是增加疫苗生产和获得疫苗的机会。豁免决议的谈判历程表明,尽管全球公共健康危机十分紧迫,但是豁免谈判持续了 20 多个月才最终有了成果,很显然 WTO 不是解决诸如新冠大流行这样全球危机的合适场所。

后 TRIPS 时代,美欧国家根据自身优势在双边、诸边及区域机制的投资及贸易协定中输出“超 TRIPS(TRIPS-Plus)条款”,国际知识产权呈现扩张之势,缩减了利用《TRIPS 协定》灵活性条款的自由选择空间。[①] 从豁免谈判的结果来看,想要回归到《TRIPS 协

① 杨静:《美国自由贸易协定中 TRIPS-plus 规则的立法动力分析》,载《知识产权》2011 年第 7 期,第 86 ~ 90 页。

定》的最低保护标准,短时间内难度较大。应对像新冠大流行这样的全球公共健康危机有必要交由世界卫生组织(WHO)来解决。目前,WHO 主持的、各成员共同参与的大流行病条约谈判就是一个合适的机会,应进一步在大流行病条约谈判中明确,知识产权对疫苗制造的挑战不可忽视。此外,有必要考虑在大流行病条约中纳入豁免决议第 8 段规定的可能性,即在豁免决议通过 6 个月内将豁免扩展到新冠其他药品和方法相关内容。

2. 敦促欧美国家履行充分利用《TRIPS 协定》灵活性条款的承诺

在印度和南非的联合提案之初,国际社会在知识产权构成疫苗获取的障碍这一先决问题上无法达成共识。欧盟等反对豁免的国家或国际组织认为,必要的激励和奖励使疫苗的快速研发、生产成为可能,强调知识产权对研究和创新的必要激励和奖励价值,认为知识产权"也应在实现公平获得新冠疫苗和治疗方法方面发挥重要作用"。① 而支持豁免的国家或国际组织则认为,在新冠大流行期间,不是知识产权使得合作紧密,而是大流行动员了多个利益相关者的合作,是科学家、研究人员、公共卫生专家和大学所掌握的知识和技能促成了国际合作,是公共资金促成了这些合作。② 尽管无国界医生、③政府和媒体都强调了知识产权阻碍了大流行病中的诊断、医疗设备、治疗及疫苗的供应,TRIPS 理事会文件也指出了知识产权障碍的实例,仍然无法改变持反对立场的国家的

① Third World Network, *EU Proposal Seeks to Derail TRIPS Waiver Discussions at WTO*, June 8, 2021, https://twn.my/title2/wto.info/2021/ti210603.htm (Last visited October 20, 2022).

② MSF Access Campaign, *WTO COVID - 19 TRIPS Waiver Proposal: Myths, Realities and an Opportunity for Governments to Protect Access to Lifesaving Medical Tools in a Pandemic*, December 2020, http://www.msf.or.jp/publication/pressreport/pdf/MSF-AC_COVID_IP_TRIPSWaiverMythsRealities_Dec2020.pdf (Last visited January 28, 2023).

③ MSF Access Campaign, *WTO COVID - 19 TRIPS Waiver Proposal: Myths, Realities and an Opportunity for Governments to Protect Access to Lifesaving Medical Tools in a Pandemic*, pp. 1 - 3.

态度。[①] 必须承认知识产权是把“双刃剑”,《TRIPS 协定》本身隐含了对科技发展积极促进作用和可能阻碍作用的协调,灵活性是《TRIPS 协定》的重要属性,主要体现在《TRIPS 协定》第 7 条和第 8 条,并在《多哈宣言》得以重申。因此,促进《TRIPS 协定》灵活性条款的适用是值得努力的方向。

为应对新冠大流行这一全球突发公共卫生事件,各国包括发达国家,不再固守和鼓吹知识产权保护立场,而是采取相关强制许可和政府使用等措施。南方中心提供的数据表明,截至 2021 年 4 月,有 30 多个国家和地区(不论是否有法律规定),包括发达国家与发展中国家,使用了该制度。[②] 英国根据《专利法》采取“官方使用权”(Crown Use),以“为官方提供服务”(Service of Crown)为由采取特定行动,如生产或供应特定药品,判例法还确认了紧急情况下的官方使用。[③] 德国通过延长使用期限的方式,即在全国性流行病发生时,联邦卫生部和辖属当局可以为了公共利益而制定使用专利的命令。[④] 奥地利则直接利用强制许可制度。[⑤] 荷兰采

---

① TRIPS Council, *Responses to Questions Raised on the Waiver Proposal in the TRIPS Council Meetings on 16 October, 20 November, 3 and 10 December 2020*, IP/C/W/672 (January 15, 2021), https://docs.wto.org/dol2fe/Pages/SS/directdoc.aspx? filename = q:/IP/C/W672.pdf&Open = True (Last visited January 28, 2023); TRIPS Council, *Response to Questions on Intellectual -Property Challenges Experienced by Members in Relation to COVID – 19 in Document IP/C/W/671*, IP/C/W/673 (January 15, 2021), https://docs.wto.org/dol2fe/Pages/SS/directdoc.aspx? filename = q:/IP/C/W673.pdf&Open = True (Last visited January 28, 2023).

② Health, Intellectual Property and Biodiversity Programme in South Center, *Compulsory Licenses and Government Use of Patented Medicines: Precedents Relevant to Address COVID – 19*, http://www.southcentre.int/wp-content/uploads/2020/04/Covid19 – CL-Table-FINAL.pdf (Last visited January 28, 2023).

③ The UK Patents Act 1977, Sec. 55, https://www.legislation.gov.uk/ukpga/1977/37/section/55 (Last visited January 28, 2023).

④ Deutscher Bundestag, Entwurf eines Gesetzes zum Schutz der Bevölkerung bei einer epidemischen Lage von nationaler Tragweite, Drucksache 19/18111, March 24, 2020, https://dserver.bundestag.de/btd/19/181/1918111.pdf (Last visited January 28, 2023).

⑤ The Austria Patent Law 1899 (amended in several times), Sections 36 – 38.

取皇家法令的方式授权荷兰或许可他人使用专利而无需许可证。[①] 美国则采取介入权(March-in-Right),即在健康和安全需求情况下,在联邦政府资助研究范围内,“拜杜法案”(Bayh-Dole Act)允许联邦政府命令专利权人为其发明授予许可。实践中,美国较少使用强制许可制度。[②]

不难发现,各国授权强制许可的方式不尽相同,强制许可制度具有较大适用空间。在谈判过程中很多国家就促进《TRIPS 协定》的灵活性条款的适用表现出积极态度,并做出各种充分利用强制许可制度的承诺。欧盟、瑞士及美国等国家和地区将放弃对适用强制许可的发展中国家的施压,并出台更多相关政策,以促进灵活性机制的实施:美国贸易代表办公室在其 2021 年特别 301 报告中,十年来第一次明确承认所有国家都有权使用强制许可,这是值得庆贺的;[③]欧盟曾提议建立强制许可快速通道,期待其落实建立快速通道并在相关报告中取消对强制许可行为的制裁。国际社会有必要敦促那些反对广泛知识产权豁免、坚持认为适用《TRIPS 协定》的灵活性条款足够应对大流行病的国家,尤其是美国和欧盟等国家,根据自身承诺做出应有贡献。

3. 促进向发展中国家的技术转让

限制最有潜力、大规模生产疫苗的发展中国家适用该豁免决议,有人解读是为了满足全球的疫苗需求,将生产疫苗的机会留给那些更缺乏制造能力或者有制造能力但是并不强大的发展中国家,促进其本地化生产,加强国家公共卫生能力建设。尽管这样的

① The Dutch Patents Act 1995, Articles 57, 59, 60.

② Freshfields Bruckhasu Deringer LLP, “COVID - 19 and Patent Rights, Part 1: Governments' Right to Use Patented Inventions”, April 22, 2020, https://www.lexology.com/library/detail.aspx? g = 57415ee0 - 2191 - 4e89 - 8e68 - 90578ad696c3 (Last visited January 28, 2023).

③ Adyasha Samal, “Special 301 Report 2021: US's Great U-turn on Compulsory Licensing”, May 10, 2021, https://spicyip.com/2021/05/special - 301 - report - 2021 - uss-great-u-turn-on-compulsory-licensing.html (Last visited January 28, 2023).

说辞有些牵强,但是值得肯定的是,确实有必要促进向发展中国家和最不发达国家进行技术转让,以提升国家公共卫生能力建设。因为在强制许可的实施过程中,很多专有技术(know-how)无法通过强制许可获取,因而实施成本高,甚至可能遭遇失败。尽管也有条约规定自愿技术转让,但是实际上很多公司都不愿意转让技术、分享专有技术,无论是《京都议定书》还是《气候变化框架公约》都没有建立真正合适的自愿技术转让机制。

研究表明,很多发展中国家、最不发达国家对于《TRIPS 协定》灵活性条款的国内立法和实施程度不够,即使具有一定的立法、司法和执法能力,其生产能力不足,同样面临疫苗获取问题。[①] 2022 年 10 月 7 日,在大流行病条约谈判会议上,与会人员聚焦了大流行病应对的核心焦点包括技术转让问题。技术作为未来大流行病的关键,应该在大流行病条约中得以适当体现。因此,必须建立机制以促进技术分享,可以考虑三种途径:一是国家通过措施激励私营部门分享知识产权和知识;二是通过直接的政府行动进行专利买断;三是将技术供应商和技术用户聚集在一起,使他们更紧密合作实现更多的生产能力。国家作为促进技术转让的主要推动者,可以做更多的事情。一方面,各国应当评估其药品和疫苗生产能力,进而引进匹配的投资方,促成建设产品的开发合作关系,从而促进技术转让。另一方面,对于缺乏制造能力或制造能力不足的国家,有必要提前培训熟练的技术人员,因为进行实时技术转让是一个较大的挑战。豁免决议为应对新冠大流行提供了一个深度辩论的机会,引发了更多的思考,尽管该决议确实有诸多不完善之处,但大流行病条约的谈判或许能够得

① Global Commission on HIV and the Law, *Regional Issue Briefs: Intellectual Property Rights and Access to Medicines*, United Nations Development Programme, 2012; Monirul Azam, *Intellectual Property and Public Health in the Developing World* (Open Book Publishers, 2016); Jimcall Pfumorodze, "Intellectual Property and Public Health: Botswana Case Study", *WIPO-WTO Colloquium Papers Africa Edition*, 2018.

到改善。

## 结　语

新冠大流行持续在全球范围内蔓延,新冠病毒毒株变异升级,如果任何一个国家被落下,疫情将永不落幕。尽管新冠疫苗以前所未有的速度得以研发,但是全球不对称的疫苗分布使得疫苗获取呈现两极分化——发达国家囤积疫苗导致疫苗过期浪费,发展中国家和最不发达国家没有足够的剂量接种,以牺牲生命的方式获取群体免疫。印度和南非提出豁免广泛的知识产权的要求得到60多个国家的支持,但是也引起了美国、欧盟等国的一致反对,尽管美国在2021年5月改变了立场,但是表现消极。欧盟作为最积极的反对者,提出了替代方案,强调《TRIPS协定》灵活性条款的价值,尤其是澄清强制许可制度的适用。欧盟提案与印度、南非修正提案对峙,豁免提案的谈判进程呈现僵局。WTO总干事组织美国、欧盟、印度和南非进行小范围的四方磋商,磋商文本限缩了豁免的范围,成为第十二届部长级会议谈判的基础文本。尽管豁免决议具有较大的局限性,是强制许可制度的有限变通,其豁免范围仅限于新冠疫苗专利,仅适用于新冠大流行期间,仅针对有限的发展中国家,限制进口国的再出口,缺乏清晰有效的实施机制,但是其确实为更好地适用《TRIPS协定》的灵活性条款提供了更多安排,为这次新冠大流行的疫苗供应提供了额外的方案。印度和南非的初始提案很难在WTO达成共识,谈判落空的可能性较大,《四方协议》提供了一个能够达成的具有最大程度灵活性的安排,中国主动放弃适用该决议使豁免决议得以达成,就算是这样一个令人不甚满意的答卷,但却是一个在最初豁免提案注定无法达成情形下的退而求其次的方案。

豁免决议尽管只是一个为期五年的临时性措施,但是考虑到未来一旦出现类似新冠病毒引发的全球性公共卫生健康危机时,知识产权豁免措施可能再次成为发展中国家应对公共健康危机的首要选择,因此有必要进行反思。世界各国必须认识到,《TRIPS 协定》的灵活性条款存在实施困难。应改善僵化的强制许可制度,采取动态标准认定《TRIPS 协定》中关于“符合条件的进口国”;破解发达国家阻挠他国适用强制许可制度的局面。在此次豁免决议的谈判中,中国作为负责任的大国,作为疫苗和抗疫物资生产和出口大国,并未受邀参加四方磋商,应当警惕 WTO 机制中逐渐萌芽的“去中国化”危机。中国自愿放弃适用豁免决议的做法不能成为 WTO 协商的常态化方法,这种通过自我牺牲来达成共识的方式并非长久之计,也不是一个有利于 WTO 机制良性发展的举措。中国需要更加主动地参与国际决策与谈判,找准其在疫苗领域的定位,在自由贸易协定的谈判中力争达成一次授权多个专利的强制许可条款。中国可以通过修订专利强制许可制度,允许在重大公共健康危机爆发时,简化强制许可程序,豁免强制许可制度“一事一议”的要求,纳入临时性、附期限的专利豁免规定,以国内法为基础,促进强制许可制度的完善,推广中国方案。中国有必要主导和参与构建全球新冠技术转让框架,促进国家、区域及国际层面技术转让中心的建立,以应对“去中国化”危机。还应该加强医药领域的国际合作,助力其他发展中国家提升能力建设,实现疫苗本地化生产。应以人类卫生健康共同体理念统筹知识产权与公共健康之间的冲突,不断探索出一条符合自身发展要求的道路,从国内层面完善知识产权制度的实施,从国际层面提出兼顾各方利益的中国方案。

# A Review of COVID－19 Vaccine TRIPS Waiver Mechanism in the Post-Pandemic Era

XU Lijuan

**Abstract**: Global access to vaccines has been polarized since the outbreak of the COVID－19 pandemic. India and South Africa submitted a request for TRIPS waiver of COVID－19 to the TRIPS Council in October 2020. After more than a year and a half of negotiations on the TRIPS waiver proposal, the 12th WTO Ministerial Conference finally reached a resolution on the COVID－19 vaccines TRIPS waiver. As the world enters the post-pandemic era, access to vaccines remains key to the response to a new crown pandemic. The article focuses on the content and significance of the COVID－19 Vaccine TRIPS waiver mechanism. It starts with the justification of the COVID－19 Vaccine TRIPS waiver resolution, reviews the negotiation process of the COVID－19 Vaccine TRIPS waiver resolution and analyzes the text source of the COVID－19 Vaccine TRIPS waiver resolution, and assesses and reflects on the value of the COVID－19 Vaccine TRIPS waiver resolution. This paper argues that although the COVID－19 Vaccine TRIPS waiver resolution is not perfect, for the time being, the flexible application of the compulsory licensing system was the most flexible solution that could be achieved, and it is still welcome and expected.

**Key Words**: COVID－19 Pandemic; COVID－19 Vaccine TRIPS Waiver Resolution; compulsory license; post-pandemic Era

# 书　评

# 中国国际法基本理论及其守正创新

## ——《国际公法学》(第三版)修订后记

江国青*

**摘要**:教育部马工程重点教材《国际公法学》是近年来中国国际法学界广为关注和使用的一部教材,其修订第三版已由高等教育出版社于2022年9月正式出版。作为一项集体成果,《国际公法学》(第三版)集中反映了一系列中国国际法的基本理论与实践。本文分别从马克思主义法学思想作为本教材的基本指导思想、习近平法治思想与中国国际法的守正创新、国际法的价值和功能、本教材的整体内容结构、修订涉及的其他有关问题等几方面进行了剖析和归纳。限于篇幅,本文主要只涉及一些基本理论方面的问题。尚望对使用本教材的老师和学生们及有兴趣的读者有所裨益。

**关键词**:《国际公法学》(第三版);国际法基本理论;马克思主义法学思想;习近平法治思想;国际法的功能;守正创新

教育部马克思主义理论研究与建设工程(以下简称马工程)重点教材《国际公法学》(第三版)于2022年9月由高等教育出版社正式出版后,《中国国际法年刊》主编柳华文教授即与我联系,邀约我写一篇有关本教材的文章或书评。当天他在微信中

* 外交学院国际法系教授;《国际公法学》(第三版)修订主持人、主编。

说:《中国国际法年刊》编辑部今天召开了2022年年刊的筹划会,大家认为本教材的出版是今年国际法学界、国际法教育领域的一件大事。他们希望请我最权威地介绍一下新版的新意、作为主编想要说明的事项以及对使用该书的指导或其他任何我想要介绍的内容。

我首先要说明的是,本教材是一项集体成果。《国际公法学》作为马工程重点教材于2011年3月立项时,是由武汉大学曾令良教授和中国政法大学周忠海教授担任首席专家,加上其他10位主要成员一共有12位编写者或作者。经审核通过,《国际公法学》于2016年正式出版并投入使用。首席专家曾令良教授作为主编,为该书的编写和出版付出了大量精力和辛勤劳动,不幸的是,尚未等到该书出版他就英年早逝离开了我们。另一位首席专家周忠海教授也于2020年抱恙离世。谨此一并缅怀。

《国际公法学》分别于2018年和2022年进行了修订,相应出版了第二版和第三版。第二版和第三版的修订工作均由我作为修订组主持人,并分别担任副主编和主编。修订工作原则上由各位编写组成员承担各自原先撰写的章节,主持人负责统稿定稿。由于曾令良教授去世和周忠海教授生病的原因,第二版修订时增加了武汉大学的黄志雄教授作为修订组成员,他具体负责第一章的修订工作,我和吉林大学何志鹏教授共同负责绪论部分的修订工作,中国社科院赵建文教授负责第十一章的修订工作。第三版修订时又增加了武汉大学的秦天宝教授作为编写组主要成员,他负责撰写了新增的第十三章“国际环境法”。因此,《国际公法学》(第三版)的编写者和修订者共有14位。

既然是一项14人的集体成果,就不可能只由我一人对整个新版教材的内容进行“最权威介绍”,其实每一位修订组成员都可以对各自所负责章节作权威介绍。但柳华文主编约稿情真意切,加之我自己也做过两年《中国国际法年刊》主编,深知年刊约稿不易,我于是欣然接受了他的约稿任务。实际上,《国际公法学》2016

年刚出版时，教育部和高等教育出版社就组织教材编写组成员进行过有关教材的推广使用和一线任课教师的培训工作，我和多位编写组成员都参加了培训授课。《国际公法学》（第二版）正式出版后，高等教育出版社也酝酿过与中国国际法学会一起组织类似的教师培训班，但后来因为疫情没有能够付诸实施。然而，加强马工程教材的影响力，需要不断创新马工程教材的宣传推广手段。鉴于之前的疫情形势，适当发挥专业学术期刊和其他新媒体的作用，能够在一定程度上帮助任课教师熟悉马工程教材的主要内容和基本精神，提高其驾驭马工程教材的教学能力。基于以上考虑，我觉得自己作为本教材的修订主持人和主编，力所能及地介绍或分享一些有关本教材的修订情况和感想也可谓责无旁贷。

下文我主要从本教材的基本指导思想和有关理论、习近平法治思想与中国国际法的守正创新、国际法的价值和功能、整体内容体系、修订涉及的其他有关内容或问题等几个方面作扼要介绍。

## 一、关于本教材的基本指导思想和有关理论

作为一本马克思主义理论研究和建设工程重点教材，《国际公法学》（第三版）的基本指导思想必然是马克思主义的法学思想。马克思主义的法学思想作为本教材的基本指导思想是在其初版立项时即已经明确的，也是在第二版和第三版修订过程中一以贯之的。实际上，马克思主义的法学思想作为中国法律界理论研究与实践的基本指导思想是从新中国成立乃至中国共产党成立以来就已经确定的。现行《中华人民共和国宪法》（2018 年修正）第 1 条明文规定中国共产党的领导是中国特色社会主义最本质的特征。而中国共产党自建立以来一直以马克思列宁主义作为其行动指南。较长时期以来，一些有影响的西方国际法著作也都承认马克思主义法学亦构成现代社会国际法思想的一个重要学派，有的称其为经典马克思主义学派或共产主义的国际法方法，有的称其为

社会主义国家的国际法方法或态度等,与西方的国际法学派和发展中国家(或第三世界)的国际法学派并列,并均对其进行了较深入研究和分析。[①] 因此,作为中国的国际法学者,尤其不能忽视马克思主义法学思想作为教材基本指导思想这一基本事实。[②] 和其他学科的马工程重点教材一样,本教材则是在国际法学科领域反映马克思主义法学思想中国化和时代化的一项成果。

一般认为,马克思主义法学思想是一个广义的概念,泛指在马克思主义世界观和方法论的指引下不断丰富和发展起来的法学理论体系。其内容既包括领袖们的经典著述,也包括普通学者运用马克思主义法学理论进行研究所产生的成果或法律思想、观点和理论。[③] 马克思主义的法学思想或理论是由马克思、恩格斯创立的。他们虽然不是职业的法学家,也没有发表过有关国际法的专著,但从其基本的哲学思想和世界观以及其对一般法学原理和有关国际法问题的论述中,我们可以发现和理解马克思主义法学思想中的一些重要国际法蕴涵。[④] 主要包括如下三点。

## (一)历史唯物主义与实在国际法

马克思主义哲学以及作为其部门的法哲学思想并不是孤立地产生的,而是在吸收和扬弃了同时代和之前的一些哲学思想和法律理论的基础上逐渐形成并不断发展丰富的。[⑤] 因此,马克思主

---

① Malcolm N. Shaw, *International Law* (Cambridge University Press, 6th edn, 2008), pp. 31–42; Antonio Cassese, *Le droit international dans un monde divisé* (Oxford University Press, 1986), pp. 102–115.

② 赵理海:《国际法基本理论》,北京大学出版社 1990 年版,第 16 ~ 23 页;邓烈:《"中国学派"与中国国际法理论的整体性创新》,载《法学评论》2022 年第 4 期,第 38 页。

③ 张文显主编:《马克思主义法理学——理论、方法和前沿》,高等教育出版社 2003 年版,第 3 ~ 4 页。

④ 《国际公法学》(第三版),高等教育出版社 2022 年版,第 7 ~ 10 页。

⑤ 例如:马克思青年时代是黑格尔的信徒,因而也吸收了其辩证法的哲学思想但抛弃了其形而上学的理论;马克思和恩格斯的一些国际法观点也深受多名近代国际法先驱学说的影响等。参见[英]罗素:《西方哲学史》(下卷),马元德译,商务印书馆 2016 年版,第 298 页。

义哲学及其法律思想与其他一些哲学流派和法律思想既有其趋同性,也有其差异性。而从国际法的维度来看,需要重点研究的是其趋同性。历史唯物主义是马克思主义哲学的基本理论之一,认为历史上所有事件的发生或社会发展都是由物质生活条件所决定的,物质是第一性的,精神是第二性的,存在决定意识,经济基础决定上层建筑。历史唯物主义与唯心主义和宗教是根本对立的,马克思本人也是一个无神论者。① 相应地,基于唯物史观的马克思主义法学理论显然有别于基于唯心史观的神学和理性的自然主义法学理论。在国内法层面,经典马克思主义认为,法不过是被奉为法律的统治阶级意志,而这种意志的内容是由统治阶级的物质生活条件来决定的。法必须通过国家立法的形式上升为国家意志并取得法律的表现形式,才能获得社会一体遵行的效力。在这里,法律既不是神的意志,也不是"理性之所命",其所体现的是以国家意志为表现的统治阶级的意志,基本上属于一种实在法理论。在国际法层面,自19世纪中期以来,实在法学派日益得势,随后即发展成为国际法的主流学派,如在第一次世界大战前后,西方有名的国际法学家包括英国的奥本海等,大多属于实在法学派。② 当然,国际法是各国公认的,不可能只代表一国的统治阶级意志,而只能是代表各国统治阶级的一种协调的意志或同意。实在国际法理论在第一次世界大战结束后的国际司法实践中也得到了运用,如1920年《常设国际法院规约》以至1945年联合国《国际法院规约》均规定,法院对于陈诉各项争端,均应依据各有关国家同意的国际条约和国际习惯进行裁判,且只有在当事国同意的前提下才得以"公允及善良"原则裁判案件。③ 这进一步验证了实在国际法在当代国际法中的重要地位和意义以及马克思主义唯物史观法学理论

---

① [英]罗素:《西方哲学史》(下卷),第372页。

② 周鲠生:《国际法》(上册),商务印书馆1976年版,第23~24页;Lassa Oppenheim, *International Law* (Longmans, Green and Company, 2nd edn, 1912), Vol. I, pp. 90–94.

③ 《国际法院规约》第38条,该条也是沿用《常设国际法院规约》的有关规定。

的生命力。

## (二)唯物辩证法与动态平衡的国际法

唯物辩证法也是马克思主义哲学的核心组成部分,认为物质世界是普遍联系和不断运动变化的统一整体,“事物都是一分为二的”。它揭示了事物发展的根本原因在于事物内部的矛盾性。事物矛盾双方又统一又斗争,促使事物不断由低级向高级发展。唯物辩证法反对以孤立的、静止的和形而上学的方法看问题,而要求以全面的、发展的和辩证的方法去考察事物。它是宇宙观,又是认识论和方法论。运用唯物辩证法的方法,可以更好地了解国际法的历史发展规律。作为主要调整国家间关系、建立和维持国际秩序的国际法,必须适应不同时期国际关系的需要。国际关系随着不同时期的生产力和生产方式或经济基础发生变化,国际法的理论与规则也必然会发生相应变化。[①]

运用唯物辩证法的认识论,也有助于进一步理解国际法的性质。以我个人的研究经历为例,对国际法性质的较全面理解就经历了三个不同的认识阶段。初学阶段比较纠结于国际法的法律性质本身,主要关注国际法到底是不是法的问题,有没有法律拘束力(legally binding force),是“软法”还是“硬法”,包括管辖权问题等。如我的硕士学位论文题目就是“国际法上的管辖权问题研究”,也公开发表过《国际法中的立法管辖权与司法管辖权》等文章。[②] 法律性质问题解决了,又开始纠结于国际法的实施机制(enforcement mechanisms),主要关注国际法有没有“牙齿”的问题。第二个阶段仍偏于理想,但发现国际法的实施机制并不完备,已有的国际性法院和法庭以及其他实施机制的裁判质量和效率不高,效果有限。例如,根据《联合国宪章》的有关规定,在一方不遵

① 江国青:《演变中的国际法问题》,法律出版社2002年版,第4~7页;杨泽伟:《国际法史论》,高等教育出版社2011年版;Shaw, *International Law*, pp. 13-24。

② 江国青:《国际法中的立法管辖权与司法管辖权》,载《比较法研究》1989年第1期。

守国际法院判决时,联合国安全理事会得提出建议或决定应采方法,以执行判决。[1] 而现实中安理会有时并不靠谱,经常出现瘫痪的情况。这个阶段做过有关国际法实施机制的课题研究,公开发表过《国际法实施机制与程序法律制度的发展》[2]《反措施与国际司法:变化中的国际法实施机制》[3]等文章。其过程尤为辛苦,但研究结果并不令人满意,有一种"恨铁不成钢"的感觉。这时有些人可能会自我否认而放弃,[4]而一些具有坚定国际法治信念的人会继续攀登第三个阶段,进而完成"否定之否定"的唯物辩证法认识论过程。这个阶段他们"蓦然回首"终会发现:国际法既不是铁,更不会成钢;国际法是法,但并不完美,更不是万灵良药。如果可以用某种物理特性来描述,它更像一根富有韧性的"猴皮筋",维系着一种动态平衡的国际法律关系。

根据唯物辩证法的认识论,在追求认识的过程中,主体与客体、认识者与被认识的事物,都是在不断的相互适应过程中。因为这个过程永远不充分完结,从而形成了一种"辩证的"过程。唯物辩证法认为物质世界是一个不断生成变化和发展的过程,也没有任何事物是绝对完美的。具体在国际法与国际关系以及决定国际关系的经济基础的关系上,作为上层建筑的国际法也会呈现一种持续的动态发展过程,但总体上它们又是相互适应和平衡的,从而产生一种"动态平衡的国际法"(dynamically-balanced international law)。我在这个阶段发表过一篇有关《联合国国家管

① 《联合国宪章》第94条。

② 江国青:《国际法实施机制与程序法律制度的发展》,载《法学评论》2004年第1期。

③ 江国青:《反措施与国际司法:变化中的国际法实施机制》,载《中国国际法年刊》(2008年卷)。

④ 如汉斯·摩根索(Hans Morgenthau),芝加哥大学政治学教授。他早年是律师和国际法教授,第二次世界大战后开始研究政治学,成为国际关系中"权力政治学派"的缔造者。其代表作是《国家间政治——寻求权力与和平的斗争》(Politics Among Nations—The Struggle for Power and Peace)。参见江国青:《世纪之交的西方国际法思潮》,载《世界经济与政治》2001年第5期。

辖豁免公约》的评述性文章,副标题是“一个并不完美的最好结果”。[①] 该公约2005年刚在联合国通过并开放签署,而这篇文章则意味着我完成了一个对国际法“否定之否定”的认识论转变。最近通过的《中华人民共和国外国国家管辖豁免法》基本上转化了该公约的有关规定,采取“豁免是原则,不豁免是例外”的立法体例,这将标志着我国在国家及其财产管辖豁免问题上从“绝对豁免”走向“限制豁免”。根据唯物辩证法的观点以及从该公约的内容来看,国际社会经过长期努力最终能达成该公约固然是一个很好的结果,但其仍有不完美的地方。实践证明我当时的看法原则上是正确的,并为此后我国上述相关立法的制定与通过提供了一定学理依据。

### (三)阶级斗争(法的阶级性)理论与现实主义国际法

现实主义国际法与实在国际法是两个不同的概念。实在国际法表达的主要是国际法效力的依据,认为国际法(如条约或国际习惯)之所以有拘束力,就是因为各国家自己同意制定或承认它们,体现了一种国家间的协调意志。[②] 而现实主义国际法表达的是一种法律和权力的关系,即在国际法形成与适用过程中权力的作用或地位问题。它也不同于国际政治或政治学中的现实主义,国际政治中的现实主义基本上否认法律的作用和地位,主张或奉行的是一种国际法虚无主义和强权政治理论。[③]

现实主义国际法本身也有不同的学派。王铁崖教授曾自称为现实主义者,他解释说:“这种现实主义,不是像有些西方学者以

---

① 江国青:《〈联合国国家及其财产管辖豁免公约〉——一个并不完美的最好结果》,载《法学家》2005年第6期。

② 邓烈:《“中国学派”与中国国际法理论的整体性创新》,第39页。

③ 如前文所述,国际政治中现实主义学派最典型的代表是美国芝加哥大学的汉斯·摩根索。参见王缉思:《摩根索理论的现实性与非现实性》,载[美]汉斯·J.摩根索著、[美]肯尼思·W.汤普森修订:《国家间政治——寻求权力与和平的斗争》,徐昕等译,王缉思校,中国人民公安大学出版社1990年版,第1~23页;江国青:《演变中的国际法问题》,第224~226页。

‘权力政治’为内容的现实主义或者以‘政策定向’为指导的现实主义,因为我所谓的现实主义的现实乃是国际关系的现实,是为法律所制约的现实”。“从这个角度来看,这种现实主义可以说是法律现实主义。”但他并没有进一步阐释国际法规则与权力之间的关系问题。[①] 王铁崖教授在这里提到的“政策定向”的现实主义又称“政策定向学说”(policy-oriented approach)或纽黑文学派(New Haven School),是指美国耶鲁大学国际法教授麦克杜格尔(M. S. McDougal)及其追随者所推崇的一种国际法理论,是从国际关系行为主义理论(包括博弈论)演变过来的一种学说或方法。根据政策定向学说,国际法并不仅为一套调整国际关系的国家行为和义务规则,还必须包括这些规则在内的权威决策的全部过程。政策定向学说认为传统的国际法明显地过于注重规则的作用而忽视了当代世界社会的抉择结构、程序和类型,而强调法律就是一个不断演变的决策过程,换言之,也是一个持续人际交往的社会过程。在这个过程中不停地会提出一些诉求从而达到参与者价值的最大化。国际法所要实现的价值主要是人的尊严,其决策过程的有效性主要取决于决策者的权威控制和聪明才智。[②] 如果用严格的一般国际法理论来检视,很难说政策定向学说是一个纯粹的和成熟的国际法理论。它所定义的包括决策过程的国际法是适用于当代“世界社会”(world community)的,[③]其决策过程的参与者是广泛多元的,包括国家、国际组织、跨国压力集团、跨国私人协会和个人;既是动态发展的,又是主观唯心的。其许多概念从一般意义的国际法上看是不能自洽的。但政策定向学派并不否认国际法

---

① 王铁崖:《国际法引论》,北京大学出版社 1998 年版,第 2 页。

② 白桂梅:《政策定向学说的国际法理论》,载《中国国际法年刊》(1990 年卷),第 201 ~ 224 页;Shaw, *International Law*, pp. 59 – 61; Myres McDougal, “The Policy-Oriented Approach to Law”, (1964) 40 *Virginia Quarterly Review* 626, p. 626。

③ 《国际公法学》(第三版),第 35 页;M. S. McDougal and W. M. Reisman, *International Law in Contemporary Perspective* (New Haven, 1980), p. 5。

的价值和效力,具有某种辩证法的思维,认为国际法是一个动态体系,权力是通过具有一定身份和能力的所谓“权威决策者”(authoritative decision-maker)在决策过程的中间环节发挥作用,而不是赤裸裸的权力。① 因此,政策定向学派作为一种现实主义国际法理论与国际政治中的现实主义或强权政治理论是有区别的。

马克思主义的阶级斗争理论反映了一种唯物现实主义法律观。马克思主义将法视为一定社会经济条件的法权要求,亦即一定社会经济关系的意志化形态。一般认为,马克思主义经典论述中的“法权”(德文 recht)同时包含法律权利和法律权力的含义,换言之,是二者的统一体。与政策定向学派的法律现实主义相比较,在这里法律与权力具有一种更直接的关系。根据经典的马克思主义的阶级斗争理论,一切社会的历史都是阶级斗争的历史。“每个正在进行斗争的阶级都必须在纲领中用法权要求的形式表述自己的要求”。② 统治阶级以阶级斗争的方式取得统治地位后,又通过国家立法的形式将统治阶级意志上升为国家意志并取得法律的表现形式,从而完成将特定的法权“奉为”一般意义上的法律的过程。③ 但统治阶级在任何时候都不得不服从经济条件,并且从来不能向经济条件发号施令。“无论是政治的立法或市民的立法,都只是表明和记载经济关系的要求而已。”④这就是马克思主义唯物现实主义法律观,它毫不隐讳地更透彻更科学地阐明了法律与权力的关系,但并不否认法律在阶级斗争的过程中以及取得统治地位后的价值和作用。

---

① 白桂梅:《政策定向学说的国际法理论》,载《中国国际法年刊》(1990 年卷),第 201 ~ 224 页;Shaw, *International Law*, pp. 59 – 61; Myres McDougal, “The Policy-Oriented Approach to Law”, (1964) 40 *Virginia Quarterly Review* 626, p. 626。

② 《马克思恩格斯全集》(第 21 卷),人民出版社 1965 年版,第 568 页。

③ 根据当代马克思主义法学理论,“统治阶级”泛指经济、政治、意识形态上占支配地位的阶级或集团,参见张文显主编:《马克思主义法理学——理论、方法和前沿》,第 137 页。

④ 《马克思恩格斯选集》(第 1 卷),人民出版社 1995 年版,第 289 页。

## 二、中国国际法的守正创新

《国际公法学》(第三版)的修订工作于2019年5月开始启动,2020年10月教育部教材局正式批准立项。根据教育部《关于组织修订法学类马工程重点教材的通知》,本次教材修订工作是为了深入贯彻习近平新时代中国特色社会主义思想和党的十九届中央委员会历次全会精神,落实习近平总书记关于全面依法治国的重要论述,把重要法规、重要决定有机融入教材中,进一步增强教材的针对性和适宜性。党的二十大以后,教材局近期又启动了一次修订工作,以在教材中体现二十大精神。具体就本教材而言,第三版修订工作重点增加了习近平法治思想与中国国际法守正创新方面的内容。①

### (一)坚持党的领导,全面继承和发扬马克思主义法学思想及其有关国际法基本理论

"我们坚持党的领导、人民当家作主、依法治国有机统一,最根本的是坚持党的领导。坚持党的领导,就是要支持人民当家作主,实施好依法治国这个党领导人民治理国家的基本方略。"②根据马克思主义法律与权力关系的一般理论,坚持党的领导有其内在的法理逻辑,必须贯彻到依法治国的全过程和各方面。如在国内立法方面,2018年修正的《中华人民共和国宪法》第1条规定,"中国共产党领导是中国特色社会主义最本质的特征"。2022年修正的《中华人民共和国立法法》第3条也明文规定:立法应当坚持中国共产党的领导。2022年国务院《缔结条约管理办法》第8条规定:

---

① 《国际公法学》(第三版),第20~26页;赵骏:《国际法的守正与创新——以全球治理体系变革的规范需求为视角》,载《中国社会科学》2021年第5期。

② 习近平:《党的领导和社会主义法治是一致的》(2014年1月7日),载习近平:《论坚持全面依法治国》,中央文献出版社2020年版,第42页。

“条约内容涉及政治、外交、经济、社会、安全等领域重大国家利益的,应当将条约草案及草案涉及的重大问题按照有关规定报告党中央。”在国际法层面,坚持党对全面依法治国的领导主要体现在坚持继承和发扬马克思主义法学思想及其有关国际法基本理论与实践方面。倡导以人类命运共同体理念引领国际法治变革,以坚持统筹推进国内法治和涉外法治为国际法治变革路径,以国际规则各国共同书写为国际造法原则,以践行《联合国宪章》宗旨和原则为国际法实施之基础规则。国际法治变革不是在现有国际法治之外另起炉灶,而是以联合国为核心的国际体系和以国际法为基础的国际秩序为起点,推动国际关系与国际事务更高水平的民主化和法治化。这些内容是中国共产党对于国际法治变革的重要原创性贡献,同时也从整体上体现了中国国际法理论与实践对于经典马克思主义法学思想及其有关国际法基本理论的守正与创新,开辟了马克思主义法学思想中国化时代化新境界。①

### (二)统筹推进国内法治和涉外法治

从国家发展的角度,统筹推进国内法治和涉外法治的目标在于更好维护国家主权、安全、发展利益,有效应对挑战、防范风险。从国际格局的角度,统筹推进国内法治和涉外法治的目标在于建设世界和平、贡献全球发展、维护国际秩序。② 国内法治和涉外法治是法治中国的两个重要方面,二者互相促进、相辅相成,不可或缺。③

---

① 习近平:《高举中国特色社会主义伟大旗帜 为全面建设社会主义现代化国家而团结奋斗——在中国共产党第二十次全国代表大会上的报告》,人民出版社2022年版,第16~21页;李寿平、刘蔡宽:《习近平关于国际法治的重要论述对国际法治变革的原创性贡献》,载《国际法研究》2023年第1期,第3~21页。

② 何志鹏:《涉外法治:开放发展的规范导向》,载《政法论坛》2021年第5期。

③ 黄进:《论统筹推进国内法治和涉外法治》,载《中国社会科学》2022年第12期,第84~95页;肖永平:《全面依法治国的新阶段:统筹推进国内法治与国际法治建设》,载《武大国际法评论》2018年第1期。

面对新一轮改革开放,在出现涉外法律斗争严峻形势之时,需要推进我国法域外适用的法律体系建设,积极推进涉外领域立法,加强执法领域和司法领域的国际合作。在统筹推进国内法治和涉外法治思想指导下,近两年我国有关涉外法治的立法工作取得突破性进展,如国务院《缔结条约管理办法》、《中华人民共和国对外关系法》、《中华人民共和国外国国家豁免法》、2022 年修正的《中华人民共和国反垄断法》等相继出台。这在一定程度上为我国综合利用立法、执法、司法等手段开展涉外法律斗争,坚定维护以国际法为基础的国际秩序,坚定维护以《联合国宪章》为基础的国际法基本原则和国际关系基本准则,占领法治和道义制高点,提高涉外工作法治化水平,提供了有力支撑。

## (三)推动全球治理体制变革

全球治理是国际社会在 20 世纪后期面对全球化带来的一系列问题和挑战提出的一个新思想、新概念。根据全球治理委员会在其 1995 年报告中的定义,所谓全球治理,是指各种公共的和私人的机构管理诸多共同事务的综合治理。它包括被赋予强制执行权力的正式机构或机制,也包括公民和政体之间已经达成或认识到符合其共同利益的非正式安排。① 总之,全球治理就是一种多主体、多层次的治理(multi-level governance),②其行为体既包括国家,也广泛地包括政府间国际组织、非政府组织、其他相关实体和专家个人等,其内涵也包括了国际法治。国际法治主要是指国家或者政府层面对国际法主体具有法律拘束力的一种治理形式。由于国家仍然是当今世界最主要的行为体,相应地,在全球治理的诸方面,国

① 江国青:《全球治理与联合国的改革问题》,载《国际法研究》第八卷,社会科学文献出版社 2013 年版,第 20 ~ 22 页;Commission on Global Governance (Ingvar Carlsson and Shridath Ramphal, Co-Chairmen), *Our Global Neighborhood*, 1995, pp. 11 - 12。

② Thomas Risse (ed.), *Governance Without a State* (Columbia University Press, 2011), p. 29.

际法治仍然是一种最有效、最活跃的方式。[①] 全球治理这种处理问题的网状结构,需要更多的信息沟通、决策民主和作业协同。[②] 如在全球人权治理领域,2006 年联合国大会通过第 60/251 号决议,成立人权理事会,取代人权委员会。其初衷就是改变人权委员会时期人权领域政治化、东西方对抗等情况,开创普遍性、公开性、非政治性、非选择性、非对抗性的人权合作与对话。由于国际力量对比发生深刻变化,当今世界正处在全球治理体系重构的历史进程之中。[③]

中国主张审时度势,妥善应对各种全球性挑战,统筹国内国际两个大局,推动全球治理体系向着更加公正合理的方向发展。[④] 全球治理重在国际规则的制定和国际制度的确立。目前,全球治理的主要问题在于广大的发展中国家拥有的国际话语权与自身规模不相匹配。在所有国际事务中,中国主张应共同推动国际关系民主化、法治化和合理化,不能搞“一国独霸”或“几方共治”。国际规则应该由各国共同书写,全球事务应该由各国共同治理,发展成果应该由各国共同分享。中国将继续同广大发展中国家站在一起,坚持正确的义利观,弘扬共商共建共享的全球治理理念,坚定支持增加发展中国家特别是非洲国家在国际治理体系中的代表性和发言权,为推动全球治理体制更加公正合理贡献中国力量。[⑤]

---

① 联合国的有关决议曾分别提出“国际关系中的法治”和“国际法治”的概念,2006 年联合国大会进而提出“国家和国际两级法治”的概念,并将其列入第六委员会(法律委员会)议题。参见江国青:《全球治理与联合国的改革问题》,第 22 页。

② 俞可平:《全球治理引论》,载《马克思主义与现实》2002 年第 1 期。

③ 柳华文:《中国积极参与和推动全球人权治理》,载《民主与法治周刊》2022 年第 34 期。

④ 中共中央宣传部、中华人民共和国外交部:《习近平外交思想学习纲要》,人民出版社、学习出版社 2021 年版,第 146 ~ 147 页。

⑤ 《国际公法学》(第三版),第 22 ~ 25 页;《习近平法治思想概论》,第 70 ~ 72 页。

## (四)构建人类命运共同体

2012年,党的十八大报告中明确提出“要倡导人类命运共同体意识,在追求本国利益时兼顾他国合理关切,在谋求本国发展中促进各国共同发展,建立更加平等均衡的新型全球发展伙伴关系,同舟共济,权责共担,增进人类共同利益”。人类命运共同体理念是以往中国所提出的“和谐世界”①图景的升级版,是中国外交思想理念的集中表达,也是对当前世界逆全球化格局的准确认知和正面回应。它是一种“以应对人类共同挑战为目的的全球价值观”,其中包含“相互依存的国际权力观、共同利益观、可持续发展观和全球治理观”。②

从中国构想的蓝图看,人类命运共同体的理念是,“各国人民同心协力,构建人类命运共同体,建设持久和平、普遍安全、共同繁荣、开放包容、清洁美丽的世界。要相互尊重、平等协商,坚决摒弃冷战思维和强权政治,走对话而不对抗、结伴而不结盟的国与国交往新路。要坚持以对话解决争端、以协商化解分歧,统筹应对传统和非传统安全威胁,反对一切形式的恐怖主义。要同舟共济,促进贸易和投资自由化便利化,推动经济全球化朝着更加开放、包容、普惠、平衡、共赢的方向发展。要尊重世界文明多样性,以文明交流超越文明隔阂、文明互鉴超越文明冲突、文明共存超越文明优

---

① 2005年9月,中国首次在联合国阐述“和谐世界”的主张和理念;继而又在党的十七大报告中全面、系统阐述“和谐世界”的深刻内涵,即“应该遵循联合国宪章宗旨和原则,恪守国际法和公认的国际关系准则,在国际关系中弘扬民主、和睦、协作、共赢精神。政治上相互尊重、平等协商,共同推进国际关系民主化;经济上相互合作、优势互补,共同推动经济全球化朝着均衡、普惠、共赢方向发展;文化上相互借鉴、求同存异,尊重世界多样性,共同促进人类文明繁荣进步;安全上相互信任、加强合作,坚持用和平方式而不是战争手段解决国际争端,共同维护世界和平稳定;环保上相互帮助、协力推进,共同呵护人类赖以生存的地球家园。”“和谐世界”论的核心是“和谐共处”。与“和平共处”相比,“和谐共处”对国家间关系和人类社会关系要求的构建层次更高。它不仅要求维护和平,实现“和平共处”,而且要在和平的基础上,促进和睦、合作和共同繁荣,实现“和谐共处”。

② 曲星:《人类命运共同体的价值观基础》,载《求是》2013年第4期。

越。要坚持环境友好,合作应对气候变化,保护好人类赖以生存的地球家园”。[①] 党的二十大报告强调:中国始终坚持维护世界和平、促进共同发展的外交政策宗旨,致力于推动构建人类命运共同体。中国坚定奉行独立自主的和平外交政策,始终根据事情本身的是非曲直决定自己的立场和政策,维护国际关系基本准则,维护国际公平正义,坚决反对一切形式的霸权主义和强权政治,反对冷战思维,反对干涉别国内政,反对搞双重标准。中国永远不称霸、永远不搞扩张。中国坚持在和平共处五项原则基础上同各国发展友好合作,推动构建新型国际关系,深化拓展平等、开放、合作的全球伙伴关系,致力于扩大同各国利益的汇合点。秉持真实亲诚理念和正确义利观加强同发展中国家团结合作,维护发展中国家共同利益。中国坚持对外开放的基本国策,坚定奉行互利共赢的开放战略,不断以中国新发展为世界提供新机遇,推动建设开放型世界经济,更好惠及各国人民。中国坚持经济全球化正确方向,共同营造有利于发展的国际环境,共同培育全球发展新动能。中国积极参与全球治理体系改革和建设,坚持真正的多边主义,推进国际关系民主化,推动全球治理朝着更加公正合理的方向发展。中国提出了全球发展倡议、全球安全倡议,愿同国际社会一道努力落实。[②]

应该看到,人类命运共同体理念作为一种应对世界发展面临的重大问题的“中国方案”,也是一个极富中国元素的用语或概念。它一方面受到中华优秀传统文化的滋养,有着深厚的历史文化根基;另一方面也与中华人民共和国成立以来一以贯之的外交价值取向相契合,与中华人民共和国一系列外交政策主张一脉相

① 习近平:《决胜全面建成小康社会 夺取新时代中国特色社会主义伟大胜利——在中国共产党第十九次全国代表大会上的报告》,人民出版社 2017 年版,第 58 ~ 58 页。

② 习近平:《高举中国特色社会主义伟大旗帜 为全面建设社会主义现代化国家而团结奋斗——在中国共产党第二十次全国代表大会上的报告》,第 60 ~ 63 页。

承,而且又有了新的发展,集中体现了当代中国的世界观。[①] 从传统国际法角度而言,人类命运共同体是一个超越国际社会的概念,也超越了经典马克思主义国际法理论的内涵。一般认为,中华人民共和国成立至今对战后国际秩序与国际法的发展所作的贡献主要包括和平共处五项原则、和谐世界与人类命运共同体理念三个方面。人类命运共同体是基于和平共处五项原则、和谐世界理论等中国元素提出的一个新的理念,兼有"实然法"和"应然法"的法理特征。[②] 从应然法的角度理解,人类命运共同体是一种世界观及其所追求的崇高政治理想;从实然法的角度理解,则意味着所有国际法学者和实务工作者应当共同努力进一步建立机制和规则,将该理念及其所蕴涵的崇高理想通过行动来付诸实施。[③] 2018 年 3 月,第十三届全国人大第一次会议通过《中华人民共和国宪法修正案》,宪法序言中增加了坚持和平发展道路、坚持互利共赢开放战略和推动构建人类命运共同体三方面的内容。[④] 这是 1982 年宪法公布施行后,首次对宪法中有关外交政策的内容进行充实完善,从而也使人类命运共同体的理念上升为国家意志。推动构建人类命运共同体是中国为全球治理和国际法治建设贡献的重要国际公共产品,有助于各国建立国际机制,共同谋求世界和平与发展。

## 三、关于国际法的价值与功能

国际法与国内法相比较有一些不同的特征:国际法主要是调整主权国家之间关系的法,其主体与国内法的主体不同;国际社会

---

① 李适时:《夯实人类命运共同体的国际法治基础——对习近平总书记人类命运共同体理念学习体会》,载《中国国际法年刊》(2017 年卷),第 16 ~ 18 页。

② 张乃根:《试探人类命运共同体的国际法理念》,载《中国国际法年刊》(2017 年卷),第 51 ~ 52 页。

③ 李适时:《夯实人类命运共同体的国际法治基础——对习近平总书记人类命运共同体理念学习体会》,第 21 页。

④ 《中华人民共和国宪法》,序言,第 12 段。

没有而且也不可能有一个凌驾于国家之上的权力机关来制定国际法或进行所谓国际立法,国际法主要是在国家"自愿"和"同意"的基础上产生和形成的;国际法的强制力与国内法的强制力不同,国际社会一般也没有国家社会那些有组织的强制机关来维护和保证法律的实施等。[①] 由于国际法具有以上一些特点,对于国际法的价值与功能国际上也长期存在一些不同的观点或理论。譬如,自20世纪初期以来西方学术界就一直存在汉斯·摩根索和赫希·劳特派特之间有关现实主义和法律制度主义的所谓"劳特派特之辩"(Lauterpachtian debate)。[②] 根据摩根索及其追随者的现实主义理论,所有真正的法律都必须来自法律主体之上的权威立法机构,而在现实的国际社会中,各国都有自己的主权,都不承认在它们之上有更高的权威,它们在相互关系中也都只按自己的利益行事,因而在国际社会也不存在什么国际法。相应地,在国际争端解决方面,许多争端都是政治性的不可裁判的争端,特别是在一些高政治领域涉及国家切身利益或名誉的争端,国际司法仲裁机构根本就是没有用处或管辖权的。[③] 而劳特派特主张的法律制度主义观点则认为国际法及有关国际司法仲裁机制即使在以主权措辞表现出来的政治问题上也是能发挥适当作用的,反对将国际争端区分为法律和政治争端。劳特派特的观点假设没有任何事件基本上或本身就是法律的或政治的事件,这种性质是有关主体从其特定的立场推测和解释出来的结果。所有国际争端,无论其何等重要,只要承认法治(so long as the rule of law is recognized),它们都是一个法律性质的争端而可以适用法律规则予以解决的。如果坚持

① 《国际公法学》(第三版),第一章第一节。

② Martti Koskeniemi, "The Function of Law in the International Community: Introduction", in Hersch Lauterpacht, *The Function of Law in the International Community* (Oxford University Press, 2012), p. xxx.

③ 参见[美]汉斯·J. 摩根索著、[美]肯尼思·W. 汤普森修订:《国家间政治——寻求权力与和平的斗争》,第344~384页;江国青:《演变中的国际法问题》,第224~226页。

这种区分,就意味着允许国家自行裁判而不愿意将有关争端诉诸法律程序。劳特派特认为国家自行裁判(或自主解释)是主要的问题,这只能通过法律的职业解释和裁判来解决。而法官和仲裁员作为具有公正性和解释法律能力的职业法律人是能够保证每个个体的重大利益的,因此他们乃是法治的基础。[①] "劳特派特之辩"在20世纪并未结束,一直延续至今,而且也反映在当代国际司法与仲裁的实践之中。如在2010年国际法院受理的有关科索沃问题的咨询案件中也同样存在政治与法律问题的争论,而国际法院对有关问题的回答是:无论一个问题含有何种政治因素,只要该问题要求法院履行实际上的司法职责,法院就不能拒绝回应该问题的法律要素,即在本案中对一个行为依据国际法进行评判。[②] 这也是国际法院对以往类似案件的一般处理方式。

从现实的国际法律关系来看,尽管国际法有一些自身的特点,它和国内法一样也是具有拘束力和一定强制力的实在法律,通常情况下大多数国际法规则都是能得以遵守的。正如我国著名国际法学家李浩培所指出:如果对各国的国际行动加以缜密客观的考察,我们会发现,各国遵守国际法的事例,较之违反国际法的事例,在数量上要大得多。实际上,遵守国际法是通常的情况,而违反国际法是例外。如果世界上真的没有国际法,那么各国相互间根本不可能有片刻的和平生活,因为在那种情形下,一国就可以干涉他国的内政,一国的军队就可以随意入侵他国的领土,一国的政府就可以随意迫害他国的侨民。[③] 美国国际法教授亨金(Louis Henin)也曾得出一个论断,他说"一种大概的情况是:几乎所有的国家在几乎所有的情况下都是遵守几乎所有国际法原则和几乎所有他们的义务的"。从而,他提出了一种"国际遵守文化"(international

① Lauterpacht, *The Function of Law in the International Community*, pp. 210 – 249.

② Accordance with International Law of the Unilateral Declaration of Independence in respect of Kosovo, Advisory Opinion, I. C. J. Reports 2010, para. 27.

③ 李浩培:《国际法的概念与渊源》,贵州人民出版社1994年版,第46~47页。

culture of compliance)的概念。[①] 一般认为,法律和秩序是国际社会的理念和主要价值,对其他国家价值起支持作用。遵守法律和秩序是国际社会所接受的规范,国家一般都期待着法律和秩序的遵守;如果违反就会出现麻烦。没有哪个严重违反的国家能逃脱这种文化。由此可见,各国遵守国际法一般也是基于国际法本身所具有一些内在价值和功能的考虑。如同国内法,国际法的宗旨也是建立和维护秩序,加强可预见性,保护国际法主体及其财产和各种利益,以及其他价值。[②] 国家在国际社会固然不可能有一种发达良好的"公民"意识,但它们一般都具有某种维护秩序和稳定的意识。国家承认稳定、秩序和法律是符合它们的国家利益的,国际法的一些基本原则和规范也都是符合每个国家的利益的。此外,国家参加的国际条约和协议通常也都是符合参加国的利益的,因此遵守这些条约和协议对它们也是有利的。国家如果遵守国际法,就能够得到相应的好处或"奖赏",[③]国际法的价值或作用就能够得以体现;否则,如果不遵守国际法和违反国际法就会遭到相应的惩罚或制裁,国际法的价值或作用就不能得以体现。

一般性(全面性)国际法著作和教科书都会在其性质或绪论部分涉及国际法的价值和功能问题,有的论述多一些,可能再列一个有关小题目。本教材在其绪论部分第一节第一目专门讨论了"国际法的地位与作用"问题。按照当时第一版的分工,绪论和第一章"国际法的性质与发展"是由作为主编的曾令良教授负责撰写的。在第二版和第三版的修订过程中,编写组的一个基本想法是:除非是必须体现党的十九大、二十大精神、吸收国家教材委员

① 江国青:《国际法的性质与当今的发展》,载李双元主编:《国际法与比较法论丛》(第九辑),中国方正出版社 2004 年版,第 13 ~ 19 页;Louis Henkin, *How Nations Behave: Law and Foreign Policy* (Columbia University Press, 2nd edn, 1979), p. 47。

② [美]路易斯·亨金:《国际法:政治与价值》,张乃根等译,中国政法大学出版社 2005 年版,第 6 页。

③ Shaw, *International Law*, p. 8.

会马工程专家委员会所提出的合理化意见以及个别明显事实或资料更新方面的内容，原则上尽量少改动曾令良教授所撰写的文字，以体现对原作者原意的尊重。但是，在第三版的修订初稿提交马工程专家委员会进行审议以后，有专家对绪论部分提出了修改意见，主要涉及有关国际法的地位和作用问题。其中第 2 页有一段文字原稿的表述为：

> "冷战"结束后的事实证明，如果一个国家的治国理政遵守国际法，顺应国际法治要求，该国不仅能获得持久的和平与安全，还能保持经济社会的持续发展，并在国际上建立起良好的声誉，成为维护国际和平与安全可靠的中坚力量。中国改革开放 40 多年来所取得的辉煌成就和为世界和平与发展所作出的巨大贡献就是最好的正面范例。与之相反，如果一个国家的政策我行我素，对国际法不屑一顾，甚至公然践踏现行有效的国际法规则，必然导致严重的负面后果，招致国际社会的经济制裁，甚至军事制裁。1990 年伊拉克入侵科威特给该国带来的政治、经济和社会灾难，可谓深刻而又惨痛的教训！

有关专家的意见是：这段话说得有些绝对化了，需要再斟酌一下。尤其是这样的论断："如果一个国家的治国理政遵循国际法，顺应国际法治要求，不仅能获得持久的和平与安全，还能保持经济社会的持续发展"；"中国改革开放 40 多年所取得的辉煌成就和为世界和平与发展所作出的巨大贡献就是最好的正面范例"；"如果一个国家的政策我行我素，对国际法不屑一顾，甚至公然践踏有效的国际法规则，必然导致严重的负面后果……招致国际社会的经济制裁，甚至军事制裁"。另一位专家则提出，有关 1990 年伊拉克入侵科威特的例子及其表述值得商榷和推敲。伊拉克入侵科威特，是违背国际秩序、侵犯他国的违法行为。但以美国为首的多国部队，在没有取得联合国授权的情况下，悍然出兵，使用武力推翻伊拉克经民选取得合法性的政府,并造成大量平民伤亡的后果。这个案例是有问题的,以美国为首的多国部队,不能代表国际社会。建议换一个案例。还有专家提出,鉴于国内外都存在国际法虚无主义和不尊重、不遵行国际法的现象,在绪论部分是否可以讲一讲这个问题,强调一下,应尊重、遵行以《联合国宪章》的宗旨和原则为核心和基础的当代国际法。

根据专家们的审议意见,第三版将上述有关段落整体修改为:

> 第二次世界大战以来,国际社会经过不断努力,推动了国际法向着公平合理正义民主的目标发展。事实证明,如果一个国家的治国理政遵守国际法,顺应国际法治要求,该国往往就能获得和平稳定的外部环境或机遇,保持国内经济社会的持续发展,并在国际上建立起良好的声誉,成为维护国际和平与安全可靠的中坚力量。改革开放 40 多年来,中国推动国际法的发展,取得了自身的辉煌成就,也为世界和平与发展作出了巨大贡献。与之相反,如果一个国家的政策我行我素,对国际法不屑一顾,甚至公然践踏现行有效的国际法规则,就会导致严重的负面后果,遭受国际法制裁。第二次世界大战期间,纳粹德国和军国日本违背国际法,挑起战争,进行惨无人道的屠杀,国际社会成立军事法庭对其战争和反人道行为进行了审判。[①]

以上修改内容文字变化不大,不仔细对照阅读也可能不会发现它们之间的区别或不同。鉴于此,第三版又根据有关专家的意见在"国际法的地位和作用"这一目的最后专门增加了一段内容,说明国际法的作用有时候也会是有限制的,以期一般读者和使用本教材的老师及学生们对国际法的价值和功能有一个更为全面的

① 《国际公法学》(第三版),第 2 页。

和现实理性的认识和了解。这一段具体表述为：

> 无可讳言并应当注意的是，国际社会也一直存在各种强权政治和国际法虚无主义理论，现实中有些国家奉行单边霸权、霸凌主义，不尊重、不遵守国际法的现象时有发生。这些违反国际法的理论和行为往往给国际社会的和平、合作与发展带来严重的破坏，甚至对人类造成惨不堪言之战祸。[①] 正是针对这种现象，《联合国宪章》在其序言中强调要"创造适当环境，俾克维持正义，尊重由条约与国际法其他渊源而起之义务，久而弗懈"。近年来，受百年未有之大变局和新冠肺炎疫情全球大流行交织影响，世界又站在历史的十字路口。当代国际社会尤其要重视并加强国际法和国际组织在维护世界秩序和全球治理中的作用和地位，坚持以联合国为核心的国际体系和以国际法为基础的国际秩序。只有摒弃小圈子和零和博弈，才能践行真正的多边主义，携手应对全球性威胁和挑战。[②] 这对于整个世界和国际关系的持续健康发展才是真正有意义的，也是整个国际社会应有的正确抉择。[③]

## 四、关于本教材的整体内容结构

本教材基本上沿用第一版的内容结构体系，但增加了"国际环境法"一章，列为第十三章。国际环境法是当代国际法中一个发展已经很成熟很重要的分支或部门。有一种观点认为，国际环境法和国际经济法一样，可作为国际公法的相邻学科以及拓展研究的对象而无须纳入本教材内容体系。但总体而言，国际环境法的国

① 江国青：《演变中的国际法问题》，第 223 ~ 230 页。

② 参见习近平：《坚定信心 共克时艰 共建更加美好的世界——在第七十六届联合国大会一般性辩论上的讲话》(2021 年 9 月 21 日)，载《人民日报》2021 年 9 月 22 日，第 2 版。

③ 《国际公法学》(第三版)，第 3 ~ 4 页。

际公法性质更为明显或突出,而国际经济法的内容则相对独立或不同一些。[①] 国际环境法是调整国际法主体间有关环境的权利义务关系的原则、规则和制度的总和,其主体和渊源与一般国际法的主体和渊源是一样的。国际环境法的主体在一定条件下可以包括某些非国家实体和个人,其广义的渊源中有些被视作国际"软法",这与当代国际法中其他一些分支或部门的发展也是一样的。[②] 当代国际上有影响力的国际法著作和教科书一般都有国际环境法的章节,中国的情况也是如此,自20世纪90年代以来一些主要的国际法著作和教材都列入了国际环境法的内容。由此可见,将国际环境法定性为国际公法的相邻学科以及拓展研究的对象和范围并不是国际上以及中国国际法学界的主流或共识。[③]

为了内容体系的完整性,我作为本教材修订工作主持人在向国家教材委员会办公室提交的《马工程教材〈国际公法学〉(第三版)的修订工作报告》中专门提到了本次修订拟增加"国际环境法"这一章,具体由武汉大学秦天宝教授承担该章的撰写工作。秦天宝教授现为武汉大学法学院教授,博士生导师,副院长,国际环境法研究所所长,交流担任过最高人民法院环境资源审判庭副庭长、审判员,是国内外国际环境法领域有名望的专家。该报告内容得到国家教材委的认可,并经征求编写组全体成员意见并同意后,正式增补秦天宝教授为编写组成员。秦天宝教授不愧是国际环境法领域的知名专家,当初我邀请他参加本教材的编写工作时他因疫情还滞留在国外,但接到通知后就立即开始有关工作。回国后他也能按期提交高质量初稿,其结构清晰,内容新颖丰富,反映了

① 姚梅镇:《国际经济法是一个独立的法学部门》,载《中国国际法年刊》(1983年卷),第373~385页。

② 《国际公法学》(第三版),第325~334页。

③ 参见Shaw, *International Law*;王铁崖主编:《国际法》,法律出版社1995年版;邵津主编:《国际法》,北京大学出版社、高等教育出版社2000年版;赵建文主编:《国际法新论》,法律出版社2000年版;饶戈平编著:《国际法》,人民法院出版社2002年版;江国青主编:《国际法》,高等教育出版社2005年版;邵沙平主编:《国际法》,中国人民大学出版社2006年版等。

国际环境法的前沿发展状态。

在本教材的修订过程中,有评审专家提出了国际责任法的体例位置以及是否独立成章的问题,认为:第十六章国际责任法这一体系安排不妥。如本教材说明,“根据绝大多数中国学者撰写的国际法教科书的体系结构,国际法学研究的范围可以概括为两大部分,即国际法基本原理和部门国际法(制度)”(第4页),据此,部门国际法(制度)研究的内容主要包括14项,其中第9项为国际责任法(第5页)。但是,国内绝大多数国际法教科书的体系不是这样安排的。[①]《国际公法学》(第三版)第十六章国际责任法的小序言说明:“国际责任是现代国际法上最为重要的制度之一。它对于树立国际法的权威,加强国际法的法律性质,促进国际关系的健康发展具有重要的意义。”[②]如果是这样说明,包括“国家责任”(state responsibility)在内的国际责任法在整个国际法体系中的地位和作用,即便按照该教材自己的说法,至少国家责任问题也属于对国际法具有一般或基础性质的内容,亦即国际法基本原理,而非部门国际法(制度)的内容。

从国际法学界公认的教科书来看,国家责任也属于总论或基本原理,而非部门国际法的内容。例如,劳特派特修订的《奥本海国际法》(商务印书馆1981年版),国家责任是第一编国际法主体

---

① 评审专家举例如下:王铁崖主编的《国际法》(法律出版社1981年版)第三章国际法的主体第五节国际法上的国家责任(属于国际法总论或基本原理部分,以下举例的理由相同);王铁崖主编的《国际法》(法律出版社1995年版)第五章国家责任是紧接着第四章国家的基本权利与义务;饶戈平主编的《国际法》(北京大学出版社1999年版)第五章国家责任也接着第四章国家管辖权;周忠海主编的《国际法》(中国政法大学出版社2008年版)第七章国家责任是继第六章管辖权与国家及其财产管辖豁免;曾令良主编的《国际法学》(人民法院出版社、中国社会科学出版社2003年版)第六章国际法上的责任是和第三章至第五章一起属于国际法主体的基本原理内容;曾令良和饶戈平主编的《国际法》(法律出版社2005年版)明确将第八章国家责任作为第一篇总论部分。个别教科书将国家责任法或国际责任法作为部门国际法(制度),如邵津主编的《国际法》(北京大学出版社、高等教育出版社2000年版)第十四章国家责任;江国青主编的《国际法》(高等教育出版社2010年版)第十四章国际责任法。

② 《国际公法》(第三版),第554页。

下第三章内容;詹宁斯和瓦茨修订的《奥本海国际法》(中国大百科全书出版社 1995 年版),国家责任是“绪论国际法的基础和发展”下第四章内容。目前国外比较通用的国际法教科书或专著,如马尔科姆·肖(Malcolm N. Shaw)的《国际法》(International Law)(剑桥大学出版社 2003 年版)将国家的管辖权(第 12 章)、管辖豁免(第 13 章)和国家责任(第 14 章)放在一起论述;《布朗利国际公法原理》(Brownlie's Principles of Public International Law)(牛津大学出版社 2008 年版)将国家责任法(第 9 编)与国家管辖权(第 7 编)、国籍与相关概念(第 8 编)、个人和团体的保护(第 10 编)大致放在一起论述。这些体系安排均没有将国家责任单列与国家管辖权或主体问题分开。

这位评审专家因此建议:参考国内外绝大多数国际法教科书的体系安排,将第十六章第二节“国际不法行为的责任”调整到第六章“国际法上的国家”下第四节“国家责任”,紧接着第三节“国家豁免”;而将第十六章第三节“国际法不加禁止行为造成损害性后果的国际责任”,调整到该教材第三版新增第十三章“国际环境法”第四节,紧接着包括“危险物质和废物的国际管制”等国际环境保护制度分述之后。从国际法规则的性质来看,国际法不加禁止行为造成损害性后果的国际责任属于与环境保护特别有关的国际法具体制度,而由国际不法行为引起的国家责任是对各个部门国际法具有一般规则意义的基本制度。两者应予以区别,在联合国国际法委员会的议题中,两者也是分开的。

国家教材委马工程专家委员会实行匿名评审制,从评审意见的内容来看,所有专家都非常严谨认真和具有崇高职业精神。关于本问题,尤其反映出这位评审专家是做了大量相关研究工作的。其内容较多,实际上也是一个国际法基本理论问题。我在以上正文及脚注中基本上把评审专家提出问题的原文都摘录下来了,相信这对此后有关问题的进一步研究仍然会有一定参考意义,编写组也谨此表示由衷感谢。但编写组没有采纳其有关将第十六章

“国际责任法”进行拆解或取消的建议。编写组的具体回复意见是：

评审专家的意见很中肯。国际责任法是当代国际法的一个重要部门。从国际法内容体系而言，早期的国际法著作或教材一般将其作为国际法主体或国际法上国家中的一节来编排，基本上属于国际法总论或基本原理部分的内容，也没有独立成章。如周鲠生的《国际法》(1978 年版)将国家责任安排在国家的基本权利与义务一章，王铁崖主编的《国际法》(1981 年版)将国家责任放在国际法的主体一章，均为一节的内容，而且仅限于论述国家的国际不法行为产生的国际责任问题。20 世纪末特别是 21 世纪以来，国际责任法不断发展，其内容从国家的国际责任扩展到国际组织的国际责任、国际法不加禁止的行为产生的国际责任以及个人的国际刑事责任问题等。因此，随着当代国际责任法内涵的发展、国际责任主体的增多，其从有关篇章中独立出来也就成为必要了。如国际上比较权威的《奥本海国际法》(1992 年修订版)即将国家的责任单列为第四章。当然，这并不妨碍有关章节中仍可以具体论述本章中涉及的国际责任问题。

从内容上看，编写组同意国家责任也属于总论或基本原理的观点，但是将“国际责任法”一章分解分别插入“国际法上的国家”和“国际环境法”两章中，会片面将国际责任限于国家责任，将国际损害责任限于环境损害责任。实际上，国际责任是一般意义上的国际法律责任，包括国家、国际组织等国际法主体国际不法行为的国际责任，也包括国际法不加禁止行为的国际责任和个人的国际刑事责任，以及各种原因引起的跨境环境、财产、人身及法律权利的损害所产生的国际责任等。

关于“国际责任法”一章的编排位置偏后的问题。国际责任法是适用于所有国际法部门的一般国际法，原则上也可以放在各部门法前面讨论。有些教材将其放在偏后的位置，有关考虑可能主要有以下两点：一是理论上一般认为国际责任法是一种“次级规则”,而不是直接确定国际法主体权利和义务的“初级规则”;二是国际责任法的发展尚不成熟,目前虽然联合国国际法委员会通过了《国家对国际不法行为的责任条款草案》《国际组织对国际不法行为的责任条款草案》《关于国际法不加禁止行为所产生的损害性后果的国际责任条款草案》等文件,但这些文件都还没有被制定为有约束力的条约或公约。如英国奥斯特(Aust)的《国际法手册》将“国家责任”一章放在该书倒数第三章(第二十章),后接的一章为“争端解决”,[①]似乎是按照初级规则、次级规则和三级规则的逻辑来安排的。如果国际责任法今后发展更成熟了,也可以考虑将其放在靠前一些的位置。

还有教学一线的老师对国际责任法章节的有关内容提出了不同意见,特别是其中的反措施制度,编写组也有针对性地进行了修改和补充。

反措施(countermeasures)是指受害国为回应责任国一个先前国际不法行为所采取的原本也会构成受害国违反其相对于责任国的一项或多项国际义务的措施。[②] 国际法委员会 2001 年通过的《国家对国际不法行为的责任条款草案》(第 49 ~ 54 条)和 2009 年的《国际组织对国际不法行为的责任条款草案》(第 21 条)均明确规定了反措施制度。一般而言,反措施作为受害国的一项促使责任国履行义务的行为在国际实践中是受到肯定的或可以容忍的,但要遵循一定实质性和程序性的条件或限制。[③] 如前所述,反措施作为一般国际责任法中的一项具体制度,目前也都还不具有正式条约的拘束力,仍处在习惯国际法的形成或证据阶段。其进一步发展还需要积累更多有关国家实践和国际司法仲裁案例。例

① Anthony Aust, *Handbook of International Law* (Cambridge University Press, 2005), pp. 407 - 429.

② 江国青:《反措施与国际司法:变化中的国际法实施机制》,第 81 页。

③ 江国青:《反措施与国际司法:变化中的国际法实施机制》,第 81 ~ 84 页;《国际公法学》(第三版),第 430 页。

如,我国 2021 年 6 月 10 日通过的《中华人民共和国反外国制裁法》第 3 条就明确规定,当外国国家违反国际法和国际关系基本准则,以各种借口或者依据其本国法律对我国进行遏制、打压,对我国公民、组织采取歧视性限制措施,干涉我国内政的,我国有权采取相应反制措施。其他国家的有关立法与实践也都表明,对外国国家的非法制裁,受害国家可以采取反措施。这都有利于国际责任法的整体发展。①

## 五、关于其他有关内容或问题

本教材中,我自己负责撰写的两章是第七章"国际组织法"和第十五章"外交与领事关系法"。在修订过程中也有评审专家(包括有关审读部门的专家)提出一些意见或问题。其中有的已经按照专家意见进行修改,有的没有改动。在此主要就几个没有修改的问题作简要解释或说明。

### (一)国际组织合作与主权国家之间的"张力"(tension)问题

有评审专家提出,第七章"国际组织法"第一目第一段有一句话:"当代国际组织的合作功能在相当程度上减缓了主权国家与相互依存之间的矛盾或张力",其中的"张力"一词费解。应该说,这里的"张力"和"矛盾"一样都不是专门的法律用语。张力一般是一个物理学上的概念,国际法上有时借用它来描述一种紧张或对立的国际关系。在人类命运共同体的语境下,国家之间也都应该是相互依存与合作的,但在合作过程中也要适当作出一定的主权让渡或让步,这时候就会出现或产生一种紧张或对立的关系。国际组织作为一种多边外交与合作的平台,在机制和技术上能够发

① 《国际公法学》(第三版),第 430 页。

挥其组织功效减缓一些这种张力,从而提高国家间的合作功能。[①] 又如同中国太极拳习练中的所谓“对扒劲”或“抻劲”一样,张力也有其积极作用的一面。太极拳的一些基本招式,包括“挪、捋、挤、按、採、挒、肘、靠”,都要求体现出一种“对扒劲”或“抻劲”,否则就达不到太极拳应有的韵味和功效。

国际法中的张力无处不在。英国的马尔科姆·肖就提出一种“持续张力”(a continuing tension)的概念,他认为在国际法体系内,已确立的规则与不断演变寻求变化的力量之间存在一种持续的张力。[②] 法国的国际法学者们则认为,国际法就是“国际社会张力的产物”(produit des tensions de la société internationale)。[③] 他们认为,整个国际体系是非常错综复杂的,每个国家和国家集团都有自身的利益考量。首先,强国之间及其所形成的集团之间在政治上和经济上都是会有分裂的,这样就产生了他们相互关系中的张力。其次,这些集团内部也是会有分歧的,从而产生一种内部张力。进而,强国和弱国之间尤其存在张力,强国固然有实力,但弱国也拥有一些可以使用或讨价还价的“武器”,如一些发达国家所需要的重要资源等。特别是在他们能够团结起来的情况下,这些武器就能发挥出更好的抗衡效果。例如,二十世纪五六十年代,殖民地国家兴起的民族独立和解放运动就导致了第三世界的形成,并对当代国际法的发展产生了深远影响。[④] 二十世纪七八十年代,广大发展中国家也在联合国系统内发起国际经济新秩序运动,以及阿尔及利亚的穆罕默德·贝贾维(Mohammed Bedjaoui)从国际法角度(他曾担任联合国国际法院法官和院长,后又担任阿尔及利亚的国务部长和外交部长)站在发

---

① Henry G. Schermers and Niels M. Blokker, *International Institutional Law* (Matinus Nijhoff Publishers, 5th edn, 2011), pp. 19 – 22.

② Shaw, *International Law*, p. 43.

③ Hubert Thierry *et al.*, *Droit International Public* (Editions Montchrestien, 1975), p. 24.

④ 王铁崖:《第三世界与国际法》,载《中国国际法年刊》(1982 年卷),第 9 ~ 36 页。

展中国家的立场大声疾呼“争取建立国际经济新秩序”(towards a new international economic order)。应当看到,发展中国家和贝贾维的努力至今尚未取得实质性成果,但在一定程度上唤醒了广大发展中国家团结奋斗的觉悟和国际法律意识。我当年也精读过他的著作中英文版本。[①] 由于这些各种各样的张力,实力大国也就不能随意将其意志强加于其他弱小国家。否则,国际法就只会沦为一种霸权的产物。[②] 由此可见,我们也应重视国际组织法和一般国际法中张力的积极作用,而不应仅片面地注重所谓接轨。

### (二)国际组织机构法与国际组织实体法问题

评审专家以一种更为含蓄的方式提出了这个问题。第七章“国际组织法”第一节第三目涉及国际组织的内容体系。书稿中有一句话:以组织的各种事项及问题性质为标准,可以将国际组织法区分为国际组织机构法和国际组织实体法来进行研究和分析。评审专家在“机构法”和“实体法”下分别画一条短线,打了一个问号,连“费解”二字也没有标注。这显然是一个问题,但似乎又无从修改,特此想说明一下。

一般来说,就国际组织法的形式渊源而言,其体系构成可以根据不同标准进行多维度分析。如以组织的各种事项及问题性质为标准,可以将国际组织法区分为国际组织机构法和国际组织实体法。国际组织机构法包括国际组织的章程、法律地位、成员制度、组织结构、职能范围、成员的权利与义务、国际组织的责任、争端解决、财政制度、总部问题、特权与豁免、议事程序与规则等内容,主要涉及国际组织法中具有共性的问题和规则。国际组织实体法主要是指国际组织所制定的用以调整其成员在各自职能或行业领域

---

① [阿尔及利亚]穆罕默德·贝贾维:《争取建立国际经济新秩序》,欣华、任达译,中国对外翻译出版公司 1982 年版;Mohammed Bedjaoui, *Towards A New International Economic Order* (Holmes and Meier Pub. ,1979)。

② Thierry, *Droit International Public*, pp. 23 - 27.

行为的规则,如联合国的集体安全体制、欧盟农业条例、国际货币基金组织的货币规则、国际劳工组织劳工公约、国际捕鲸委员会有关商业捕鲸的禁止与捕捞限制规则等。与国际组织机构法不同,国际组织间这些实体规则的内容各不相同。国际组织实体法直接反映的是各国际组织特定的职权范围及其成员的行为规则。

从国际上国际组织法著作和教科书的编写体例情况看,有的主要侧重国际组织机构法,如荷兰莱顿大学舍莫斯(Henry G. Schermers)和布洛克(Niels M. Blokker)的《国际机构法》,[①]北京大学饶戈平教授主编的《国际组织法》,以及我本人的《联合国专门机构法律制度研究》;有的既包括机构法也包括实体法,如武汉大学梁西教授的《梁西国际组织法》,[②]英国诺丁汉大学怀特教授的《国际组织法》。[③] 如果就某一个国际组织进行专门研究,如曾令良教授的《欧洲联盟法总论——以〈欧洲宪法条约〉为新视角》,一般也会兼顾机构法和实体法的内容。梁西教授是我在武汉大学时的硕士、博士研究生指导老师,是中国国际组织法学的开拓者和泰斗级人物。他于 20 世纪 80 年代初期就出版了《现代国际组织》的学术专著,现更名的《梁西国际组织法》已修订到第七版,这在国际上也是处于领先地位的。本教材中"国际组织法"一章的内容体系受《梁西国际组织法》的影响较多。

### (三)联合国专门机构及关联组织

根据《联合国宪章》第 57 条和第 63 条的有关规定,联合国专门机构是指依据各国政府间协定所创立,并以特别协定而同联合国建立了关系的于某一特定业务领域负有广大国际责任的专门性国际组织。根据上述规定,联合国现有的 17 个专门机构是:国际

---

① Schermers and Blokker, *International Institutional Law*.

② 梁西著,杨泽伟修订:《梁西国际组织法》,武汉大学出版社 2022 年版。

③ N. D. White, *The Law of International Organizations* (Manchester University Press, 1996).

电信联盟、国际劳工组织、世界卫生组织、世界气象组织、世界知识产权组织、国际货币基金组织、国际复兴开发银行、国际开发协会、国际金融公司、万国邮政联盟、联合国粮食及农业组织、联合国教科文组织、国际民用航空组织、国际海事组织、国际农业发展基金、联合国工业发展组织、世界旅游组织。这些专门机构在经济、社会、文化、教育、卫生和有关领域负有广泛的国际责任,并通过与联合国经社理事会缔结关系协定而纳入联合国系统旨在进行工作协调。

在本教材使用及修订过程中,教学一线的老师和有关审读部门均对联合国专门机构的数目提出了不同看法。他们认为,联合国专门机构的数目只有 15 个,其中包括世界银行而不包括国际复兴开发银行、国际开发协会和国际金融公司。其信息来源为联合国网站。但这个数目是不对的。的确,如果我们登录联合国中文网站专门机构的页面,只是挨个数一下,就会得出这个结果。而实际上,世界银行名下有 5 个机构:国际复兴开发银行、国际金融公司、国际开发协会、国际投资争端解决中心和多边投资担保机构。其中前 3 个都分别根据《联合国宪章》第 57 条和第 63 条的规定与联合国经社理事会签订了关系协定,也分别与东道国及会员国签订了《联合国专门机构特权与豁免公约》,从而成为正式的联合国专门机构;而国际投资争端解决中心和多边投资担保机构则不属于这种意义上的专门机构。换言之,世界银行名下有 3 个联合国专门机构,而世界银行本身并不是一个严格法律意义上的实体或机构,因此也不可能成为联合国专门机构。还应注意的是,联合国网站的有些信息并不一致。如果登录联合国达格 · 哈马舍尔德图书馆( Dag Hammarskjöld Library)的英文网站查询,它会直接说明联合国有 17 个专门机构及有关世界银行的情况。在网页信息不全或不一致的情况下,我们最终还是要以是否与联合国经社理事会签订关系协定为标准来进行判断或认定。[①]

① 联合国的条约或协定可以在联合国法律事务部官网(https//treaties. un. org)查询。

此外,还有一些专门性国际组织和机构,如国际原子能机构、禁止核试验条约组织预备委员会、禁止化学武器组织和世界贸易组织也分别与联合国安理会或大会建立了比较稳定的工作协调关系。这些国际机构和组织一般称为联合国的“关联组织”(Related Organizations)。尽管不是根据《联合国宪章》第57条和第63条建立的严格意义上的联合国专门机构,它们与联合国在工作上的合作与协调关系在许多方面与专门机构是一样的。根据有关合作协定和文件安排,这些关联组织都是联合国系统行政首长协调理事会的成员,其职员也有权使用联合国通行证(laissez-passer of the United Nations,俗称联合国护照),享有相应特权与豁免。

从总体而言,本教材还根据教学一线老师的反馈意见进行了许多具体修改,相应也增添了更新的资料和内容。限于篇幅,本文主要只涉及了一些有关基本理论方面的问题。尚望对使用本教材的老师和学生们及有兴趣的读者有所裨益。

## China's Fundamental Theories of International Law and Their Innovative Developments—A Reflection on the Revision of *Public International Law Third Edition*

JIANG Guoqing

**Abstract**: *Public International Law*, a key textbook of Marxism theoretical research and construction project sponsored by the Ministry of Education of China, is a broadly used textbook by Chinese law schools and, to which a lot of attention has being paid by Chinese international law scholars in recent years. It's third revised edition has already been published by Higher Education Press in September 2022. As a collective achievement by 14 contributors from different universities, *Public International Law Third Edition* has concentratedly reflected a series of main Chinese theories and practices of international law. Separately and specifically, this article has madc analysis and summarics of the following aspects of the third revision: Marxist legal thoughts as the basic leading principles of this textbook, Xi Jinping's thoughts of the rule of law and Chinese innovative contributions to international law, values and functions of international law, the overall content structure of this textbook, and other related issues of revision.

**Key Words**: *Public International Law Third Edition*; fundamental theories of international law; Marxist legal thoughts; Xi Jinping's thoughts of the rule of law; values and functions of international law; innovative contributions

# 《战争与和平法》的国际法思想、不足及其启示*

马忠法**

**摘要**：与其先行者相比，雨果·格劳秀斯的《战争与和平法》反映的国际法思想有了重大突破，但其底色仍为自然法，同时也闪耀着实证法的光芒。该著作主要从以正义为核心的自然法理论出发来阐释其体系化的国际法思想，认为自然法只是以人类的本性为基础；没有上帝，它同样也会存在；人性是自然法之母；战争合法的理由有自卫、恢复属于自己的东西和惩罚违法者等；其自然国际法思想源自神法又独立于神法。该著作提出了正义战争说、战争节制说、战犯应受惩罚说及战争中的人道主义原则等，构成了国际法的基础内容。该著作提出国际法是"所有或相当多数国家相互之间的同意"，此种观点具有实证法特征，涉及的实证国际法具体体现为：使馆及外交人员享有特权和豁免理论、条约理论、战争中对待中立者的态度之论述以及和平解决国际争端等。然而，作为开创性的国际法专著，该著作也存在不足：在形式上，各卷的结构不均衡、逻辑性有待加强、部分论证略

* 本文获国家社会科学基金重大项目"构建人类命运共同体国际法治创新研究"(18ZDA153)及国家社会科学基金重点项目"'人类命运共同体'国际法理论与实践研究"(18AFX025)支持。

** 复旦大学国际法学教授，博士生导师。

显粗糙等；在内容方面，无“和平法”的实体内容、“战争”被扩大使用、“权利”与“权力”没有被完全明确区分以及没有结合当时最为现实的冲突和斗争等。该著作的国际法理论可为百年变局下构建人类命运共同体理念中的国际法治创新带来一些启示，例如国际法思想的产生需要机遇、实践等客观条件以及个人的努力等主观因素，只有将二者紧密结合起来才有可能产生具有持久生命力的思想。

**关键词**：格劳秀斯；《战争与和平法》；自然法；实证法

## 引　言

《战争与和平法》[①]奠定了雨果·格劳秀斯在近现代国际法发展史上的地位并使其被尊称为“国际法之父”，其名字已经成为国际关系中正义的象征，[②]这主要是因为，该著作所蕴含的国际法思想及其构建的相对独立的国际法体系为其后国家间行为的调整及国际秩序的建立提供了理论基础和规范模式。自其问世以来，除在特定的时期外，[③]该著作广受关注，先后崛起的主要大国都给予其充分重视，并译为本国文字。该书原著为拉丁语，出版后有近五十个拉丁语版本，并在不同时期被译成荷兰语、英语、法语、德语、瑞典语、西班牙语、日语和中文等，有三十

① 该书名取自西塞罗的作品。有学者认为书名与内容不符，因为它讨论的基本上都是战争方面的法律问题，“和平”方面的法律几乎没有涉及。See W. S. M. Knight, *The Life and Works of Hugo Grotius* (Sweet & Maxwell, Ltd., 1925), pp. 194 - 195.

② Arthur Nussaum, *A Concise History of the Law of Nations* (The Macmillan Company, 1947), p. 112.

③ 19世纪大部分时间及20世纪上半叶随着实证主义法学影响的扩大和繁盛，格劳秀斯国际法思想曾一度被忽略甚至遗忘。参见龚刃韧：《格劳秀斯〈战争与和平法〉的持久价值——对当代和平与人权的影响》，载《人权研究》2022年第4期。

余个版本。[①] 为了评论和阐述格劳秀斯的教义,海德堡大学由帕拉蒂纳的选举人在1661年创立了自然法和国际法教席(设在哲学系而不是法律系)。此后,德意志内外的其他大学也步其后尘,并且诸多关于格劳秀斯著作的核心内容、阐释国际法复杂主题的论文和教材纷纷出版。在新教国家的各个角落,格劳秀斯的名声日渐确立和稳固;在法国也是如此。19世纪的拉丁美洲国家开始对国际法感兴趣,也给予了格劳秀斯最高尊重。甚至在远东,他也被视为权威。格劳秀斯的名声在过去400年内尽管起伏不定,尤其是在19世纪大部分时间里其名声日渐衰落,但到20世纪又开始日渐恢复,特别是二战之后,其论著和思想再度引起关注。故研究国际法,尤其是研究相关的国际法理论,需要对《战争与和平法》给予足够重视。

有不少学者也常提到他的另外两部专著:《捕获法》(1604~1605年完成,沉寂了260多年后于1868年发表)[②]与《论海洋自由》(1609年发表)。实际上这三部专著之间存在密切的关系。诸多研究表明,《论海洋自由》及《战争与和平法》均来自《捕获法》,

---

① 1626年荷兰语译本首次出版,1654年英语译本首次出版,1687年、1707年和1777年分别首次出版了法语、德语和意大利语译本;至20世纪20年代,荷兰语有6个版本,英语、法语和德语分别有10个、9个和5个版本,日语版出现于1950年。See Edward Dumbauld, *The Life and Legal Writing of Hugo Grotius* (University of Oklahoma Press, 1969), p. 58, Knight, *The Life and Works of Hugo Grotius*, p. 222. 中文版三卷本的首个译本由中国政法大学国际法学院马呈元教授等于2015年至2018年在中国政法大学出版社出版(其中第二、三卷由马呈元教授和谭睿合译),该译本基于美国卡耐基基金会资助、由弗朗西斯·W.凯尔西等于1925年完成的英文版译本。此前,在国内,岑德彰先生翻译了格劳秀斯《战争与和平法》(也是基于凯尔西的英译本)的"导论"部分及前几章的意译,由商务印书馆于1931年出版,书名为《国际法典》;华东政法大学何勤华教授等基于美国学者A.C.坎贝尔于1901年根据拉丁文原著整理的题为"The Rights of War and Peace"英译本(与拉丁语原著相比,英译者对原书内容进行了一些删节)于2004年出版了中译本(2013年再版,出版单位均为上海人民出版社)。本文作者与华东政法大学王秋雯副教授等基于凯尔西等的英译本进行合译的第二个中译本于2022年由上海人民出版社出版。

② 该书完成后没有出版的原因及后来被发现与出版的具体过程参见[荷]雨果·格劳秀斯:《捕获法》,张乃根等译,上海人民出版社2020年版,"英译本序",第8~9页。

前者是《捕获法》的第十二章,经格劳秀斯修改、完善后,应荷兰东印度公司部分股东及荷兰多数商人要求,为了提防荷兰政府因从西班牙获得独立而牺牲商人与印度等东方国家从事贸易的权利而发表的;[①]《捕获法》其他章节的内容经过格劳秀斯后来修改和完善,成为《战争与和平法》的主体内容。[②] 格劳秀斯在不到两年的时间里完成了《战争与和平法》,但在这么短暂的时间里,一个被迫逃难、居无定所、难以获得丰富文献和资料的人,无论多么有才华,写就一部全新的、译成中文正文近 80 万字且有较为完整体系的专著,似乎不太可能。所以,在该专著 1925 年的英语译本(从拉丁语译成英语)的"前言"作者看来,《战争与和平法》主要是格劳秀斯在《捕获法》的基础上补充、修改而成的。[③] 然而,需要明确的一点是:格劳秀斯在完成这部巨著后,没有再将主要精力投入国际法的研究和发展,而是更加关注现实生存(例如,谋取政治职位)以及宗教统一大业。[④] 究其一生,国际法更像是他的副业:[⑤]他只是在青年时代以及《战争与和平法》出版之前的一段时间里,对国际法及相关议题投入了诸多精力和时间。但尽管如此,即使在这

---

① See Hugo Grotius, *De Jure Belli AC Pacis Libri Tres* (William S. Hein & Co., Inc., Buffalo, New York, 1995), Preface, pp. xxi – xxii.

② 《战争与和平法》及《捕获法》两者之间除了前者对后者关于正义战争的内容进一步体系化和加强论证,两者之间的区别还有:(1)前者抛弃了学究式的形式主义,其中典型之例就是后者提到的 9 个规则和 13 个法则,前者不再提及;(2)涉及"凯瑟琳号"案的历史事实或陈述及相关背景前者一字未提;(3)与那个具体案件背景、环境相关的法律观点没有再提;(4)关于捕获品的荣耀及适宜等没有再讨论;(5)格劳秀斯寻求说服其同胞并点燃他们的爱国激情和狂热已经荡然无从。See Dumbauld, *The Life and Legal Writing of Hugo Grotius*, p. 54.

③ See Grotius, *De Jure Belli AC Pacis Libri Tres*, Preface, pp. ix – x.

④ Arthur Nussaum, *A Concise History of the Law of Nations* (The Macmillan Company, 1947), pp. 99 – 102.

⑤ 从他生前生后出版的所涉丰富的领域和各领域论著的数量能够窥知一二:诗歌 7 部,哲学 10 部,历史与科学 7 部,法学 7 部(其中主要论及国际法的有 3 部),政治学 3 部,神学 15 部及其他领域 8 部。虽然论著的数量不是唯一标准,但从一个侧面说明其精力和时间的分配等情况。See Knight, *The Life and Works of Hugo Grotius*, pp. 291 – 293.

段时间里,他也没有将全部精力用于国际法事业。

因此,《战争与和平法》基本可以反映格劳秀斯一生的国际法思想。[①] 本文将就《战争与和平法》的国际法思想进行探索并试图做出评析,以便更为完整地了解格劳秀斯的国际法思想,为当下百年不遇之变局下的国际法发展提供一个新的认识视角。

## 一、《战争与和平法》中的国际法思想

在格劳秀斯之前,尽管西班牙人维多利亚(1483~1546)、苏亚雷斯(1548~1617)和阿亚拉(1548~1584)及意大利人真提利斯(1552~1608)[②]等有著作论及国际法,然而他们没有系统地论述国际法的状况。正如格劳秀斯在《战争与和平法》"导论"中明确指出的那样:涉及各国或各国统治者之间关系的法律体系(法典),不论是源自自然法,依据神法条例或法令而设立,还是源于习惯法与默示的同意,几乎无人去论及(意指系统论及)该问题。[③] 这是对17世纪整个欧洲缺乏国际法调整各国关系以及就此进行专门研究的真实写照。甚至虽然有人对此进行了研究,但仍不乏较为轻蔑地看待这一法律体系的分支,认为除了虚有其名,国际法

---

① 有学者分析,格劳秀斯这个早熟的天才,当他还是个孩子时,就已经提前达到的一种精神状态,被描述为一个没有童年的男人;在其生命的最后20年里,其真正的创造力在下降,甚至于其个性的僵化有时会导致其怪异的行为。这一段时间,他几乎再也没有从事过任何国际法方面的研究:既没有新的国际法作品问世,也没有对之前出版的国际法方面的专著结合后来的欧洲战争进展或其他国际事务现实进行实质性的修改和完善,其国际法思想几乎就停留在1625年之前的状态(See Nussaum, *A Concise History of the Law of Nations*, pp. 109 - 110)。

② 他们与格劳秀斯一起被一些学者称为"国际法的五位奠基者",他们均是格劳秀斯的前辈,对格劳秀斯产生了不同程度的影响,但影响突出的是维多利亚(Francisci de Victoria, 1480 - 1546)和真提利思(Albericus Gentilis, 1552 - 1608):格劳秀斯在《战争与和平法》中经常引用前者的论点,而在著作的组织结构和文献等方面受后者影响最大。See Nussaum, *A Concise History of the Law of Nations*, pp. 105 - 107.

③ Grotius, *De Jure Belli AC Pacis Libri Tres*, p. 9.

没有任何的现实意义。[①]

就整体结构而言，《战争与和平法》除了"献词"[②]和"附录"[③]之外，分为三卷。在一篇备受赞誉的导论(序言)概览了主要论点之后，该著作的卷一简要介绍了诸如法律和战争等基本概念及有关万国法(law of nations)的基本原则与观点等，卷二探讨了战争的正当原因及国内民法与万国法相关的内容，卷三阐述了实际战争行为中应该遵守的原则与具体规则等。"导论"部分共61节，奠定了该书的基调，高度概述了该书所要讨论的问题及基本观点，如认为当时研究、分析和归纳国际法是当务之急，为了人类的和平和利益是必须完成的任务。它论及了万国法与自然法、神法及实证法的关系。除明确万国法的基调是自然法之外，它明确将国际法归纳为"所有国家或相当多数的国家之间的相互同意的法律"。[④]在该部分鲜明地指出，基于正义原因发动战争是合法的[⑤]等基本论点。

通览全书，格劳秀斯国际法思想的主要内容体现如下：

### (一)作为自然法学派的大师，其国际法思想以自然法为底色

1. 基于新教立场的自然法理念是格劳秀斯国际法思想的理论基础

格劳秀斯被视为现代自然法理论(该理论为17、18世纪社会

① Grotius, *De Jure Belli AC Pacis Libri Tres*, p. 9.

② 该献词是他写给法国国王路易十三的一封信，题目为"献给法兰西和纳瓦尔最有信仰的基督教国王"，表达他在自己的祖国因为国内政治斗争而成为牺牲品被判终身监禁投到监狱后，在其妻子玛丽帮助下逃亡到法国而受到法国国王路易十三的庇护，由此心生感激，通过献词将此书献给国王。

③ 补充说明国王路易十三的英明。

④ Grotius, *De Jure Belli AC Pacis Libri Tres*, pp. 15 – 17.

⑤ Grotius, *De Jure Belli AC Pacis Libri Tres*, pp. 15, 52.

和政治思想史的中心)的奠基人,[1]基于新教立场的自然法理念奠定了其近现代国际法思想的理论基础。其整个体系的基本出发点是:人生来是理性的社会性动物,人们生活在由自然法则约束的社会中,自然法则使承诺具有约束力,而这也是原始契约主义的根源。[2] 他尝试以经院哲学的私法理论为基础,为其论题讨论内容的扩展(意图将论证的内容由战争规则延及和平语境下的规则,故书名为《战争与和平法》,但实际上又没有述及和平规则,详见后文分析)进行辩护。但他又不限于经院哲学纯粹的神学观点,并在不经意之中努力超越这些论点,如他认为法律建立于自然正义之上,自然法只是以人类本性为基础,[3]因为人性是自然法之母……而自然法又是国内法(市民法)之曾祖母。[4] 自然法是正确理性[5]的命令,自身存有道德的基础……是永恒不变的,他也无法让二乘以二不等于四。[6] 为此,教皇没有权利处理自然法。[7] 为了避免不必要的争议,他也没有把法官的角色归于获胜的王国,但他认为战争是一种维护被侵犯权利的行为。因此,对战争正当原因的检视,在他手中变成了对正义的"行动原因"的一般性检视,他提出战争的合法的理由包括"自卫、恢复属于自己的东西和惩罚违法者"。

表面上看,格劳秀斯利用自然法来对万国法进行解释可能有些牵强附会,实则不然。有人推测,私法的章节(主要指卷二)是从一本他早期的手稿中摘取的,这本手稿连同《捕获法》手稿一

① 吴彦、杨天江:《自然法:法律哲学导论》,华东师范大学出版社 2018 年版,第 61 页。

② See John N. Figgis, *Studies of Political Thought: From Gerson to Grotius*, 1414 – 1625 (Batoche Books Kitchener, 1999), p. 139.

③ Grotius, *De Jure Belli AC Pacis Libri Tres*, p. 40.

④ Grotius, *De Jure Belli AC Pacis Libri Tres*, p. 15.

⑤ 有学者指出,"正当理性"或"合理理性"就是"人类本性""事物本性"。参见李家善:《格劳秀斯——近代国际法的奠基人》,载《法学研究》1983 年第 5 期。

⑥ Grotius, *De Jure Belli AC Pacis Libri Tres*, pp. 38 – 40.

⑦ See Figgis, *Studies of Political Thought: From Gerson to Grotius*, 1414 – 1625, p. 62.

起,被格劳秀斯在《战争与和平法》中进行了很好的利用。该推测是合理的;它可能有助于解释格劳秀斯如何在不到两年的时间内完成如此规模巨大和深邃的著作。[①] 就它们本身而言,关于私法的章节绝不是没有价值,实际情况恰恰相反。因为在格劳秀斯的时代,在欧洲大陆,被普遍认为具有权威的罗马法,还没有在立法上被调整以适应新情况,更不用说法典化了,确实需要从“自然法”即合理性的角度来阐明私法的重要事项。格劳秀斯在完成这项任务时,必须进入一个实务方面几乎前无古人的处女地。实际上他把“ius”(法律或权利)解读为“人之所有”,体现出了人的主体性或“以人为中心”的倾向;“ius”是为人所有的一种权力(power),它变成了一个人的道德品行,进而使合法地拥有某物或做某一事情成为可能。[②] 这种“权利”概念的转换是现代个人主义在政治理论领域的基石之一。[③] 就格劳秀斯的国际法思想体系而言,也是其理论构建的重要基础。

关于格劳秀斯国际法学说的实质,他深深执迷于经院哲学的研究思路和风格,正如他采用正义战争理论所表明的那样。在序言中,格劳秀斯对学术道德、神学给予了高度的褒扬,他经常引用维多利亚的话语。显然,在苏亚雷斯之后,格劳秀斯首先主要从自然法中获得国际关系法的灵感和启示;其次,他也从补充自然法的万国法中得到了完成《战争与和平法》的启示。格劳秀斯没有像苏亚雷斯那样清楚地定义“万国法”一词,他主要是在各民族之间(inter gentes)或“城邦国之间”(inter-civitates)的国际意义上使用该词。他表现出比苏亚雷斯更深刻的洞察力,因为他没有把国际

---

① 根据1925年英文版《战争与和平法》“导论”的分析,格劳秀斯开始动手写此伟大作品的时间是在1623年,而该书首次出版于1625年3月(终稿给出版社后,有出版准备时间等);由此推算格劳秀斯完成此作不到两年的时间。See Grotius, *De Jure Belli AC Pacis Libri Tres*, Preface, p. ix.

② [荷]格劳秀斯:《战争与和平法》,马忠法、王秋雯等译,上海人民出版社2022年版,第42页。

③ 吴彦、杨天江:《自然法:法律哲学导论》,第63页。

的“万国法”描述为几个规则的事情,也没有将其描述为一个独有的习惯之结果。他认同国际法是纯粹的“人类”(而非神)的法律;同时,他称之为“voluntarium”,一个被翻译成“意定的”而非“自愿的”的术语。格劳秀斯想表达的是这样一个事实:万国法并非可以简单地被归为正当理性的衍生物,而是由人类意志的独立运行所产生的。因此,意定法在整体上与后来所称的实证国际法是相同的。由此导致结果是,格劳秀斯和经院哲学家一样,就国际法而言,没有给出单独的术语。他所关心的是 *jus naturae et gentium*,即自然法和万国法。“城邦国与城邦国之间”这一用语,他只是偶然地使用,而且只是着眼于万国法时使用。在导论的开篇,他谈到有些法律“与国家或国家统治者之间的相互关系有关”,但到他写这部书止,没有人以全面系统的方式讨论或对待这种法律,而人类的福祉却需要有人来完成。①

与经院哲学一样,格劳秀斯对涉及国际关系的自然法的兴趣要比对意定的万国法的兴趣更大。他还把“私人”战争(世仇)也包括在他的战争概念中,好像这一点自托马斯·阿奎那之后到17世纪初就没有改变过。这种从真提利斯以来的倒退也许可以得到解释:一家股份公司的好战行为是格劳秀斯研究探索该问题的起点。②

另一方面,格劳秀斯在转向新的和丰富的概念方面远远超出了经院哲学的教义。因此,他在把国际法从神学中解放出来方面迈出了重要的一步,他作出了著名的论断宣告,即我们所说的“没有上帝,或者人类的事务与他无关”之语在一定程度上也将有效,即使我们承认没有最大的邪恶是无法承认这一点的。③ 简言之,其意为即使“没有上帝,与他无关的人类事务之自然法则也会存

① Grotius, *De Jure Belli AC Pacis Libri Tres*, p. 9.

② 主要依据是格劳秀斯完成其三部专著的最早缘由是他应邀为荷兰东印度公司做辩护,其辩护词即1868年出版的《捕获法》。

③ Grotius, *De Jure Belli AC Pacis Libri Tres*, p. 13.

在”,这种“自然法独立于神启”的观点与当时诸多法学家所认为的“一切法律建立在神的秩序上”显然不同。[①] 经院哲学的学者们也曾用这句同样大胆的话作为论证点,主张对自然法采取“指示性”而非“先验性”的概念,这大致意味着自然法虽然提供指导但其本身并不具有约束力。然而,格劳秀斯关心的是自然法本身的有效性这一根本问题。无论在这些早期作者心目中的思想是什么(经院哲学的观点有时被大胆的辩证技巧所掩盖),必须理解格劳秀斯的上述宣告。而且人们也能理解其矛盾心理:作为一个学者,他感到被迫承认一种可能性(自然法独立于神法),但这种可能性对他本人来说是可憎的,暗示着自然法的世俗平凡特征,与他对上帝的信仰形成了对立。其自然法观具有这一特点是因为他遵循没有任何神学上扭曲的亚里士多德的理念,他把自然法建立在一个心理学命题上,即人的社会性。他认为,人类生活的本质是一个社会,故某些法律,其中最重要的是对约定文字(包括万国法)的信守与忠诚,与人性一样是永恒不变的。[②] 毫无疑问,他想把宗教的精神价值和力量运用于伟大而崇高的事业中,然而他的体系基本上是被设计成一种世俗的、法律化的国际法。格劳秀斯首先是神学家,其次是自然法学派的奠基者之一。他本想把宗教理念运用于国际法,但意想不到的是,完成了当时世俗国家所遵循的、具有自然法和实证法融合特征的国际法学专著。

尽管国际法源自自然法,且自然法使承诺在实证规则之前具有约束力之理念是必要和强制性的,但在他心目中国际法只能是世俗的;原始合同和国际法的效力依据是相同的,两者都深深植根于对自然法则的信仰,唯如此,在那些剧烈转型时期中,权利的观念对抗国家的理性(“权利”对应“自然法”中的“合同”,“国家的理性”意指“国际法”;两者相对照,如果发生冲突,自然法优先;这

① [美]列奥·施特劳斯等主编:《政治哲学史》,李天然等译,河北人民出版社 1998 年版,第 443 页。

② See Figgis, *Studies of Political Thought*: *From Gerson to Grotius*, 1414 – 1625, p. 62.

与他强调和突出个人权利的想法一脉相承)才具有正当性。[①] 由此可见,在自然法与实证法之间发生冲突时,他认为自然法处于优先考虑的位置。格劳秀斯自然法带有向实证法过渡的倾向,但总体上他还是以自然法为其基本选择;只是有时他很矛盾:国际法是国家意志的体现,具有实证法的特征,他又想在两者之间寻求到一种以自然法为底色的妥协或协调;所以有些表达看起来"似非而是",有些诘屈聱牙。

2. 具有融合各教派观点的容忍特性使格劳秀斯国际法思想中的自然法有所突变

容忍是格劳秀斯非常重要而突出的性格。对 16 世纪和 17 世纪苏亚雷斯和其他天主教学者而言,新教徒是异端分子,是要与之进行最为艰苦斗争的可恶敌人。新教学者的态度也是类似的。然而,格劳秀斯作为一个虔诚的新教徒在最野蛮的宗教战争时期(肇启于 1618 年的欧洲三十年战争的初期阶段)写作,尽量避免使用任何可能冒犯天主教感情的字眼(这也是该著作的不足之一,详见后文的分析)。对他而言,这不是精明的政治手段,而表达了对基督教会再度联合的渴望和希望。从这个意义上说,他是非宗派主义者,或者说是超宗派主义者,也是一个和平主义的崇尚者。[②] 与一些温和的新教徒相比,他的宽容更进一步:在承认基督教强国的特殊联系的同时,他是第一个建议不歧视撒拉逊人和其他异教徒的学者。还有撇开撒拉逊(指中古时代所有的阿拉伯人,潜在的含义是"异教徒")问题不谈,国际法理论的传播只有在实质和形式上都能被接受的情况下才能取得成功,此点对新教徒和天主教徒一样。在这里,其观点同真提利斯一样,超越经院哲学之上的进步,是显而易见的。[③] 因此,格劳秀斯为何能够完成《战争与和平

---

① See Figgis, *Studies of Political Thought: From Gerson to Grotius*, 1414 – 1625, p. 11.

② 张云雷:《国际关系研究中的格劳秀斯与格劳秀斯传统》,载《史学月刊》2020 年第 9 期。

③ See Nussaum, *A Concise History of the Law of Nations*, pp. 104 – 105.

法》这一巨著,与他温和的、期盼各宗教教派统一或联合的态度有很大的关联,这也为其在国际法从自然法向实证法过渡,或认为国际法是自然法和实证法的高度结合创造了积极条件。[①] 实际上,即使在今天,国际法的这一特征依然鲜明:在诸多理念上,自然法熠熠生辉,如《世界人权宣言》中的基本原则和不少条款就是自然法理念的反映,而各国之间签订的条约或协议又多是实证法的体现,但在各条约或协议的序言或原则中,又无不烙下自然法的影子。

格劳秀斯的正义战争理论具有明显的自然法特点,他借鉴了其前辈或同代相关学者的类似观点。他对阿亚拉的观点进行了提炼;他解释说,根据万国法,由公共权力机构宣布的战争赋予了双方伤害敌人的权利,而不管他们的理由是否正当。他将未经宣布的公开战争和"私人"战争从这一规则中排除了。他还指出,作为依良心拒服兵役者不应受到谴责,交战的主权国臣民可以拒绝在他们认为不公正的战争中服役。更重要的是,他将中立问题的相关性归因于现实中将看到的正义的标准。但是所有这些例外并没有改变这样一个事实:就大多数法律目的而言(特别是在对待战俘和获取战利品方面),正义的战争理论在正在进行的战争中变得毫无意义。而且,格劳秀斯的诸多此类的例外很快就被证明是站不住脚的;"私人战争"例外从一开始就是学术上的东西。也许格劳秀斯在这件事上的主张在法律上并不比阿亚拉或真提利斯的主张高多少;但它们与那些纯道德主义论点被证明是无效的经院哲学家们的教义相比,还是形成了巨大的进步,例如,在确保战俘得到必要的保护方面等。此外,格劳秀斯关于"正义战争论"与他的前辈或同时代相比有明显进步,因为他认为决定一场战争的特性是合法还是非法的原因,阿亚拉根本就没有涉及;而真提利斯以某种看起来对他而言是最好的方式,概括性地给出了战争的一般类型,

① 龚刃韧:《格劳秀斯〈战争与和平法〉的持久价值》。

但他并没有做到去论证分析频繁发生的显著而又严酷的战争所涉话题——正义——这一步。①

前文所说的内容足以界定格劳秀斯与经院派的关系。在某种意义上,他继续了他们的工作。然而,常有人提出这样一种观点,即格劳秀斯只完成了他们所做的事情,而他们的行为才是他们的主要优点。但从国际法的立场看,格劳秀斯著作的真正精神是不同的,且超越了他们。就这一方面而言,其宽容是非常突出的特征。实际上,从法律的角度看,他的书是一个有效的尝试,意图拟出其完整、宏大、全面的促进各国政府进行谈判的计划,即在不同教派支配下的各国政府之间相互容忍,走向谈判桌,以通过和平谈判的方式来结束正在进行的战争(即后来所称的欧洲30年战争),而不论各国政府如何行动或坚持己见。事实上,欧洲三十年战争后期持续不断的谈判及结束后《威斯特伐利亚和约》的签署验证了其书中的观点。

3. 以自然法为基础,创设了"战争节制说"及提出"战犯应受惩罚"观点

最后,格劳秀斯弥合了传统正义战争教条所留下的空白。我们知道这种教条一般只关心战争的开始,而不关心战争的过程及战争中的行为。在这方面,格劳秀斯通过他所谓的战争节制(temperamenta)学说开辟了一条新的路径。他以一种最具说服力的方式,广泛深入地探讨了细节,并出于人性、宗教和有远见的政策等原因,竭力提倡战争的适度、温和与节制。战争中战争的手段及伤害他人等要受到一定的限制,如禁止投毒杀害敌人、禁止使用染毒武器和毒化、污染水源等;如果外国法律禁止的话,对敌人实施的伤害不应延及敌国臣民等。② 战争中及战争后不允许杀死所有的人,杀人必须符合一定的条件才可以,如只有在有必要拯救胜

① See Grotius, *De Jure Belli AC Pacis Libri Tres*, p. 23.

② See Grotius, *De Jure Belli AC Pacis Libri Tres*, pp. 647 – 653.

利者本人免于死亡或类似险恶的情况下,或由于被征服者犯下的罪行,才应行使杀害被征服者的权利;[①]或者是为让战争发动者等受到公正的惩罚或舍此我们无法保护自己的生命与财产安全等,否则违背了仁爱之法。[②] 人质不应被处死,除非他们自己做了错事;[③]除非出于军事需要之原因,不应毁坏财产;应给被征服者留下一些自由和自治权。至于对所涉当事人处理方面,他认为:即使是对罪当处死(罪该万死)的敌人,如有正当理由,也可时常赦免他们;每个人均必须尽其所能地谨慎行事以防造成无辜者死亡(包括意外死亡);儿童、妇女及老人应该得以宽免,除非妇女犯下极其严重的罪行;纯粹从事宗教与文学职业人员、农民、商人及类似人员、战俘、无条件投降者等均应当予以赦免。[④] 在《战争与和平法》的卷三中,格劳秀斯集中讨论了战争法的思想及有关原则,但他并没有将“战争节制”设定为具有法律约束力的规则;相反,他是将它们作为恰当解释战争法本身的一种非法律附件而提出的。尽管如此,他关于“战争节制”的讨论成为他作品中最受赞赏和最成功的部分之一。它们后来越来越多地被认为是国际法的规则,[⑤]特别是在涉及武装冲突中的人道主义行为、战争手段、方式和武器使用的限制方面,他的思想得到了应用和延续,在此后的战争中被反复利用,且得到一定的发展,直至后来形成了较为系统化、实证的武装冲突法中的海牙体系与日内瓦体系。

此外,在对于发动战争或在战争中奉命残害无辜人员的违反国际法的犯罪分子进行惩罚方面,格劳秀斯也提出了不同于其前辈或同代人的观点。如他认为那些对战争负有责任的人应该与那

---

① 这一点与唐朝诗人杜甫在《前出塞九首·其六》中所说的“杀人亦有限,列国自有疆。苟能制侵陵,岂在多杀伤”高度相似。

② See Grotius, *De Jure Belli AC Pacis Libri Tres*, p. 722 – 729.

③ See Grotius, *De Jure Belli AC Pacis Libri Tres*, p. 742 – 743.

④ See Grotius, *De Jure Belli AC Pacis Libri Tres*, p. 734 – 738.

⑤ See Nussaum, *A Concise History of the Law of Nations*, pp. 106 – 107.

些追随他们的人区别开来,而且对那些负有战争责任的人还必须根据原因进行区分:哪些原因是可以被认可的,哪些不是。[①] 这些其实为后来追究战犯的法律责任提供思路。在论及谁享有惩罚权时,他认为,根据自然法,那些没有犯类似罪行的人都可以实施惩罚,尽管谁享有处罚权,自然并没有明确规定;这是因为"理性表明罪犯可以受惩罚,但没有说明应当由谁来实施惩罚"。自然明确指出的仅仅是由"上级"(superior)来实施惩罚是最为合适的;但这并不能说明其是绝对的,除非"上级"这一词语意味着从事犯罪行为使犯罪者低人一等、从文明人沦为低等的野蛮人。[②] 上面的核心论点是:享有惩罚权的主体与受处罚的人,未必一定要有"上下级"关系,"享有惩罚权利"的依据也可以是"没有犯类似罪行",由此使平等者之间在特定条件下也可以享有惩罚权。这对在国际法(尤其是战争法)违反者进行惩罚方面,意义十分重大,是一个重大突破:国家发动不正义的战争等于国家犯罪,由此"没有违法者"可以对其实施惩罚权,没有违法的主权国家不仅因其或其公民等遭受的损害对违法者进行合法处罚,还可以对任何实施了违反自然法或国际法带来损害的人进行处罚。根据格劳秀斯的观点,该权利源自自然法,任何试图以来自"上级的命令"作为逃脱因战争罪而应受到惩罚的抗辩理由,应一概否定。[③] 这个观点其实在二战后对战争罪犯的审判和惩罚、20 世纪 90 年代以后国际临时刑事法庭与 2002 年国际刑事法院的设立等中得到了反映并被加以运用。

总体而言,在格劳秀斯著作的完成过程中,在自然法思想方面,经院哲学派的影响最大,其次便是真提利斯的影响,尤其是后者在著作组织和文献方面。但是这种影响并非那么至关重要,格劳秀斯在基于这些观点和理论的基础上,又对自然法思想进行了

---

① See Grotius, *De Jure Belli AC Pacis Libri Tres*, p. 729 – 731.

② [荷]格劳秀斯:《战争与和平法》,第 606 ~ 607 页。

③ Gerhard von Glahn *et al.*, *Law Among Nations* (Routledge Taylor and Francis, $11^{th}$ edn, 2016), pp. 30 – 31.

较大的突破,并提出战争节制说及战犯应受惩罚的观点,因而就思想的深度和精神力量而言,格劳秀斯远远超过经院哲学派和真提利斯。在这方面,历史的裁决是无误的,格劳秀斯远比以维多利亚为代表的经院哲学派人物和真提利斯更有资格称自己是"国际法之父"[①](然而实际上这一称号是后人赋予他的[②])。

## (二)自然国际法思想的重要源头:从古代自然法[③]到神法中的自然法

作为一名神学家出身的国际法学家,格劳秀斯国际法中的自然法思想脱胎于神法又超越神法(特别是其中的个体自然权利思想和个体意志能动表达理论),而使其超越的内在支撑是他在一定程度上不仅复活和继承了古代自然法思想(尤其是斯多葛派的观点,特别是西塞罗的法律思想),更是将这些思想进行了螺旋式的发展;二者融合而形成的自然法思想带上了他的烙印,以致有人认为他是近现代自然法的奠基人。因此"上帝"、神学家与古代自然法学家是前述两种思想源头的主要提供者;从格劳秀斯的论述来看,他从不同角度在不同场合大量引用了他们的观点来论证自己的思想。但借助于古代自然法思想的复活和螺旋式上升来超越神法中自然法,并使其独立于神法是总体趋势。

---

① See Nussaum, *A Concise History of the Law of Nations*, p. 107.

② 从笔者本人掌握的现有资料来看,最早将格劳秀斯视为国际法之父的是,有"美国宪法之父"之称的、美国第四任总统詹姆斯.麦迪逊在1806年1月的讲话中率先提出。他指出,在某些方面,格劳秀斯无疑应被公正地认为是近现代国际法之父。然而,尽管他的权威是当之无愧的,但在许多情况下,他的权威都让位于后来的法学家。因为后者在这个提供了闪光的思想源头之外,增加了来自他们自己的诸多思想光源,以及他们所推动的各国之间的交往和福利提升的实践等。James Madison, "An Examination of the British Doctrine, Which Subjects to Capture a Neutral Trade, Not Open in Time of Peace", in 2 *Letters and Other Writings of James Madison* 1794 - 1815, pp. 229, 234. 这种判断有一定的道理,"……之父"不一定是做得最好的,但他们所做的是源头,对某一领域做出开创性的贡献,后者超越他们是正常的,也是符合规律的。

③ 本文没有特别说明的话,"古代自然法"就是指古希腊、古罗马时期的自然法。

在论证过程中,他力图把内心主张的世俗自然法思想与自己信仰的神法中的自然法融合起来;他外在的表达常借助神法中“上帝”之口或其解读出的上帝之意来完成,这让他充斥着一种矛盾的心态:既需要上帝的权威以增强论证的说服力,又要力证自然法的独立性及其与神法的平等与个体权利和个体意志表达的存在。在整个著作中,格劳秀斯使用“上帝”550余次,但其所指还是相对明确的:用“God”时主要指基督教中的“上帝”,而在提到古希腊或古罗马诸神时用的是“god(s)”或“goddesses”,或者直接用具体神的名字,如朱庇特等。英文版的译文中这种区分很清楚,不会引起误解。

1. 就内容而言,其自然法的思想涉及古代世俗自然法及神法中的“上帝”,较少涉及古希腊、古罗马的“诸神”①

有人说,《战争与和平法》中格劳秀斯所用的“上帝”“神”等不是基督教中上帝,而是复兴的古代自然法(理念)中的“神”,因为格劳秀斯属于自然法学派的国际法大师。这种观点严格说来是不够准确的②:其实作为自然法学派的重要代表格劳秀斯不可避免地会将古代自然法中涉及的“(诸)神”及它们后来的发展与神学中的“神(上帝)”结合起来。然而,在多数场合下格劳秀斯使用的“上帝”“神”就是基督教中的上帝;同时“耶稣”,在书中他也有明确指向。当然,他在文中也大量引用了古希腊、古罗马时期的自然法学派学者的观点,如斯多葛派学者及西塞罗等的话语,但这不能否认其所引用的上帝主要来自圣经中这一事实。不过,有些场合(特别是引用了早期基督教神学家——如奥古斯丁——观点时),这种“上

① 古希腊神族家庭中,忒弥斯(Themis,“法律”)是法律和正义的象征,主管法律方面的事情;在古罗马神族家庭中朱庇特(Jupiter)被看作法律之神。格劳秀斯极少引用他们的话语,更不用说其他其他诸神,除非将他们作为不守法之反证材料。

② 这种解读和判断,有些武断。容易造成这种误解等与格劳秀斯在文中将古希腊古罗马时期的自然法与神学中的自然法等在论述中交叉使用有一定的关联;如果仔细阅读前后文,这种差异还是能够辨别出来的。

帝”可能会带有古典主义时期的“神”的特色。近现代国际法理念源于自然法，但这时候的自然法与宗教、上帝有着千丝万缕的联系：阿奎那认为“自然法”在神法之下，但格劳秀斯认为，自然法与神法地位平起平坐，甚至对于规律性的东西，连上帝也无能为力。他认为自然法是不可改变的——甚至从某种意义上说，上帝也不能改变。[①] 格劳秀斯意在突出经过中世纪神学淬炼后的自然法（尤其是奥古斯丁和阿奎那对自然法的改造和发展）在他的时代已经有着相对独立性，脱离了神法，回归古代自然法的地位，但在内容上已经有所突破和发展，更强调通过自我保全的本性确认个体（在国内社会为个人，在国际社会为国家）享有的自然权利[②]及个体主动性的发挥，而非仅仅是“理性”和“命数”；格劳秀斯自然法是人类理性从“自我权利保存中演绎出来”，它有别于市民法，又区别于上帝的启示法；[③]它带有世俗世界（自然人、社会和国家）的印记和特征。

古代自然法较少涉及“神”，即使涉及“神”或“诸神”，也不会是后来的创造万物的上帝（没有任何缺点的神，也是唯一的神）。在《战争与和平法》中格劳秀斯认为：我们必须无例外地服从我们的造物主上帝，我们自身及我们所拥有的一切都归属于他……且坚信上帝对于基督徒的信仰会给予回报。[④] 显然，这里的“上帝”指谁是一目了然。格劳秀斯论述道：除了自然渊源之外，还有另外一种法律渊源，那就是我们的理智告诉我们，超越所有不必要的怀疑、必须要遵循的上帝的自由意志。[⑤] 在《战争与和平法》“导论”

---

① Grotius, *De Jure Belli AC Pacis Libri Tres*, p. 40

② 朱晓喆：《格劳秀斯与自然法传统的近代转型》，载《东方法学》2010 年第 4 期。

③ 参见吴彦、杨天江：《自然法：法律哲学导论》，第 3 ~ 8 页。

④ Grotius, *De Jure Belli AC Pacis Libri Tres*, p. 13.

⑤ 因此，在马库可 · 奥勒留的判断中，说“那些做事不公正的，是亵渎神明的罪”。[马库可 · 奥勒留，Marcus Aurelius，公元 121 年 4 月 26 日至 180 年 3 月 17 日，全名为马尔克 · 奥列里乌斯 · 安东尼 · 奥古斯都 Marcus Aurelius Antoninus Augustus，拥有凯撒称号（Imperator Caesar）的他是罗马帝国五贤帝时代最后一个皇帝，于 161 年 3 月 8 日至 180 年 3 月 17 日在位] Grotius, *De Jure Belli AC Pacis Libri Tres*, p. 14.

中,他多次使用上帝,而在讲到“法律的来源时”则提到了古罗马的神“朱庇特”,认为该神是拉丁语法律(ius)的源头。[①] 这种情况是极其少见的。他还说,如果我们仔细区分上帝的法律与世俗世界中处理人与人彼此之间关系的人法时,旧约可以当作自然法的来源;[②]真正的相互印证的、适用于已经出现的案例的教会法是包含神法一般原则的汇编;它们要么显示神法规定了什么,要么督促我们遵守上帝乐于规劝大家的内容。这才真正是基督教会的使命,传播那些已由上帝传播给它的那些事物,以它们曾经被传播的方式去传播。[③] 从这些话中可以明显地看出,上帝显然是圣经中的,舍此无他。下面所列举的典型之例在证明该著作作中的“上帝”多数场合即为圣经中的上帝。

他提到存在另外一种不平等形式的社会关系时,列举了父亲和子女、奴隶主和奴隶、国王和臣民以及上帝和人类之间的关系等;[④]他认为自然法是正确理性的命令,一个人的行为,要么被自然的创造者——上帝——所禁止,要么被上帝所嘱托;上帝自己也让自己屈从于根据这一标准(被赋予正当理性的自然标准)而做出的判定,如同我们通过参阅“创世纪,第 18 章第 25 段;以赛亚……”[⑤]等中的内容,发现“上帝”其实就是神法中的上帝。而且我们发现这个法律(意定神法)上帝已经赋予人类三次了:(1)在他造人之后即刻时间内;(2)在大洪水灾害之后让人类延续时第二次赋予人类;(3)最后一次是在通过耶稣基督将人类带入一个更为崇高的新生时代。[⑥]《战争与和平法》第一章中讲到非犹太人不受希伯来法律约束时他用“耶和华——我们的上帝”[⑦]一词,也

① Grotius, *De Jure Belli AC Pacis Libri Tres*, p. 14.
② Grotius, *De Jure Belli AC Pacis Libri Tres*, p. 27.
③ Grotius, *De Jure Belli AC Pacis Libri Tres*, p. 27.
④ Grotius, *De Jure Belli AC Pacis Libri Tres*, p. 35.
⑤ Grotius, *De Jure Belli AC Pacis Libri Tres*, p. 40.
⑥ Grotius, *De Jure Belli AC Pacis Libri Tres*, p. 45.
⑦ Grotius, *De Jure Belli AC Pacis Libri Tres*, p. 45.

提到了上帝和耶稣[①]。圣经故事里的上帝及大洪水[②]等也被用在证明战争正当性与神意法之间的关系等;还有原文出于《圣经·新约》"凯撒的归凯撒,上帝的归上帝"[③]也被引用。

2. 形式上,格劳秀斯用不同表达,区分了"(诸)神"与"上帝"

其实,从格劳秀斯的行文中,也可以看出大写的 God 基本上是指圣经中的上帝;而 gods,或 goddesses 指诸神或女神。古希腊或古罗马作家的作品中指诸神[④]。可以肯定地说,在绝大多数场合,《战争与和平法》中的上帝主要指基督教中的上帝,而在其引用古希腊、古罗马时期的观点时多为诸神中的"神"而非上帝;尽管偶尔可能混合使用"上帝",某些地方可能并非指基督教中的"上帝",如他认为在欧里庇得斯[⑤]的海伦娜的诗句中,下面这些是让上帝("God")不开心的:就上帝本人而言,他痛恨暴力……[⑥]但那是罕见的。

由此得知,格劳秀斯在《战争与和平法》中使用的"上帝"并非复兴的古代自然法(理念)中的"上帝""神",因为古罗马、古希腊根本就没有唯一神的化身——"上帝",他们有"神族"(诸神,古希腊有十二位神,其中以宙斯为主神;古罗马也有十二位神,主神为朱庇特。诸神也有人性的缺点,如贪婪、自私、情绪化等,有男性神和女性神之分),所以格劳秀斯在引用那些时代的法学家或哲学家著作中的"神"时,基本上通过其所用之词就可以看出。而圣经中的神或上帝,是唯一的,来自犹太教的《旧约》之中,具有排他性。结合格劳秀斯所生活的年代,欧洲人生活及教育都深受基督教的影响,他是虔诚的加尔文教派的基督教徒(荷兰境内当时的加尔文教派也有分

---

① Grotius, *De Jure Belli AC Pacis Libri Tres*, p. 48.

② Grotius, *De Jure Belli AC Pacis Libri Tres*, p. 59.

③ Grotius, *De Jure Belli AC Pacis Libri Tres*, p. 88.

④ 古希腊有以宙斯为主神的神家族(有很多人性的地方),而古罗马受古希腊的影响,也形成了以朱庇特(拉丁语"法律"一词的源头)为主神的神家族。他们不同于犹太教中的上帝(在《旧约》中为唯一的至高无上的"神";在《新约》中为"全能神",耶稣是其儿子)。

⑤ 欧里庇得斯生活于公元前 5 世纪,是古希腊三大悲剧大师之一,其诗句中用"God"可能不同于后来圣经中的"上帝"。

⑥ Grotius, *De Jure Belli AC Pacis Libri Tres*, p. 39.

歧,格劳秀斯倾向于亚米纽斯派),他对自然法的诠释,多从基督教一神教观点出发。因此,其《战争与和平法》中所提到的“上帝”,理论上应该只能是基督教的“上帝”,进而有学者指出,格氏的“上帝”是一种还俗了的伦理学上的“神”,是“理性的化身”。[①] 因此,格劳秀斯对自然法的关键贡献在于:他让近现代自然法的概念摆脱了经院主义学派(随着中世纪基督教的颓败,他们已经丧失了社会的信任)的神学枷锁,[②]为人本主义的自然法理论奠定了基础。[③] 其自然法与其之前的神学家的自然法之区别在于前者偏向于“理性主义”的人性,将上帝的光环开始带向世俗世界,而后者偏向于“经院主义与纯自然主义”相结合的“神性”,超然于人间烟火。

但不可否认,自然法源远流长,格劳秀斯作为一个自然法之集大成者,既吸纳了古希腊、古罗马朴素的自然法思想(当时自然法的理论主要体现为:人类及万物是由神创造的,人透过理性认识、了解和顺从正义、秩序等自然法则价值;此时创设的法律根据是神明——诸神中的主要神——的意志,是“理性”的体现),也吸纳了圣经中有关自然法的思想;不过,前者是点燃其自然法思想并使其熊熊燃烧的动力之源,而后者与神法有着千丝万缕的联系,但又最终昂然促使格氏自然法思想独立出来,与神法并行。

### (三)实证的国际法思想初见端倪

1. 格劳秀斯国际法思想中的自然法向实证法的过渡

多数学者将格劳秀斯视为近现代自然法的杰出代表之一,甚或将其视为奠基人,有一定的道理。其早期国际法著作虽然也显示出其实证法的萌芽,但自然法特征更为明显。[④] 在其《捕获法》

---

① 李家善:《格劳秀斯——近代国际法的奠基人》。

② Bardo Fassbender and Anne Peters: *The Oxford Handbook of the History of International Law* (Oxford University Press,2012),pp. 1098－1099.

③ 何其生:《格劳秀斯及其理论学说》,载《武大国际法评论》2004 年第 2 期。

④ 具体分析参见马忠法:《〈海洋自由论〉与格劳秀斯国际法思想的起源和发展》,载《比较法研究》2006 年第 4 期。

及《论海洋自由》中,他运用上帝、圣经及神学家的话语较为多一些,且在重要场合,也都在强调上帝的意志、自然法学派的观点等对其观点的支撑。如年轻的格劳秀斯常借助于“上帝”之口或“自然”之口,来道出其内心的自然法理念。《捕获法》中,他说“神意之体现即为法”、“公意所体现之人类共同同意即为法”及“所有国家所表示的意志,即为关于所有国家之法律”。[①] 虽然这里除了神意,他用的也是世俗世界的“意志”,即“公意”和“所有国家意志”,但显然带有理想化或自然状态下的色彩,因为“所有国家意志”在国际社会是难以体现的。在《论海洋自由》中,许多场合他都用“上帝”、“神”或“自然”一词来表达自己的看法,如“上帝通过自然之口说出这个神谕之言(即国际法公理之一——每个国家均可自由地穿行到另外一个国家并可与之进行自由贸易)[②]”,“根据神的正义的指示,一个民族应当为另一个民族提供必需品”[③]及“自然给予所有人一个与其他所有人民进行接触的权利”[④]等。早期的格劳秀斯坚持将自己的理论建立在自然和造物主制定的法律上。他直接或间接地将他在《捕获法》中所说的其他 8 条原则和 13 条规则总结为归根到底均遵循着第一个原则,即“上帝表现出来的意志就是法律”,故源于神的意志而表现出来的最主要的自然法是普遍的法律,它适用于所有上帝所创造的物,而不仅仅针对人或其他理性的动物。他认为,原始的国际法有时也叫做自然法,而且被一些诗人描绘为存在于黄金时代。[⑤]

然而,在其《战争与和平法》中,他在谈到法律及万国法时,“实证法”的成分在不断地增加。如他认为我们“粗线条式勾勒过

① 参见[荷]雨果·格劳秀斯:《捕获法》,第 11、17、32 页。

② Hugo Grotius, *The Freedom of the Seas*, p. 7.

③ Grotius, *The Freedom of the Seas*, p. 7.

④ Grotius, *The Freedom of the Seas*, p. 8.

⑤ See Hugo Grotius, *Commentary on the Law of Prize and Booty* (translated by G. W. Ladys L. Williams *et al.*, William S. Hein & Co., Inc., 1995), Preface, p. 20. [希腊、罗马神话]黄金时代:指国家富强,社会文明发达,人民安居乐业的时代。

且与人类智慧相一致的对社会秩序的维护,被我们恰当地称为法律源头";[1]这里的"人类智慧"就是人类的意志。而"万国法"是各国基于自身利益基础上的意志一致的表达。[2] 国际法不仅仅是自然法思想的体现,还有人定法的成分,是各国共同意志或妥协意志的产物。格劳秀斯在"导论"中反复强调有人将"自然法"和"万国法"或者"国内法"混为一谈。但他认为"正像每个国家的法律都是基于各自国家的利益(而制定)一样,形成源自所有国家或相当多数的国家通过相互之间同意(mutual consent)的法律,已经成为可能;但因此而形成的法律也是源于利益,不过,它不是特定国家的,而是由各个国家所构成的庞大社会的利益。而这一法律就是我们所称的万国法,在任何时候,我们都将这一术语与自然法区别开来"。[3] 这一观点显然带有实证法的特点,即他认为万国法不仅仅是源于自然法,还源于各国或多数国家的同意,而各国的同意又是来自各国的利益。他将这一法律所涉的宽泛概念浓缩为一个专业术语,即"万国法"(law of nations),且指出其背后的本质问题是利益,使其与自然法源于人类理性、良心等不同,与神法源于上帝的旨意也不相同,而带有世俗的特色。[4] 格劳秀斯在"导论"中充满自信地反复强调:发现万国法的来源并对其进行系统化归纳、总结和构建,是以往各种各样的学者或思想家所没有完成的,包括远古的亚里士多德、中期的阿奎那与维多利亚及近期的博

① Grotius, *De Jure Belli AC Pacis Libri Tres*, p. 12.

② Grotius, *De Jure Belli AC Pacis Libri Tres*, p. 15.

③ Grotius, *De Jure Belli AC Pacis Libri Tres*, p. 15.

④ 有学者认为格劳秀斯采取"自然法"和"实证法(实在法)"的折中主义立场,原因是:他主张国际法只适用于多数国家,自然法才适用于所有国家,故自然法可以取代国际法的存在;此为"自然法学派"观点;而前述引用的格劳秀斯关于国际法的论断是实证法学派的主张(参见李家善:《格劳秀斯——近代国际法的奠基人》)。这种观点,笔者不太赞同,因为格劳秀斯在给万国法(law of nations)定义时界定得很清楚,它是"所有或相当多数国家相互之间的同意";今天的国际法实践已经证明格劳秀斯论点的正确性,如强行法今天几乎就是所有国家间同意的表现。

丹(1530～1596)、真提利斯等。[①] 格劳秀斯将当时的法律分为：自然法、神法、万国法和市民法(国内法)；在四者关系上，他没有明确给出哪一个法的效力等级更高，认为相互间应该是等同的。[②]

显然，格劳秀斯在《战争与和平法》中已经注意到各国的"共同意志"(common will)和国家间"相互同意"的区别，这一点恰构成了今天实证国际法的主要形态：条约或协议与习惯国际法，特别是前者。这一点体现了格劳秀斯经历了十多年的磨难和思考，他注意到理念上自然法的精神构成万国法的基本原则及所要追求的目标，但在现实中，它需要以实证的国家间的意志妥协为外在形式，而其根本原因是国家间利益的考量及对可能的国际公平正义的追求。故马克思认为他是16～18世纪"从理性和经验中而不是从神学中引申出国家的自然规律"的诸多思想家[③]之一。[④] 有学者认为，格劳秀斯作品具有极大的实践价值，其后来者中有不少继承了其著作中的实证内容，成功地为"国家理性"的无限优势设定了一些界限。理由是格劳秀斯的目的不是要使人变得完美，也不是要如此对待他们，而是要看"的确存在一些被普遍认为具有约束力的共同义务"；如果此类实践并非常见，则应提出一些理想的规则。[⑤] 这种观点的解读告知我们，格劳秀斯认识到实证国际法自身存在一些缺点，它离不开自然国际法的原则。

2. 格劳秀斯实证国际法思想的体现

尽管格劳秀斯《战争与和平法》中的国际法思想以自然法理

---

① Grotius, *De Jure Belli AC Pacis Libri Tres*, pp. 22－23.

② Grotius, *De Jure Belli AC Pacis Libri Tres*, p. 41.

③ 除格劳秀斯之外，马克思提到的其他7位思想家是马基雅弗利(通译是"马基雅维利"，佛罗伦萨人，1469～1527)、康帕内拉(今意大利卡拉布里亚人，1568～1639)和其后的霍布斯(英国人，1588～1679)、斯宾诺莎(荷兰人，1632～1677)以及卢梭(法国人，1712～1778)、费希特(普鲁士萨克森州人，1762～1814)、黑格尔(德意志符腾堡公国斯图加特人，1770～1831)。

④ 参见《马克思恩格斯全集》(第一卷)(上)，人民出版社2001年版，第227页。

⑤ See Figgis, *Studies of Political Thought: From Gerson to Grotius*, 1414－1625, p. 141.

论为基础并对正义理性充满信心,认为无论国际法的现实有多么不完美,而事实上,正义的特定理念始终规范着人们的价值判断,即使该理念常被他们的行为所掩盖;①但是,在格劳秀斯诸多国际法思想中,除了正义战争理论、人道主义保护及海洋自由观点②等带有明显的自然法特征外,下面四个是具有实证法特征的国际法理念,也是他试图将国内私法原则运用于国际关系中的体现:

一是使馆及外交人员享有的特权和豁免(准治外管辖权)。格劳秀斯在专著中有专章规定"使节权",讨论使节的特权与豁免。他认为:在历史上,这一主题被讨论过多次,使节的神圣使命、使节的不可侵犯性、应予遵守的有关使节的万国法、神法和人定法中的规定、国家对使节权的尊重、国家对条约的尊重、人类结盟中使节的作用以及使节的人身尊严等,构成了使节权的内容;以国家的名义从事活动自古以来就是神圣而庄严的,使节的权利(包括特权和豁免)理应得到尊重和保护。③ 即使是相互为敌的国家之间,一旦使节被接受,他便处于万国法的保护之下,而在那些仅仅存在不太友好关系的国家之间更是如此;这样做的原因是:战争中出现的许多问题,只有通过使节才能解决,而且和平本身也很难以任何其他方式实现。④ 对使节不得实施报复,在特定情况下也不得要求使节履行债务等。同时,使节享有的这些权利可以延及他的随从和他所拥有的财产。⑤ 格劳秀斯在分析使节享有这些权利的时

---

① See Figgis, *Studies of Political Thought: From Gerson to Grotius*, 1414 - 1625, p. 143.

② 格劳秀斯是历史上第一次提出海洋自由的法学家并由此持有抨击那些强国政府(当时主要指西班牙、葡萄牙、英国乃至威尼斯城邦国)的基本态度;对此,他充满激情而又富有技巧并运用自己的学识来鼓吹和维护自己的观点。其当时主要的反对人物,英国的约翰·塞尔顿曾在1635年通过其《闭海论》,或《海洋上的统治权》,回应格劳秀斯的"海洋自由";塞尔顿的观点是对英国官方近一个世纪论点的认可基础,但最终格劳秀斯的论文渐渐战胜了英国政府的看法,《论海洋自由》这一本书就足以使他名扬千古。具体内容参见[荷]雨果·格劳秀斯:《论海洋自由》,马忠法译,上海人民出版社2020年版,第9~77页。

③ Grotius, *De Jure Belli AC Pacis Libri Tres*, pp. 439 - 440.

④ Grotius, *De Jure Belli AC Pacis Libri Tres*, p. 446.

⑤ Grotius, *De Jure Belli AC Pacis Libri Tres*, pp. 446 - 450.

候,虽然强调根据自然法和上帝的旨意,但他更多的还是从历史的事实与实践中总结出这些内容,总体上是对实证经验的归纳,反映的是平等主体者之间相互没有管辖权这一源自民法的基本原则。

二是条约理论。格劳秀斯首次将条约与合同区别开来,虽然它们仍然属于广义的契约之范围。总体上,格劳秀斯认为,条约由国王所签且对后来的继任者有法律约束力(比真提利斯的观点更为充分);由于来自商业国度,他进一步拒绝接受"情势变更条款"( vicarious, clausula rebus sic stantibus),而强调诚实信用和维持条约义务(坚持"有约必守"原则)的重要性。但他对条约在被违背之后,如何追究不履行条约义务者之法律责任,没有相关论述,以致在历史上出现违反国际法者也无法到其巨著中能够寻求到相关的理论支撑。在现实中,针对出尔反尔的强盗般的毁约行为,人们也束手无策;如第一次世界大战之前,德国宰相贝特曼—霍尔韦格公然对英国驻德国大使声称:"国际条约不过是一张废纸。"[①]可见,条约在某些强者眼中的位置:为了欺骗别人,先签约、承诺,麻痹对方;一旦己方想完成的事情做好准备后,马上翻脸、毁约。这是流氓行为在国家层面的反映。条约不履行之责任追究至今在理论和实务层面依然是国际法面对的巨大难题和挑战。格劳秀斯《战争与和平法》中关于条约的论述带有更多的实证成分,其诸多内容是国内合同法原理的运用。

三是他对待"中立"(neutrality,在1925年版的《战争与和平法》英文译本中译者多处使用的是 at peace,[②]或 those who are of neither side in war)的态度具有重大的历史意义,尽管在该英文译著中论及"中立"的内容只有5页。他尽量避免使用"中立国"一词(当时流行,但在国家实践中有着特别而又模糊的意义),他更愿意用"战争中的中立者"(those who are at peace,偶尔使用

① 王绳祖主编:《国际关系史》(第三卷),世界知识出版社1995年版,第405页。

② See Grotius, *De Jure Belli AC Pacis Libri Tres*, pp. 647, 702, 704, 705, 712, 720, 783, 784, 785, 786, 815.

"neutral land"[①])。实际上他是第一位将"中立"这一问题引入国家间法律分析中的作者,但当时的时机对讨论该主题尚未成熟:残酷的宗教战争引发出的强烈的敌意阻碍了遵循公正态度来对待"中立者";而同时,许多力量较小的中立国统治者没有能力来阻止交战国的部队从它们的领土上通过。对此,正是格劳秀斯建议把中立的法律意义赋予于正义战争之理念内。格劳秀斯认为,基于邪恶原因发动的战争,中立者不应该给予发动这样战争者的任何支持,但建议对于基于正义的理由而参与的战争,应该给予支持。出于同样的原因,格劳秀斯授予正义的交战方通过中立者领土的权利,以及为了阻止敌对方,占领该领土内特定区域的权利。同时,对处于中立状态的国家、地区或人民的自由、财产、安全等,应给予一定的保护。[②] 这种将正义战争理论及保护中立者权利等内容注入中立法的做法,在后来的国家实践和科学理论方面均遭到了否定,但它在第一次和第二次世界大战中在一定程度上得到了恢复,尽管不是很明显,然而其意义同样是深远的。

四是格劳秀斯对和平解决国际争端原则发展的贡献具有典型的实证法特征。他认为战争是一个极其严峻的事情,因为战争爆发后其发展的结果往往是无尽的灾难,而这些灾难常降临到无辜的人身上。故在法律顾问被征求意见而发生意见不一时,我们应倾向于通过和平方式……不诉诸战争解决争端的路径有三种:第一种路径是通过会议。他引用西塞罗的观点说:解决争端有两种方式:一种是通过理性,另一种是通过武力。前者是人类所特有的方式,而后者是畜生的方式(人性丧失之地出现的方式)。理性表现的主要方式便是冲突各方的沟通和磋商,而磋商的主要路径是召开会议。第二种路径是通过仲裁,当时基督世界的国王和国家有义务采取这种方式以避免战争。第三种路径是抓阄或抽签,即

① Grotius, *De Jure Belli AC Pacis Libri Tres*, p. 786.

② Grotius, *De Jure Belli AC Pacis Libri Tres*, pp. 783 – 787.

通过碰运气的方式解决争端,虽然有违绝对的公平正义,但比通过战争解决带来的社会危害要小很多。他的这一思想在那个时代无疑具有先进性,不仅对当时的国际冲突和平解决有意义,而且永恒地对其后国家间争议以最小代价的方式解决都有意义;有学者将其视为“比任何人对当今世界在解决国际争端领域的影响都要大”[①]一点也不为过。

## 二、《战争与和平法》中国际法思想的不足

### (一)总体评述

格劳秀斯《战争与和平法》的成功是空前巨大的,[②]这种成功主要基于该书中无比丰富、博大精深的国际法思想:书中除了随处可见的自然法论点之外,实证观点也多次出现。前文论及的格劳秀斯国际法思想,笔者只是就其认为的重要的部分进行了解读和分析,也可能是挂一漏万,唯期读者阅读原著,以获全貌。

格劳秀斯将法律分为自然法和意定法,[③]国际法属于意定法,即它与国家意志有关,它与自然法的区别不在于主体对象不同,而在于它可以变更(人或国家意志可以依时间或客观情况的不同而变化),而自然法则不然(永恒不变)。[④] 其实格劳秀斯之前的西班

① See Knight, *The Life and Works of Hugo Grotius*, p. 198.

② 该著作被认为是在16~18世纪西欧法学家和神学家撰写的浩如烟海的有关自然法和国际公法论著中的优秀代表,类似的著作还有西班牙的苏亚雷斯于1612年写成的《论法律和上帝造法》,德意志法学家普芬道夫1672年著的《论自然法和国际法》及瑞士外交官瓦泰尔1758年出版的《国际法》。参见[美]列奥·施特劳斯等主编:《政治哲学史》(上),李天然等译,河北人民出版社1998年版,第440页。

③ 他认为自然法与人的本质属性相关联,是“正确理性的律令”;人的行为依据符不符合理性,要么是道德上必不可少的,要么在道德上是卑劣的,结果是这种行为要么被禁止,要么被肯定。他把意定法分为三类:不直接依赖国家权力的法(由父亲、主人以及所有类似命令构成)、国内法或市民法及基于国家统治权而存在的法和国际法/万国法。

④ [美]列奥·施特劳斯等主编:《政治哲学史》(上),第443页。

牙国际法学者苏亚雷斯也曾提到:国际法是以人类或者至少大部分人类的同意为基础;这实际上已经带有实证法的色彩。当然格劳秀斯本人并没有刻意去区分所谓"自然国际法"与"实证国际法",然而却在其同时代或身后引起了学术界长期争论,在国际法领域,形成了上述两大国际法主要流派。如自然法的国际法始祖及代表人物——普芬道夫(1632～1694年)——的国际法观点多有赖于格劳秀斯,竟多至不胜屈指矣。[①] 作为与普芬道夫有交集、与格劳秀斯几乎同时代的英国人苏支(Richard Zouche,1590～1660年),则是实证的国际法学派的代表,虽然他并不完全在观念上成为格劳秀斯的"奴隶",但在实证的国际法思想方面与格劳秀斯一脉相承,如他将格劳秀斯的战时国际法全盘接受(只是在其专著中他将战时法与和平法同时加以论述),接受格劳秀斯的如下观点:国家对其领海有绝对管辖权;某国海上行为对邻国可能构成威胁,或对邻国有敌对或不友好行为,则邻国可以有干涉权;[②]等等。再后来格劳秀斯的荷兰同胞宾刻舒克继承了其实证法思想,开启实证国际法的新时代。这些足以说明格劳秀斯思想对国际法发展的影响,故他被认为在国际法发展史上起着承前启后、继往开来的作用。[③] 可以说,格劳秀斯是其之前国际法先驱者们国际法思想的终结者(最终总结者),也是其后国际法学者们国际法思想的开启者。

不过,在格劳秀斯及其后的时代,从其他和更为广泛的基础看,对《战争与和平法》批评的声音还是会时时传来。格劳秀斯和历史上任何一位伟人一样,没有必要解释由于受限于过于苛刻的时代而使其著作所具有的局限性:如有的学者所指出的"书中有时过于炫耀自己的博学、逻辑推理繁琐、有些论证沉闷和不着边际或

---

① [日]寺田四郎:《国际法学界之七大家》,韩逋仙译,中国政法大学出版社2003年版,第185～187页。

② [日]寺田四郎:《国际法学界之七大家》,第139～143页。

③ 李家善:《格劳秀斯——近代国际法的奠基人》。

散漫离题”,等等。正因为是初创,是奠基性的,结合当时时代发展的局限性及国际法实践的不足,它不可能是完美的,对其持一种审慎、客观的态度进行阅读、研究,可能会更利于国际法这个学科的健康发展,进而对实证的国际法发展有着积极意义。

## (二)《战争与和平法》的不足

与所有的某一领域的先行著作一样,《战争与和平法》在结构、论证和内容等方面存在诸多不足,如其篇章结构和论述均较为粗糙,还需要打磨;内容上,有些观点前后冲突,多数内容尚有诸多待推敲之处。这些不足在一定程度上遮蔽了其国际法思想的光辉。其主要不足具体论述如下:

1. 结构、论证等方面的不足

虽然《战争与和平法》这部巨著奠定了格劳秀斯的国际法地位,但由于该书是其在不到两年的时间里,主要基于《捕获法》修改、补充而成,尽管有学者认为在其完成《捕获法》后的近 20 年时间里他在不断思索,①但事实与此并不完全相符。实际上格劳秀斯在完成《捕获法》后,其从事的活动更为繁杂,离开了律师岗位,从政等成为其工作的主流。② 在逃亡到法国后,出于他人的嘱托和为了能够获得法国国王的认可,他把之前完成的《捕获法》除了已经发表的第十二章之外的内容进行了快餐式的修改,前后用时极其有限。③ 仔细阅读此书,可以发现该专著还可以进一步雕琢和推敲,在结构上还不是一个由各部分构成的有机统一的整体;结合该书完成时限于特定的时代、格劳秀斯本人精力的付出及逃离荷兰初

① 这些学者通过格劳秀斯与一些人的通信并在信中提醒或要求他们关心万国法或提供一些有关万国法的资料来证明格劳秀斯在思考国际法的问题,有些牵强附会。See Grotius, *De Jure Belli AC Pacis Libri Tres*, Preface, pp. xxiv – xxv.

② See Nussaum, *A Concise History of the Law of Nations*, pp. 106 – 107.

③ 格劳秀斯生前将 1625 年《战争与和平法》版本中的一些小的错误进行了纠正,分别于 1631 年、1632 年、1642 年和 1646 年(此时他已经去世,但修订是此前完成的)在阿姆斯特丹由布劳(Blaeu)出版。See Dumbauld, *The Life and Legal Writing of Hugo Grotius*, p. 58.

到法国材料获取等方面的限制等,其不足也是较为明显的。

这种不足首先体现在结构方面布局的不均衡。这部著作主题复杂且论及内容十分丰富,格劳秀斯在各卷阐释的内容及每卷各章节论述分配方面,存在较大的主观性,相关部分论证或论述不平衡。比如卷二占了本专著约一半的内容,而且该卷相当一部分涉及国内私法主题,如合同、销售、利息、合伙、侵权、损害赔偿和家庭关系,所有这些都是从“自然法”的角度进行思辨性的处理,包括国内公法、宪法和刑法的一些观点。[①] 本卷与国家间的“战争与和平”距离较远,与国际法发生联系较为牵强,[②]甚至于其中的不少论述在上下文中没有任何呼应,只是在民法相关范围内阐释一些观点或现象而已。至于真正涉及国际法的内容主要体现在导论、卷一和卷三中,三部分合在一起也占本书的一半左右。

在具体论述方面,有些观点或原则只有一两句话,缺少系统的论证,只是将观点列出而已;如卷一第一章关于“意定法分为人法和神法”一节,只有短短的两句话(“意定法源于不同的意志。它要么是人法,要么是神法”);卷一第四章第十二节“可以对依据承诺而失去王国的国王宣战”也只有两句话。这样的例子举不胜举;而对于另外一些观点或原则论述很长。这种章节论述的不平衡是本书一个典型的特点。另外,有些章节,往往是罗列不同学者的观点或法律的规定,如卷三第十一章“合法战争中杀戮权的节制”共有十九目,其中多数“目”,只是罗列或引用他人的观点或既往法律的规定,[③]既缺少必要的分析和论证,也没有自己明确的观点或倾向,让读者不明白其意欲如何。

本书三卷本之间的内在的逻辑关系并不清晰,特别是如前所述的卷二,给读者的感觉似乎主要在论述国内法,多数章节讨论的

① Nussaum, *A Concise History of the Law of Nations*, pp. 102 – 103.

② See Knight, *The Life and Works of Hugo Grotius*, pp. 195 – 196.

③ See Grotius, *De Jure Belli AC Pacis Libri Tres*, pp. 723 – 744.

是国内私法方面的内容。该卷与卷一和卷三之间的逻辑联系和呼应关系较弱;如果将该卷从书中删除,对本书的主题思想和结构几乎没有实质性的影响。

该著表述方面也存有不足。如 1901 年出版的该著简写本的英文版译著《战争与和平权利,包括自然法和国际法》[①]的前言由当时的美国助理国务卿大卫·杰恩·希尔(David Jayne Hill)所作;他毫不客气地开篇就指出:格劳秀斯伟大著作《战争与和平法》被列入世界经典之列的主张并不取决于经典作品中通常被期待的完美风格。该著作常常出现的修辞欠佳、冗长乏味而又复杂难解的推理形式及令人费解且晦涩难懂的措辞等不足,阻碍了将其作为优雅写作范例被接受之命运。[②]

2. 内容方面的不足

内容方面的不足,大体论述如下:

(1)《战争与和平法》中实际上并无"和平法"的实体内容

格劳秀斯的伟大著作本质上是一部关于战争法的论述,也是他的前驱者们最关心的问题。格劳秀斯借鉴西塞罗常用的词组即"战争与和平法"作为该著作的标题,但和平法[③]仅仅被视为战争法的一个事件,而不将其视为与战争法同等重要的内容进行分析论证,这是他那个时代及其后很长一段时间国际法论著的

---

① 英文名称是"The Rights of War and Peace, including the Law of Nature and of Nations"。

② 参见 A. C. Campbell, A. M.: *The Rights of War and Peace, including the Law of Nature and of Nations* (New York: M. Walter Dunne, 1901), Introduction;[荷]胡果·格劳秀斯:《战争与和平法》(第二版),何勤华等译,上海人民出版社 2013 年版,"英文版导论"。

③ "和平法"主要是和平时期各国或多数国家之间应该遵守的国际法规范,如二战之后所日渐形成的经济、贸易、金融、海洋、投资、环境保护等领域及条约、外交与领事等方面的规范(《战争与和平法》中虽然有这些方面的规范,但主要与战争有关,如战争结束的条约之谈判、签署、解释及战争期间及之后外交使节作用发挥等)。当然,随着新技术出现而不断拓展的新疆域如空气空间、外层空间、南北极等更不可能被该著论及。

特点。[①] 格劳秀斯以传统的方式来探讨他的主题,作品围绕正义战争的问题展开,且在战争的原因、战争的节制和战争的和平解决三方面形成相对完整逻辑环路。但该著作基本上没有涉及"和平法"的具体内容,它只是寄希望于通过正义战争来确保最终的和平;而为了和平的效果及减少战争带来的损害,战争中的诸多原则和规则必须要遵守。在书中,格劳秀斯用很大篇幅介绍了私法部分,而该内容似乎与战争法、和平法关系不大;他也意识到了这一点,为此,他给这部作品的题目增加了一个副标题,即"其中详细阐述了自然法、万国法以及公法原则"。[②] 根据这个副标题,可以理解到"战争与和平法"只不过是一个"帽子",是一个"旗号",其真正的内容是诠释自然法、国际法(万国法)及公法原则。显然,副标题的大范围的拓展与主标题似乎还是不协调,为了让二者能够联系、协调起来,他的整部专著就用自然法中最重要的概念——"正义"——来把"战争"所涉及各方面的法律整合起来,并进而演绎了一套国际法理论来试图为欧洲30年战争的结束与和平的到来寻求一条出路。也有学者认为格劳秀斯的意图(他认为有社会就有法,国内社会有法,无疑国际社会也应有法)不在于真正讨论近现代意义上的"战争法"和"和平法",而是把"战争法"作为实体内容,而"和平法"作为程序上、结果方面的法律,即战争结束,各国通过协议等回归和平;为此,需要谈判、举行会议及签订协议等,这些可以归为"和平法"的内容。[③]

简言之,在格劳秀斯心中,"和平"是战争法欲实现的目标;因此,可以说这部专著更为准确的名字应该是《战争法》。

---

① 如格劳秀斯之前的国际法先驱西班牙国际法学者阿亚拉(1584年去世),曾经出版《战争冲突法》(DeJ ure et Officiis Belli)一书,该书专门就战争问题作了论述。另一国际法先贤意大利人真提利斯在1588年就出版其《战争法三论》这一巨著。格劳秀斯也许为了避免书名重复,而借用了西塞罗常用的词组。

② Grotius, *De Jure Belli AC Pacis Libri Tres*, p. 1.

③ See Dumbauld, *The Life and Legal Writing of Hugo Grotius*, pp. 59–60.

(2)“战争”被扩大使用

格劳秀斯在书中将战争进行扩张性使用,冲淡某些观点在国际法方面的说服力。他将战争界定为“那些依据武力进行争斗的条件”,将战争分为“公共战争”与“私人战争”,后者主要是国内私人之间的冲突。这种将国内私人之间的冲突也称为“战争”,有延展和扩大“战争”含义之嫌。实际上,“战争”有其特定的含义,常指“在民族、国家或统治者之间,有时在同一民族或国家内的不同当事人之间,通过武装力量进行的敌对性冲突”;[①]它一般具有两个特征:集团化与“通过武力”。它在本质上不同于国内一般私人之间的“武力”或“暴力”解决冲突的方式。在一个有序的国内社会中,国内私人之间的冲突,我们常称之为“纠纷”,这种纠纷的合法解决通常是以和平方式进行,有协商、调解、仲裁和诉讼等,通过“武力”或“暴力”来解决在多数情况下是法律所禁止的(除了正当防卫之外,不论使用武力或暴力的人有多少正当理由,特别是在民商事领域,一旦使用武力或暴力,都会被要求承担一定的法律责任);即使在少数情况下,有人试图通过暴力来解决,但这种解决并不是最终的解决方式,因为国家的强制力将会干预,对不法者会依据国内法进行制裁。而国际社会中,在磋商、斡旋、制裁或诉讼等和平手段解决不掉相关冲突时,一方动用武力或发动战争,最终会否遭到国际法的处罚,常常取决于获胜者一方,我们没有一个超国家组织,获胜者掌握着主要的话语权来制定相应的条约或协议,往往带有对战败一方的惩罚,而这种惩罚在历史上常常又为下一次战争埋下伏笔,第二次世界大战的爆发就是一个典型。当然,二战结束以来,人类难得的和平是在汲取历史教训的基础上,构建了较为合理的国际法律制度,对战败国可能发动战争的原因从根本上进行了有效制约以及各国人民从战争中的觉醒,保证了正义、和平

① 战争是指在民族、国家或统治者之间,有时在同一民族或国家内的各方之间,通过武装力量进行的敌对冲突。See *Black's Law Dictionary* (Thomson West, 8th ed., 1999), p. 1614.

的力量占据主导地位;此外便是人类技术的快速发展,核武器、生化武器等具有毁灭地球和严重影响人类生存威力的武器的出现,客观上促使大国之间保持了一定的克制,使战争爆发的可能性有所降低。将国内私人之间冲突解决的一般原理类比适用于战争虽有一定的合理因素,然而如果过度使用,可能失之偏颇。这一点是我们在阅读该著作时,应该要有所注意的。

(3)书中“权利”与“权力”没有完全明确区分,二者有时被混同使用

格劳秀斯对权利概念的演变作出了重大贡献。在他之前,权利首先被视为附属于物体;在他之后,权利被视为属于人,是一种行为能力的表现或实现某种事物的手段,与法律关系的主体密切相关。如他认为:作为权利聚合体的法律还有另外一层含义,它与人相关。从这个意义上说,权利变成了一个人的道德品行,进而使合法地拥有某物或做某个事情成为可能。这样的一种权利依附于一个人,即使有时,它追随一个物。① 但他对于权利和权力没有完全明确地分开,如他认为现在在能力的名义之下,法律权利包含了:①权力(power),即时而对自身的被称为自由的权力,②以及时而对他人的权力,如父亲对子女的权力(*patria potestas*)和奴隶主对奴隶的权力;②财产权利(property rights),即所有权,③绝对的,或略逊于绝对的(如用益物权和质权等);③契约性的权利(contractual rights),从相反方面的角度看,与之对应的就是契约性义务。④ 文中有多处他将今天意义上的国家或国王的权力误当作“权利”来使用,如认为“在公权利(public legal rights)之下,国

---

① Grotius, *De Jure Belli AC Pacis Libri Tres*, p. 35.

② 罗马的法学家非常恰当地把自由定义为一种“法律权利”(facultas)。

③ 根据贺拉斯(Horace)注释者的观点,“权利”被用于指代对某物的“所有权”(《书信集》2:2,第174页;《讽刺诗集》2:3,第217页)。

④ Grotius, *De Jure Belli AC Pacis Libri Tres*, pp. 35 - 36.

王的权力既包含了父亲的权力也包含了奴隶主的权力”；[①]这样容易造成混淆：实际上国家公权力与私人权利是不同范畴的东西；某种意义上说，公权力应当受到制约，而私人权利应该得到保障和合法条件下的充分行使。再如，他认为，治理国家的道德能力通常是指公民权力（civil power），[②]而其本意实质意在指“公民权利”。

（4）论证资料的使用方面，没有将当时最为现实的冲突与其论述结合起来

《战争与和平法》另一个显著的缺陷——明显地是美德的反面——是格劳秀斯很大程度上不愿意激起不良的宗教或政治情绪（不敢面对现实，进行勇敢的斗争）。为了不卷入有关当代事件的争论，他把自己所举的例子局限于古代历史和学问中。[③] 在人文主义时代，这并不像后世那样让人感觉到奇怪，但这仍然是他作品中的一个弱点。诚然，古代思想对构建他的研究的哲学基础有很大的帮助，但就国际法本身而言，古代的例子的价值是很值得怀疑的。在后来对其主要作品的注释中，格劳秀斯试图弥补这一缺陷，但仍然是令人不太满意。通读本书，他几乎没有将当时正在进行的欧洲三十年战争的现实及当时各种宗教教派之间的冲突运用到其著作之中，多是引经据典，论证其观点，鲜有提到当时的事件或人物。

尽管有上面诸多不足，但瑕不掩瑜，其瑕疵及一些学者对格劳秀斯在国际法方面的某些专门议题观点的反对绝不会贬损对这部巨著的肯定，它仍然是近四个世纪以来为数不多的杰出的天才著作之一，它作为人类进步的例证立足于世并构成了人类的宝贵遗产。多数格劳秀斯巨著的读者都会在思想和情感上对其产生真正伟大的印象；从其书本的每一页上均可以看到一个全神贯注于自

---

① ［荷］格劳秀斯：《战争与和平法》，第43页。

② Grotius, *De Jure Belli AC Pacis Libri Tres*, p. 101.

③ See Nussaum, *A Concise History of the Law of Nations*, pp. 109 – 110.

己的理想、虔诚地追求真理和正义的人,看到一个富有激情、坚定不移的人道主义者、和平主义者及和解的倡导者之形象,而这正是由他壮年时期成就所形成的剪影和写照。闪耀于他这一部开拓国际法学新领域作品中的国际法思想之光,解释了他作品的成功,也体现了他在国际法方面的卓越贡献。上述分析的目的无非是要求我们能够客观、科学、公正地看待这部奠定了国际法基础的巨著,避免将其“绝对化”和“神圣化”,因为任何开拓性的著作,在创新性、创造性方面无疑是值得肯定,其贡献也是巨大的,但缺点和不足在所难免。然而,我们不能以现代人的眼光来苛求格劳秀斯在那个特定时代的表现及其巨大贡献,他给我们留下的不仅仅是鸿篇巨著中丰富的思想(并非仅限于国际法方面的),还有很多他浓缩于著作中的人生经历导致的思想与表达风格的变化等;这些都会给后人带来的诸多启示和深思。

## 三、《战争与和平法》带来的启示

有学者认为,随着技术和时代的发展,《战争与和平法》中一些观点已经过时,如海洋自由的诸多论点、正义战争理论、为了实现战争目标等可以采取一切措施等;甚至认为有些观点是危险的,如在核武器出现的时代,拥有核武器的国家如果运用核武器进行自卫的话,则后果无法设想等。[①] 这些看法中某些观点,不无道理,即限于特定的历史时期,该著作中某些论点的确已经陈旧,显然不适合今天的时代。然而,格劳秀斯开拓的一个新领域及其结合当时的时代提出的一些伟大思想应该不会随着时间的推移而失去价值,尤其是在时代发生剧变的关键期,重塑法律使其能够且必须满足时代需求,该著作给我们提供了一个富有启迪

① See B. V. A. Roling,*Are Grotius' Ideas Obsolete in an Expanded World*?, in Hedley Bull *et al*. (ed.),Hugo Grotius and International Relations (Clarendon Press,2002),pp. 281 - 299.

的成功之例:1646 年《战争与和平法》及其之前的不同版本对交战的欧洲各国于 1648 年签署的《威斯特伐利亚和约》产生了重大影响,为其提供了“理论蓝图”,[①]书中的许多原则被采纳订入和约,[②]进而对此后的世界整体上形成威斯特伐利亚秩序起到了基础性作用。

格劳秀斯的《战争与和平法》及其主要国际法思想给我们带来的启示是:

如果以格劳秀斯为近现代国际法的起点,则我们必须强调“任何时代的(国际)法律均是反映社会的要求”。[③] 一个伟大思想的诞生需要特定的时代背景、符合时代的要求与相关观点的积累,需要有一批有坚定信念的特殊人物的出现与特定事件的发生,更需要某些特殊人物能够抓住时机结合其人生经历、才华、勇气及付出常人难以想象的精力、思考和代价。创立一个学科的天才之人只是把该学科已经存在的各种元素或要件进行了融会贯通的整合并尽最大努力将残缺不全的碎片变成浑然一体的系统学说,然后赋予这些元素或要件以生命的气息让它们鲜活起来。[④] 格劳秀斯正是国际法学领域中这样的人:信念方面,他是一个富有人类大爱坚定的和平主义者,[⑤]不论是处于宗教冲突还是处于世俗矛盾中,他

---

① Fassbender and Peters, *The Oxford Handbook of the History of International Law*, p. 1099.

② 周子亚等:《格劳秀斯对国际法的贡献——为纪念格劳秀斯诞生四百周年而作》,载《法学》1983 年第 6 期。

③ Gerhard von Glahn *et al.*, *Law Among Nations* p. 35.

④ Francisci de Victoria, *De Indis et De Ivre Belli Relectiiones* (translated by John Pawley Bate, the Carnegie Institution of Washington, 1917), p. 55.

⑤ 有学者依据《论海洋自由》中的观点来判定“格劳秀斯从来不是和平主义者”,认为他依然捍卫战争本身的正当性,与战争非法化时代的和平主义理解不同,商业和战争并不截然对立,反而相互依存(参见王博:《欧洲近代早期战争权学说中的商业理由——从维多利亚到格劳秀斯》,载《学术月刊》2020 年第 12 期)。这种观点值得商榷;实际上 1609 年时的格劳秀斯的想法与 1625 年前后的格劳秀斯的思想是有所不同的,人生经历让格劳秀斯发生了很大变化,年龄的增加及政治上遭遇的重大挫折使格劳秀斯更加崇尚和平。

都一直在追求和平;面对世俗世界的各种冲突和矛盾,一直主张用现实的和平手段来解决,且是从法律的而非哲学和神学的角度来论证、分析;他因此被马克思认为是启蒙思想时代“用人的眼睛来观察国家”的思想家之一。[①] 机遇、个人才华、经历和努力方面,他生活于荷兰在海上贸易快速崛起及荷兰民族主权国家日渐形成时期,西班牙、法国、英国、意大利城邦等国家或区域的国际法思想家们的观点沉淀与积累等给天才的格劳秀斯创造了有利的条件和背景;荷兰东印度公司与葡萄牙“凯瑟琳”号之间的冲突事件,让格劳秀斯走到了创设近现代国际法的前台并有机会结合自己的法律知识和实务经验在国际法领域大放异彩;同时,在他 36 岁之前(自他 16 岁时起被允许在荷兰从事法律实务至 1619 年 5 月被判终身监禁止)从事各种法律实务及参与诸如被任命为鹿特丹等地官员的政治活动等 20 余年的丰富精力,使其能够对国际法理论在实务基础上进行深入的思考与提炼;而其此后的人生经历及当时正在进行的欧洲 30 年战争,都为格劳秀斯国际法思想的形成和发展提供了宏阔的历史舞台。

今天在百年不遇之大变局下,人类面对的公共问题日趋严重,西方长期以来在国际法领域的主导思想及其指导下产生的有关规则已经难以适应 21 世纪人类所处的困境,也给人类带来了诸多危机,如恐怖主义活动、难民潮、两极分化与贫困、新冠等公共健康危机、气候变化及环境污染等。在此背景下,习近平总书记提出的“构建人类命运共同体”理念为国际法新思想和新制度的出现带来了一线曙光;他所倡导的“一带一路”倡议、全球发展倡议、全球安全倡议及全球文明倡议等,中国主导亚洲基础设施投资银行、上海合作组织等以及中国参与的《区域全面经济伙伴关系协议》(RCEP)等,都展示了中国影响和中国力量。在这种语境下,《战争与和平法》中的诸多国际法思想仍可以为我们所

① 参见《马克思恩格斯全集》第一卷(上),第 227 页。

用,如其和平主义理念、正义理论、人道主义原则、有约必守原则、违反国际人道法应受惩罚及和平解决国际争端等理念仍然充满活力和价值。

在百年变局语境下,我们期待中国国际法学人能够从格劳秀斯的人生经历及其对国际法思想的形成、发展的一系列事件中得到启示:理论源于实践而又高于并指导实践。我们需结合当下中国努力推进的“一带一路”倡议、全球发展倡议、全球安全倡议、全球文明倡议、联合国改革等行动,以及积极倡导的多边主义、和平发展合作共赢和建立一个更为公平的国际经济秩序等观念,针对全球化下的诸多事件,特别是新冠疫情、气候变化、环境污染及贫困消除等公共问题引发的诸多现象,给新时代的中国和世界现今及未来若干年的国际法制度发展和完善带来新的思想根源,以“构建人类命运共同体”理念为指导,为又一个 400 年或更长时间国际法律制度的建立奠定坚实的理论基础。

## 结　语

格劳秀斯“国际法之父”的称谓及其专著《战争与和平法》在国际法学史上的地位已经无可争议,其阐发的国际法思想对后世影响深远,至今没有任何一部国际法著作能够超越它。格劳秀斯在书中提出的诸多国际法理论在今天仍然体现出巨大价值,如国际法是各国之间的同意、正义战争理论中自卫理论、和平解决国际争端及战争期间的人道主义原则等;其自然法观点为国际法发展奠定的原则与精神与其探讨的实证法表达形式(主要是条约、协议等)在今天依然没有过时,仍在闪耀着智慧的光芒。然而,《战争与和平法》毕竟是一部初创国际法思想体系的著作,其不足和粗糙也在所难免,我们不应对其神圣化、绝对化,应该以科学、客观的态度认识并研究它,以让其更好地服务于人类;它如同法学领域一座藏有诸多宝贵财富的矿山,其中蕴含的丰富国际法思想并非本文能够全面、准确地加以归纳并给予呈现,这里只是分析了本文作者认为的其较为突出的国际法思想和观点;我们还可以在进一步深入研究这一凝聚那个时代人类在国际法方面智慧结晶的基础上,挖掘能够服务于我们这个时代所需要的国际法思想与论点,为解决人类面对的公共问题及构建人类命运共同体理念下的国际法治创新找到更有持久力的源泉。时代在变,国际法随着科学技术的发展也在变,但其让人类共同幸福的主导理念是永恒不变的,[①]经典的理论著作注定能够在这方面提供帮助。斯人已逝,格劳秀斯给我们留下的不仅仅是鸿篇巨著中丰富的思想(并非仅限于国际法方面的),还有很多他的人生经历给后人们带来的启示和深思,这些都有待于今后更为深入的研究。

## Thoughts, Deficiency and Enlightenment of International Law in the *Law of War and Peace*

MA Zhongfa

**Abstract**: Compared with his forerunners, Hugo Grotius made a great breakthrough in thoughts of international law in his monograph "The Law of War and Peace", but the fundamental parts of the thoughts still reflect the ideas of natural law, while some parts also shine with the light of positive law. The monograph mainly expounds its systematic international law thoughts from the natural law theory with justice as the core; and believes that natural law is only based on human nature, and it would also exist even without God; human nature is the mother of natural law; the legitimate reasons for

① 参见[奥]阿·菲德罗斯等:《国际法》(上册),商务印书馆 1981 年版,第 125 页。

launching a war include self-defense, restoration of things belonging to oneself and punishment of violators; his thoughts of natural international law originate from divine law, but mcanwhile independent of it. It puts forward the theory of just war, the theory on temperamenta of war, the theory that war criminals should be punished, and the humanitarian principles in war; these theories constitute the basic content of international law. The view that international law is mutual consent of all or a considerable number of countries produced in the monograph has the characteristics of positive law. The positive international law thoughts involved may be embodied in the following aspects: the theory of privileges and immunities enjoyed by embassies and diplomats of each state, the theory of treaties, the discussion of the treatment of neutrality in war, and the theory of peaceful settlement of international disputes. However, as a pioneering monograph on international law, it also has the following shortcomings: in terms of form, the structure between the volumes is unbalanced, the logic needs to be strengthened, and some arguments are slightly rough. In terms of content, there is no substantive content on "peaceful international law", and "war" has been expanded and used; "right" and "power" have not been completely clearly distinguished and sometimes confused and used, and the most realistic conflicts and struggles at that time have not been combined into the argumentations. The thoughts on international law in the monograph can bring some enlightenments to the innovation of international rule of law in the idea of building a community of shared future for mankind under the current significant changing situation. For example, the generation of international law thoughts need objective conditions and backgrounds, such as opportunities and practice, as well as subjective factors such as personal efforts. Only by combining the two closely can it produce thoughts with lasting vitality.

**Key Words**: Hugo Grotius; Law of War and Peace; natural law; positive law

# 纪　　念

# 纪念史久镛法官:国际法院的首位中国籍院长

杨 赟*

2022 年 1 月 18 日,史久镛法官在北京逝世,享年 96 岁。作为一名国际法学者,他非常擅长运用国际法解决实际问题。儿时优渥的生活为他提供了良好的教育和开阔的视野,青年时期远赴美国接受了系统的国际法培训,怀揣着"学法救国"的理想回到祖国,在国家最需要国际法人才的时候迅速绽放光芒。良好的个人修养、过硬的专业素养以及灵活的谈判技巧,使他在处理外交问题时举重若轻,游刃有余。在担任国际法院的法官之后,他迅速进入角色,扎实审慎地运用国际法解决国家间争端,并在很多时刻果断提出不同意见。在被推选为国际法院院长之后,他更是雷厉风行地推动了国际法院的多项改革,在任期间处理的案件量成为国际法院史上之最。在耄耋之龄,他回到祖国之后继续投身外交事业,手拿放大镜审视着维系祖国利益的一字一句。2018 年 12 月,史久镛获得了改革开放 40 周年杰出贡献奖,被授予"改革先锋"称号,获评"外交领域国家利益的忠实捍卫者"。这位工作了一辈子的老人发自内心地热爱工作,为国家解决了一个又一个难题,为国际法的发展和国际社会的和平

---

* 国际法博士,外交学院国际法系讲师。

事业做出了重要贡献。在史老去世一周年之际,受《中国国际法年刊》邀请,特以此文深表怀念。

1926 年 10 月 9 日,史久镛在宁波出生,后来在上海长大,家境富足。作为家中长子,史久镛被父亲寄予厚望,小学毕业后成功考入雷士德中学,练就了一手漂亮优雅的英文。18 岁那年又成功考入圣约翰大学,不过他并没有如父亲所愿成为一名工程师,而是选择了医科。后由医科转入政治系,年轻的史久镛找到了自己的兴趣所在。1945 年联合国成立,史久镛在校园读到了《联合国宪章》,其中"各国主权平等""不得使用武力""不得干涉别国内政"等表述使他倍感振奋,于是决定学习国际法,利用法律解决中国实际问题。"学法救国"的种子至此种下,并最终长成参天大树。

1948 年 6 月,从圣约翰大学毕业的史久镛决定去美国哥伦比亚大学深造。在美国的六年,他接受了系统的国际法教育,学会了用国际法思维解决现实问题。他的祖国也在这六年发生了翻天覆地的变化。新中国成立之初,史久镛受到使命的感召,他决定放弃正在攻读的博士学位,立刻回到祖国,用自己所学为国家建设尽一份力。

## 一、外交风云

1954 年,在上海与家人短暂团聚之后,史久镛奉命来到北京等待工作分配。他在南京中等师范学校教授了一年多的世界历史,1956 年 5 月调任外交部。进入外交部时史久镛三十岁,直至 1993 年年底当选国际法院法官,他将近四十年的时光献给了祖国的外交事业。

三十岁的史久镛有着扎实的国际法功底和堪比母语的英语水平。改革开放初期,中国正尝试以崭新的姿态融入国际社会,外交工作的重要性不言而喻。1982 年,史久镛以外交部法律顾问的身份参与处理“湖广铁路债券案”。该案于 1982 年在美国阿拉巴马州联邦地区法院开始审理，但中国并未派代表参与诉讼，美国法院作出缺席判决，认定中国政府应向原告承担巨额赔偿。判决一出，中国政府在美国的财产也面临被扣押的风险。因此，这一自清政府时期延续而来的案件突然变得异常棘手。对于该案，史久镛认为，我国应当派员参与诉讼，以“国家主权豁免”为由提出管辖权异议。既然美国法院已经作出判决，则应当从判决出发解决问题。通过研读案卷，他发现，湖广铁路债券在 1953 年之前已经到期，当时美国适用的是绝对的国家管辖豁免，因此该案判决适用的法律存在错误。基于这一发现，史久镛提出了两套解决方案：一是上诉；二是同美国国务院协商，向其阐明判决存在的法律适用错误。由于提起上诉意味着中国对美国法院管辖权的承认，因此外交部采取了第二套方案。经过中美双方交涉，美方决定在不干预美国司法体制的前提下，发挥行政机构的制约功能（checks and balance），美国国务院以“法庭之友”的身份向法院解释中国没有出庭的具体原因，美国国务卿向法院提交“利益声明”和“宣誓书”，同时中方委托律师向法院提出动议，要求撤销判决并驳回原告起诉。1984 年 2 月 27 日，法院作出决定，撤销其 1982 年的缺席判决。之后，原告虽一再提起上诉，但均以失败告终。历时五年的“湖广铁路债券案”终于尘埃落定。史久镛以深厚的英美法功底参与制定了切实可行的解决方案，并最终为国家争取到最大利益，而他冷静果敢的行事风格也展露无遗，这一风格在香港回归谈判中更是展现得淋漓尽致。

在 20 世纪 80 年代的外交工作中，香港问题的谈判是一项非常重要的任务，参与谈判的人员既要有过硬的专业能力，也要有审时度势的外交智慧。1982 年 9 月 23 日，时任英国首相撒切尔夫人首次访华，中英两国围绕香港问题的谈判正式开始。撒切尔提出，如果中国同意在 1997 年之后继续由英国管理香港，那么将承认香港的主权属于中国。对于这一“拿主权换治权”的把戏，邓小平同志强调,主权问题是不能谈判的,香港主权属于中国,香港的主权和治权是分不开的。外交部也召集外交部条法司及各部门专家,就主权和治权能否分离的问题展开讨论。史久镛在会议上提出,主权有两个方面,对内意味着最高的统治权,体现为全国人民代表大会;对外意味着独立,体现在国防军事方面,要依靠人民解放军。主权的内外两层含义使得主权和治权无法分割,这一简明有力的观点为“主权问题不能谈判”提供了一个清晰的切入点。

自 1982 年 9 月撒切尔夫人首次访华至 1984 年 9 月中英双方草签《中英关于香港问题的联合声明》(以下简称《联合声明》),香港问题的谈判历时整整两年。史久镛参与讨论了香港在《关税与贸易总协定》(以下简称《关贸总协定》)的地位、国际民航航线、香港航运管理等问题,提出了一系列专业且务实的建议。其中,关于香港是否应当加入《关贸总协定》的问题在中方内部引起了激烈的讨论。是让香港以单独关税区身份继续留在《关贸总协定》,还是暂时退出协定,待我国“复关”后同祖国一起加入,各方态度不一。对此,史久镛作万言书,力陈香港参加《关贸总协定》的必要性,并对 1997 年香港回归后如何继续适用总协定的问题提出了解决方案。史久镛认为,贸易是香港经济的主要支柱,这就需要促进香港产品在国际市场上的竞争力。香港的贸易伙伴绝大多数是《关贸总协定》的缔约方,如果香港出口的产品在《关贸总协定》主要缔约方不能无条件地享受《关贸总协定》项下的各项权利,包括最惠国关税减让的约束税率待遇,香港出口产品在进口国或地区就会受到歧视待遇,显然其竞争力将受到很大的打击。《关贸总协定》的适用不仅使香港的出口在国际市场上有竞争力,而且促进当地和国际资本在香港制造业的投资,从而进一步扩大其出口能力并推动香港经济中以金融和服务业为主的其他领域发展。[①] 史久

① 史久镛:《香港与关税和贸易总协定》,载《中国国际法年刊》1987 年版,第 262 页。该文与万言书并不完全相同。该文于 1987 年完成并发表,其中有关香港参加《关贸总协定》必要性的部分与万言书一致。

镛指出，假定在1997年我国在《关贸总协定》的地位还没有得到恢复，那么1997年7月1日起《关贸总协定》无疑就不能适用于香港，从而造成1997年《关贸总协定》停止对香港适用的局面，其后果将不利于香港的繁荣和稳定。[①]

最终，中方内部消除分歧，承认香港作为单独关税区加入《关贸总协定》的必要性，并与英方达成一致意见，在《联合声明》的附件一中表明："香港特别行政区为单独的关税地区。香港特别行政区可参加关税和贸易总协定、关于国际纺织品贸易安排等有关的国际组织和国际贸易协定，包括优惠贸易安排。"而在香港于1986年4月23日成为《关贸总协定》的缔约方后，中国政府发表了一项声明，宣布自1997年7月1日起香港特别行政区可以"中国香港"的名义继续被视为《关贸总协定》缔约方。这一问题最终得到完美的解决。它离不开史久镛对香港留在《关贸总协定》对香港经济重要性的准确把握，对我国"复关""入世"谈判复杂性和艰巨性的精准预测。他的观点被决策部门最终采纳，这是对其实干精神和国际视野的充分肯定。

虽然中英双方谈判的艰难可想而知，但最终因为中方的坚定态度以及"一国两制"的灵活政策，两国于1984年9月底完成了《联合声明》及三个附件的草签。2017年，在香港回归20周年之际，史久镛应香港特区政府邀请，就"一国两制"方针进行主题发言。当时史久镛已经是91岁高龄，不便出行，于是采用录像的形式发表演讲。[②] 他指出，对香港特别行政区实行"一国两制"政策是中国政府的创新之举，旨在维护国家统一和香港的繁荣与稳定。在《香港特别行政区基本法》出台之后，"一国两制"政策也明确体现在基本法中。史久镛在发言中详细阐述了"一国两制"政策赋

① 史久镛：《香港与关税和贸易总协定》，第266页。

② Shi Jiu-yong, "'One State, Two Systems', China's Contribution to the Progressive Development of Contemporary International Law", 2017 *Colloquium on International Law: Common Future in Asia*, pp. 37 – 44.

予香港的高度自治权,以及该政策作为一种中国智慧对于当代国际法的积极贡献。

## 二、海牙岁月

1987年,史久镛当选联合国国际法委员会委员,但他仍需频频返回香港参与中英联合联络小组的谈判会议,这种多重工作状态直到1993年他当选国际法院法官才告一段落。自1971年中华人民共和国恢复在联合国合法席位之后,曾以中国检察官首席顾问身份参与东京审判的倪征燠先生便作为中国代表积极参与国际法律事务。1985年,倪老凭借高尚品格和资深阅历当选联合国国际法院法官,成为来自中华人民共和国的首任国际法院法官。1994年,倪征燠结束了在国际法院九年的法官任期,谁将接替他成为国际法院的中国籍法官成了万众瞩目的焦点。中国在准备国际法院法官提名时,竞选者众多。当时,史久镛并没有参与竞选的想法,因此当得知自己被提名时,感到非常意外。

根据《国际法院规约》第3条的规定,国际法院由十五位法官组成。虽然规约对于法官的组成并没有更为具体的要求,但基本原则是法官的组成要能够代表世界各大文化和主要法系。① 从法官选举的惯例来看,这一基本原则主要体现在两个方面:一是法官的选择基本按地域分配,二是五大常任理事国的法官恒定当选(这一点现在实践中已出现例外情况)。要成为国际法院的法官,必须是在本国被任命为最高司法官员的人,或者被公认为有才能的国际法学家。② 为确保法官的提名不受特定国家的影响,各国政府不直接享有候选人的提名权。候选人是根据常设仲裁法院

① 《国际法院规约》第9条:"每次选举时,选举人不独应注意被选人必须各具必要资格,并应注意务使法官全体确能代表世界各大文化及各主要法系。"

② 《国际法院规约》第2条:"法院以独立法官若干人组织之。此项法官应不论国籍,就品格高尚并在各本国具有最高司法职位之任命资格或公认为国际法之法学家中选举之。"

(PCA)的国别法官团进行提名。[①] 每个国别法官团可以提出不超过四人的候选人,其中属于本国国籍者不得超过二人,其余候选人可来自任何国家。[②] 在国别法官团提名期间,史久镛获得了包括英国、法国、美国、俄罗斯、德国、比利时等国在内的二十多个国家的提名。

法官在获得提名后,必须在联合国大会和联合国安理会分别获得绝对多数票才能当选,任期为九年,每三年改选五名法官,可连选连任。选举由大会和安理会"分别"进行,一是强调大会和安理会不受彼此影响,独立进行选举,二是强调大会和安理会同时进行选举。[③] 国际法院的法官竞选一向都很激烈,因为国际法院在解决国际争端中占有重要地位,同时当选国际法院法官象征着国际法领域的最高荣誉。1993 年 11 月 10 日,联合国大会和安理会举行会议,正式选举国际法院法官。共有十七名候选人参与选举,联合国秘书长按照候选人的姓名字母顺序,做成被提名候选人名单,发放给各国代表。史久镛并没有像其他候选人那样来到现场,而是安静地等待着结果。最终,他在选举中获得了安理会十五个理事国的全票,联合国大会的一百六十多票,在第一轮投票时便以高票当选国际法院法官。史久镛回忆道,一次日本大使宴请中国大使,席间问他:"你们中国得票那么高究竟送了多少钱?"史久镛笑着告诉他:"我们什么都没有送。"

---

① 《国际法院规约》第 4 条:"一、法院法官应由大会及安全理事会依下列规定就常设公断法院各国团体所提出之名单内选举之。二、在常设公断法院并无代表之联合国会员国,其候选人名单应由各该国政府专为此事而委派之团体提出;此项各国团体之委派,准用一九〇七年海牙和平解决国际纷争条约第四十四条规定委派常设公断法院公断员之条件。三、凡非联合国会员国而已接受法院规约之国家,其参加选举法院法官时,参加条件,如无特别协定应由大会经安全理事会之提议规定之。"

② 《国际法院规约》第 5 条第 2 款:"每一团体所提人数不得超过四人,其中属其本国国籍者不得超过二人。在任何情形下,每一团体所提候选人之人数不得超过应占席数之一倍。"

③ 《国际法院规约》第 8 条:"大会及安全理事会各应独立举行法院法官之选举。"

### (一)卡塔尔诉巴林“海洋划界和领土问题案”:出任法官第一案

史久镛于1994年2月6日正式就任国际法院法官,彼时他已68岁,在这个本应安享晚年的年龄,他却需要奔赴海牙面对全新的挑战,而且令他自己也没想到的是,法官的工作一干就是十六年。史久镛作为国际法院法官参与处理的第一个案子——卡塔尔诉巴林“海洋划界和领土问题案”①始于1991年7月8日,内容涉及两国之间有关哈瓦尔群岛(Hawar Islands)、哈特贾南在内的贾南岛(Janan Island)、吉塔特杰拉达(Qit'at Jaradah)和大陆领土的祖巴拉沿海地区(Zubarah)的主权归属和海洋划界问题。其中哈瓦尔群岛的归属争议最大,早在1939年两国之间便爆发激烈的争夺。卡塔尔和巴林在1971年独立之前都曾是英国的被保护国,根据英国的调解,哈瓦尔群岛的所有权属于巴林,但石油开采权属于卡塔尔。但随着二战后英国国力的迅速下降,独立后的巴林和卡塔尔又开始对哈瓦尔群岛的归属产生争议。巴林于1980年将哈瓦尔群岛的石油开采权卖给美国的石油公司,此举遭到卡塔尔的强烈反对。由于英国已经丧失对波斯湾的控制,沙特随即出面斡旋和调停,两国暂时未扩大冲突,但随着巴林在卡塔尔所属的迪巴尔岛上建造建筑,卡塔尔立即出兵,双方形成军队对峙。此时卡塔尔认为应当把问题交给国际法院解决,因此在1991年7月向法院正式起诉。

该案涉及的海洋划界向来是国际法中非常复杂的问题,并且涵盖了处理海洋划界争端时需要面对的绝大部分问题,法院出色地解决了这一问题并阐述了清晰的划界方法。法院进行划界采取了四个步骤:识别相关海岸和基线;查明是否存在任何相关海域划

① Maritime Delimitation and Territorial Questions between Qatar and Bahrain (Qatar v. Bahrain), Merits, Judgment, I. C. J. Reports 2001, p. 40.

界的先前协定；适用等距离/特殊情况规则划分领海；适用公平原则/相关情况规则划分大陆架和专属经济区。[①] 在法院的早期判例中，根据公平原则/相关情况方法，为了确定适用何种划界方法，必须在第一阶段同时考虑相关情况和公平原则。然而，法院近来的判例已经趋向将这两种规则之间的差异最小化。在卡塔尔诉巴林"海洋划界和领土问题案"中，法院指出："特别适合于领海划界的等距离/特殊情况规则与自1958年以来在判例法和国家实践中发展起来的关于大陆架和专属经济区划界的公平原则/相关情况规则密切相关。"[②]

法院这种首先划出一条临时等距离线，然后再依据特殊情况对其进行调整的划界方法在之后的实践中，如2002年喀麦隆诉尼日利亚（赤道几内亚参与）"陆地和海洋边界案"、2009年的罗马尼亚诉乌克兰"黑海划界案"及2012年国际海洋法法庭审理的孟加拉国与缅甸之间的"孟加拉湾划界案"中均得到了体现。史久镛也随着对该案的深度参与积累了深厚的海洋划界经验，等身的诉讼材料堆满了办公室和家中书房，案件的复杂让他不分昼夜持续研究，身体的疲惫却带来了精神上极大愉悦，国际法的复杂与精妙让他将工作视为乐趣。多年之后，海洋划界问题构成了他学术成果的重要组成部分，可见成为国际法院法官的第一个案件给他留下的烙印之深刻。

2001年国际法院就卡塔尔诉巴林"海洋划界和领土问题案"作出最终判决，巴林与卡塔尔近一个世纪的争端历经十年终于得到了圆满解决。国际法院凭借其高水准的判决，赢得了诉讼双方的认可和尊重。据史久镛回忆，判决一经公布，即受到巴林和卡塔尔的热烈欢迎，双方都认为判决非常公正，卡塔尔宣布全国放假一天，巴林也是举国欢庆。国际法院作为国际主要司法机构维护世

① 史久镛：《国际法院判例中的海洋划界》，载《法治研究》2011年第12期。

② Maritime Delimitation and Territorial Questions between Qatar and Bahrain (Qatar v. Bahrain), Merits, Judgment, I. C. J. Reports 2001, p. 111, para. 231.

界和平正义、推动国际法发展的职能得到再一次体现,并使越来越多的国家选择将争议提交国际法院解决。

## (二)发表个别意见:犀利的“异见者”

国际法院规约允许法官对于判决发表个别意见。史久镛在担任法官以来,针对一些案件发表了极具代表性的个别意见。在波黑诉塞尔维亚和黑山“《防止及惩治灭绝种族罪公约》适用案”①中,史久镛和韦列谢京法官(Judge Vereshchetin)针对1996年先决性抗辩的判决发表了联合声明(Joint Declaration),②对判决中所称《防止及惩治灭绝种族罪公约》(以下简称《灭种公约》)第9条“并未排除任何形式的国家责任”这一观点表达了不同观点。两位法官认为,《灭种公约》的目的从根本上是惩治犯有灭绝种族罪行的人,并防止个人犯下此类罪行,并非针对国家责任。两位法官分析了该公约的制定过程,指出在拟定该公约的最后阶段,以19票对17票、9票弃权的极少数多数票,将国家责任列入《灭种公约》第9条,但没有同时在公约的其他条款中引入相关规定。因此,从《灭种公约》通过后发表的权威评论中可以看出,“对国家责任这一提法的实际含义有许多疑问”。实际上,该公约仍旧是针对个人刑事责任的法律文件。缔约方承诺对犯有种族灭绝罪的人“无论是宪法上规定的统治者、公职人员还是私人”进行惩罚,并为此制定必要的立法(第4条和第5条)。被指控犯有灭绝种族罪的人,应由“犯罪发生地所在国家的主管法庭或具有管辖权的国际刑事法庭审判”(第6条)。因此,针对国家责任的问题,两位法官认为,国

① Application of the Convention on the Prevention and Punishment of the Crime of Genocide (Bosnia and Herzegovina v. Serbia and Montenegro), Preliminary Objections, Judgment, I. C. J. Reports 1996, p. 595.

② Application of the Convention on the Prevention and Punishment of the Crime of Genocide (Bosnia and Herzegovina v. Serbia and Montenegro), Preliminary Objections, Joint Declaration of Judge Shi and Judge Vereshchetin, I. C. J. Reports 1996, p. 595.

际法院可能不是原告在当前诉讼中提出申请的适当场合。只有当争端涉及该公约的"解释、适用或履行"时,《灭种公约》第 9 条才为法院的管辖权提供了依据。

针对该案于 2007 年作出的判决,史久镛和朗杰瓦法官(Judge Ranjeva)、科罗马法官(Judge Koroma)发表了联合反对意见(Joint Dissenting Opinion),①认为根据既判力原则(*res judicata*)作为管辖权的依据存在错误。该反对意见认为,既判力原则适用于已经裁定和决定的事项,法院尚未决定的事项不能被视为具有既判力。法院采用既判力原则确定管辖权时回避了两个关键问题,即塞尔维亚和黑山是不是联合国会员国以及被告是不是《灭种公约》的缔约国。三位法官认为,法院在该案中依据 1996 年判决来确定被告在提交申请书时是否有权诉诸法院,这在法律上是站不住脚的,因为这意味着 1996 年的判决针对被告是否有权诉诸法院的问题已经进行了审议和决定,但实际情况是 1996 年判决根本没有就该问题进行论证而既判力原则只能适用于法院已经审议和决定的问题,法院未裁定的事项不应视为具有既判力。

史久镛凭借清晰的头脑和对法律概念的准确把握,出具了极具说服力的不同意见。同时,他对国际法功能的深刻理解也在不同意见中展现得淋漓尽致。在 1996 年联合国大会提出的"威胁或使用核武器之合法性的咨询意见案"②中,某些国家认为使用核武器存在合法性的理由是核威慑,史久镛发表声明,斥责这一观点的荒谬。③ 史久镛认为,所谓核威慑是一些西方国家的对外政策而

---

① Application of the Convention on the Prevention and Punishment of the Crime of Genocide (Bosnia and Herzegovina v. Serbia and Montenegro), Joint Dissenting Opinion of Judges Ranjeva, Shi and Koroma, I. C. J. Reports 2007, p. 43.

② Legality of the Threat or Use of Nuclear Weapons, Advisory Opinion, I. C. J. Reports 1996, p. 226.

③ Legality of the Threat or Use of Nuclear Weapons, Declaration of Judge Shi, I. C. J. Reports 1996, p. 226.

非法律,而法律恰恰应当用来规制核威慑。法院在咨询意见的第96段提到,法院不能无视被称为“威慑政策”的做法,因为这是国际社会的重要组成部分多年来坚持的做法。史久镛认为,核威慑是一些核武器国家在与其他国家的关系中使用的一种政策手段,据称可以防止大规模武装冲突和战争的爆发,维护国家间的和平与安全,但这种政策手段毫无疑问应当属于国际政治领域,而不是法律领域。从形成禁止核武器的习惯规则来看,核威慑政策没有法律意义。相反,核威慑政策应当成为法律规制的对象。法院在行使其司法职能以决定关于使用核武器的现行法律规则时,根本就不应当考虑某些国家的这种政策做法,否则将使法律服务于核威慑政策的需求。法院如果这样做不仅会使法律与政策混淆,而且会针对核威慑政策表明法律立场,从而使自己卷入国际政治,这与法院的司法职能并不相符。

另外,史久镛提到,撇开核威慑政策的本质不谈,坚持这一政策的“国际社会的重要组成部分”是由某些核武器国家和接受“核保护伞”保护的国家组成的。毫无疑问,这些国家是国际社会重要和强大的成员,在国际政治舞台上发挥着重要作用。但国际法院作为联合国的主要司法机关,不能从权力角度看待这些国家,只能从国际法的角度去考虑。如今,国际社会已有超过185个国家,所谓“国际社会的重要组成部分”绝不可能构成这一百多个国家的绝大部分,而国际社会的结构是建立在主权平等原则的基础上的。因此,过分强调所谓“重要组成部分”的做法,不仅会违背国家主权平等这一原则,而且会使人们难以准确、适当地看待关于使用武力的习惯规则。

## 三、国际法院的中国籍院长

2003年2月6日这一天对于史久镛及全家而言是个重要的日子。在海牙的家中,史久镛妻子张帼英、儿子史济元都在焦急地等待着国际法院院长选举的结果。家中的安静被新华社记者打来的电话打破:76 岁的史久镛如愿当选为国际法院院长,国际法院迎来了自创立以来的首位中国籍院长。据史济元回忆,与家人和国内同仁的欢呼雀跃形成鲜明对比的是,当选国际法院院长的当晚,史久镛回到家中很平静,和往常一样,并没有和家人开香槟庆祝。但父亲平静的外表下还是难掩喜悦之情,毕竟,能够成为国际法院有史以来首位中国籍院长是对其近十年担任国际法院法官工作的认可,某种意义上说也是对改革开放后中国司法发展和国力提升的一种肯定。

史久镛在法官第一届九年任期的最后三年被选为副院长,并在第一届任期届满后顺利当选为院长。纵观国际法院的历史,像史久镛这般在短短两届任期中连续担任副院长和院长的情况,实属罕见。国际法院院长的选举和法官的选举不尽相同,法官是由联合国大会和安理会共同选举,各国代表对于候选人并不熟悉,因此投票时更多考虑的是两国关系。而院长的选举则完全在十五名法官内部进行,面对彼此了解的法官,如何在众多优秀的竞争者中脱颖而出,完全要看竞选法官本人的业务能力、个人品德以及影响力和号召力。史久镛能够在激烈的竞争中最终获得挑剔同行的认可,赢得院长的竞选,已经证明了这一切。后来的事实更表明,在他的带领下,国际法院的确如时任中国外交部部长唐家璇发来的贺电中所说,“在和平解决国际争端、维护世界和平方面发挥了更大的作用”。

对于自己的当选,史久镛在履新半年后回国休假,在北京接受了《华人世界报》记者的采访。他回忆道,能获选国际法院院长说明自己多年的工作得到了大家的肯定。同时,他总结:“作为国际法院院长需要具备几项条件或者素质:第一,要有全面的国际法知识,对国际法领域有深入的钻研;第二,要有判断是非的决断力,这是法官的一个很重要的素质;第三,要有认清事实和驾驭法律的能力;第四,要有威望和号召力。从来自各国的众多法学家中获选院长,大家首先是看你的能力,而你的判决水平如何是最能说明问题的。在国际法院近十年的审判,我的绝大部分判决接受了时间的考验。同时,院长的人品也很重要,要有号召力,要能以自己的学识、智慧和领导艺术,将十五名法官凝聚在一起,做出对国际法发展有贡献的法律意见。”①

### (一)伊朗诉美国“石油钻井平台案”:出任院长第一案

史久镛在担任院长的三年间,共主持审理了16个案件,这创下了国际法院有史以来的效率之最,其中一些判决在国际上产生了巨大影响,在国际法和国际关系层面均具有重大意义。伊朗诉美国“石油钻井平台案”②是史久镛担任院长后审理的第一个案件。2003年2月17日,在史久镛成为国际法院院长十天后,由其主持开庭。该案自1992年伊朗提起诉讼以来,已持续十余年。史久镛担任院长的目标之一,就是提高效率、抓紧工作。而作为其上任后审理的第一案,却十分棘手。

二战结束后,美国于1955年和伊朗签订了《友好、经济关系和领事权利条约》(以下简称《友好条约》),该条约第10条规定了两国之间的商业和航海自由。然而在1979年伊朗伊斯兰革命爆发后,两国断绝了外交关系,但未终止《友好条约》。1980年,两伊战争爆发。1987年10月16日,悬挂美国国旗的科威特油轮在科威特港口遭遇袭击。三天后的10月19日,四艘美国导弹巡洋舰向伊朗国家石油公司在波斯湾拥有和经营的伊朗石油钻井平台发动了攻击。1988年4月14日,一艘美国军舰在波斯湾巴林以东60英里处遭遇水雷袭击。四天后的4月18日,美军分别袭击了伊朗国家石油公司拥有和经营的两座石油钻井平台。

1992年11月2日,伊朗向国际法院起诉,指控美国于1987年

---

① 张慎思:《史久镛:秉公竭诚在海牙》,载《华人世界报》2003年9月。

② Oil Platforms (Islamic Republic of Iran v. United States of America), Judgment, I. C. J. Reports 2003, p. 161.

10 月和 1988 年 4 月炸毁三座伊朗石油钻井平台,从根本上违反了《友好条约》和国际法的多项规定。案件进入实体审理阶段后,法院首先审查了根据《友好条约》,美国海军对伊朗石油钻井平台采取的行动是不是保护美国基本安全利益的必要措施。根据国际法相关规则对《友好条约》进行解释,法院得出的结论是,美国只有在自卫情况下才有权根据相关条款采取武力攻击。并且,美国的行为必须是必要且与针对它的武力攻击相称的。在对双方提供的证据进行了详细的审查之后,法院认为,美国未能成功证明上述条件得到满足。因此,法院得出结论,美国采取的武力行为不能视为根据《友好条约》相关条款为维护美国基本安全利益采取的必要措施。

开庭辩论从 2003 年 2 月 17 日开始,持续到了 3 月 7 日。法院判决于 2003 年 11 月 6 日作出,在开庭审理后的 8 个月内完成,历时 11 年的案件终于落下帷幕。史久镛能够如此快速地组织作出判决,离不开对国际法的熟练运用和对当事国心理的把握。美国炸毁伊朗石油平台的最初理由是伊朗存在导弹基地。然而通过卫星验证,发现伊朗并没有所谓导弹基地,美国军舰只是碰到了水雷。因此法院根据有关使用武力的国际法规则,认为美国对伊朗石油平台采取的行动,不能理解为保护美国基本安全利益所采取的必要措施。在否定美国上述行为合法性的同时,法院也没有支持伊朗要求认定美国上述行为违反了根据《友好条约》对伊朗所应承担的义务的主张。判决作出之后,联合国新闻部对此案进行了报道,得出的结论是“美国输了”。这一报道遭到了美国政府的强烈反对,因此第二天新闻部修改了报道内容,改为“美国赢了”。伊朗对国际法院的判决表示满意,因为法院承认了美国使用武力的行为违反国际法。美国对这一判决也表示满意,因为他们“赢得了”诉讼。

## (二)“巴勒斯坦隔离墙咨询意见案”:经典咨询意见

“巴勒斯坦隔离墙咨询意见案”①是史久镛担任院长期间发表的一个重要咨询意见。2003 年 12 月 8 日,联合国大会在第十届紧急特别会议上通过决议,就以色列在巴勒斯坦被占领土上修建隔离墙的法律后果向法院请求咨询意见,并要求法院快速提出其意见。45 个国家和包括欧盟在内的 4 个国际组织向法院提交了书面意见。在 2004 年 2 月 23 日至 25 日举行的庭审中,12 个国家、巴勒斯坦以及两个国际组织做了口头陈述。2004 年 7 月 9 日,法院发表了咨询意见。

巴以冲突历时久远、原因错综复杂,多方干预均未起到预想效果。当问题摆到国际法院面前时,瞬间吸引了来自世界各地的目光。在 2004 年 2 月 23 日至 25 日的庭审日,和平宫门前媒体云集,出于安全考虑,作为院长的史久镛暂时放弃私家车出行,改为专车接送。在距离国际法院 100 多米处,上百名以色列人在示威,有以色列人向记者和过往行人解释以色列修建“隔离墙”的原因,称这是“自卫措施”。但同时另一些以色列人在不远处抗议,他们抗议以色列政府修建“隔离墙”。根据海牙市的规定,上午是以色列人进行抗议和示威的时间,下午则归巴勒斯坦人。② 23 日的庭审法庭内部座无虚席,但因气氛紧张而显得异常安静。以色列因坚持国际法院没有管辖权而拒绝出席听证会,巴勒斯坦方则派出 20 多人的代表团出席。此外,阿拉伯国家联盟、伊斯兰会议组织以及来自十几个国家和地区的近百名代表出席了听证会,值得注意的是,美国和欧洲国家均未派出代表出席听证会。③ 上午

---

① Legal Consequences of the Construction of a Wall in the Occupied Palestinian Territory, Advisory Opinion, I. C. J. Reports 2004, p. 136.

② 吴云:《海牙开审“隔离墙”案》,载《环球时报》2004 年 2 月 25 日, http://www.people.com.cn/GB/paper68/11408/1029864.html,最后访问时间:2022 年 3 月 1 日。

③ 同上。

10 时,从新闻大厅的扩音器传出史久镛的声音:“诸位请坐,现在开庭……”宣告这场不同寻常的审判正式开始。[①] 法院最终顺利完成了三日的庭审,并于 7 月 9 日发表了详细的咨询意见。

法院首先确定了联合国大会有权提出咨询意见,并且其所提问题属于大会的职权范围。但大会该决议依旧遭到了以色列的反对,理由是隔离墙问题是安理会正在讨论的问题,联合国大会不得提出任何建议。[②] 法院对此作出了相应解释,虽然安理会就任何争端或局势行使职权时大会不得提出任何建议,但当安理会要求时,大会可以提出意见。法院还指出,如果安理会未能履行其首要责任,即维护世界和平与安全,大会即可审议此事,以便向会员国提出建议。针对隔离墙问题,安理会讨论要求以色列拆除定居点,其他国家均赞成,但美国投出否决票。安理会同时要求以色列拆除隔离墙,美国又投出否决票。这一棘手问题在安理会无法得到妥善解决,因此联合国大会可以通过特别会议提出意见,向国际法院提出咨询意见。法院进一步驳斥了隔离墙问题是政治问题不是法律问题因而无法由国际法院发表意见的观点,并针对相关法律问题发表了意见。

关于以色列在巴勒斯坦被占领土修建隔离墙的国际法合法性问题,法院首先考察了相关规则和事实,认定隔离墙的建造严重阻碍了巴勒斯坦人民行使其自决权,以色列违反了尊重这一权利的义务。同时,法院认为隔离墙的建造阻碍了巴勒斯坦被占领土上居民的迁徙自由及享有工作权利、健康权利、受教育权利以及适当生活水平权利的自由。法院还发现,隔离墙的建造趋向于改变巴勒斯坦被占领土的人口构成,因此以色列同时违反了国际人道法

① 吴云:《海牙开审“隔离墙”案》,载《环球时报》2004 年 2 月 25 日,http://www.people.com.cn/GB/paper68/11408/1029864.html,最后访问时间:2022 年 3 月 1 日。

② 根据《联合国宪章》第 12 条第 1 款规定:“当安全理事会对于任何争端或情势,正在执行本宪章所授予该会之职务时,大会非经安全理事会请求,对于该项争端或情势,不得提出任何建议。”

和人权法义务。出于对上述义务的违反,法院要求以色列必须立刻停止隔离墙的建造工程,并拆除在巴勒斯坦被占领土内的隔离墙,废除以色列为了修建隔离墙而通过的所有法律和法规。同时,以色列必须赔偿所有受到隔离墙建设影响的自然人和法人所遭受的损失。

咨询意见一出,便因其公正详实和富有责任感而震动国际社会,史久镛也被阿拉伯国家大使誉为“英雄”。国际法院的咨询意见虽然没有法律上的约束力,但却具有极高的权威性,正如我国外交部在例行新闻发布会上表示,希望这样的咨询意见能够有助于中东和平进程取得积极进展。而这一举世瞩目的案件的确得到了联合国大多数国家的赞同,也使法院声望达到了空前的地步。

### (三)塞尔维亚和黑山诉北约八国“使用武力的合法性案”:尘埃落定

2004 年的国际法院空前繁忙,久拖未决的塞尔维亚和黑山诉北约八国“使用武力的合法性案”①在这一年全部得到了解决。

1999 年 3 月 24 日,以美国为首的北约国家以人道主义为由,在未经联合国安理会授权的情况下开始对南斯拉夫联盟共和国(以下简称南联盟)进行了近 3 个月的空袭。1999 年 4 月 29 日,南联盟向国际法院针对 10 个国家,即比利时、加拿大、法国、德国、

① Legality of Use of Force (Serbia and Montenegro v. Belgium), Preliminary Objections, Judgment, I. C. J. Reports 2004, p. 279; Legality of Use of Force (Serbia and Montenegro v. Canada), Preliminary Objections, Judgment, I. C. J. Reports 2004, p. 429; Legality of Use of Force (Serbia and Montenegro v. France), Preliminary Objections, Judgment, I. C. J. Reports 2004, p. 575; Legality of Use of Force (Serbia and Montenegro v. Germany), Preliminary Objections, Judgment, I. C. J. Reports 2004, p. 720; Legality of Use of Force (Serbia and Montenegro v. Italy), Preliminary Objections, Judgment, I. C. J. Reports 2004, p. 865; Legality of Use of Force (Serbia and Montenegro v. Netherlands), Preliminary Objections, Judgment, I. C. J. Reports 2004, p. 1011; Legality of Use of Force (Serbia and Montenegro v. Portugal), Legality of Use of Force (Serbia and Montenegro v. United Kingdom), Preliminary Objections, Judgment, I. C. J. Reports 2004, p. 1307.

意大利、荷兰、葡萄牙、西班牙、英国和美国，分别提起了使用武力合法性的诉讼。同时，南联盟在针对比利时、加拿大、荷兰、葡萄牙、西班牙和英国的诉讼中，提出《国际法院规约》第 36 条第 2 款和 1948 年通过的《灭种公约》第 9 条①作为法院管辖权的依据。针对法国、德国、意大利和美国的诉讼，南联盟提出以《灭种公约》第 9 条和《国际法院规则》第 38 条第 5 款②作为法院管辖权的依据。同时，南联盟提出针对所有被告国采取临时措施的请求，以确保所有被告国“立即停止使用武力的行为，并避免任何使用或威胁使用武力的行为”。

法院于 1999 年 6 月 2 日针对所有临时措施的请求发布命令，针对诉西班牙和美国的两个案子法院予以驳回，理由是法院明显缺乏管辖权。针对其他八起案件，法院称其因缺乏初步管辖权而无权指示采取临时措施。对于法院的这一命令，当时作为参审法官的史久镛发表了不同意见（Dissenting Opinion）③。虽然法院认为基于南联盟宣布接受强制管辖的时间点（1999 年 4 月 25 日），国际法院缺少《国际法院规约》第 36 条第 2 款下的初步管辖权，这一结论使法院无法根据《国际法院规约》第 41 条第 1 款行使权力，向缔约方指示临时措施，但史久镛认为，以往的案例表明，争端事由是由一系列的要素（elements）组成，在所有要素组合在一起之前，不能说产生了争议。而在 4 月 25 日这一日之前，所有的要素都不存在。组成争端的要素仅在南联盟于 1999 年 4 月 29 日提出申请之日产生，在签署声明之前并不存在。尽管在声明之前，南联

① 《防止和惩治灭绝种族罪公约》第 9 条：“缔约国间关于本公约的解释、适用或实施的争端，包括关于某一国家对于灭绝种族罪或第三条所列任何其他行为的责任的争端，经争端一方的请求，应提交国际法院。”

② 《国际法院规则》第 38 条第 5 款：“当请求国有意以有待被告国表明的同意作为法院管辖权的根据，请求书应交该被告国。但该请求书不应登入案件总表，也不应采取任何程序行动，除非直到被告国同意法院对该案的管辖权。”

③ Legality of Use of Force (Yugoslavia v. Belgium), Dissenting Opinion by Judge Shi, Order of 2 June 1999, I. C. J. Reports 1999, p. 124.

盟已经向安理会指控北约对其非法使用武力,但这一指控也只能被认为组成争议的众多要素之一。法律争端仅在签署声明之后产生,因此法院管辖的时间条件在本案中得到了满足。

史久镛认为:"面对因在南斯拉夫境内使用武力而产生的生命和痛苦造成的人类悲剧的紧急情况,法院应该在其司法职能允许的范围内为维护国际和平与安全作出贡献。在'拉格朗案'中,法院应申请国的要求,在未听取被告国意见的情况下行使了《法院规则》第 75 条第 1 款所赋予的发布临时措施权力。而在南联盟情况更为迫切的情况下,法院却没有行使这一权力。令人遗憾的是,在最需要的时候,法院没有抓住机会为维护国际和平与安全作出应有的贡献。"①

2000 年 1 月,南联盟针对剩余八起案件提出诉状。2003 年 2 月 4 日,原告由南联盟改为"塞尔维亚和黑山"(以下简称塞黑)。2004 年 12 月 15 日,法院针对塞黑诉北约八国"使用武力的合法性案"分别作出判决。经过复杂而缜密的推理,法院最后得出结论,法院不具有管辖权。但法院同时指出,无论对争端是否有管辖权,涉案当事国均应对侵犯他国权利的行为承担责任。该判决作出时,史久镛已是国际法院的院长,判决最后的建议,是对国际法院应担之责的坚守。

### (四)十六年的非凡贡献

作为首位中国籍的国际法院院长,史久镛在他任期的三年内,凭借着扎实的国际法知识、判断是非的决断力、认清事实和驾驭法律的能力以及强大的威望和号召力,完美地履行了自己的职责,为国际法院带来了空前的影响力,为国际法的发展提供了众多经典判例。

---

① Legality of Use of Force (Yugoslavia v. Belgium), Dissenting Opinion by Judge Shi, Order of 2 June 1999, I. C. J. Reports 1999, p. 124.

院长任期结束后，史久镛已是 80 岁高龄，三年的高强度工作使他的偏头疼频频发作，医生警告他必须停止这种近乎疯狂的工作模式，但他偏偏是个“有工作便高兴”的人，即使是周末，也是在阅读案卷中度过。家人的担心、医生的警告以及身体敲响的警钟，都不足以阻挡他继续工作的脚步。但之后几次晕倒在办公室的经历使他不得不面对一个现实：他的身体真的吃不消了。在进行了心脏搭桥手术之后，史久镛向法院提出了辞呈。

2010 年 5 月，史久镛正式卸任国际法院法官，此时距离他的第二个法官任期结束还有不到两年的时间，而他已经在国际法院法官的岗位上辛勤工作了十六年。时任联合国秘书长潘基文向他送交了感谢信，赞誉他“致力于提升国际法院在和平解决国际争端中发挥的作用”，并为“推动国际法的执行和理解做出了巨大的贡献”，对国际法院做出了“非凡贡献”。

史久镛在任的十六年间，国际法院得到了长足的发展，但在他看来仍有可以加强的地方，比如应当提升发展中国家法官的比例，增加国际法院的工作语言。国际法院目前仍是欧美国家法官比例占多数，《国际法院规约》也是完全照搬国际联盟时期的规则，参与诉讼的律师也以西方国家律师为主。发展中国家能做的，就是尽快发展自己的国际法观点和惯例，并尽最大努力在世界范围内得到认可。史久镛担任院长期间，形成了很多极具影响力的司法判例，促进了多维度的国际法理论构建。在他担任法官期间，中国政府从未询问过他对某一案件的看法，其法官的独立性得到了充分的信任和尊重。而他也凭借个人的品德和能力，通过对法律的精妙阐述，清晰地表达了他对每个案件的立场和观点。让所有人，即使不同意他的观点，即使和他有过分歧，也对这位中国籍法官心生敬佩。

## 四、回到祖国

2010 年 1 月,史久镛携家人从荷兰阿姆斯特丹乘机飞到北京,回到了阔别已久的祖国。落地首都机场,外交部的人员前来迎接,并邀请史久镛继续在外交部担任职务。2010 年 6 月,时任外交部长杨洁篪送来了镶有国徽的聘书,聘请史久镛担任外交部终身法律顾问和国际法咨询委员会顾问。

作为顾问,很多事情史久镛其实可以不必亲力亲为,但认真做事的习惯和对国家利益的热忱,让他在这个岗位上一丝不苟、尽心尽力。“近年来,维护我国领土主权和海洋权益的工作日益突出。在国家利益面临错综复杂风险挑战的紧要关头,90 岁高龄的史久镛手拿放大镜,一字一句地研读数千页的材料,逐句逐段地审核文稿,用心血一点一滴凝成扎实管用的法律意见。尽管因意外腿部受伤,行动不便,他仍然坚持拄着拐杖前往办公地点。实在无法前往的情况下,也要以口述录音的方式将相关意见送给有关部门参考。”①

史久镛为国家和时代所做出的贡献,历史不会忘记。他的一生,获得过诸多荣誉和赞赏,但他最看重的,还是来自祖国和人民对他的评价。2018 年 12 月,史久镛获得了改革开放 40 周年杰出贡献奖,被授予“改革先锋”称号,获评“外交领域国家利益的忠实捍卫者”。作为外交部法律顾问,棘手的外交谈判中始终有他的身影,凭借扎实的国际法功底和灵活的谈判技巧出色地解决了众多难题,切实维护了国家利益。在十几年的国际法院法官生涯中,他也“以出色的工作捍卫了国际法基本原则,维护了国际法治与公平正义,赢得了国际社会高度认可和普遍赞誉,为国际法解释、适用

① 中央庆祝改革开放 40 周年表彰工作领导小组办公室编:《改革先锋风采录》,党建读物出版社 2019 年版,第 79 页。

与发展留下了浓墨重彩的中国印记，也成为中国人在权威国际司法机构具有重要影响力的杰出代表”。[①]

作为中国外交和法律界的杰出代表，史久镛经历了一个伟大的时代，在这个时代，中国从动荡走向法治，从落后走向崛起，从封闭走向开放。在这伟大的时代里，史久镛是一个见证者，更是一个建设者。他的故事，将会激励一代又一代的中国外交人和法律人，成为他们投身国际法事业、推动国际和平与正义的不竭动力。

① 中央庆祝改革开放40周年表彰工作领导小组办公室编：《改革先锋风采录》，第79页。

# 机 构 综 述

# 国际法院2022年司法工作新进展

王　佳*

在2022年度,国际法院(以下简称法院)作出大量判决和命令,体现了法院的强大活力。本年度,法院作出了多项判决,包括:对刚果民主共和国诉乌干达“刚果境内的武装冲突案”的赔偿问题所作判决、对尼加拉瓜诉哥伦比亚“加勒比海主权权利和海洋空间受侵犯的指控案”的实体问题所作判决、对智利诉玻利维亚“关于锡拉拉河水域地位和使用问题的争端案”的实体问题所作判决,以及对冈比亚诉缅甸“缅甸在《防止及惩治灭绝种族罪公约》的适用案”提出的初步反对意见所作判决。

法院还发布了19项命令,其中一项指示了临时措施,即在乌克兰诉俄罗斯“根据《防止及惩治灭绝种族罪公约》提出的灭绝种族指控案”中指示采取临时措施。其余各项命令涉及撤回、修改临时措施①和程序性问题。本文将介绍法院在2022年所作的判决和临时措施命令。

* 外交学院国际法系副教授。

① 撤销、修改临时措施的命令包括以下几项:第一,在阿塞拜疆诉亚美尼亚“《消除一切形式种族歧视公约》的适用案”对修改2021年12月7日命令中的临时措施的请求所作命令;第二,对德国诉意大利“国家的管辖豁免和对国有财产的限制措施问题案”撤回指示临时措施请求一事记录在案;第三,对赤道几内亚诉法国“关于返还在刑事诉讼中没收的财产的请求案”撤回指示临时措施请求一事记录在案。

## 一、刚果民主共和国诉乌干达“刚果境内的武装冲突案”的赔偿问题判决①

1999 年 6 月 23 日,刚果民主共和国[刚果(金)]向法院提起了针对乌干达的诉讼,称“乌干达公然违反了《联合国宪章》和《非洲统一组织宪章》”。乌干达在 2001 年 4 月 20 日提交的辩诉状中提出反诉。法院在 2005 年 12 月 19 日判决中认定,乌干达在刚果领土上从事了针对后者的军事活动、侵占伊图里(Ituri)地区,并积极向刚果(金)领土上的非正规部队提供军事、后勤、经济和财政支持,违反了在国际关系中不使用武力的原则和不干涉原则。法院还认定,乌干达武装部队成员在刚果(金)领土上的行为违反了国际人权法和国际人道法规定的义务。此外,乌干达在刚果(金)领土上的掠夺、抢占和盗抢自然资源的行为违反了其根据国际法对刚果(金)所负的义务。针对乌干达的反诉,法院认定,刚果(金)不当对待或未能保护《维也纳外交关系公约》所保护的人员和财产,违反了其根据该公约对乌干达所负的义务。因此,法院认定,双方当事国均有义务就其造成的损害向对方作出赔偿。法院判定,如果双方不能达成协议,赔偿问题将由法院裁断。为此目的,法院保留了此案的后续程序。② 应刚果(金)的请求,法院于 2015 年 7 月 1 日决定重新启动本案有关赔偿问题的诉讼程序。2022 年 2 月 9 日,法院就赔偿问题作出判决。

### (一)一般考虑

1. 案件背景

法院指出本案的背景对分析事实尤其重要。首先,本案涉及非洲大陆发生的最复杂和最致命的武装冲突;其次,本案的特点是

① 如无特别注释,本案资料均来自 Armed Activities on the Territory of the Congo (Democratic Republic of the Congo v. Uganda), Reparations, Judgment of 9 February 2022。

② 《国际法院的报告(2021 年 8 月 1 日至 2022 年 7 月 31 日)》,A/77/4,第 21 页,第 73 段。

乌干达违反了国际法最基本的原则和规则,即不使用武力和不干涉原则、国际人道法和基本人权;最后,从冲突的发生到诉讼的当前阶段已经过去了大约 20 年,这使得确定事件进程以及法律定性的任务更加困难。

2. 适用于赔偿评估的原则和规则

法院指出,双方对乌干达在两种情况下的赔偿义务的范围存在分歧:第一,在乌干达占领下的伊图里地区;第二,在伊图里之外的刚果(金)其他地区,包括乌干达和卢旺达武装部队同时行动的基桑加尼(Kisangani)。

(1)伊图里地区

法院指出,双方对乌干达对刚果(金)的赔偿是否应扩大到第三方在伊图里地区造成的损害持相反意见。法院回顾了双方的论点,认为伊图里地区作为被占领领土的地位直接关系到证据问题和必要的因果关系。作为一个占领国,乌干达有义务保持警惕,防止在被占领土上的其他行为者,包括为自身利益而行事的反叛团体,侵犯人权和违反国际人道法。鉴于这一义务,法院在 2005 年判决中认为,乌干达的责任在于未能采取措施确保在伊图里地区尊重人权和国际人道法。因此,乌干达应证明,在伊图里发生的损害不是由于乌干达没有履行其作为占领国的义务而造成的。在没有相关证据的情况下,乌干达应就损害进行赔偿。

(2)伊图里之外地区

法院 2005 年判决认定,伊图里之外地区的叛乱团体的活动不受乌干达控制,因而不能归责于乌干达。不过,乌干达为叛乱团体提供了支持,从而违反了国际法上的特定义务。法院在处理赔偿问题时会考虑这一点。

3. 国际不法行为与损害结果之间的因果关系

法院此前的判例指出,只有在不法行为与损害之间存在充分直接和确定的因果关系的情况下才能获得赔偿。不过,因果关系的要求可能因所违反的初级规则以及损害的性质和范围而有所不同。特别是在战争造成损害的情况下,因果关系的证明可能存在困难。法院应根据事实和证据判定因果关系的存在。在本案中,法院将区分伊图里及之外地区,分别进行判定。

4. 赔偿的性质、形式和数量

根据法院此前的判例,应对国际不法行为进行充分赔偿。赔偿的形式可以是赔偿金,若恢复原状不具可能。赔偿应为补偿性而非惩罚性。在证据所示的可能性范围内,法院可以总体赔偿的形式裁决赔偿,并考虑公平因素。

5. 证据问题

(1)举证责任

"谁主张,谁举证"是一项一般原则。不过法院认为这一原则并非绝对适用于所有情况,而应由法院根据争议的主题和性质进行判断。对于伊图里地区,法院认为应由乌干达承担举证责任,因为乌干达占领了该地区,其应证明该地区遭受的损害非因其未履行占领当局义务而造成。对于伊图里之外地区,法院认为应由提出主张者举证。

(2)证明标准和确定程度

法院认为,刚果(金)所提交的证据绝大部分都不能达到精确确定赔偿额度的标准。鉴于本案武装冲突的背景,法院必须考虑其他来源的证据,特别是联合国机构作出的一些调查报告。法院也考虑了其所指定的专家所提供的报告。在本案的情况下,鉴于所涉事实发生以来的背景和时间,法院认为,它必须在证据所示的可能性范围内评估损害的存在和程度,对损害的存在和程度的评估必须基于合理的估计,同时考虑特定的事实证明是否获得一个以上证据来源的支持。

### (二)刚果(金)主张的金钱赔偿

1. 人身伤害

针对乌干达的国际不法行为造成的人身伤害,刚果(金)提出了总数至少为4,350,421,800美元的赔偿。刚果(金)将其主张依据分为五类:死亡、受伤和伤残、强奸和性暴力、招募和部署儿童兵以及人口流离失所。法院认定,乌干达不能证明刚果(金)主张的在伊图里发生的人身伤害不是由其未能履行占领当局义务造成的。鉴于证据不能准确提供受伤害人数等情况,法院认为对人身伤害有必要判决一个总体赔偿,金额为225,000,000美元。

2. 财产损失

在2005年判决中,法院认定乌干达对伊图里及之外地区的财产损失负有责任。乌干达人民国防军摧毁了村庄和平民的建筑物,未能区分军事和民用目标。本案中,法院注意到,关于乌干达造成的财产损失的现有证据十分有限,但测绘报告至少证实了乌干达对财产造成的许多损害。考虑到所有现有证据、关于财产损害价值分配的建议、判例和其他国际机构的声明,法院判决财产赔偿总额为40,000,000美元。

3. 自然资源的损害

2005年判决认定乌干达对刚果(金)境内特定自然资源的损害负有责任。本案中,刚果(金)请求法院判决乌干达为此赔偿1,043,563,809美元,这一总额包括对矿产、咖啡、木材、植被、动物等的损害。根据其所收到的证据和专家报告,法院认为刚果(金)境内的大量自然资源在1998~2003年被掠夺和开采。对于伊图里地区,乌干达对所有损害负责;对于伊图里之外地区,相当数量的损害应归责于乌干达。但是所有证据都无法证明乌干达所应负责的损害的具体数量。考虑到本案的特殊情况,法院判决对自然资源损害的总体赔偿额为60,000,000美元。

4. 宏观经济损失

2005年判决未涉及宏观经济损失问题。鉴于刚果(金)未能证明乌干达的国际不法行为和指称的宏观经济损失之间的充分的、直接的、特定的联系,法院拒绝了有关宏观经济损失的主张。

### (三)刚果(金)所主张的其他赔偿

刚果(金)指出赔偿金只是赔偿的一种形式,不能完全弥补对刚果(金)和其人民所造成的损害。因此,其主张乌干达还应给予以下赔偿:第一,对乌干达人民国防军的军官和士兵进行刑事调查和起诉;第二,为促进伊图里内两个地区的和解建立一项金额为25,000,000 美元的基金;第三,为刚果(金)所遭受的非物质损害赔偿一亿美元。

对于刚果(金)所主张的第一项赔偿,法院指出 2005 年判决认定乌干达部队从事了严重违反日内瓦公约的行为,因而乌干达有义务调查、起诉和惩罚从事有关行为的人,法院无需再指示具体的措施。对于第二项赔偿,法院认为伊图里地区的有形损害将通过刚果(金)所主张的赔偿金弥补,但法院依然邀请各方基于善意合作解决伊图里地区不同族群之间的矛盾。对于第三项赔偿,法院认为刚果(金)所称的非物质损害已经包括在法院所判决的总体赔偿中。

### (四)判决的赔偿总金额

法院判决的总体赔偿金额是 325,000,000 美元,其中包括人身损害的 225,000,000 美元、财产损失的 40,000,000 美元、自然资源损害的 60,000,000 美元。赔偿应通过每年分期付款的方式给付,每年的赔偿额是 65,000,000 美元,在 2022 ~ 2026 年每年的 9 月 1 日付款。如果延迟付款,则应按照年利率 6% 赔偿利息。

### (五)执行部分

法院判决的执行部分内容如下:

1. 以 12 票对 2 票,确定人身损害赔偿额为 225,000,000 美元;

2. 以 12 票对 2 票,确定财产损失赔偿额为 40,000,000 美元;

3. 一致认定与自然资源损害有关的赔偿额为 60,000,000 美元;

4. 以 12 票对 2 票,裁定应从 2022 年 9 月 1 日起分五次支付应付总额,每年支付 65,000,000 美元;

5. 一致裁定如果付款出现延误,则从分期付款到期日第二日起,对任何逾期未付款计收 6% 的判决后利息;

6. 以 12 票对 2 票,驳回刚果(金)关于由乌干达承担本案费用的主张;

7. 一致驳回刚果(金)提出的其他任何主张。

## 二、尼加拉瓜诉哥伦比亚"加勒比海主权权利和海洋空间受侵犯的指控案"的实体问题判决①

法院在 2012 年 11 月 19 日对尼加拉瓜诉哥伦比亚"领海和海洋争端案"做出判决(以下简称 2012 年判决),划定了两国海洋边界。2013 年 11 月 26 日,尼加拉瓜向法院再次提起了针对哥伦比亚的诉讼,争端涉及 2012 年判决宣布的尼加拉瓜的主权权利和海洋区域所受侵犯,以及哥伦比亚威胁使用武力以实施侵权行为。尼加拉瓜请求法院裁断并宣布哥伦比亚违反了多项国际义务,且有义务对国际不法行为造成的损害进行充分赔偿。法院于 2022 年 4 月 22 日对案件实体问题作出了判决。

### (一)案件背景

本案所涉的海域位于加勒比海。2012 年判决判定哥伦比亚对部分岛屿拥有主权,并且划定了大陆架和专属经济区的单一海洋边界。但边界东部的部分点位的准确位置仍无法确定,因为尼

① 如无特别注释,本案资料均来自 Alleged Violations of Sovereign Rights and Maritime Spaces in the Caribbean Sea (Nicaragua v. Colombia), Judgment of 21 April 2022。

加拉瓜未告知联合国秘书长其基线的位置。在本案中,尼加拉瓜指控哥伦比亚在其专属经济区内侵犯了其主权权利和管辖权。尼加拉瓜称,在一系列涉及哥伦比亚海军军舰和飞机的事件中,哥伦比亚干涉了悬挂尼加拉瓜国旗或经尼加拉瓜许可的船舶的捕鱼和海洋科研活动;哥伦比亚还一再指令其海军舰队和军用飞机干扰尼加拉瓜海军在本国水域中执行任务;尼加拉瓜还指出,哥伦比亚向其国民和第三国人发放在尼加拉瓜专属经济区内捕鱼和开展海洋科研活动的许可;尼加拉瓜还指控,哥伦比亚许可和授予包含尼加拉瓜专属经济区部分区域的油气区块,侵犯了其勘探和开发自然资源的专属主权权利。尼加拉瓜还反对哥伦比亚于 2013 年 9 月 9 日通过的第 1946 号总统法令,该法令建立了一个整体毗连区(integral contiguous zone)。尼加拉瓜称该区域覆盖了尼加拉瓜的部分专属经济区。

在针对尼加拉瓜的反诉中,哥伦比亚首先提出圣安德鲁斯群岛(San Andrés Archipelago)居民享有在该岛领海以外的传统渔场的手工捕鱼权。尼加拉瓜禁止圣安德鲁斯群岛居民进入传统渔场侵犯了他们的传统捕鱼权。其次,哥伦比亚质疑尼加拉瓜于 2013 年 8 月 19 日通过的第 33 - 2013 号法令的合法性,法令确定了尼加拉瓜的直线基线。哥伦比亚称该基线扩大了尼加拉瓜的内水、领海、毗连区、专属经济区和大陆架的范围,从而影响了哥伦比亚在加勒比海的权利和管辖权。

### (二)法院属时管辖权的范围

在 2016 年的初步反对意见判决中,法院认定其管辖权基础来自《波哥大公约》(the Pact of Bogotá)第 31 条,由此受理了本争端。法院目前所面对的问题是对该争端的管辖权能否延伸到 2013 年 11 月 27 日(《波哥大公约》对哥伦比亚共和国停止生效之日)后发生的事件,因为在该日期后《波哥大公约》对哥伦比亚不具效力。

法院认为,其判例并未表明,在提起诉讼后管辖权力的失效会使法院的属时管辖权仅限于管辖权失效之前的事实。在涉及对提交中请后提出的主张或请求作出裁决的案件中,法院在确定属时管辖权范围时,以“连续性”和“关联性”为标准。在本案中,2013年11月27日后发生的事件主要关于哥伦比亚海军舰队和军用飞机干涉尼加拉瓜的捕鱼和海洋科研活动等,这些事件与2013年11月27日以前发生的事件具有相同性质,它们都引发一个问题,即哥伦比亚是否违反了尊重尼加拉瓜在其专属经济区内权利的习惯国际法义务。因此,法院对上述事件具有属时管辖权。

## (三)被指控的哥伦比亚对尼加拉瓜在其海域内权利的侵犯

1. 被指控的哥伦比亚在尼加拉瓜海域内的活动

法院指出,有关沿海国和其他国家在专属经济区内权利与义务的习惯国际法规则反映在《联合国海洋法公约》的一些条款中,包括第56、58、61、62条和第73条。经分析,法院认为哥伦比亚的以下活动违反了尊重尼加拉瓜在专属经济区内的主权权利和管辖权的义务:第一,干扰悬挂尼加拉瓜国旗或经尼加拉瓜许可的船舶在尼加拉瓜专属经济区内的捕鱼和海洋科研活动,以及尼加拉瓜军舰开展任务活动;第二,声称在尼加拉瓜专属经济区执行养护措施;第三,授权在尼加拉瓜专属经济区内从事捕鱼活动。哥伦比亚的不法行为将导致国际法上的责任。

2. 哥伦比亚的整体毗连区

法院指出,《联合国海洋法公约》第33条反映有关毗连区的习惯国际法,既包括沿海国在毗连区所能行使的权利,也包括毗连区的范围界限。2012年判决未解决两国的毗连区划界问题。毗连区和专属经济区由两种不同的制度调整。一般而言,一国在特定地区建立毗连区并不与另一国在同一地区的专属经济区的存在抵触。这两个区域可能重叠,但在其中可以行使的权力和地理范围并不相同。在行使权利和义务时,每国都应适当顾及其他国家的权利和义务。因此,法院认定哥伦比亚有权根据习惯国际法在圣安德鲁斯群岛外建立毗连区。

对于整体毗连区的地理范围,法院认为哥伦比亚无权将其毗连区的宽度扩展到24海里以外,而哥伦比亚划定的整体毗连区宽度超过了24海里,违反了习惯国际法。至于在整体毗连区内的权力范围,哥伦比亚第1946号总统法令包含了安全方面的权力,但法院认为在这方面的权力超出了习惯国际法规定的范围。在哥伦比亚的整体毗连区与尼加拉瓜的专属经济区重叠的部分,前者侵犯了尼加拉瓜在专属经济区内的主权权利和管辖权,哥伦比亚有义务使其第1946号总统法令符合国际法的规定。

3. 结论和救济

法院作出结论认为,哥伦比亚的行为构成了国际不法行为,将引发国家责任。哥伦比亚有义务立即停止不法行为。由于尼加拉瓜方面不能提供损害方面的证据,所以其有关金钱赔偿的请求被驳回。

## (四)哥伦比亚提起的反诉

1. 指控尼加拉瓜侵犯了圣安德鲁斯群岛居民进入和利用传统渔场的手工捕鱼权

法院认定,由于哥伦比亚未能提供证据证明圣安德鲁斯群岛上的居民在尼加拉瓜专属经济区中的传统手工捕鱼权,也不能证明尼加拉瓜接受或承认过传统捕鱼权,其反诉请求应被驳回。不过,尼加拉瓜提出其愿意与哥伦比亚达成协议以保障某些居民进入其专属经济区捕鱼,法院认为解决传统捕鱼权问题的最佳方式是达成双边协议。

2. 指控尼加拉瓜使用直线基线侵犯了哥伦比亚的主权和海洋空间

法院认为,《联合国海洋法公约》第7条第1款体现了直线基线方面的习惯国际法，该款规定了使用直线基线的两项地理条件。然而，尼加拉瓜不能证明其满足上述两项条件中的任何一项，因此尼加拉瓜使用直线基线违反了习惯国际法，也影响了哥伦比亚的海洋权利。

## （五）执行部分

法院判决的执行部分内容如下：

1. 以 10 票对 5 票，认定法院的管辖权依据为《波哥大公约》第 31 条，有权对本争端作出裁决，包括尼加拉瓜共和国基于在 2013 年 11 月 27 日之后发生的事件的请求；

2. 以 10 票对 5 票，认定通过干涉在尼加拉瓜专属经济区内悬挂尼加拉瓜国旗或经尼加拉瓜许可船舶的捕鱼和海洋科研活动以及尼加拉瓜海军军舰的行动，以及声称执行养护措施，哥伦比亚侵犯了尼加拉瓜在此海域内的主权权利和管辖权；

3. 以 9 票对 6 票，认定通过授权在尼加拉瓜专属经济区内的捕鱼活动，哥伦比亚侵犯了尼加拉瓜在此海域内的主权权利和管辖权；

4. 以 9 票对 6 票，认定哥伦比亚必须立刻停止第 2 点和第 3 点所涉的行为；

5. 以 13 票对 2 票，认定哥伦比亚通过 2013 年 9 月 9 日的第 1946 号总统法令所建立的整体毗连区不符合习惯国际法；

6. 以 12 票对 3 票，认定哥伦比亚共和国应通过自选的方式，使第 1946 号总统令中涉及 2012 年判决宣布属于尼加拉瓜的海域的规定符合习惯国际法；

7. 以 12 票对 3 票，认定尼加拉瓜通过 2013 年 8 月 19 日第 33－2013 号法令确立的直线基线不符合习惯国际法；

8. 以 14 票对 1 票，拒绝双方提出的其他请求。

## 三、智利诉玻利维亚“关于锡拉拉河水域地位和使用问题的争端案”实体问题判决①

2016 年 6 月 6 日,智利向法院提起对玻利维亚的诉讼。智利指出,锡拉拉河是国际水道,然而,从 1999 年起玻利维亚一直否认这一地位,并宣称对该河水域拥有专属权利。因此,智利请法院裁断并宣布锡拉拉河是国际水道,其使用问题应遵循习惯国际法,还请法院指明由此产生的双方当事国的权利义务。另外,智利还请法院裁断并宣布,有关可能影响锡拉拉河水域或影响智利对该河水域的利用活动,玻利维亚违反了通知智利并与之协商的义务。玻利维亚提出了三项反诉,请求法院裁断并宣布玻利维亚对本国领土上的锡拉拉河人工水道河引流系统拥有主权。法院于 2022 年 12 月 1 日就本案实体问题作出判决。

### (一)案件背景

锡拉拉河的源头在玻利维亚境内。它发源于南部和北部湿地的地下水泉,位于玻利维亚波托西省,距与智利的共同边界东北约 0.5 ~3 公里,海拔约 4300 米。沿着从玻利维亚向智利倾斜的自然地形梯度,由地表水和地下水组成的锡拉拉河穿越玻利维亚和智利之间的边界。在智利境内,锡拉拉河在智利安托法加斯塔地区继续向西南流动,直到在距离边界约 6 公里处排入圣佩德罗河。

多年来,两国都已就锡拉拉河水域的使用授予了特许权。锡拉拉河水域的使用始于 1906 年,当时安托法加斯塔(智利)和玻利维亚铁路有限公司(以下简称公司)从智利政府获得了一项特许权,以增加智利港口城市安托法加斯塔的饮用水流量。1908 年,

---

① 如无特别注释,本案资料来自 Dispute over the Status and Use of the Waters of the Silala (Chile v. Bolivia), Judgment of 1 December 2022。

公司也从玻利维亚政府获得了使用权，以为运营安托法加斯塔－拉巴斯铁路的机车提供蒸汽机。公司又于1909年在玻利维亚境内修建了一个进水口（1号进水口），距离边界约600米。1910年，从1号进水口到智利玻利维亚铁路有限公司水库的管道正式投入运营。1928年，公司在玻利维亚修建了航道。智利声称，这样做是出于卫生原因，以防止昆虫繁殖，避免饮用水污染。玻利维亚则认为其目的是人为地抽取水，增加锡拉拉河进入智利的地表流量。1942年，在距离边界约40米的智利境内，又修建了第二个进水口和管道。1996年5月7日，玻利维亚外交部长发布了一份新闻稿，回应玻利维亚某些媒体关于智利将锡拉拉河水域改道的指控。他表示，正如混合边界委员会在1992年、1993年和1994年进行的实地工作所证实的那样，“没有改道”。然而，部长指出，他将把这个问题列入双边议程。

1997年5月14日，玻利维亚地方当局撤销并废除了1908年授予公司的特许权。一项最高法令批准了这一决定，其中提到锡拉拉河水域使用不当的证据。1999年，锡拉拉河水域的性质已成为双方争论的焦点。双方试图达成一项双边协议，但没有成功。

### （二）争端的存在与范围

智利援引《波哥大公约》第31条为法院对本案管辖权的依据。鉴于除智利对玻利维亚的第一项反诉外，两国对法院的管辖权没有争议，法院认定其具有对本案的管辖权。有观点提出，当事方提出的某些请求没有对象，或只是提出了假设性问题，法院对此提出了一些一般性意见。

法院指出，在本案中，许多请求密切相关。一项特定请求没有对象的结论并不妨碍法院在审查其他有待裁决的请求的过程中处理与此类请求相关的某些问题。法院还回顾，其职能是“陈述法律，但只有在裁决存在涉及双方法律利益冲突的实际争议的具体案件中，法院才能作出判决”。法院重申，“法院不应就假设情况确定适用法律”。

### (三)智利的请求

1. 请求一:锡拉拉河作为国际水道由习惯国际法调整

智利和玻利维亚不是 1997 年《国际水道的非航行利用法公约》的缔约国,也不是有关锡拉拉河非航行利用的任何条约的缔约国。因此,两国间有关锡拉拉河的权利与义务的争端只能通过习惯国际法解决。法院注意到,在诉讼过程中,两国对锡拉拉水域的法律地位和习惯国际法适用的规则的立场趋于一致。鉴于两国都同意锡拉拉河的法律地位是国际水道,有关国际水道非航行利用的习惯国际规则适用于锡拉拉河的整体,法院认为智利的第一项请求没有对象,因此法院将不予裁断。

2. 请求二:智利有权公平合理地利用锡拉拉河水系的水

法院注意到,在诉讼过程中,两国同意公平合理利用的原则适用于锡拉拉河的全部水域,无论是自然流动的部分还是人工增强的部分。根据习惯国际法,两国都有权公平合理地利用锡拉拉河水。法院认为智利的第二项请求没有对象,因此法院将不予裁断。

3. 请求三:目前智利对锡拉拉河水系的使用的权利

在诉讼过程中,两国对请求三达成了一致意见。智利也提出其不反对玻利维亚拥有根据国际法对其领土上的河流分道和恢复湿地的权利。因此,法院认为智利的第三项请求没有对象,法院将不予裁断。

4. 请求四:玻利维亚有义务防止和控制其在锡拉拉河流域附近活动造成的损害

法院注意到,两国同意它们都有根据习惯国际法预防跨界损害的义务,而且认为该义务适用于锡拉拉河全部水域,不论是自然流动的部分还是人工增强的部分。在诉讼过程中,两国对智利的第四项请求所涉方面达成了一致。因此,法院认为智利的第四项请求没有对象,法院将不予裁断。

5. 请求五：玻利维亚有就可能对锡拉拉河水域产生不利影响的措施通知和协商的义务

两国对智利的第五项请求存在法律和事实方面的分歧。分歧主要体现为：第一，习惯国际法关于国际水道的非航行利用方面的通知和协商义务的范围以及适用门槛；第二，玻利维亚在策划和开展某些活动时是否遵守了这项义务。对于第一项分歧，法院认为，1997 年《国际水道的非航行利用法公约》第 12 条没有反映出与国际水道有关的习惯国际法规则。其结论是，根据习惯国际法，每个沿岸国都必须就可能对他国造成重大损害的任何计划、活动通知另一沿岸国并与其协商。对于第二项分歧，法院认为，如果确定玻利维亚在锡拉拉河附近开展的任何活动对智利构成重大损害的风险，法院只需考虑玻利维亚是否根据习惯法对相关情况和重大跨界损害风险进行了客观评估。分析了事实情况后，法院认定，玻利维亚没有违反习惯国际法规定的通知和咨询义务，因此必须驳回智利的第五项请求。

## （四）玻利维亚的反诉

1. 反诉的可受理性

法院认为，在本案中，反诉在事实上和法律上都与主要请求的主旨直接相关。从两国提交的材料中可以清楚地看出，它们的主张构成了同一事实复合体的一部分。同样，双方各自的主张涉及两国之间关于锡拉拉河的法律关系中习惯规则的确定和适用。法院还认为，玻利维亚的反诉不只是作为对智利的请求的辩护，而是提出了单独的主张。因此，法院得出结论认为，《国际法院规则》第 80 条第 1 款的要求得到满足，并可根据案情审理玻利维亚的反诉。

2. 第一项反诉：玻利维亚声称对其境内安装的人工渠道和排水设备拥有主权

法院指出，两国对于玻利维亚在其领土上建造、维护或拆除基础设施的权利必须根据习惯国际法的适用规则行使没有分歧。双方还同意,以下规则适用于锡拉拉河:沿岸国公平合理利用的权利、尽职尽责避免对其他沿岸国造成重大损害、遵守合作的一般义务以及所有程序性义务。如果锡拉拉河上安装的基础设施被拆除,双方未来可能会就履行这些义务发表不同意见。然而,这种可能性并没有改变这样一个事实,即智利不质疑第一项反诉的主要方面——玻利维亚维护或拆除其领土内航道的权利。鉴于两国不存在争议,法院认为玻利维亚的第一项反诉没有对象,因此法院将不予裁断。

3. 第二项反诉:玻利维亚声称对在其境内设计、加强或生产的锡拉拉河“人工”水流拥有主权

法院注意到,在诉讼过程中,玻利维亚对于该项反诉的措辞和立场发生了变化,其不再反对锡拉拉河作为国际水道的地位,并承认习惯国际法适用于全部水域。而且玻利维亚赋予“主权”(sovereign)一词的含义在实质上与智利承认玻利维亚对其境内安装的基础设施拥有的“主权权利”(sovereign right)并无不同。此外,法院认为玻利维亚的该项反诉的前提是智利对锡拉拉河目前的水流享有既得权利,但是智利目前并不宣称其享有既得权利,也认为玻利维亚对其境内安装的基础设施拥有“主权权利”。鉴于两国不存在争议,法院认为玻利维亚的第二项反诉没有对象,因此法院将不予裁断。

4. 第三项反诉:据称将来有必要达成协议解决智利对锡拉拉河人工加强水流的引流问题

对于该项反诉,法院认为其不应处理假设性的问题,而该诉求不涉及双方的真实争议。因此,法院认为玻利维亚的第三项反诉必须被驳回。

## (五)执行部分

法院判决的执行部分内容如下:

1. 以 15 票对 1 票，认定智利的第一项请求没有对象，因此法院将不予裁断；

2. 以 15 票对 1 票，认定智利的第二项请求没有对象，因此法院将不予裁断；

3. 以 15 票对 1 票，认定智利的第三项请求没有对象，因此法院将不予裁断；

4. 以 14 票对 2 票，认定智利的第四项请求没有对象，因此法院将不予裁断；

5. 一致，决定驳回智利的第五项请求；

6. 以 15 票对 1 票，认定玻利维亚的第一项反诉没有对象，因此法院将不予裁断；

7. 以 15 票对 1 票，认定玻利维亚的第二项反诉没有对象，因此法院将不予裁断；

8. 一致，决定驳回玻利维亚的第三项反诉。

## 四、冈比亚诉缅甸“《防止及惩治灭绝种族罪公约》的适用案”初步反对意见判决[①]

2019 年 11 月 11 日，冈比亚向法院提起对缅甸的诉讼，指控其违反《防止及惩治灭绝种族罪公约》。冈比亚请求法院认定并宣布缅甸违反了《防止及惩治灭绝种族罪公约》所规定的义务，必须立即停止国际不法行为，必须向罗兴亚人群体中的受害者履行赔偿义务，必须承诺并保证国际不法行为不再发生。2021 年 1 月 20 日，缅甸对法院管辖权和冈比亚请求书的可受理性提出初步反对意见。法院于 2022 年 7 月 22 日就缅甸所提初步反对意见作出判决。

---

① 如无特别注释，本案资料来自 Application of the Convention on the Prevention and Punishment of the Crime of Genocide (The Gambia v. Myanmar), Preliminary Objections, Judgment of 22 July 2022。

## (一)案件背景

法院注意到,冈比亚和缅甸都是《防止及惩治灭绝种族罪公约》的缔约国,并且未对该公约第 9 条提出保留。第 9 条内容如下:缔约国间关于本公约的解释、适用或实施的争端,包括关于某一国家对于灭绝种族罪或第 3 条所列任何其他行为的责任的争端,经争端一方的请求,应提交法院。缅甸对法院管辖权和请求书的可受理性提出了四项初步反对意见,但法院将不依序分析。

## (二)冈比亚是不是本案的"真实申请者"(real applicant)

在第一项初步反对意见中,缅甸称法院不具有管辖权或请求书不可受理,原因是本案的"真实申请者"是伊斯兰合作组织(Organization of Islamic Cooperation),其根据《国际法院规约》第 34 条第 1 款不能成为法院的当事方。

1. 属人管辖权

法院指出其属人管辖权基于《国际法院规约》和《联合国宪章》。《国际法院规约》第 34 条第 1 款规定,"在法院得为诉讼当事国者,限于国家";第 35 条第 1 款规定,"法院受理本规约各当事国之诉讼"。《联合国宪章》第 93 条第 1 款规定,"联合国各会员国为国际法院规约之当然当事国"。冈比亚是联合国的会员国,因此是规约的当然当事国。

缅甸称冈比亚在本案中担任了伊斯兰合作组织的"机构、代理人或委托人",后者才是本案真正的当事方。法院指出,冈比亚在本案中依其国名,作为《国际法院规约》和《防止及惩治灭绝种族罪公约》的缔约国提起诉讼。冈比亚指称其与缅甸之间存在有关《防止及惩治灭绝种族罪公约》的争端。尽管一国可能接受了某一政府间国际组织的建议,或寻求和接受了该组织或成员的财政和政治支持,并不能减损其作为法院当事方的地位。而且,冈比亚的动机问题与法院的管辖权无关。

2. 可受理性

法院指出,其只有在特殊的情况下才依据滥用程序的理由驳回基于有效管辖权依据的请求。法院指出,没有证据显示冈比亚的行为等同于滥用程序,且在本案中,法院也没有发现其他不可受理的理由,要求法院拒绝行使其管辖权。

综上,法院驳回了缅甸的第一项初步反对意见。

## (三)双方之间是否存在争端

在第四项初步反对意见中,缅甸提出由于双方之间在提起申请书之时不存在争端,法院不具有管辖权或请求不可受理。

法院指出,争端的存在是其管辖权依据,即《防止及惩治灭绝种族罪公约》第 9 条的前提条件。根据判例法,"争端"是当事方有关法律或事实的分歧,法律观点或利益的冲突,必须显示出一方断然地反对另一方的主张。

法院认为,两国于 2018 年至 2019 年在联合国大会的声明显示出了它们对于缅甸对待罗兴亚人是否符合其根据《防止及惩治灭绝种族罪公约》的义务有不同意见。此外,冈比亚于 2019 年 10 月 11 日向缅甸常驻联合国代表团发出的照会明确表达了双方之间存在不同意见,且具体表达了法律上的观点。

因此,法院认定双方存在关于《防止及惩治灭绝种族罪公约》解释、适用和履行方面的争端,缅甸的第四项初步反对意见应被驳回。

## (四)缅甸对《防止及惩治灭绝种族罪公约》第 8 条的保留

在第三项初步反对意见中,缅甸指出冈比亚不能根据《防止及惩治灭绝种族罪公约》第 8 条诉诸法院,因而法院不具有管辖权或请求不可受理。该公约第 8 条规定,"任何缔约国得提请联合国的主管机关遵照联合国宪章,采取其认为适当的行动,以防止及惩治灭绝种族的行为或第三条所列任何其他行为"。缅甸于 1956 年 3

月 14 日提交批准书时,批准文件中载有以下内容:对于第 8 条,缅甸作出保留,该条不应适用于缅甸。缅甸认为"联合国的主管机关"包括法院,所以本案中冈比亚不能利用法院。

依据习惯国际法的条约解释规则,法院认为从第 8 条的通常意义来看,该条款不适用于诉诸法院的问题。因此,缅甸的保留不影响法院的管辖权和请求的可受理性,法院认为缅甸的第三项初步反对意见应被驳回。

## (五)冈比亚在法院提起诉讼的资格

在第二项初步反对意见中,缅甸指出由于冈比亚不具诉讼资格,其请求不具有可受理性。缅甸提出,在本案中冈比亚不是受害国,也不是特别受影响的国家。孟加拉国才是特别受影响的国家,因为其是缅甸的邻国且接收了相当数量的所指称的受害者。

法院回顾了其在"对《防止及惩治灭绝种族罪公约》的保留咨询意见案"中对该公约缔约国之间法律关系的解释:在这种公约中,缔约国没有自己的任何利益;它们只有一个共同利益,即实现那些崇高的目标,而这些目标正是公约存在的理由。这种共同利益意味着任何缔约国对该公约的所有其他缔约国都负有义务;它们是对一切义务,因为每个缔约国在任何特定情况下都有遵守这些义务的利益。因此,该公约的任何缔约国都可以援引另一缔约国的责任,包括通过向法院提起诉讼,以确定据称没有履行该公约规定的对所有缔约国的义务,并结束这种不履行行为。所以,法院认为,作为该公约的缔约国,冈比亚有资格提起对缅甸的诉讼,缅甸的第二项初步反对意见应被驳回。

## (六)执行部分

法院判决的执行部分内容如下:

1. 一致驳回缅甸提出的第一项初步反对意见;
2. 一致驳回缅甸提出的第四项初步反对意见;

3. 一致驳回缅甸提出的第三项初步反对意见；

4. 以15票对1票，驳回缅甸提出的第二项初步反对意见；

5. 以15票对1票，认定根据《防止及惩治灭绝种族罪公约》第9条，对受理冈比亚于2019年11月11日提交的请求具有管辖权，且该请求可被受理。

## 五、乌克兰诉俄罗斯"根据《防止及惩治灭绝种族罪公约》提出的灭绝种族指控案"的临时措施命令①

2022年2月6日，乌克兰向法院提起针对俄罗斯的诉讼。乌克兰指出，俄罗斯谎称乌克兰的卢甘斯克州和顿涅茨克州发生了灭绝种族行为，并承认所谓的"卢甘斯克人民共和国"和"顿涅茨克人民共和国"，而后实施了对乌克兰的特别军事行动。乌克兰坚决否认发生了灭绝种族行为，并指控俄罗斯因故意伤害和杀害乌克兰籍人员，犯下了《防止及惩治灭绝种族罪公约》第2条规定的灭绝种族罪。乌克兰在提交请求书的同时，还请求指示临时措施。法院于2022年3月16日发布命令指示了临时措施。

### （一）初步管辖权

在其请求书中，乌克兰援引《防止及惩治灭绝种族罪公约》第9条作为法院的管辖权依据。根据该条的规定，法院管辖权启动的前提条件是存在缔约国间关于《防止及惩治灭绝种族罪公约》的解释、适用或实施的争端。乌克兰提出两国对于是否在卢甘斯克州和顿涅茨克州发生了或正在发生灭绝种族行为，以及乌克兰是否从事了灭绝种族行为存在争议。乌克兰称其坚决反对俄罗斯

---

① 如无特别注释，本案资料来自 Allegations of Genocide under the Convention on the Prevention and Punishment of the Crime of Genocide（Ukraine v. Russian Federation），Request for the Indication of Provisional Measures，Order of 16 March 2022。

对在乌克兰领土上发生了灭绝种族行为的指控,并且自 2014 年 9 月以来多次告知俄罗斯。乌克兰还指出,两国间还存在俄罗斯是否能够根据其单方对灭绝种族行为的认定而对乌克兰采取军事行动,以实现预防和惩治该公约所规定的灭绝种族行为的争议。在于 2022 年 3 月 7 日提交给法院的文件中,俄罗斯声称,《防止及惩治灭绝种族罪公约》并不调整国家间使用武力的问题。为了利用该公约的争端解决条款,乌克兰声称俄罗斯的特别军事行动的起因是指控在乌克兰发生了灭绝种族行为。俄罗斯宣称,其在乌克兰领土上开展特别军事行动的依据是《联合国宪章》第 51 条和习惯国际法,而非《防止及惩治灭绝种族罪公约》。因此,法院对本案不具有管辖权。

法院指出,为确定在提交请求书时是否存在当事方之间的争端,法院会特别考虑当事方的声明、它们之间交换的文件,以及它们在多边场合的对话。法院将特别关注声明或文件的作者、其预期或实际接受者及其内容。经对以上各方面的分析,法院认为在本阶段可初步确定当事方之间存在关于《防止及惩治灭绝种族罪公约》的解释、适用或实施的争端。

### (二)寻求救济的权利与临时措施

法院根据《国际法院规约》第 41 条指示临时措施的目的是在对案件实体问题作出决定之前,保全当事方所主张的各自权利。因而法院必须考虑通过临时措施维护随后可能被其判定属于任何一方的权利。因此,法院应确信请求方所主张的权利是合理的,并且在寻求保护的权利和要求的临时措施之间存在联系。

根据《防止及惩治灭绝种族罪公约》相关条款的规定,法院认为,在不接受以防止和惩罚在乌克兰境内发生的灭绝种族行为为由的俄罗斯联邦的军事行动方面,乌克兰有合理的权利,而且乌克兰所主张的权利和临时措施之间存在联系。

### （三）存在造成无法恢复的损害的风险和紧急性

法院认为，所有的军事行动，特别如俄罗斯在乌克兰领土上所开展的规模巨大的军事行动，将不可避免地造成死亡、人身伤害、财产损害和环境破坏。军事行动更会影响到脆弱的平民。法院特别提及了谴责俄罗斯的联大决议（A/RES/ES－11/1）。最终法院认定本案中存在造成无法恢复的损害的风险且具有紧急性。

### （四）执行部分

法院指示采取下列临时措施：

1. 以13票对2票，俄罗斯应立即暂停其于2022年2月24日在乌克兰领土上发起的军事行动；

2. 以13票对2票，俄罗斯应确保可能由其指挥或受其支持的任何军事部队或非正规武装部队，以及可能受其控制或由其指挥的任何组织和个人不要采取任何步骤，推进第1点所述的军事行动；

3. 一致，双方应避免采取任何可能加剧或延长诉至法院的争端或使其更加难以解决的行动。

# 国际海洋法法庭2022年审理案件的新进展

密晨曦[*]　杨一鑫[**]

国际海洋法法庭(以下简称法庭)是依据《联合国海洋法公约》(以下简称《公约》)设立的国际司法机构,[①]法庭共有21名法官。[②] 截至2022年年底,法庭共受理案件31起,其中有3起是咨询意见案。[③] 2022年新增案件2起,分别为"英雄伊敦"(Heroic Idun)号临时措施案(法庭第30号案)以及小岛屿国家气候变化与国际法委员会咨询意见案(法庭第31号案)。其中,"英雄伊敦"号临时措施案已于2022年11月从法庭案件列表中移除,第31号咨询意见案尚在进行中。2022年度法庭2起新增案件基本情况如下。

---

* 自然资源部海洋发展战略研究所研究员。

** 中国政法大学国际法学院博士研究生。

① 参见《公约》第十五部分第287条及附件六《国际海洋法法庭规约》。

② 自2020年10月1日起,中国籍段洁龙法官在法庭履职。自1996年法庭成立以来,法庭一直有中国籍法官在法庭履职,之前三位中国籍法官分别是赵理海先生、许光建先生和高之国先生。

③ 包括从法庭列表中移除的案件。

## 一、"英雄伊敦"号临时措施案(马绍尔群岛共和国诉赤道几内亚共和国)

### (一)案件背景

"英雄伊敦"号是一艘悬挂马绍尔群岛共和国国旗的超大型油轮。该船于2022年8月8日到达尼日利亚码头以装载一批石油。由于码头尚未收到所有必需的装载文件,因此要求"英雄伊敦"号驶离该码头。当"英雄伊敦"号正从海盗高风险区域驶往距码头300海里外的安全漂流区域时,得到码头通知称一艘尼日利亚军舰正在靠近。船长通过各种途径均无法证实该船确属尼日利亚海军舰艇,遂并未听命于它,该船便威胁称如果"英雄伊敦"号不立即改变航向,就将对其开火。

原告在起诉状中提到,船长考虑到该地区海盗活动猖獗,认为对方船只行为可疑,宣布出现紧急情况,启动安全计划。直至该船离开后,"英雄伊敦"号才取消遇险警报,继续驶往安全区域。8月9日上午,经证实,该船确为尼日利亚军舰。

8月11日,码头通知"英雄伊敦"号收到尼日利亚国家石油公司的许可,并将装载时间重新安排在8月17日。然而,赤道几内亚海军舰艇"大卫船长"号(Capitan David)于8月12日中午时分在圣多美和普林西比的专属经济区接近"英雄伊敦"号,称其接到命令护送"英雄伊敦"号至马拉博(赤道几内亚首都)。在抵达马拉博后,"英雄伊敦"号被引至沿比奥科岛海岸的卢巴锚地。该船应尼日利亚要求被扣留。

"英雄伊敦"号上共计26名船员。8月14日,包括船长在内的15人在武装警卫下上岸,被关押在马拉博郊外的一处拘留地点;其余11名船员被扣留在船上,同样由武装警卫看守。

9月28日,赤道几内亚当局表示,如果马绍尔群岛可以支付

13.12亿中非法郎(约合200万欧元)作为“英雄伊敦”号非法进入赤道几内亚管辖水域的赔偿,就同意释放该船。马绍尔群岛于10月5日向赤道几内亚支付了约200万欧元,但赤道几内亚当局仍未释放“英雄伊敦”号。由于“英雄伊敦”号船员的生存状况和健康状况逐渐恶化,已有若干船员死于疾病,而且其他人员可能在没有任何合法程序的情况下即将被引渡到尼日利亚,马绍尔群岛遂向法庭提出申请,要求赤道几内亚迅速释放“英雄伊敦”号及其船员。①

## (二)案件过程

2022年11月9日,马绍尔群岛共和国根据《公约》第292条向法庭提出紧急申请,请求迅速释放被扣留的“英雄伊敦”号及其船员。② 马绍尔群岛表示其有意根据《公约》附件七提起仲裁程序,但鉴于事态发展的极端紧迫性,决定首先根据《公约》第290条第5款向法庭提出临时措施请求,并有意在提交本申请后48小时内向赤道几内亚共和国发送仲裁通知。③

马绍尔群岛共和国要求法庭依法呼吁赤道几内亚共和国保障船舶及船员安全,不要将该船和/或其船员和/或其任何一名或多名船员移交尼日利亚当局拘留和/或控制。④

马绍尔群岛具体请求法庭作出以下声明和决定:(1)声明根据《公约》第292条,法庭有管辖权受理迅速释放申请,并声明该迅速释放申请可予受理;(2)注意到该船舶所有人为履行释放该船舶及其船员的协议向赤道几内亚支付了2,000,132欧元,并在法庭认为有必要和适当的情况下宣布,根据《公约》第292条第4款,

---

① The M/T “Heroic Idun” Case (Marshall Islands v. Equatorial Guinea), Application submitted by the Republic of the Marshall Islands, paras. 12 – 47, https://www.itlos.org/fileadmin/itlos/documents/cases/30/RMI_PromptRelease_09112022_Redacted.pdf (Last visited on January 6, 2023).

② Ibid, para. 1.

③ Ibid, para. 2.

④ Ibid, para. 4.

这笔款项的支付可适当地被视为已为确保船舶及其船员得到迅速释放而支付的合理保证金或其他财务担保;(3)决定并命令赤道几内亚立即释放“英雄伊敦”号及其船员,并采取必要措施以便他们安全有序地离开赤道几内亚。[1]

### (三)案件撤销原由

收到马绍尔群岛共和国的申请后,法庭分别于11月11日和15日发布了第2022/2号命令[2]和第2022/3号命令[3]。根据第2022/2号命令,本案口头诉讼程序本定于2022年11月24日举行。但法庭于11月14日收到来自马绍尔群岛共和国的来函,称赤道几内亚已于11日将“英雄伊敦”号移交尼日利亚,马绍尔群岛被迫停止诉讼程序。法庭遂于15日发布第2022/3号命令将该案从案件列表中移除。

## 二、小岛屿国家气候变化与国际法委员会咨询意见案

### (一)案件背景

2021年10月31日,安提瓜和巴布达以及图瓦卢作为原始签署国,签订了《关于建立小岛屿国家气候变化与国际法委员会的协

① The M/T “Heroic Idun” Case (Marshall Islands v. Equatorial Guinea), Application submitted by the Republic of the Marshall Islands, paras. 12 – 47, https://www.itlos.org/fileadmin/itlos/documents/cases/30/RMI_PromptRelease_09112022_Redacted.pdf (Last visited on January 6, 2023), para. 5.

② The M/T “Heroic Idun” Case (Marshall Islands v. Equatorial Guinea), Order 2022/2 of 11 November 2022, ITLOS, https://www.itlos.org/fileadmin/itlos/documents/cases/30/C30_Order_2022-2_11.11.2022.pdf (Last visited on January 6, 2023).

③ The M/T “Heroic Idun” Case (Marshall Islands v. Equatorial Guinea), Order 2022/3 of 15 November 2022, ITLOS, https://www.itlos.org/fileadmin/itlos/documents/cases/30/C30_Order_2022-3.pdf (Last visited on January 6, 2023).

定》(以下简称《协定》)。[①] 根据《联合国宪章》第 102 条的规定,该协定已在联合国秘书处正式登记,并于 2022 年 2 月 3 日颁发了注册证书。根据《协定》第 3 条第 1 款,该委员会的成员资格对所有小岛屿国家联盟(Alliance of Small Islands States, AOSIS)的成员开放。目前,帕劳共和国、纽埃、瓦努阿图共和国和圣卢西亚已经交存加入文书。[②]

该协定由序言和四条正文组成。序言提到,气候变化的灾难性影响威胁着小岛屿国家的生存。小岛屿国家排放的温室气体可以忽略不计,但它们承担的不利影响不成比例,因此呼吁采取紧急行动,以解决这一局势的紧迫性和不公正。小岛屿国家认识到按照国际法的原则和逐步发展来追求气候正义的迫切必要性,以应对人类所面临的前所未有的危机。[③]

该协定第 1 条设立了“小岛屿国家气候变化和国际法委员会”(以下简称委员会),其任务是推进“有关气候变化的国际法规则和原则”。第 2 条规定了委员会的活动和权限,其中第 2 款规定:“委员会有权就 1982 年《联合国海洋法公约》范围内的任何法律问题征求国际海洋法法庭的咨询意见,符合《法庭规约》第 21 条及《法庭规则》第 138 条的规定。”第 3 条分别规定了委员会的成员资格和结构,其中,第 1 款特别规定小岛屿国家联盟有成为本协定缔约方的资格;第 5 款规定委员会的决定原则上应以协商一致或由出席并参加表决的成员的多数作出。第 4 条规定了该协定的签署、生效、保管、加入、保留。

---

① Agreement for the Establishment of the Commission of Small Island States on Climate Change and International Law, https://www.itlos.org/fileadmin/itlos/documents/cases/31/COSIS_Agreement__E_Fr_.pdf (Last visited on January 6, 2023).

② Request for an Advisory Opinion of 12 December 2022, p. 1, https://www.itlos.org/fileadmin/itlos/documents/cases/31/Request_for_Advisory_Opinion_COSIS_12.12.22.pdf (Last visited on January 6, 2023).

③ Agreement for the Establishment of the Commission of Small Island States on Climate Change and International Law, October 31, 2021, Preamble, https://www.itlos.org/fileadmin/itlos/documents/cases/31/COSIS_Agreement__E_Fr_.pdf (last visited on January 11, 2023).

## (二)案件进展

1. 委员会的具体咨询请求

基于《协定》第2条第2款的规定,委员会在2022年8月26日举办的第三次正式会议上决定了提交国际海洋法法庭征求咨询意见的法律问题,涉及《公约》缔约国在以下方面(包括《公约》第十二部分)的具体义务:(1)《公约》缔约国在防止、减少和控制对海洋环境的污染方面应履行哪些具体义务,以防止气候变化造成或可能造成的有害影响,包括人为向大气排放温室气体造成的海洋变暖、海平面上升和海洋酸化?(2)《公约》缔约国在保护和维护海洋环境方面应履行哪些具体义务,以应对包括海洋变暖和海平面上升以及海洋酸化在内的气候变化影响?①

2. 法庭发布相关命令

法庭于2022年12月16日发布命令,将该案列为第31号案件。书记官长根据《法庭规则》第133条第1款于2022年12月13日发出普通照会,向《公约》缔约国征求咨询意见。法庭还在附件中列明了可能就咨询意见请求所涉问题提供资料的政府间组织。② 法庭将2023年5月16日定为各方向法庭提交书面陈述的期限。③

---

① Request for an Advisory Opinion of 12 December 2022, p. 2, https://www.itlos.org/fileadmin/itlos/documents/cases/31/Request_for_Advisory_Opinion_COSIS_12.12.22.pdf (Last visited on January 6, 2023).

② 这些组织包括联合国、联合国环境规划署(UNEP)、联合国气候变化框架公约(UNFCCC)、联合国粮食及农业组织(FAO)、联合国教科文组织政府间海洋学委员会(IOC-UNESCO)、国际海事组织(IMO)、国际自然保护联盟(IUCN)以及世界气象组织(WMO)。See Annex to Order 2022/4 of the Presidentof the International Tribunal for the Law of the Sea, https://www.itlos.org/fileadmin/itlos/documents/cases/31/C31_Order_2022-4_16.12.2022.pdf (Last visited on January 10, 2023).

③ Request for an Advisory Opinion submitted by the Commission of Small Island States on Climate Change and International Law (Request for Advisory Opinion submitted to the Tribunal), Order of 16 December 2022, ITLOS, https://www.itlos.org/fileadmin/itlos/documents/cases/31/C31_Order_2022-4_16.12.2022.pdf (Last visited on January 10, 2023).

**附表 国际海洋法法庭受理案件一览**

| 序号 | 当事国/机构 | 案件 | 案由 | 受理时间/年 |
|---|---|---|---|---|
| 1 | 圣文森特和格林那丁斯诉几内亚 | “塞加”(Siaga)号案 | 迅速释放 | 1997 |
| 2 | 圣文森特和格林那丁斯诉几内亚 | “塞加”号案(2) | 临时措施<br>实质问题 | 1998 |
| 3 | 新西兰诉日本 | 南方蓝鳍金枪鱼案 | 临时措施 | 1999 |
| 4 | 澳大利亚诉日本 | 南方蓝鳍金枪鱼案 | 临时措施 | 1999 |
| 5 | 巴拿马诉法国 | “卡莫科”(Camouco)号案 | 迅速释放 | 2000 |
| 6 | 塞舌尔诉法国 | “蒙特·卡夫卡”(Monte Confurco)号案 | 迅速释放 | 2000 |
| 7 | 智利诉欧盟 | 东南太平洋养护和可持续捕捞箭鱼群案 | 实质问题 | 2000 |
| 8 | 伯利兹诉法国 | “大王子”(Grand Prince)号案 | 迅速释放 | 2001 |
| 9 | 巴拿马诉也门 | “契斯雷·雷夫2”(Chaisiri Reefer 2)号案 | 迅速释放 | 2001 |
| 10 | 爱尔兰诉英国 | 混合氧化物案 | 临时措施 | 2001 |
| 11 | 俄罗斯联邦诉澳大利亚 | “奥尔加”(Volga)号案 | 迅速释放 | 2002 |
| 12 | 马来西亚诉新加坡 | 新加坡在柔佛海峡围海造地案 | 临时措施 | 2003 |
| 13 | 圣文森特和格林那丁斯诉几内亚比绍 | “朱诺商人”(Juno Trader)号案 | 迅速释放 | 2004 |
| 14 | 日本诉俄罗斯联邦 | “Hoshinmaru”号渔船案 | 迅速释放 | 2007 |
| 15 | 日本诉俄罗斯联邦 | “托米马鲁”(Tomimaru)号渔船案 | 迅速释放 | 2007 |

续表

| 序号 | 当事国/机构 | 案件 | 案由 | 受理时间/年 |
| --- | --- | --- | --- | --- |
| 16 | 孟加拉国诉缅甸 | 孟加拉国与缅甸在孟加拉湾的海洋边界划界案 | 海域划界 | 2009 |
| 17 | 国际海底管理局 | 担保个人和实体参加国际海底区域活动的国家的责任和义务 | 咨询意见 | 2010 |
| 18 | 圣文森特和格林纳丁斯诉西班牙 | “路易莎”(Louisa)号案 | 迅速释放<br>临时措施 | 2010 |
| 19 | 巴拿马诉几内亚比绍 | “弗吉尼亚 G”(Virginia G)号案 | 实质问题 | 2011 |
| 20 | 阿根廷诉加纳 | “ARA 自由”(ARA Libertad)号案 | 临时措施<br>实质问题 | 2012 |
| 21 | 次区域渔业委员会 | 相关渔业问题 | 咨询意见 | 2013 |
| 22 | 荷兰诉俄罗斯联邦 | “北极日出”号案 | 临时措施 | 2013 |
| 23 | 加纳/科特迪瓦 | 加纳和科特迪瓦在大西洋的海洋划界案 | 临时措施 | 2014 |
| 24 | 意大利诉印度 | “恩瑞卡·雷克斯”(Enrica Lexie)号案 | 临时措施 | 2015 |
| 25 | 巴拿马诉意大利 | “诺斯塔”(Norstar)号案 | 实质问题(损害赔偿) | 2015 |
| 26 | 乌克兰诉俄罗斯联邦 | 扣留乌克兰三艘海军舰船案 | 临时措施 | 2019 |
| 27 | 瑞士联邦诉尼日利亚 | “圣·帕德雷·皮奥”(San Padre Pio)号案 | 临时措施 | 2019 |
| 28 | 毛里求斯诉马尔代夫 | 毛里求斯和马尔代夫印度洋海洋划界案 | 海域划界 | 2019 |
| 29 | 瑞士联邦诉尼日利亚(该案已从法庭案件列表中移除) | “圣·帕德雷·皮奥”(San Padre Pio)号案(2) | 实质问题 | 2019 |

续表

| 序号 | 当事国/机构 | 案件 | 案由 | 受理时间/年 |
|---|---|---|---|---|
| 30 | 马绍尔群岛诉赤道几内亚(该案已从法庭案件列表中移除) | “英雄伊敦”(Heroic Idun)号案 | 迅速释放临时措施 | 2022 |
| 31 | 小岛屿国家气候变化与国际法委员会 | 《联合国海洋法公约》缔约国的具体义务 | 咨询意见 | 2022 |

资料来源:主要根据国际海洋法法庭网站信息整理,http://www.itlos.org(Last visited January 10,2023)。

# 国际刑事法院 2022 年度实践综述

徐瀚冬*

2022 年是国际刑事法院(以下简称法院)成立二十周年,法院的司法活动在本年度取得了重大进展,除已在审理的两起案件外,三起案件开始进入审理程序;法院签发了三份逮捕令,启封第四份逮捕令;一名嫌疑人被移交法院;检察官开启了两项调查,并完成了两项初步审查。

## 一、案件审理进展

### (一)中非共和国情势二号:莫科姆被移交给法院;赛义德案开始审理

马克西姆·若弗鲁瓦伊·莫科姆·加瓦卡(Maxime Jeoffroy Eli Mokom Gawaka)于 2022 年 3 月 14 日被乍得共和国政府移交法院,同月 22 日莫科姆在第二预审分庭第一次出庭。2018 年,法院对莫科姆签发逮捕令,认为在 2013 年 9 月至 2014 年 12 月塞雷卡(Seleka)武装力量和反巴拉卡(Anti-Balaka)武装力量①发生非国际性武装冲突期间,反巴拉卡武装力量主要针对班

---

* 中国政法大学国际法学院 2021 级国际公法专业博士研究生。

① 塞雷卡组织是一个主要由反对前总统弗朗索瓦·博齐泽(François Bozizé)的穆斯林武装团体联盟;反巴拉卡组织是一个反对塞雷卡并支持前总统博齐泽的组织。

吉和其他省份穆斯林人口,攻击这些平民和被认为对塞雷卡负有集体责任、共谋或支持塞雷卡的人,而作为反巴拉卡国家行动协调员的莫科姆涉嫌犯有谋杀、灭绝、驱逐出境或强迫人口迁移、监禁、酷刑、迫害、强迫失踪等危害人类罪罪行,以及蓄意攻击平民、参与人道主义援助的人员、设施、平民宗教建筑等战争罪罪行。

2022 年 9 月 26 日,检察官诉穆罕默德·赛义德·阿卜杜勒·卡尼(Mahamat Said Abdel Kani)案在第六审判分庭开庭审理。作为塞雷卡武装力量的前任指挥官,赛义德被指控于 2013 年在班吉犯有酷刑、迫害、监禁、强迫失踪等危害人类罪,以及虐待等战争罪。审判伊始,分庭宣读对赛义德的指控并确认被告理解了指控的性质,赛义德表示对所有指控均不认罪。随后,辩诉双方发表陈述并传唤双方证人,被害人代理人也向分庭提出了意见。

## (二)科特迪瓦情势:驳回古德的赔偿申请

查尔斯·布莱·古德(Charles Blé Goudé)于 2019 年 1 月 15 日被判决无罪,2021 年 3 月 31 日上诉分庭驳回检察官的上诉,以多数票维持原审判决。依据《国际刑事法院罗马规约》(以下简称《罗马规约》)第 85 条第 3 款,若在特殊情况下发现法院存在严重、明显的司法失当情事,可以酌情根据《国际刑事法院程序和证据规则》(以下简称《程序与证据规则》)的规定,对被判无罪的人作出赔偿。古德基于该条款向法院提出赔偿请求。① 书记官处向分庭提交报告,概述了申请人古德继续留在海牙时被施加的限制条件,其从法院拘留中心获释后的生活条件,以及与其生计相关的安排。在收到检察官办公室意见并举行听证会听取各方陈述后,

① Request of Blé Goudé for Compensation pursuant to Article 85(3) of the Rome Statute, 9 September 2021, ICC – 02/11 – 01/15 – 1411 – Conf-Exp.

第 85 条分庭[1]决定驳回古德的赔偿请求。[2]

古德认为,案件从开始调查起诉至最终上诉阶段都是不当的,其是“严重和明显误判错误”的被害人。检方在调查起诉时没有尽职尽责,无视其自由权和无罪推定权,在进行调查时没有同等地调查证明有罪和证明无罪的情节,[3]导致起诉出现明显错误,且审判分庭判决其无罪后检方的上诉是没有意义的,因为检方要求无效审判而非重新审判。古德表示,非法起诉的后果对其生活和职业产生了明显、严重且持久的影响,这种伤害是不可逆的,目前仍无法确定古德及其家人的生活需要多长时间才能从这次非法起诉中恢复正常。古德在被判无罪释放前在海牙被拘留了将近 5 年,古德认为由于被拘留,其无法与家人相见,无法抚养孩子,前途无量的政治生涯也因此停滞不前。因此,古德要求对长达 2731 天的拘留、限制行为、被迫滞留海牙对其生活和职业造成的严重影响作出赔偿,总额为 819,300 欧元。如果 2018 年 3 月 19 日检方确依分庭指令提交了“说明案件详情并阐述支持指控证据”的审判摘要,只是未重新对古德案进行评估,则古德要求对 1273 天拘留进行赔偿,总计 381,900 欧元。

第 85 条分庭指出,《程序与证据规则》规则 173 第 2 款规定,根据《罗马规约》第 85 条第 3 款提出的赔偿请求必须有“法院的决定”发现确已发生了严重和明显的误判,但该先决条件并未规定由哪一分庭作出,处理赔偿请求的分庭,即第 85 条分庭可以处理判决是否不公的问题。因此,分庭首先确定是否发生了严重、明显的误判,再考虑是否应作出相应赔偿。分庭表示,第 85 条的措辞、

① 第 85 条分庭由主审法官乔安娜・科纳(Joanna Korner)、法官雷恩・阿拉皮尼・甘苏(Reine Alapini-Gansou)和法官塞尔吉奥・杰拉尔多・乌加尔德・戈迪内斯(Sergio Gerardo Ugalde Godínez)组成,处理《罗马规约》第 85 条所涉赔偿事宜。

② The Prosecutor v. Laurent Gbagbo and Charles Blé Goudé, Decision on Mr Blé Goudé's Request for Compensation, Article 85 Chamber, 10 February 2022, ICC – 02/11 – 01/15.

③ 《罗马规约》第 54 条第 1 款。

《罗马规约》的起草历史和国际人权法的相关规定都表明,被宣告无罪的人不能仅因为无罪释放前被长时间拘留而从赔偿中获益,因此该条不能被解释为被宣告无罪的人在所有无罪释放案件中都具有获得赔偿的权利。由于法院现有法律框架未定义“严重、明显的误判”,第二审判分庭曾举例解释为“审判分庭的错误决定或检察官非法的起诉”,[①]故而在本案中,申请人古德认为出现了非法的起诉。检方在提交的材料中区分了恶意起诉和非法起诉,表示非法起诉是指出于错误或不当动机而提起的司法程序,且没有合理的理由维持该起诉。第 85 条分庭认为,任何案件的起始都是检察官办公室对嫌疑人提出的指控,被告最终被无罪释放只是意味着起诉“失败”,但不一定意味着起诉出现“错误”,因为这种错误并未明显侵犯赔偿申请人的基本权利并对申请人造成严重伤害,因此,并非诉讼过程中犯下的每一个错误都属于“严重、明显误判”的错误,这种错误的门槛更高。

具体而言,申请人认为,检方应在审判程序的较早阶段,例如预审的确认指控阶段终止审判,这是符合第 54 条第 1 款规定的,但检方认为确认指控等申请人认为无意义的程序是防止不当起诉的保障,第 85 条分庭也认同这一观点。一般来说,确认指控有助于证明检方对嫌疑人犯下被指控罪行的调查提供了足够的证据,由于第一预审分庭三位法官都确认了对申请人古德的指控,因此检方当时的证明应被认为是合理的。申请人表示,检方在审判阶段出具的证据具有“重大缺陷”,作出了片面陈述,且不当地拖延审判。分庭认为,尽管审判阶段的判决对检方的意见作出了批评,认为其未能在审理期间适应不断变化的现实情况,未能解决举出的证据和实际事实之间的差异,但第一审判分庭的法官总体上对检方出具的证据表示认可。分庭认为,检方应当适当地重新评估

---

① The Prosecutor v. Mathieu Ngudjolo, Decision on the “Requête en indemnisation en application des dispositions de l’article 85(1) et (3) du Statut de Rome”, Trial Chamber II, 16 December 2015, ICC – 01/04 – 02/12 – 301 – tENG, para. 45.

案件,积极回应第一审判分庭重新提交审判摘要的指令,但这一错误没有严重到影响司法公正的程度,加之申请人没有进一步提供相应的证据,分庭认为检方的错误在审判阶段不构成非法起诉。申请人最后提出,检方在上诉阶段提出无效审判的上诉意见时要求继续拘留申请人,这导致申请人如同一个无国籍人,没有国家可以容纳他,但检方表示这是申请人没有根据的主张和错误的记录,检方向上诉分庭提出的请求是"有条件的"释放。分庭认为,检方有权对无罪判决提出上诉,上诉的最终决定是对申请人权利的一种保护,且上诉判决并非误判,因此检方提出上诉没有损害司法公正。分庭指出,申诉人无罪释放后因受条件限制无法返回科特迪瓦是不幸的后果,但书记官处已尽力减轻申请人的不利处境,法院也作出了相当大的努力,因此这一问题不应归咎于检方或整个法院。

在依次分析申请人提出的调查与预审、审判和上诉三个阶段检方出现的错误后,分庭认为,检方每个阶段的行为都不构成非法起诉,即使将检方所有阶段的行为视为一个整体,也达不到非法起诉的门槛,故检方的行为不构成司法不公,分庭也未发现第一审判分庭宣告申请人无罪的判决或上诉分庭确认无罪的判决本身构成了严重、明显的误判,或这些分庭中的某个决定出现明显且严重司法不公的现象。由于未出现严重、明显误判,分庭认为不需要进入下一阶段判断是否需要对申请人作出赔偿,因此驳回申请人的请求。鉴于申请人的主要诉求是希望分庭安排其返回科特迪瓦,分庭会敦促书记官处加大协助力度,帮助申请人迅速返回科特迪瓦。

### (三)苏丹达尔富尔情势:拉赫曼案开始审理

2021 年结束对拉赫曼案管辖权上诉的审理并确认指控后,该案进入实质性问题审判阶段,于 2022 年 4 月 5 日正式开始对阿里・穆罕默德・阿里・阿卜杜・拉赫曼(Ali Muhammad Ali Abd-Al-Rahman)相关罪行进行审理,控告的罪名是故意指令攻击平民人口本身、抢劫即使是突击攻下的城镇或地方、破坏地方财产、损害个人尊严、虐待、强奸、谋杀等战争罪和强奸、强制转移、迫害、酷刑、谋杀等危害人类罪,被指控罪行共计 31 项。拉赫曼案是苏丹达尔富尔情势的第一案,也是第一次因安全理事会通过决议向法院提交情势的路径触发管辖权。[①] 迄今为止,分庭听取了检方传唤的 134 名证人中 28 名证人的证言,并根据法院《程序和证据规则》规则 68 第 2 款,允许 17 名证人提供以前的录音或录像作为证言。

## (四)刚果民主共和国情势:对恩塔甘达案赔偿命令的上诉作出判决

辩方和两组被害人针对第六审判分庭于 2021 年 3 月 8 日作出的赔偿命令提出上诉,该命令要求恩塔甘达执行具有个性化赔偿方式的集体性赔偿,并承担总额为三千万美元( $ 30, 000, 000)的赔偿金。2022 年 9 月 12 日,上诉分庭对赔偿命令的上诉作出判决,将几个问题发回审判分庭重新审理以发布新的赔偿命令。[②] 2022 年 12 月 14 日,恩塔甘达被转移到比利时勒兹昂埃诺(Leuze-en-Hainaut)监狱服刑。对于审判分庭作出的赔偿命令,辩方提出 13 项上诉理由,两组被害人提出 7 项。鉴于上诉理由之间的复杂性和重叠性,上诉分庭将这些理由分为 6 组,以便对辩方和被害人提出的问题进行适当和全面的分析。

第 1 组涉及在赔偿阶段提出合理意见要求的适用性。辩方认为《罗马规约》第 74 条要求裁判,包括赔偿命令,应书面作出,并应叙明理由,充分说明审判分庭对证据作出的裁定及其结论,获得合理意见的权利是获得公平审判和公正诉讼的保障之一,但审判分

---

① 《罗马规约》第 13 条第 2 款。

② The Prosecutor v. Bosco Ntaganda, Judgment on the Appeals against the Decision of Trial Chamber VI of 8 March 2021 entitled "Reparations Order", The Appeals Chamber, 12 September 2022, ICC – 01/04 – 02/06 A4 – A5.

庭未能充分解释其裁定所需的法律依据，且在解释有关概念和原则时犯了许多错误。

第2组涉及估算赔偿命令中合格被害人人数的准确性。辩方表示，审判分庭估计潜在合格被害人的数量在1100～100,000是错误的，这只是简单采取了双方提交被害人人数的最低和最高估数。第二组被害人认为审判分庭在没有调查和准确估计潜在被害人人数的情况下确定赔偿金总额度犯有法律、事实和程序错误，分庭未确定被害人人数的决定于被定罪人有益。辩方和第二组被害人都认为基于这些错误，应推翻赔偿命令。

第3组上诉理由质疑赔偿金的数额。辩方认为，审判分庭未能提供三千万美元赔偿金的有效计算方式，毫无根据地采用了所谓公平和善意的计算方法。第二组被害人表示，审判分庭未能考虑每一组被害人所受伤害的不同性质，也没有适当考虑两组被害人之间潜在的不平等待遇风险，且未就确定修复伤害费用所使用的“保守方法”作出合理解释，因而两组被害人修复伤害所需的费用数额是错误的。

第4组与申请赔偿、资格评估以及向被害人信托基金授予职能有关。辩方认为，审判分庭没有评估被害人的赔偿申请，并且在没有指导方针或司法监督的情况下将整个评估过程委托给被害人信托基金，这使审判分庭在不知道符合条件的被害人人数及其资格依据的情况下就对恩塔甘达先生的赔偿金额做出了宣布。同时，基于公平原则，恩塔甘达有权对其所要支付赔偿的被害人资格提出意见，审判分庭没有让辩方在评估被害人资格时发挥作用是一个明显错误。第二组被害人指出，被害人信托基金在不同组别的被害人之间享有不受限制的资源分配权利，超出了该组织所应具有的职能，审判分庭将权力转移给被害人信托基金将无法确保在设计赔偿方案和实施赔偿命令的过程中所有被害人都得到公平、平等的对待。

第5组上诉理由与证据相关。辩方提出审判分庭在分析证据时采用了新的原则——“不伤害”原则(“do no harm” principle),但没有考虑到伊图里当前的安全局势和社区之间日益紧张的局势。辩方质疑审判分庭对跨代伤害概念的解释、关于跨代伤害索赔的证据标准、提供书面证据以支持赔偿申请的要求、“佐用保健中心”伤害评估等方面的证据评估结果。辩方认为,审判分庭在确定伤害时打破了因果关系链条,对因强奸和性奴役所生孩子的地位认定有错误,且不应在分析被害人赔偿申请时使用推定。

第6组上诉理由质疑被上诉决定的及时性。第二组被害人认为,审判分庭无视双方的陈述,仍在恩塔甘达的定罪上诉作出判决之前发布赔偿命令,这是出于第六审判分庭的主审法官和其他两名法官将于2021年3月10日结束任期的考虑,但任期结束是一个无关紧要的因素,不应作为发布赔偿命令的考量,即使是一个应当考虑的因素,也可以适当延长法官任期至定罪上诉宣判后再发布赔偿命令。第二组被害人表示,急促的任期限制影响了审判分庭的决策,使分庭在进一步获取必要信息之前发布被上诉赔偿命令,未能适当考虑与恩塔甘达赔偿责任范围高度相关的几个因素,且遗留了许多问题,包括不同被害人群体之间的资金分配、用于优先向特定被害人群体提供赔偿的资金分配,以及被害人信托基金应遵循的一般实施标准问题。

基于6组上诉理由,上诉分庭表示,充分的推理很重要,分庭认同提供合理分析的要求同样适用于赔偿程序,但审判分庭未回应辩方某一论点的论证会导致赔偿命令出现错误。虽然加丹加案等大量申请赔偿案件认为没有必要对所有赔偿申请作出裁决,但上诉分庭认为,审判分庭最好能裁决申请中所涵盖的请求,因为赔偿申请不仅触发赔款程序,也是审判分庭作出裁决的重要信息来源。赔偿程序是司法程序,其结果是确定被定罪之人应承担何种赔偿责任的司法命令,因此,审判分庭对赔偿金的裁定必须以足够有力的证据为基础。换言之,确定赔偿可用的事实和信息,包括被害人人数、定罪判决、量刑判决、当事人或法庭之友提交的材料、专家报告等证据都必须足够有力。其中,尤其需要重视被害人的实际或适当估计的人数。审判分庭必须在发布的赔偿命令中对裁决依据的证据作出适当解释。上诉分庭表示,依据《被害人信托基金条例》,被害人信托基金可以确定被害人范围、识别被害人类别并核实被害人资格,审判分庭将这方面权力下放本身不构成错误。上诉分庭强调,适用“不伤害”原则对实施赔偿至关重要。在作出被害人是否有资格获得赔偿的决定时,需要确认的是相关事实是否已按照适用的举证标准进行举证,无论被害人是否能够提供支持性证据都必须满足证明标准。如果特定案件中确定因果关系链断裂,则不能将伤害归因于被定罪之人,审判分庭需要评估在提出赔偿要求时与伤害相关的因果关系链是否已经建立,如果不是因恩塔甘达的行为造成的,而是由旷日持久的武装冲突造成的,则赔偿命令应被撤回。因强奸和性奴役出生的儿童遭受的伤害,尽管是在出生后才出现的,但仍是实施强奸和性奴役罪行的直接结果,这种伤害构成一种特殊的类型的,应当将这些儿童划为直接被害人地位。上诉分庭指出,确定直接或间接被害人分类标准是审判分庭在判决中确定的法律标准,被害人的满意度不是作出特定分类时所要考虑的因素。上诉分庭认为,只要申请人符合直接被害人定义的要求,就可认定其为直接被害人,且承认因强奸和性奴役出生的儿童为直接被害人有助于保证他们不再受重复伤害。

综上,上诉分庭认为审判分庭在赔偿命令中犯有四个错误:(1)未能就确定潜在合格被害人或实际受益人人数的结论作出合理解释;(2)未能提供计算赔偿金额的适当方式;(3)在未对被害人申请进行评估和裁定的情况下作出赔偿命令是错误的,而且审判分庭没有为被害人信托基金进行资格评估程序设定最基本的要求;(4)未能提供跨代伤害概念及确定此类伤害的证据指南、佐用保健中心被毁时的因果关系链,以及在保健中心被袭击后被害人身体伤害的推定。上诉分庭指出,根据《罗马规约》第82条第4款对赔偿命令提出上诉时,上诉分庭可以确认、推翻或修改被上诉命令中的内容。上诉分庭认为,审判分庭的错误累积对赔偿命令产生重大影响,有必要推翻审判分庭对产生错误事项的调查结果,并将其发回审判分庭重审,以发布新的赔偿命令,辩方和第二组被害人的其他上诉理由被驳回。目前,第六审判分庭的法官组成已与作出被上诉赔偿命令时不同,但上诉分庭强调其仍需解决本判决中查明的错误。

### (五)肯尼亚情势:终止对吉切鲁提起的诉讼

保罗·吉切鲁(Paul Gicheru)涉嫌犯有以腐败方式影响证人作证的妨害司法罪行为一案已于2022年2月15日开始审理,检方传唤了8名证人作证,并将6名证人以前录取的证言作为证据,被告方没有选择在法庭上举证。分庭在6月27日听取当事双方的结案陈词后,于同日休庭进行审议。9月27日,辩方及书记官处告知分庭被告已经去世,之后书记官处向分庭转交肯尼亚共和国确认吉切鲁已死亡的正式函件,并附上一份授权埋葬的行政文件。分庭认为,这些证据足以证明被告已经死亡,故于10月14日终止吉切鲁的诉讼。[①]

### (六)马里情势:继续审理哈桑案;马赫迪案仍处于赔偿执行阶段

马里情势共有两起案件仍在诉讼程序中,哈桑案进入辩方出示证据阶段,马赫迪案仍在处理赔偿判决的执行问题。

检察官诉哈桑·阿杰·阿卜杜勒·阿齐兹(Al Hassan Ag Abdoul Aziz)案的审判继续进行,控告的罪名是涉嫌在马里廷巴克图实施危害人类罪和战争罪。该案于2020年9月8日恢复审理,检方开始出示证据并传唤证人出庭。2022年2月8日,被害

---

① The Prosecutor v. Paul Gicheru, Decision Terminating the Proceedings against Paul Gicheru, Tre-trial Chamber III, 14 October 2022, ICC - 01/09 - 01/20.

人法定代理人在法官面前作了开庭陈述,并传唤两名证人出庭作证。检方的举证工作于2022年2月24日结束,举证期间分庭听取了52名证人的证言,并授权将17名证人以前录取的证言作为证据提出。5月9日哈桑的辩护律师在第十审判分庭作出陈述,并于10日开始传唤辩方证人作证。目前,该案处于辩方出示证据的阶段。迄今为止,分庭已听取辩方传唤的11名证人的证言,并授权将辩方传唤的10名证人以前录取的证言作为证据提出。

第八审判分庭仍在处理2017年8月17日发布的马赫迪案赔偿判决的执行工作。分庭发布了最后期限,要求被害人的法律代理人在2022年8月15日前完成个人赔偿申请的收集工作,并要求被害人信托基金在2022年11月14日前完成个人赔偿金的执行工作。

## (七)乌干达情势

1. 第二预审分庭拒绝终止奥蒂案的诉讼程序

2022年3月28日,检方向第二预审分庭请求终止对奥蒂提起的诉讼。检方认为,自2007年10月以来没有收到证明奥蒂生命存续的信息,且有值得信任的证据证明,文森特·奥蒂(Vincent Otti)已于2007年10月2日前后在刚果民主共和国被杀害,这些证据包括证人的陈述、采访记录、媒体报道和乌干达政府谈话详情,故向分庭提出终止诉讼的请求。然而,分庭指出,目前尚未找到奥蒂的尸体,没有出具正式的死亡证明,检方的证人也没有一个是奥蒂被杀害事件的直接目击证人,因此,对奥蒂确已死亡的证明不够充分。2022年12月1日,第二预审分庭决定不终止奥蒂的诉讼,若出现新的证据,检察官可重新作出终止诉讼请求。[①]

---

① The Prosecutor v. Joseph Kony and Vincent Otti, Decision on the Prosecution's "Renewed Request to Terminate Proceedings against Vincent Otti on Account of His Death", Pre-trial Chamber II, 1 December 2022, ICC-02/04-01/05.

2. 上诉分庭对翁温案定罪和量刑上诉作出判决

2022年12月15日,上诉分庭确认第九审判分庭对多米尼克·翁温(Dominic Ongwen)的定罪和量刑判决,维持判决中61项危害人类罪和战争罪的定罪,法官伊瓦涅斯·卡兰萨(Ibáñez Carranza)撤销25年有期徒刑的量刑判决,发回审判分庭重新作出刑罚判决。

整合辩方的上诉请求,上诉分庭共审查5项定罪的上诉理由。[①] 首先,上诉分庭评估第九审判分庭的审判过程是否侵犯翁温公平审判的权利,导致判决的合法性受到损害。上诉分庭认为,审判分庭在审判中为被告人提供了其使用的和完全可以理解的语言,不必进一步提供支持或反对意见的翻译;检察官承担"证明被告人有罪"的举证责任后,无需承担"反驳"每一项辩方提出的排除刑事责任理由的责任,审判分庭要求辩方提交相关证据的请求不等同于举证责任转移,辩方需要提供证据来证明被告应被排除刑事责任;审判分庭在决定翁温有罪或无罪时,全面考虑了在审判中提交的证据相关性和证明价值,虽然没有在定罪判决中对这些证据本身是否有误作出裁定,但由于辩方没有提供任何据称证据不充分的材料,这一上诉理由不成立;审判分庭对证人证言可信度和航海日志等证据可靠性的评估是合理的,在证据审查方面并未出现错误。因此,审判并未侵犯翁温的公平审判权或其他权利。

其次,上诉分庭指出,辩方对个人刑事责任相关的上诉理由是对《罗马规约》第25条第3款第1项的误解。依据该条款,当一个人单独实施犯罪(直接正犯)、伙同他人实施犯罪(共犯)、通过不论是否负刑事责任的另一人实施犯罪(间接正犯),都被视为犯罪者。在本案中,辩方质疑《罗马规约》第25条项下是否存在间接共犯的责任模式。上诉分庭指出,间接共同犯罪结合了间接犯罪和

① The Prosecutor v. Dominic Ongwen, Judgment on the appeal of Mr Ongwen against the Decision of Trial Chamber IX of 4 February 2021 entitled "Trial Judgment", The Appeals Chamber, 15 December 2022, ICC-02/04-01/15 A.

共同犯罪的构成要素，构成一种综合责任模式，符合合法性原则和被告人的权利。间接共同犯罪的构成要素是：(1)在通过有组织的权力机构实施犯罪的情况下，间接共犯通过该机构的运作控制直接犯罪者的意志，进而实现对犯罪的控制；(2)间接共犯与通过另一个人或其他人实施犯罪的人之间存在协议或共同计划。因此，辩方认为翁温不是间接共犯的上诉理由不成立。

随后，上诉分庭处理审判分庭关于性犯罪和基于性别犯罪的审判结果，包括作为其他不人道行为的强迫结婚和强迫怀孕。上诉分庭指出，《罗马规约》第 7 条第 1 款第 11 项“故意造成重大痛苦，或对人体或身心健康造成严重伤害的其他性质相同的不人道行为”旨在将不具体构成任何罪行的行为定为刑事犯罪，是一项开放条款，不同类型的行为只要满足该项的构成要素就可能构成其他不人道行为。强迫婚姻的核心要素是强加给被害人婚姻以及由此产生的配偶地位，强迫怀孕则损害妇女的生殖健康、生育自主权和计划生育权，二者都足以给被害人造成严重的身心痛苦。因此，在仔细审查审判分庭的事实调查结果所依据的证据后，上诉分庭认为，将强迫结婚和强迫怀孕认定为其他不人道行为的一种形式不属于越权行为，也不违反法无明文不为罪的原则。

另外，辩方认为，审判分庭错误地否定翁温不具有排除刑事责任的理由，翁温在指控相关期间患有精神疾病或精神障碍，并在胁迫下犯罪。上诉分庭指出，翁温缺乏足以证明其患有精神疾病的诊断证据，且辩方未进一步提供证明翁温在指控期间精神障碍影响其行为的证据，因此上诉分庭支持审判分庭关于精神疾病的调查结果。关于辩方质疑审判分庭对胁迫解释的问题，上诉分庭认同审判分庭的观点，认为“迫在眉睫的”和“继续”指的是威胁伤害的性质，伤害可能发生的时间是评估威胁是否存在要考虑的标准之一。无论威胁的伤害是立即发生还是在稍后某个时间点发生，对于一个人被强制犯下法院管辖权下的罪行，威胁必须在被指控的行为发生时“存在”并且是真实的。对翁温的指控存在于其成人期间,翁温在上帝抵抗军中的童年经历和年轻时被绑架的经历不是其犯下罪行的决定性要素,且翁温反对约瑟夫·科尼(Joseph Kony)精神力量的行为也证明其所受上帝抵抗军的影响较小,故而驳回辩方的这一上诉理由。

关于定罪的最后一项上诉理由是累积定罪。上诉分庭指出,《罗马规约》第20条第1款规定的一罪不二审不涉及是否可以在同一审判程序中基于同一行为对被告施加累积定罪的问题。每种犯罪所保护的合法利益是什么,只能参照具体犯罪的构成要件来辨别,如果这些要素能够证明另一个事实,则允许累积定罪。由于需要反映被告人的全部罪责,累积定罪的审查具有合理性,任何由事实重叠引起的问题都可以在量刑时解决。累积定罪的做法是在保障被告权利、确保被告不受到非法惩罚,在反映被告全部罪责之间取得了谨慎的平衡。上诉分庭认为,虽然受保护的利益可能存在一定程度的重叠,但辩方质疑的强奸罪和强迫婚姻所保护的利益并不相同,因此审判分庭的定罪不属于累积定罪。

最后,上诉分庭讨论关于量刑的上诉理由,以全体一致驳回了10项量刑上诉理由,[①]以多数票驳回了第12项量刑上诉理由,法官伊瓦涅斯·卡兰萨对该项理由的驳回论证持部分异议。[②] 上诉分庭认为:(1)被告在定罪判决方面免费获得合格口译员协助的权利原则上对于量刑而言不是绝对的,其受到公平要求的限制,因而审判分庭在提供定罪判决阿乔利语译文前发布量刑决定并未侵犯翁温的公平审判权;(2)审判分庭直接引用被害人的陈述作为他们的意见是适当的;(3)文化信仰应当被尊重,但无需将阿乔利传统司法系统纳入法院法定框架;(4)审判分庭了解案件事实有

---

① 由于辩方撤回量刑上诉理由9,且上诉分庭将量刑上诉理由7与理由10合并处理,故分庭在量刑上诉中共作出10次驳回,第10次有争议的驳回即为量刑上诉理由12。

② The Prosecutor v. Dominic Ongwen, Judgment on the appeal of Mr Dominic Ongwen against the Decision of Trial Chamber IX of 6 May 2021 Entitled "Sentence", The Appeals Chamber, 15 December 2022, ICC－02/04－01/15 A2.

重叠,但已对此作出正确的考量;(5)在指控时间范围之外的事件与犯罪行为之间存在足够密切的联系,可以被当做加重处罚所需的情节;(6)翁温的个人和家庭生活情况得到适当权衡;(7)审判分庭对何种因素构成减刑情节有自由裁量权,其可以决定不将翁温的精神状态作为个人情况考虑在量刑之中;(8)翁温受到的胁迫不能作为排除刑事责任的理由;(9)审判分庭对加重处罚因素的累积和受害程度累积是适当的;(10)即使审判分庭在分析罪行的严重性和确定加重情节时对被害人人数的表述较为模糊,论证不够谨慎,多数法官仍认为没有构成重复计算同一因素。故,驳回辩方全部量刑上诉理由。

法官伊瓦涅斯不认同对最后一项理由的驳回,她表示被害人人数被重复计算影响审理的公平性和量刑程序的公正性,对被定罪之人造成了偏见。另外,伊瓦涅斯表示,翁温的特殊个人情况在减刑方面具有重要性,这是法院第一次处理既是被害人又是犯罪者的特殊情况,要确定适当的刑罚需要进行整体分析,同时考虑到被定罪之人应受谴责的程度和个人情况。虽然多数法官决定维持量刑判决,但伊瓦涅斯法官将撤销 25 年有期徒刑,并将量刑问题发回审判分庭重新裁判。

## 二、其他司法活动进展

### (一)调查进展

1. 请求恢复菲律宾情势、委内瑞拉玻利瓦尔共和国情势一号的调查

(1)检察官请求法庭授权恢复对菲律宾情势的调查

第一预审分庭曾于 2021 年授权检察官办公室调查菲律宾政府所称“禁毒战争”背景下涉嫌危害人类罪的犯罪行为。同年 11 月,菲律宾政府根据《罗马规约》第 18 条第 2 款请求法院推迟调

查,理由是菲律宾已经或正在调查分庭授权范围内的犯罪,基于菲律宾的请求,检察官办公室暂停调查活动。然而,在评估菲律宾提供的材料和信息、第三方提供的证据、检察官自行收集的信息以及其他公开信息之后,检察官认为,菲律宾的推迟请求没有确凿根据。菲律宾已经或正在进行的案件大多涉及不寻求确立刑事责任的行政案件或其他非刑事案件。除少数例外,菲律宾审理的与法院调查范围重合的案件缺乏具体调查或起诉程序的详细信息,其也未对 2011 年至 2016 年在达沃地区发生的谋杀、警察行动之外的杀戮等展开调查。这些材料显示,菲律宾当局并不希望追究中级、高级犯罪者的刑事责任。因此,检察官认为,菲律宾政府不愿意调查起诉相关危害人类罪的指控,故而于 2022 年 6 月 24 日向分庭请求尽快恢复对菲律宾情势的调查。[①] 分庭在收到检方请求后,于 2022 年 7 月 14 日发布通知,要求菲律宾就检方恢复调查的请求提出意见,并邀请被害人及其代理人提出补充意见。

(2)检察官请求法庭授权恢复对委内瑞拉玻利瓦尔共和国情势一号的调查

检察官在 2021 年 12 月 6 日将决定对委内瑞拉情势展开调查的情况通知委内瑞拉政府,并请委内瑞拉政府在 1 个月内作出回复,是否已经或正在调查起诉法院管辖范围内的相关罪行。然而,直至 2022 年 4 月 15 日,委内瑞拉政府才以正在或已经调查相关侵犯人权罪行为由希望法院推迟调查,检察官在将推迟请求转交给第一预审分庭的同时向分庭申请恢复对委内瑞拉玻利瓦尔共和国情势一号的调查。检察官认为,检察官办公室积极寻求与委内瑞拉政府开展满足《罗马规约》补充性要求的国内诉讼,但目前存在的事实不足以证明委内瑞拉国内的诉讼程序符合推迟调查的要求。

① Situation of Philippines, Prosecution's Request to Resume the Investigation into the Situation in the Philippines pursuant to Article 18(2), Office of the Prosecutor, 24 June 2022, ICC – 01/21.

《罗马规约》第17条第1款、第2款第1项和第3项规定，除非有管辖权的国家不愿意或不能够切实进行调查或起诉，已经或正在进行的诉讼程序或作出的决定是为了包庇有关的人使其免负刑事责任或没有以独立或公正的方式进行，否则法院不得进行调查、起诉或审判。检察官评估委内瑞拉政府提供的材料及自行收集的证据后认为，委内瑞拉的调查没有涵盖国家政策和针对平民的系统性攻击，且主要调查"轻微"罪行，与检察官打算进行的调查不一致；委内瑞拉的调查、审理步骤不足，出现无故拖延的情况，有保护个人免予承担刑事责任之嫌疑；临时任命的检察官容易被免职，法官的甄选和任命不具公正性，且相关案件的检察官和法官都受到恐吓和干扰，难以维持独立性和公正性。因此，委内瑞拉情势暂不满足推迟调查的要求。① 另外，检方强调，即使目前检方认为委内瑞拉暂无合理理由推迟调查，但并不意味着在预审程序中不可重新评估可受理性问题，因而检方将继续加强与委内瑞拉政府和其他利益相关者的对话与合作。检察官于2022年3月对委内瑞拉进行第二次正式访问，访问期间在加拉加斯设立的一个办事处达成协定，以支持在谅解备忘录框架下开展合作。

2.第二预审分庭授权恢复对阿富汗情势的调查

2022年10月31日，第二预审分庭授权检察官恢复对阿富汗情势的调查。②《罗马规约》第18条第2款规定，对于可能构成第5条所述的犯罪，该国正在或已经对本国国民或在其管辖权

① Situation in the Bolivarian Republic of Venezuela I, Prosecution Request to Resume the Investigation into the Situation in the Bolivarian Republic of Venezuela I pursuant to article 18(2), with Confidential EX PARTE Annexes A – B available to the Prosecution and the Bolivarian Republic of Venezuela Only and Public Annex C, Office of the Prosecutor, 1 November 2022, ICC – 02/18.

② Situation in the Islamic Republic of Afghanistan, Decision pursuant to article 18(2) of the Statute authorising the Prosecution to Resume Investigation, Pre-trial Chamber II, 31 October 2022, ICC – 02/17.

内的其他人进行调查,根据该国的要求,检察官应等候该国对有关人的调查。依据该条款,阿富汗政府于2020年3月26日向法院提交推迟调查的请求,但2021年5月开始,加尼政府受到全国各省反对势力攻击,阿什拉夫·加尼(Ashraf Ghani)8月15日离开阿富汗,进入首都喀布尔的势力宣布成立领导机构实际控制阿富汗领土。检方强调,阿富汗政府更迭带来的重大变化使当局没有继续,也不能继续完成可构成推迟调查理由的相关调查和起诉,且阿富汗当局释放了数千名囚犯并未设条件地大赦所有"政治犯",足以表示现任当局不愿意或无法真正调查、起诉相关行为和人员,故而在评估材料后检察官发现,无论是阿富汗境外的政治实体或阿富汗领土上实际控制的实体都未能满足《罗马规约》第18条的规定,因而检察官于2021年9月27日向分庭提请恢复调查。①

之后,分庭在联合国和联合国阿富汗援助团的协助下向阿富汗政府发出公开通知并通过指定官方渠道向阿富汗当局传达分庭要求。分庭为其提供充分充足时间对检方恢复调查的请求发表意见,但阿富汗当局并未作出回应。在检方向分庭转交阿富汗先前提交的支持推迟请求的材料、检方的补充意见和被害人的意见后,分庭认为,材料中已存在调查或起诉的案件中,超过半数与检方授权调查范围内的罪行不甚相关,且这些案件信息不够充足。基于自提交推迟调查申请以来阿富汗政治事态的发展,与分庭希望阿富汗新当局作出补充意见的多次尝试,分庭在多次延长提交期限都未收到任何意见后认定,阿富汗政府提交的材料尚无法表明阿富汗已经或正在积极进行与《罗马规约》第5条所述犯罪相关的调查或起诉,且当局并未继续提交推迟请求,故决定恢复对阿富汗情势的调查。

---

① Situation in the Islamic Republic of Afghanistan, Request to Authorise Resumption of Investigation under Article 18(2) of the Statute, with a Confidential Annex, Office of Prosecution, 27 September 2021, ICC-02/17-161.

3. 启动对乌克兰情势的调查

触发国际刑事法院管辖权有多种路径，其中缔约国可以向检察官提交显示一项或多项本法院管辖权内的犯罪已经发生的情势，请检察官调查该情势，以便确定是否应指控某个人或某些人实施了这些犯罪。[①] 基于该管辖路径，2022 年 3 月 2 日，在检方根据《法院条例》第 45 条发出通知后，表示依据《罗马规约》第 15 条第 3 款请求预审分庭授权对乌克兰情势展开调查，院长会议将该情势分配给第二预审分庭。[②] 然而，自 2022 年 3 月 1 日检察官办公室收到立陶宛共和国提交的缔约国转介材料以来，总共有 43 个缔约国向检察官提交乌克兰情势，不需要再根据《罗马规约》第 15 条向分庭请求授权调查，故在第二预审分庭未作出授权调查决定的情况下，检察官决定对乌克兰情势启动调查。

2022 年 4 月 25 日，检察官办公室宣布加入联合调查小组，[③] 对据称在乌克兰犯下的核心国际罪行展开调查，该调查小组由立陶宛、波兰和乌克兰于 2022 年 3 月建立，爱沙尼亚、拉脱维亚、斯洛伐克和罗马尼亚相继加入，增强了调查力量。调查面临两个挑战：一是保存证据的难度高，当证人、被害人和犯罪嫌疑人可能离开乌克兰境内时，国家间和民间社会组织等收集和保存的证据因文件过多、过杂而产生遗失风险；二是诉讼范围难以确定，因冲突已引发数以千计的个案，在如此复杂的情况下，不可能对所有被指控的犯罪行为进行调查，因此，调查小组必须审慎地决定将哪些个案纳入小组的调查范围内，尽可能避免有罪不罚。

---

① 《罗马规约》第 13 条第 1 款和第 14 条第 1 款。

② Situation in Ukraine, Decision Assigning the Situation in Ukraine to Pre-Trial Chamber II, The Presidency, 2 March 2022, ICC - 01/22.

③ 联合调查小组（Joint Investigation Team）是刑事事项国际合作中最为先进的工具之一，一般通过两个或多个国家的政府为开展刑事调查而达成的法律协议成立，自 2009 年起由欧洲检察署（Eurojust）为其提供运行、法律和资金支持。欧洲检察署是欧盟的一个机构，负责处理成员国之间刑事事项上的司法合作。联合调查小组通常由检察官、法官和执法机构组成，从成立到出具调查结果的时限为 12 ~ 24 个月。

联合调查小组波兰专家认为,收集信息是寻找核心国际犯罪证据的关键,因此,可以制定调查计划和策略,协调任务分配,避免重复工作和证据碎片化。其他各方专家的参与提高了战区证据收集的有效性。这些专家既包括信息技术专家、口译翻译专家,也包括法医学专家,他们通过专业的知识和经验,对复杂战场中的犯罪现场进行调查,有助于确保以客观公正的方式收集证据,增强证据的合法性。在调查中,欧洲检察署也发挥重要作用,尤其是在协调调查策略、被害人身份识别、证据报告制作、司法证据交换和解决管辖权问题方面。国际刑事法院检察官办公室的加入确保了联合调查小组收集的证据符合国际刑事法院起诉的标准,减少了因标准不一而无法使用证据的情况。①

检察官办公室加入联合调查小组代表着国际刑事法院首次参与联合调查。检察官办公室强调,为了获取相关证据并确保其在刑事诉讼中得到有效利用,乌克兰情势需要采取集体行动,但检察官办公室并非信息和证据的单向接受方,其还希望根据补充性原则,成为能够惩处相关核心国际罪行国内诉讼的有力合作伙伴,因此,检察官办公室也会根据《罗马规约》相关规定向有关国家提供其收集的信息和证据以支持国内的调查和起诉。

4. 结束对中非共和国情势二号和格鲁吉亚情势的调查

2022 年 12 月 16 日,国际刑事法院首席检察官卡里姆·阿萨德·艾哈迈德·汗(Karim Asad Ahmad Khan QC)宣布中非共和国情势和格鲁吉亚情势调查阶段结束。

(1)中非共和国情势二号调查结束

检察官办公室于 2007 年开始调查中非共和国武装冲突期间国际刑事法院管辖范围内的危害人类罪和战争罪,审查冲突各方提交的与犯罪相关的证据,并与幸存者、民间组织、相关国家政府

---

① Eurojust General Secretariat of the Council of the European Union, *Highlights of the Annual Meeting of the Network of National Experts on Joint Investigation Teams*, 16201/22 (2022).

进行了卓有成效的合作。基于中非共和国情势一号的调查,检察官办公室对让-皮埃尔·本巴·贡博(Jean-Pierre Bemba Gombo)等多人提起诉讼,目前这些犯罪者已服刑完毕。根据中非共和国政府2014年的提交,检察官办公室对该情势展开第二次调查,调查涉及2012年8月以来被称为"塞雷卡"(Séléka)和"反巴拉卡"(Anti-Balaka)武装团体犯下的危害人类罪和战争罪相关指控。目前法院正在审理二号情势中的多项案件:马克西姆·若弗鲁瓦伊·莫科姆·加瓦卡(Maxime Jeoffroy Eli Mokom Gawaka)于2022年3月14日被移交至法院,22日首次在第二预审分庭出庭;穆罕默德·赛义德·卡尼(Mahamat Said Abdel Kani)案于2022年9月26日开始审理;阿尔弗雷德·耶卡托姆(Alfred Yekatom)和帕特里斯-爱德华·恩盖索纳(Patrice-Edouard Ngaïssona)一案正在审理中。检察官卡里姆表示,鉴于中非共和国特别刑事法院于2022年对三名被指控犯有危害人类罪和战争罪的个人作出了第一份判决,且为了有效分配国际刑事法院的司法资源,检察官办公室将向特别刑事法院移交材料和相关信息以支持该法院的诉讼程序,使其充分发挥法院管辖所需的互补性。因此,在没有重大变化发生的情况下,除了目前法院正在审理的案件外,检察官办公室不会对中非共和国情势中涉嫌刑事责任问题的其他人展开新调查,中非共和国情势调查阶段已结束。

(2)格鲁吉亚情势调查结束

2016年在完成初步审查后,检察官办公室开始调查2008年7月1日至10月10日在格鲁吉亚发生的国际性武装冲突背景下法院管辖范围内的危害人类罪和战争罪的情况。针对格鲁吉亚情势,第一预审分庭发出三份逮捕令,相关指控涉及在俄罗斯联邦占领期间非法拘禁、实施酷刑和虐待、劫持人质、抢占和损毁村庄和房屋以及随后非法转移格鲁吉亚平民并组织他们返回的行为。[①] 为了

① 详情见后文"逮捕令进展"部分。

更好地集中司法资源,检察官办公室将关注在逃嫌疑人的追踪和逮捕,重点保障逮捕令中相关犯罪者的起诉,继续收集、保存证据以推进审理进程。在情势未有其他变化的情况下,结束对格鲁吉亚情势的调查。

## (二)逮捕令相关进展

2022年,国际刑事法院发布三份新逮捕令,启封一份密封逮捕令,并撤销两份逮捕令。

1. 发布三份新逮捕令

在检方于2022年3月22日提出申请后,分庭考虑到有合理理由相信每个嫌疑人都对战争罪负有责任,于2022年6月24日发出对米哈伊尔·迈拉莫维奇·明扎耶夫(Mikhail Mayramovich Mindzaev)、哈姆雷特·古赫马佐夫(Gamlet Guchmazov)以及大卫·格奥尔基耶维奇·萨纳科耶夫(David Georgiyevich Sanakoev)的三份逮捕令,逮捕令涉及2008年俄罗斯和格鲁吉亚武装冲突期间的犯罪行为。明扎耶夫曾任俄罗斯内政部高级警官,在冲突期间担任南奥塞梯行政当局的内务部长,被指控在任职期间的2008年8月8日至27日犯有酷刑或不人道待遇、非法驱逐出境或迁移或非法禁闭、劫持人质、损害个人尊严等战争罪罪行;[①]古赫马佐夫是俄罗斯公民(也可能是格鲁吉亚公民),在冲突期间担任隔离事务负责人,其指控与明扎耶夫相同;[②]萨纳科耶夫出生于格鲁吉亚,为南奥塞梯政府的人权事务代表,在冲突期间被称为“监察员”,被认为实施了战争罪中的劫持人质和非法转移平

---

① Situation in Georgia, Public Redacted Version of “Corrected Version of the ‘Arrest Warrant for Mikhail Mayramovich Mindzaev’”, Pre-trial Chamber I, 24 June 2022 (Date of the Public Redacted Version: 30 June 2022), ICC-01/15.

② Situation in Georgia, Public Redacted Version of “Arrest Warrant for Gamlet Guchmazov”, Pre-trial Chamber I, 24 June 2022 (Date of the Public Redacted Version: 30 June 2022), ICC-01/15.

民的行为。[①]

2. 启封一份逮捕令

2019 年 1 月 7 日，第二预审分庭密封发布穆罕默德·努拉丁·亚当(Mahamat Nouradine Adam)的逮捕令，指控其至少在 2013 年 4 月 12 日至 11 月 27 日犯下战争罪和危害人类罪。亚当曾在被指控期间的部分时间担任安全、移民(出境)、移民(入境)和公共秩序部长，并为《正义与和平爱国者公约——基本原则》(*Convention des Patriotes pour la Justice et la Paix-Fondamentale*)的创始人。分庭认为，亚当在班吉拘留中心实施了法院管辖范围内与战争罪和危害人类罪相关的损害个人尊严、监禁或以其他方式严重剥夺人身自由、酷刑、迫害、强迫人员失踪、故意造成重大痛苦，或对人体或身心健康造成严重伤害的其他性质相同的不人道行为。因此，第二预审分庭决定签发亚当的逮捕令，寻求中非共和国政府、其他国家和国际组织的帮助。2022 年 7 月 28 日，亚当的逮捕令被启封并公开发布。

3. 撤销两份逮捕令

利比亚情势由联合国安理会通过 1970 号决议提交给国际刑事法院，在对相关情势进行调查后，第一预审分庭分别于 2013 年 4 月 18 日和 2017 年 8 月 15 日对托哈米·穆罕默德·哈立德(Al-Tuhamy Mohamed Khaled)和穆罕默德·穆斯塔法·布赛夫·韦法利(Mahmoud Mustafa Busayf Al-Werfalli)签发逮捕令，二人都被指控犯有对生命与人身施以暴力，特别是各种谋杀、残伤肢体、虐待及酷刑的战争罪。2022 年 5 月 17 日，分庭首先收到韦法利逮捕令的撤销申请，通过检方提供的信息和材料，特别是证人证词、照片和社交媒体材料，分庭认定韦法利确已过世。由于不能对死者行使管辖权和执行逮捕令，若嫌疑人已经死亡，则逮捕令和其他

① Situation in Georgia, Public Redacted Version of "Arrest Warrant for David Georgiyevich Sanakoev", Pre-trial Chamber I, 24 June 2022 (Date of the Public Redacted Version: 30 June 2022), ICC－01/15.

相关文件都因此失效,必须终止对死者的诉讼程序,故分庭于 6 月 15 日决定撤销韦法利的逮捕令。① 8 月 2 日,分庭又收到检方递交的由利比亚政府签发的哈立德死亡证明副本,虽然没有证据证明利比亚政府是如何核实哈立德死亡的,但基于官方死亡证明和检方的声明,分庭于 9 月 7 日同意撤销哈立德的逮捕令。② 至此,利比亚情势已无处于法院程序中的案件。

## (三)初步审查进展

1. 玻利维亚情势:结束初步审查

2022 年 2 月 14 日,检察官宣布结束对玻利维亚情势的初步审查。检察官办公室基于获得的信息进行全面且独立的评估后,认为玻利维亚情势不符合《罗马规约》开展调查的标准。玻利维亚情势于 2020 年 9 月 4 日由玻利维亚政府转交给检察官办公室,据称在 2020 年 8 月玻利维亚全国范围内实施封锁的几天中,参与封锁的人故意阻碍玻利维亚人民获得重要的医疗用品和医疗服务的机会,这可能导致 40 多人因新型冠状病毒肺炎(Covid - 19)而死亡。这些封锁组织者和参与者的目的是以玻利维亚人民为目标,对其造成死亡、恐吓和痛苦,以实现他们的政治要求。移交的报告称,这种行为对玻利维亚人造成严重的身体和精神伤害,构成《罗马规约》第 7 条第 1 款第 1 项谋杀和第 11 项其他不人道行为的危害人类罪。

在初步审查后,检察官确认没有合理依据认为法院管辖范围内的罪行已经发生,且被指控的行为不符合危害人类罪的背景要

① The Prosecutor v. Mahmoud Mustafa Busayf Al-Werfalli, Decision Terminating Proceedings against Mr Mahmoud Mustafa Busayf Al-Werfalli, Pre-trial Chamber I, 15 June 2022, ICC - 01/11 - 01/17.

② The Prosecutor v. Al-Tuhamy Mohamed Khaled, Decision Terminating the Proceedings against Mr Al-Tuhamy Mohamed Khaled, Pre-trial Chamber I, 7 September 2022, ICC - 01/11 - 01/13.

素,即封锁组织者和参与者的行为即使是犯罪行为,也不构成针对玻利维亚平民的运动或政策,因此不属于《罗马规约》第7条规定的"广泛或有系统地针对任何平民人口进行的攻击"。检察官表示,其职责不是对所指控事件发生的政治背景作出判断,而是通过独立、公正和客观的分析来确定其是否构成《罗马规约》规定的罪行。在详细评估这些行为之后,检察官认为其不属于法院管辖的罪行,不应继续对被指控事件有关的任何行为或动态展开调查,故结束对玻利维亚情势的初步审查。

2. 几内亚情势:与过渡政府签署互补协议并结束初步审查

2009年,检察官办公室对几内亚展开初步审查,至今对几内亚进行21次访问,与几内亚的高级官员、民间组织和被害人协会接触与交流。2022年9月29日,首席检察官卡里姆·阿萨德·艾哈迈德·汗与几内亚过渡政府总统马马迪·敦布亚(Mamady Doumbouya)签署谅解备忘录,进一步推进互补原则,加强未来在追求正义方面的合作。根据备忘录,几内亚共和国承诺以以下方式追究2009年9月28日事件背景下的罪行:(1)与国际伙伴合作,对法官、检察官、书记员和律师进行培训;(2)确保外联与沟通,客观地向公众通报司法程序进展;(3)防止对司法产生政治干涉;(4)确保司法、检察人员、被害人和证人的安全和保障;(5)为参与审判的被害人和证人提供必要的支持和帮助;(6)酌情促进相关国家和国际利益攸关方之间的充分合作与协调;(7)分配实施上述措施所需的资源。

检察官办公室表示将继续支持几内亚的国家司法系统和刑事问责工作,双方将定期举行会议交流诉讼进展。几内亚开始进行的审理活动有利于国际正义的实现,这不仅对几内亚具有重要意义,对《罗马规约》所有缔约国和整个国际社会都具有重要意义。由于几内亚政府并非不愿意,也非不能够对相关法院管辖权范围内的罪行展开真正的调查和起诉,检察官办公室决定结束对几内亚情势的初步审查。检察官办公室也将持续关注诉讼程序进展和几内亚政府态度,以确保几内亚履行《罗马规约》下的责任。若发现几内亚政府未达到互补性门槛,则检察官办公室将重新开始初步审查,并在必要时进行全面调查。

# 2022年刑事法庭余留事项国际处理机制工作综述

徐浩然*

2022年,刑事法庭余留事项国际处理机制(International Residual Mechanism for Criminal Tribunals,IRMCT,以下简称余留机制)继续遵循联合国安全理事会第1966(2010)号决议履行职责。在新冠病毒大流行对余留机制运作影响逐渐减弱的情况下,余留机制大大推进了核心司法工作。① 总体上来看,"法图玛等人上诉案"已完成,"卡布加案"与"斯坦尼希奇和西马托维奇上诉案"的审理正在推进。在人事方面,卡梅尔·阿吉乌斯(Carmel Agius)主席自7月1日起卸任,由格拉西拉·加蒂·桑塔纳(Graciela Gatti Santana)接任,意味着余留机制迎来了首位女主席,这也是该机制在实现性别平等道路上迈出的重要一步。下文介绍该机制在2022年的工作情况。

## 一、法律与监管框架

2022年1月1日,余留机制公布了《贫困被告辩护人员的薪

* 中国政法大学国际法学院2022级博士研究生。

① United Nations General Assembly and United Nations Security Council, *Tenth Annual Report of the International Residual Mechanism for Criminal Tribunals*, A/77/242 – S2022/583 (28 July 2022), p. 4.

酬政策》。[①] 根据此前其他相关政策规定,机制会为贫困被告指派律师,对于被指派的辩护团队,由机制出资为其所做的合理及必要的工作支付相应的报酬。[②] 这样的政策不仅能够更好地维护贫困被告的诉讼权利,还能够为被辩护人员提供经济保障。总体上,2022 年新修订的政策将辩护人员的薪酬标准按照预审、审判、上诉三个阶段分别进行了规定,还对委托人、辩护团队的口译与笔译的每月最高拨款额做出了限制。

余留机制还公布了《适用于辩方团队的时薪》。[③] 对于首席律师、律师、专家和其他辅助人员,机制依据其专业工作年限划定了相应的时薪标准;对于协理律师的时薪则不区分工作年限,做出了统一规定;翻译人员是按字收费,依据工作年限设定了不同标准的翻译费用。

此外,上述两项政策均指出,薪酬标准应参照国际公务员制度委员会使用的消费物价指数而不断调整。具体来说,以 2022 年的调整为例,是以 2021 年 11 月起算,至接下来的 12 个月期间内消费物价指数的变化为依据的,如果在这 12 个月期间内,指数的总增幅未达到 1% ,则不予调整。

## 二、审判案件

2020 年 5 月,费里西安 · 卡布加(Félicien Kabuga)在法国巴

---

① International Residual Mechanism for Criminal Tribunals (IRMCT), *Remuneration Policy for Persons Representing Indigent Accused Revised Amount as January* 2022, adopted on 1 January 2022.

② IRMCT, *Remuneration Policy for Persons Representing Indigent Convicted Persons in Post-Conviction Proceedings, upon Issuance of a Judicial Order Granting Assignment of Counsel at the Expense of International Residual Mechanism for Criminal Tribunals*, adopted on 28 September 2017, revised on 4 January 2019, revised on 12 April 2021.

③ IRMCT, *Hourly Rates Applicable to Defence Teams as of January* 2022, adopted on 1 January 2022.

黎被逮捕,同年10月26日,被正式移交余留机制。2021年3月1日,余留机制检察官提交了第二份修正后的起诉书,根据《余留机制规约》(以下简称《规约》)与《卢旺达问题国际刑事法庭规约》授权,指控卡布加犯有包括种族灭绝罪,直接和公开煽动种族灭绝罪,共谋实施种族灭绝罪,以政治理由迫害、灭绝和谋杀等危害人类罪在内的6项罪状。①

围绕"卡布加案",引起各方密切关注的情况之一就是其身体健康的问题。2020年5月16日,卡布加被移交至余留机制关押,以便对其身体健康状况进行检查,来确定他是否适合受审以及被转移和拘留至余留机制阿鲁沙分部。12月9日,在对卡布加的身体情况进行初步检查后,联合国拘留中心的医疗官员开始每个月向审判分庭提交两次关于他健康情况的医疗报告。2021年2月5日,书记官长通知预审法官,卡布加由于摔倒导致股骨断裂,需要进行手术。随后在2月与3月提交的健康报告中,医疗官员认为,由于进行了手术,导致卡布加的健康状况开始恶化,被诊断患有骨质疏松症,同时产生了严重的心肺问题。此外,通过这段时间与卡布加的交流发现,他的记忆力与认知能力都有明显下降,经常出现一时糊涂的情况。② 根据辩方的要求,同时也为了更好地探讨这一问题,审判分庭任命了三名独立医疗专家,同时允许检方与辩方分别任命一名医疗专家。审判分庭就此事项分别于2022年5月31日、6月1日和6月7日举行了听证会,围绕三名医疗专家的资格展开审查,同时,各方就上述问题在听证会上也进行了相关陈述。

2022年6月13日,审判分庭做出了卡布加是否适合受审以及是否被移送和拘留至阿鲁沙的决定。对于卡布加是否适合受审的

① IRMCT,"Kabuga, Félicien (MICT-13-38)", https://www.irmct.org/en/cases/mict-13-38 (Last visited January 15, 2023).

② Prosecutor v. Félicien Kabuga, Decision on Félicien Kabuga's Fitness to Stand Trial and to be Transferred to and Detained in Arusha, IRMCT, MICT-13-38-PT, 13 June 2022, p. 2.

问题,审判分庭强调,健康的标准应当是“有意义地参与”,这意味着被告在整个诉讼过程中能够积极有效地参与诉讼、行使权利以及理解诉讼程序的要点。[①] 就此问题,几位医疗专家的观点产生了分歧。总体而言,由审判分庭指定的医疗专家在报告中指出,只要将指控对卡布加进行缓慢且细致的解释,他有能力理解指控的性质并提出抗辩。然而,综合考虑卡布加的记忆力、理解信息的能力等,这位专家认为,卡布加目前不适合受审。[②] 同样受分庭指派的另一位专家则认为,卡布加的表现证明其有能力理解指控的性质,并且在适当的协助下,卡布加也能够理解诉讼的过程以及相关证据。[③] 检方所指定的医疗专家在报告中也认为卡布加的思维能力显示出了“非常好的连贯性”,了解指控的性质,因此他适合受审。结合几位医疗专家的资质与报告内容来看,审判分庭特别重视由分庭任命的独立医疗专家所提供的证据。分庭认为,根据所提供的记录显示,无法确定卡布加在多大程度上具备受审能力,但可以确定的是,关于卡布加是否适合受审的结论必须由证据来证明,目前并没有充足的证据证明其不适合审判。最终,审判分庭认为辩方并没有达到这一证据门槛。[④]

就卡布加是否应被移送和拘留至阿鲁沙分部的问题,审判分庭指出,记录明确显示卡布加处于脆弱的状态,需要加强医疗护理和监测。各位医学专家所提出的证据也表明,将卡布加转移至阿鲁沙分部有可能破坏其所熟悉的环境,考虑到卡布加的年龄和脆弱的健康状况,这可能会对他参与审判的能力造成实质性不利影

---

① Prosecutor v. Félicien Kabuga, Decision on Félicien Kabuga's Fitness to Stand Trial and to be Transferred to and Detained in Arusha, IRMCT, MICT - 13 - 38 - PT, 13 June 2022, p. 16.

② Prosecutor v. Félicien Kabuga, Decision on Félicien Kabuga's Fitness to Stand Trial and to be Transferred to and Detained in Arusha, IRMCT, MICT - 13 - 38 - PT, 13 June 2022, p. 7.

③ Prosecutor v. Félicien Kabuga, Decision on Félicien Kabuga's Fitness to Stand Trial and to be Transferred to and Detained in Arusha, IRMCT, MICT - 13 - 38 - PT, 13 June 2022, p. 9.

④ Prosecutor v. Félicien Kabuga, Decision on Félicien Kabuga's Fitness to Stand Trial and to be Transferred to and Detained in Arusha, IRMCT, MICT - 13 - 38 - PT, 13 June 2022, p. 26.

响。据此,分庭决定,卡布加应当继续被拘留在余留机制海牙分部,在另有决定前,对其的审判应在海牙进行。① 同时,考虑到卡布加的健康状况有可能发生变化,分庭认为最好由一个独立医疗专家组成的小组对其身体情况进行监测。

2022 年 6 月 20 日,辩方依据《程序与证据规则》(以下简称《规则》)第 80(B)条提出一项动议,要求对审判分庭 6 月 13 日所做出的裁决提出上诉。② 6 月 23 日,审判分庭核准了辩方的上诉,并通知各方,在上诉未决期间,诉讼程序应继续进行。③ 由于上诉分庭驳回了辩方的上诉,"卡布加案"的开庭最终在 9 月 29 日开始,审判分庭分别于当日与 30 日听取了开场陈述。检方于 10 月 5 日开始提交证据。鉴于卡布加特殊的健康状况,综合考虑医疗专家的建议,审判分庭决定每周开庭三天(星期二、星期三、星期四),每次时长两小时(海牙时间上午 10 时至 12 时)。目前,该案仍在审理中,预计将持续至 2024 年 9 月。

## 三、上诉案件

### (一)"法图玛等人上诉案"

本案前身为"图里纳博等人藐视法庭案",该案案情复杂且涉及多名被告人,其中一名被告人马克西米利安 · 图里纳博

---

① Prosecutor v. Félicien Kabuga, Decision on Félicien Kabuga's Fitness to Stand Trial and to be Transferred to and Detained in Arusha, IRMCT, MICT – 13 – 38 – PT, 13 June 2022, p. 26.

② The Prosecutor v. Félicien Kabuga, Request for Certification to appeal Against the "Decision on Félicien Kabuga's Fitness to Stand Trial and to be Transferred to and Detained in Arusha" of 13 June 2022, IRMCT, MICT – 13 – 38 – PT, 20 June 2022, p. 7.

③ Prosecutor v. Félicien Kabuga, Decision on Felicien Kabuga's Motion for Certification to Appeal the Decision of 13 June 2022, IRMCT, MICT – 13 – 38 – PT, 23 June 2022, p. 2.

(Maximilien Turinabo)的诉讼因其死亡而被终止。[①] 2021 年 6 月 25 日,根据《规约》第 21、22 条和《规则》第 90、122、125、126 条,独任法官对其他几位被告做出了判决,判决理由于 9 月 25 日被公布,主要情况如下:

证据表明,被告奥古斯丁·恩吉拉巴图瓦雷(Augustin Ngirabatware)与安塞尔姆·恩扎邦帕(Anselme Nzabonimpa)共谋干扰证人作证,由前者提供资金,以后者名义向数名证人进行金钱贿赂,诱使证人作出有利于自身的证词。[②] 类似地,被告让·德·迪乌·恩达吉吉马纳(Jean de Dieu Ndagijimana)为了使证人与恩吉拉巴图瓦雷方保持合作,也与多位证人进行了金钱交易。除此之外,恩达吉吉马纳还诱使证人在他的悔过书上签字,同时告诉证人在接受各方询问时应当怎样回答。[③] 据此,根据《规约》第 1(4)(a)条与《规则》第 90(A)(iv)条,独任法官认定恩扎邦帕与恩达吉吉马纳犯有干扰司法罪,但不犯有煽动干扰司法罪,分别对其判处有期徒刑,恩吉拉巴图瓦雷犯有干扰司法和违反法庭命令罪判处 2 年有期徒刑,并将这 2 年刑期合并至其因其他罪名已经被判处的 30 年刑期内,同时执行。[④]

独任法官同样依据《规约》第 1(4)(a)条与《规则》第 90(A)(iv)条裁定被告玛丽·罗斯·法图玛(Marie Rose Fatuma)犯有干扰司法罪。与法图玛所犯罪行密切相关的是一位编号为 ANAL/TNN6 的证人。法图玛与该证人的亲属取得联系,促使亲属去劝说其翻供并重新做出有利于自身的新证词,作为对此的报酬,法图

---

① Prosecutor v. Anselme Nzabonimpa, et al., Decision Terminating Proceedings Against Maximilien Turinabo, IRMCT, MICT - 18 - 116 - T, 19 April 2021, p. 2.

② Prosecutor v. Anselme Nzabonimpa, et al., Judgment, IRMCT, MICT - 18 - 166 - T, 25 June 2021, p. 132.

③ Prosecutor v. Anselme Nzabonimpa, et al., Judgment, IRMCT, MICT - 18 - 166 - T, 25 June 2021, p. 133.

④ Prosecutor v. Anselme Nzabonimpa, et al., Judgment, IRMCT, MICT - 18 - 166 - T, 25 June 2021, p. 65.

玛向证人支付了相应的金钱。此外，法图玛还指示证人在接受各方询问时应怎样作出答复。①

另一名被告迪克·普鲁登斯·穆耶舒利（Dick Prudence Munyeshuli）被指控曾两次违反法庭命令。根据起诉书的内容，2017年7月15日，穆耶舒利向他人透露了受保护的证人的身份，并且，至少自2017年7月15日至8月下旬，被告曾多次与受保护的证人进行间接接触。② 然而，独任法官最终认为穆耶舒利不犯有违反法庭命令罪，警告其在今后的案件中应严格遵守证人保护措施。③

2021年10月18日，法图玛正式提起上诉。法图玛共提出8项上诉理由来反驳审判分庭对自己的定罪和量刑，她认为独任法官对该案的判决存在法律与事实错误，量刑明显过重。④ 检方于同日对穆耶舒利的无罪判决以及恩吉拉巴图瓦雷的判决提起上诉。⑤ 2022年1月12日，法图玛和穆耶舒利提出联合动议，要求上诉分庭行使自由裁量权，举行口头上诉听证。⑥ 由于收到的资料完全能够作出决定，因此该联合动议被上诉分庭驳回。⑦ 为更好地反映参与上诉程序的各方，余留机制决定将案件名称改为“法图玛等人”（Fatuma *et al.*）。6月29日，上诉分庭对“法图玛等人

---

① Prosecutor v. Anselme Nzabonimpa, et al., Judgment, IRMCT, MICT－18－166－T, 25 June 2021, p. 135.

② Prosecutor v. Anselme Nzabonimpa, et al., Judgment, IRMCT, MICT－18－166－T, 25 June 2021, p. 136.

③ Prosecutor v. Anselme Nzabonimpa, et al., Judgment, IRMCT, MICT－18－166－T, 25 June 2021, p. 159.

④ Prosecutor v. Anselme Nzabonimpa, et al., Fatuma Defence Notice of Appeal, IRMCT, MICT－18－116－A, 18 October 2021, p. 1.

⑤ The Prosecutor v. Anselme Nzabonimpa, et al., Prosecution Notice of Appeal, IRMCT, MICT－18－116－A, 18 October 2021, p. 1.

⑥ Prosecutor v. Marie Rose Fatuma, et al., Joint Motion for an Oral Appeal Hearing, IRMCT, MICT－18－116－A, 12 January 2022, p. 4.

⑦ Prosecutor v. Marie Rose Fatuma, et al., Decision on a Joint Motion for an Oral Appeal Hearing, IRMCT, MICT－18－116－A, 4 February 2022, p. 2.

上诉案”作出了判决。[①] 主要内容如下：

法图玛的第一条与第三条上诉理由指向同一个问题，即独任法官不应当采纳一名证人的证言。事实上，争议的焦点问题为：法官在确定证人证言的可信度时是否能将该证人过去所做出的、并与现在证言保持一致的陈述作为参考因素。对于这一问题，法图玛认为，独任法官将这种一致性陈述作为参考因素是不正确的。上诉分庭回顾，只有在为了反驳证人编造证言的指控时，才能用这种一致性陈述提高证言的可信度。然而，审判判决书中并没有针对该证人编造证言的指控，在这种情况下，独任法官确实不应将这样的陈述作为参考因素。但同时，上诉分庭指出，即使独任法官在此问题上出现了错误，该证言的可信度仍然能够被其他证据所核实，并且进一步来看，该错误也不会导致整个判决失效。综上，上诉分庭驳回了法图玛的第一条与第三条上诉理由。[②]

法图玛的第二条上诉理由称，独任法官没有审慎地考量证人某些证言的真实性，并采纳了该部分证言。检方回应道，独任法官在评估证言真实性方面恰当地行使了自由裁量权。上诉分庭对检方的主张予以确认，并进一步指出，独任法官的基本职能之一就是对证人证言的可信度进行评估，上诉分庭必须对此保持尊重。考虑到这些原则，并鉴于独任法官在审判时也已经明确注意到法图玛就这一问题提出的意见，上诉分庭最终驳回了法图玛的第二条上诉理由。[③]

法图玛的第四条上诉理由指出，没有足够的证据支撑是她指使该证人的两位亲属去说服证人翻供，独任法官的此种认定是错

① Prosecutor v. Marie Rose Fatuma, et al., Judgment, IRMCT, MICT - 18 - 116 - A, 29 June 2022, p. 46.

② Prosecutor v. Marie Rose Fatuma, et al., Judgment, IRMCT, MICT - 18 - 116 - A, 29 June 2022, p. 13.

③ Prosecutor v. Marie Rose Fatuma, et al., Judgment, IRMCT, MICT - 18 - 116 - A, 29 June 2022, p. 17.

误的。上诉分庭在审查证据后认为,根据已截获的通信证据,法图玛、证人的亲属和证人三者之间确实存在联络,然而这些证据并没有表明是法图玛促使亲属去干扰该证人作证。事实上,仅依靠此项证据来看,也可能是其他人让亲属去劝说证人翻供的。因此,独任法官在此事实上的认定确实是错误的。然而,这不当然意味着独任法官所得出的结论也是错误的。接下来上诉分庭围绕此问题重新审查了其他证据。根据记载其他几名被告之间交流内容的证据,可以确认法图玛与一位亲属曾经会面,此外,另有一份证据表明了法图玛与亲属曾就报酬数额进行过讨论。最终上诉分庭认定,独任法官得出的结论是合理的,法图玛的第四条上诉理由被驳回。[①]

法图玛的第五条上诉理由认为,独任法官在否定辩方的辩护理论时没能给出合理的理由。对此,上诉分庭首先指出,判决是一个整体,法官在做出判决时不必对每一个推理过程都进行阐述。其次,上诉分庭注意到了独任法官在否定法图玛的辩护理由时所考虑的证据,其中除该证人的陈述外,还包括另外几名被告和法图玛之间交流的证据,此外还存在大量证据表明法图玛曾努力试图让证人撤回对自身不利的证言。综上,上诉分庭的结论是,法图玛实际上只是对这些证据进行了另一种解释,这并不能证明独任法官对整个审判的考量是不对的。[②]

法图玛的第六条上诉理由称,判决中,她的审判摘要仅有法语版本,没有英文译本,由于独任法官不懂法语,所以没有理解她提交的书面材料。上诉分庭强调,英文和法文均为余留机制的工作语言,不能因为法官采纳一种语言写成的文件就说该法官无法理解用另一种语言写成的文件。因此,上诉分庭驳回了法图玛的第

① Prosecutor v. Marie Rose Fatuma, et al., Judgment, IRMCT, MICT – 18 – 116 – A, 29 June 2022, p. 20.

② Prosecutor v. Marie Rose Fatuma, et al., Judgment, IRMCT, MICT – 18 – 116 – A, 29 June 2022, p. 21.

六条上诉理由。[①]

法图玛的第七条与第八条上诉理由涉及量刑问题。法图玛提到,独任法官判处她相当于352天的监禁明显过重,量刑没有考量她在犯罪中“相对较小的作用”“良好的道德地位”和临时释放期间的良好表现等。针对此项问题,分庭认为独任法官对《规约》第22(1)条与《规则》第90(G)条的适用是正确的。上诉分庭主要审查了独任法官对法图玛做出的“服刑时间”(time served)的决定。《规则》第125(C)条规定,被定罪人在移交至余留机制前、审判前或上诉前被羁押的时间(若有的话)应予折抵刑期。由于法图玛在审前被羁押时间已超过11个月,独任法官据此认为她有权用羁押期限折抵刑期。[②] 上诉分庭指出,根据《规约》与《规则》的相关规定,对犯有藐视法庭罪的人的法定惩罚方式并不包括“服刑时间”,法官在判处被告人监禁时应首先确定监禁期限,然后再根据《规则》第125(C)条,将法图玛在审判前所羁押的时间来折抵刑期。鉴于上述情况,上诉分庭将撤销独任法官作出的“服刑时间”的判决,并自行确定适当的刑期。法图玛的第七条和第八条上诉理由因没有实际意义而被驳回。[③]

检方共提出三条上诉理由:两条上诉理由质疑独任法官对穆耶舒利的无罪判决;一条上诉理由质疑独任法官的命令,即将恩吉拉巴图瓦雷被判处的2年监禁合并在他因犯有灭绝种族罪和直接和公开煽动实施灭绝种族罪而正在服的30年监禁内执行是否是正确的。

检方在第一条上诉理由中称,独任法官认为穆耶舒利没有犯

---

① Prosecutor v. Marie Rose Fatuma, et al., Judgment, IRMCT, MICT - 18 - 116 - A, 29 June 2022, p. 23.

② Prosecutor v. Marie Rose Fatuma, et al., Judgment, IRMCT, MICT - 18 - 116 - A, 29 June 2022, p. 25.

③ Prosecutor v. Marie Rose Fatuma, et al., Judgment, IRMCT, MICT - 18 - 116 - A, 29 June 2022, p. 25.

有藐视法庭罪是错误的。上诉书从犯罪行为与犯罪意图两方面入手展开论述。其一,对于独任法官对穆耶舒利作出的无罪判决,检方认为独任法官对“披露”一词的理解有误,并依据错误的理解认定穆耶舒利没有违反法院命令披露受保护的信息。独任法官援引了“披露”一词在《牛津英语词典》的含义:“披露行为或事实,或者透露新的或秘密的信息”以及“使某事公开化”。[①] 根据上述定义,独任法官认为,他在判决时不能确认穆耶舒利向他人透露了任何新的或秘密的信息,抑或是在私人谈话中的透露行为使得受保护的信息公开化。事实上,根据《规则》第 90(A)(ii)条的规定,余留机制可将那些蓄意干扰司法的人,包括故意违反分庭或独任法官的命令,披露与卢旺达问题国际法庭或余留机制的诉讼程序有关的信息的人视为藐视法庭。通过回顾相关判例也可以发现,任何藐视分庭命令这一行为本身就已经构成干扰司法,不需要再额外证明其对司法的损害。[②] 此外,在“约维奇(Jović)案”中,前南斯拉夫问题国际刑事法庭上诉分庭强调,第三方披露了受保护的信息这一举动不会破坏该信息的被保护性,若有人违反法院的命令仍然有可能构成干扰司法。[③] 综上,分庭认为,构成干扰司法并不要求受保护的信息必须被披露于公共领域,或可被公众所获取,在 2017 年 7 月 15 日的谈话中,穆耶舒利的行为属于披露了受保护的信息。[④]

其二,检方从犯罪意图这一角度质疑。独任法官在此前认为,即便将穆耶舒利与他人的谈话解释为披露了受保护的信息,也不

---

① Prosecutor v. Marie Rose Fatuma, et al., Judgment, IRMCT, MICT - 18 - 116 - A, 29 June 2022, p. 27.

② Prosecutor v. Marie Rose Fatuma, et al., Judgment, IRMCT, MICT - 18 - 116 - A, 29 June 2022, p. 28.

③ Prosecutor v. Marie Rose Fatuma, et al., Judgment, IRMCT, MICT - 18 - 116 - A, 29 June 2022, p. 29.

④ Prosecutor v. Marie Rose Fatuma, et al., Judgment, IRMCT, MICT - 18 - 116 - A, 29 June 2022, p. 31.

能在没有合理怀疑的情况下确信穆耶舒利具有相应的犯罪意图。[①] 上诉分庭回顾了《规则》第90(A)(ii)条,认为该条款对犯罪意图的要求是,行为人知道披露信息会违反分庭或独任法官的命令。综合考虑到穆耶舒利知道他所披露的是受保护的信息,上诉分庭认为,独任法官认定穆耶舒利不具有藐视法庭的必要犯罪意图是错误的。[②]

检方的第二条上诉理由称,独任法官没有对穆耶舒利间接接触受保护的证人这一行为定罪是错误的。[③] 上诉分庭对检方的观点予以确认,毕竟若独任法官对穆耶舒利被指控的行为已排除合理怀疑,那么他就不会向穆耶舒利发出警告。据此,上诉分庭根据《规约》第1(4)(a)条和《规则》第90(A)(iii)条,认定穆耶舒利犯有藐视法庭罪。[④]

综上所述,上诉分庭最终撤销了穆耶舒利的无罪判决,并根据《规约》第1(4)(a)条和《规则》第90(A)(ii)(iii)条,对穆耶舒利干扰司法的行为作出有罪判决。

关于检方的第三条上诉理由,争议的焦点问题是:被告恩吉拉巴图瓦雷因藐视法庭而被判处的2年刑期是否能够被合并至其已经在服的30年刑期内同时执行。检方提到,无论是根据余留机制的规则还是前南问题国际法庭以及其他国际刑事法庭的判例来看,都没有规定可以把源自不同指控、不同诉讼程序和不同起诉书中的刑罚同时执行。[⑤] 上诉分庭回顾道,根据《规则》第104(C)

---

① Prosecutor v. Marie Rose Fatuma, et al., Judgment, IRMCT, MICT – 18 – 116 – A, 29 June 2022, p. 32.

② Prosecutor v. Marie Rose Fatuma, et al., Judgment, IRMCT, MICT – 18 – 116 – A, 29 June 2022, p. 34.

③ Prosecutor v. Marie Rose Fatuma, et al., Judgment, IRMCT, MICT – 18 – 116 – A, 29 June 2022, p. 26.

④ Prosecutor v. Marie Rose Fatuma, et al., Judgment, IRMCT, MICT – 18 – 116 – A, 29 June 2022, p. 38.

⑤ Prosecutor v. Marie Rose Fatuma, et al., Judgment, IRMCT, MICT – 18 – 116 – A, 29 June 2022, p. 39.

条，如果独任法官认定被告人犯有起诉书中的一项或多项指控，那么独任法官应逐个作出判决，并对这些判决的执行方式进行说明。《规约》与《规则》都没有赋予独任法官能够将源自不同起诉书中的判决合并执行的权利。鉴于上述情况，上诉分庭与检方的观点保持一致。①

“法图玛等人上诉案”最终结论如下：上诉分庭驳回了法图玛的全部上诉，自行撤销独任法官的“已服刑期”判决，判处法图玛 11 个月的监禁，同时，将法图玛在审判前被羁押在余留机制的时间折抵刑期，根据《规则》第 125(C)条宣布，其刑期已经结束。分庭撤销了独任法官对穆耶舒利做出的无罪判决，根据《规约》第 1(4)(a)条和《规则》第 90(A)(ii)和(iii)条裁定穆耶舒利有罪，并根据恩扎邦帕等人的起诉书中的第 3 项罪名，对其蓄意干扰司法的行为作出有罪判决，判处 5 个月的监禁。同时，上诉分庭根据《规则》第 125(C)条，将穆耶舒利在审判前被羁押在余留机制的时间折抵刑期，宣布其刑期已经服满，并判处恩吉拉巴图瓦雷 2 年监禁，与其已经在服的 30 年监禁分别执行，即总共累计应执行 32 年的刑期。②

### (二)“斯塔尼希奇和西马托维奇上诉案”

“斯塔尼希奇和西马托维奇上诉案”是余留机制本年度受理的第二起上诉案件。该案于 2021 年 2 月 23 日宣布结案，最终审判摘要以保密方式提交。6 月 30 日，余留机制宣布了审判判决，并于 8 月 6 日公布了判决的书面理由。根据《规约》第 1 条与《前南斯拉夫问题国际刑事法庭规约》第 3、5 条和第 7(1)条，审判分庭判处约维察・斯塔尼希奇(Jovica Stanišić)与弗兰科・西马托维

① Prosecutor v. Marie Rose Fatuma, et al., Judgment, IRMCT, MICT – 18 – 116 – A, 29 June 2022, p. 41.

② Prosecutor v. Marie Rose Fatuma, et al., Judgment, IRMCT, MICT – 18 – 116 – A, 29 June 2022, p. 46.

奇(Franko Simatović)各12年的有期徒刑。[①] 鉴于被告双方和检察官均于9月6日提交了上诉书,时任余留机制主席指派了5名法官组成上诉分庭。

进入2022年,2月15日,辩方以保密方式提交了答辩状。[②] 随后,在主审法官的召集下,各方分别于4月1日、6月23日和9月22日在海牙就案件情况举行会商。[③] 几次会商主要是围绕辩方的拘留条件、健康情况以及其他相关问题进行了讨论。根据主审法11月22日的命令,下一次会商将于2023年1月19日进行。[④] 由于本年度余留机制更换了主席,根据《规约》第12(3)条与《规则》第23(A)条,新任主席应接替前任主席担任本案的主审法官,[⑤]于是在7月12日,新任主席指定自己为该上诉案的主审法官。[⑥]

10月13日,被告斯塔尼希奇的上诉摘要被公开(部分内容做保密处理),被告共提出八条上诉理由,其中四项针对定罪问题,另外四项是针对量刑方面的。针对定罪问题,被告提出:其一,审判分庭认为"在帕伊佐什(Pajzoš)营地组织、训练成员与当地塞族部队,并在接管期间进行部署行为"能够构成一种"实际援助"是错误的,以及认定辩方的行为对部队犯下迫害、谋杀和强迫流离失所的罪产生了实质性影响也是不正确的。其二,审判分庭对相关证

① Prosecutor v. Jovica Stanišićand Franko Simatović, Judgment, IRMCT, MICT - 15 - 96 - T, 30 June 2021, p. 270.

② IRMCT, "STANIŠIČ and SIMATOVIČ (MICT - 15 - 98 - A)", https://www.irmct.org/en/cases/mict - 15 - 96 (last visited December 26, 2022).

③ Prosecutor v. Jovica Stanišić and Franko Simatović, Order Scheduling a Status Conference, IRMCT, MICT - 15 - 96 - A, 7 March 2022, p. 2.

④ Prosecutor v. Jovica Stanišić and Franko Simatović, Order Scheduling a Status Conference, IRMCT, MICT - 15 - 96 - A, 22 November 2022, p. 2.

⑤ Prosecutor v. Jovica Stanišić and Franko Simatović, Order Replacing a Judge in a Case Before the Appeals Chamber, IRMCT, MICT - 15 - 96 - A, 5 July 2022, p. 1.

⑥ Prosecutor v. Jovica Stanišić and Franko Simatović, Order Assigning a Pre - Appeal Judge, IRMCT, MICT - 15 - 96 - A, 12 July 2022, p. 1.

据没能正确地评估和分析，并且没有区分两位被告在案件中所应承担的责任。其三，审判分庭认定犯罪意图的方法存在法律缺陷。其四，分庭在定罪时所采纳的事实也并非正确的。[①] 被告同时提出四项关于量刑的上诉理由，分别是：其一，被告质疑审判分庭判处斯塔尼希奇 12 年监禁的正确性，认为分庭滥用了自由裁量权；其二，被告指出，分庭认同本案诉讼程序已经持续 18 年是“异常”情况，却不将这一情况作为减刑因素加以考虑，这是不正确的；其三，量刑没有体现出对被告年龄以及健康状况的适当考虑；其四，被告在克罗地亚和波斯尼亚战争期间，为促进和平和拯救生命，曾与国际社会进行了相关合作，然而分庭在量刑时似乎并没有考虑这一事实。[②] 随后，西马托维奇的上诉摘要于 11 月 22 日公开（部分内容做保密处理）。[③] 总体来说，其针对其判决提出的四点异议整体上与斯塔尼希奇的异议相同。西马托维奇认为，审判分庭错误地判定他在犯罪中的地位与作用，对部分行为的认定也存在错误，同时，对他的量刑过重。

案件听证会定于 2023 年 1 月 24 日与 25 日举行。余留机制主席在向安理会作出第 21 次进度报告时指出，随着具有关键意义的听证会的举行，在法官们的全力支持下，本案预计于 2023 年 6 月前作出上诉判决。目前，此案的上诉程序仍在进行中。

## 总　　结

2022 年，余留机制在履行其核心任务方面取得了切实的成

---

① Prosecutor v. Jovica Stanišić and Franko Simatović, Stanišić Defence Appeal Brief, IRMCT, MICT－15－96－A, 22 November 2022, p. 52.

② Prosecutor v. Jovica Stanišić and Franko Simatović, Stanišić Defence Appeal Brief, IRMCT, MICT－15－96－A, 22 November 2022, p. 77.

③ Prosecutor v. Jovica Stanišić and Franko Simatović, Simatović Defence Appeal Brief, IRMCT, MICT－15－96－A, 22 November 2021, p. 79.

果,除“斯塔尼希奇和西马托维奇上诉案”外,前南斯拉夫问题国际刑事法庭所有与核心罪行有关的案件都已结案。同样,除“卡布加案”的审判外,余留机制也已经完成了卢旺达问题国际刑事法庭所有案件的审判工作。余留机制继续发挥着创新的处理方式,保持各部门间的良好协调,尽可能迅速地推进审判程序。遗憾的是,在“佩塔尔·约吉奇(Petar Jojić)和维里卡·拉德塔(Vjerica Radeta)案”中,塞尔维亚共和国仍不打算遵守独任法官于2019年5月13日发布的命令,上诉分庭于2022年2月24日对此进行了确认。① 对此,余留机制继续期望塞尔维亚共和国最终会履行《联合国宪章》所规定的义务。未来,余留机制的职能并非将随着法庭程序的结束而停止,即使在完成所有未决案件后,机制仍将履行其他司法职能,继续运作。

① 关于“佩塔尔·约吉奇和维里卡·拉德塔案”的详细介绍,参见武俊松:《2021年刑事法庭余留事项国际处理机制工作综述》,载《中国国际法年刊(2021)》,法律出版社2022年版,第390~393页。

# 常设仲裁法院2022年国家间仲裁进展*

严帅东**　宋　岩***

常设仲裁法院(Permanent Court of Arbitration,PCA)是向国际社会提供争端解决服务的政府间国际组织。2022年,常设仲裁法院协助了4个国家间仲裁案件、40个投资者——国家间仲裁案件、13个根据协议涉及国家或其他公共实体的案件。国家间仲裁的主要进展包括:第一,2022年7月20日对乌克兰诉俄罗斯“黑海、亚速海和刻赤海峡沿海国权利争端案”做出“第9号程序命令”,①确定了双方向仲裁庭提交书状的要求与期限;第二,2022年6月27日对乌克兰诉俄罗斯“扣押乌克兰军舰和军人争端案”做出初步反对意见裁决;②第三,卡塔尔诉巴林“根据《万国邮政联盟公约》第32条仲裁案”、卡塔尔诉阿拉伯联合酋长国“根据《万国邮政联盟公约》第32条仲裁案”于2020年5月29日组成了仲裁庭,根据《万国邮政联盟总规则》第153条,这两起仲裁程序保密进

---

* 本文获北京市社会科学基金项目“国际法院管辖权的初步反对程序研究”(19FXC018)支持。

** 外交学院2021级国际法专业硕士研究生。

*** 外交学院国际法系讲师。

① Dispute Concerning Coastal State Rights in the Black Sea, Sea of Azov, and Kerch Strait (Ukraine v. the Russian Federation), Procedural Order No. 9, 20 July 2022.

② Dispute Concerning the Detention of Ukrainian Naval Vessels and Servicemen (Ukraine v. the Russian Federation), Award on the Preliminary Objections of the Russian Federation, 27 June 2022.

行。[①] 本文将重点总结乌克兰诉俄罗斯"扣押乌克兰军舰和军人争端案"初步反对意见裁决。

## 一、案件的事实与程序(第1段到第74段)

2018年11月24日,三艘乌克兰军舰执行通过刻赤海峡(Kerch Strait)前往乌克兰亚速海港口的任务。军舰途中遭遇了俄罗斯船只的阻止,声称通往刻赤海峡的黑海一侧的俄罗斯领海暂时被关闭,如果它们继续驶往刻赤海峡将构成非法穿越俄罗斯国界。在乌克兰船只放弃通过刻赤海峡并开始驶离后,俄罗斯船只命令其停船,遭到乌克兰船只拒绝,俄罗斯拦截并逮捕了船只和船上军人。同日,俄罗斯对被逮捕军人提起刑事诉讼,并扣押船只作为物证,理由是非法穿越俄罗斯国界。

乌克兰认为,俄罗斯的上述行为违背了1982年《联合国海洋法公约》(以下简称《公约》)的若干条款,主要关于军舰和用于非商业目的政府船舶在领海和专属经济区中的豁免,具体涉及《公约》第30条、第32条、第58条、第95条和第96条。

2019年4月1日,乌克兰根据《公约》第287条和附件七第1条向俄罗斯提起仲裁。2019年4月16日,乌克兰根据《公约》第290条第5款向国际海洋法法庭(ITLOS)申请采取临时措施(provisional measures)。2019年5月10日,ITLOS公开听取了乌克兰的口头陈述,但俄罗斯未参与庭审。2019年5月25日,ITLOS发布临时措施令,要求俄罗斯立即释放涉案军舰和军人,双

① Arbitration pursuant to Article 32 of the Constitution of the Universal Postal Union (The State of Qatar v. The Kingdom of Bahrain); Arbitration pursuant to Article 32 of the Constitution of the Universal Postal Union (The State of Qatar v. The United Arab Emirates), available at https://pca-cpa.org/cn/cases/ (Last visited on December 31,2022).

方应避免采取任何可能加剧或扩大争端的行动。[①] 临时措施令还指出其并不预先裁决管辖权以及主张的可受理性等问题。

为了组成仲裁庭,双方各自提名了1名仲裁员,并由ITLOS庭长任命了3名仲裁员,双方同意由常设仲裁法院作为本案的书记处。2019年11月,仲裁庭取得当事方同意,通过了第1号程序令(Procedural Order No. 1),确定了本案的程序规则和提交书状的时间表。

2020年5月22日,乌克兰按期提交了诉状。2020年8月24日,俄罗斯根据第1号程序令提交初步反对意见,请求法庭审理并宣判其对乌克兰提交的争端无管辖权。乌克兰请求仲裁庭驳回俄罗斯的初步反对意见。仲裁庭决定中止对实体问题的审理,先行处理初步反对意见。2022年6月27日,仲裁庭做出裁决,裁决了俄罗斯提出的五项反对意见。

仲裁庭认为,双方的争议是关于《公约》解释和适用的争端,特别是关于乌克兰提出实体问题的第30条、第32条、第58条、第95条和第96条,以及关于俄罗斯提出管辖权问题的第298条等条款。

在处理反对意见前,仲裁庭梳理了2018年11月24日和25日乌克兰军舰和军人被扣押事件的事实。本争端产生的背景是双方对刻赤海峡附近陆地和海域存在主权争议,但这些事项不属于仲裁庭的管辖范围,仲裁庭对这些主张不采取任何立场。

---

① Case Concerning the Detention of Three Ukrainian Naval Vessels (Ukraine v. Russian Federation), ITLOS Case No. 26, Provisional Measures Order, 25 May 2019, para. 124(1).

## 二、俄罗斯的第一项反对意见:根据《公约》第298条第1款b项,仲裁庭没有管辖权,因为争端涉及"军事活动"(第75段到第125段)

俄罗斯主张,其与乌克兰根据第298条第1款b项[①]所作的声明排除了"关于军事活动的争端",本案是"关于军事活动的争端",因此仲裁庭没有管辖权。而乌克兰认为事件是关于"执法活动"的争端。因此,双方的主要分歧是关于"军事活动"的含义。

仲裁庭注意到,《公约》未明确定义"军事活动","军事活动"曾是多起案件的争议对象,但对该例外的范围没有形成一致意见。但这些案件表明,争端的主题和军事活动之间必须有密切的联系或关系(close connection or relationship),并且这些活动必须是军事性质的(be military in nature),由军舰或执行军事职能的政府船只进行的活动。仲裁庭支持ITLOS临时措施令中的裁决,即判断活动是否为军事活动"必须主要依据对有关活动性质的客观评价,考虑个案的有关情况"。[②] 因此,仲裁庭审查了导致逮捕、拘留和起诉的事件,并在有关情况下考虑了逮捕之后的事件。

仲裁庭不接受乌克兰提出的"军事活动""执法活动"是非此即彼的主张,理由是最初具有执法性质的活动可能成为具有军事性质的活动,反之亦然。在本案中,随着俄罗斯和乌克兰船只之间互动的发展,活动的性质也发生了变化。

仲裁庭认为,引起争端的事件可以分为以下三个阶段:

---

① 第298条(适用第二节的任择性例外):"1.一国在签署、批准或加入本公约时,或在其后任何时间,在不妨害根据第一节所产生的义务的情形下,可以书面声明对于下列各类争端的一类或一类以上,不接受第二节规定的一种或一种以上的程序:……(b)关于军事活动……的争端……"

② Case Concerning the Detention of Three Ukrainian Naval Vessels (Ukraine v. Russian Federation), ITLOS Case No. 26, Provisional Measures Order, para. 66.

第一阶段涉及两国军队之间的对峙,一国向另一国发出命令,但遭到无视。两国陷入僵持,其中一国船只被另一国船只包围。仲裁庭认为,这种对峙涉及第 298 条第 1 款 b 项所指的军事活动,仲裁庭对此没有管辖权。

第二阶段始于乌克兰船只开始离开锚地并被命令停船,一直持续到乌克兰船只被登临,船只及其人员被逮捕。该阶段有两种可能性:一种是当乌克兰船只开始离开领海以返回港口时,俄罗斯船只的行为具有执法性质,至此,军事活动将结束;另一种可能性是,正是对乌克兰船只的登船和逮捕才结束了两国船只的对峙,从而结束了军事活动。仲裁庭需要当事方进一步澄清,才能确定军事活动何时结束,因此,将留待审理实体问题时确定第二阶段活动的性质。

第三阶段始于乌克兰船只被逮捕,包括继续扣押船只、船员以及起诉乌克兰军人。俄罗斯此时已决定对乌克兰军人适用国内执法程序。仲裁庭认为,该阶段不涉及军事活动,仲裁庭对该阶段的争端有管辖权。

## 三、俄罗斯的第二项反对意见:因为《公约》第 32 条没有规定可适用的豁免,仲裁庭无管辖权(第 126 段到第 155 段)

俄罗斯第二项反对意见的核心是,《公约》没有规定军舰在领海中的豁免,因此仲裁庭对涉及乌克兰军舰领海中豁免的诉求无管辖权。俄罗斯不质疑军舰根据习惯国际法享有的豁免,但主张《公约》第 32 条没有将习惯国际法纳入。因为仲裁庭的管辖权仅涵盖关于《公约》解释与适用的争端,俄罗斯认为,由于《公约》中没有相关的可解释和适用的条款,因此仲裁庭没有管辖权。

乌克兰质疑俄罗斯的主张,但主张俄罗斯的反对意见仅涉及在领海中扣押船只。尽管如此,扣押均发生在领海之外,而《公约》第58条、第95条和第96条对相关海域中军舰的豁免权有具体规定。但无论如何,就初步反对意见而言,仲裁庭必须依据乌克兰所申辩的事实做出裁决;否则,仲裁庭将必须亲自调查事实,这在初步反对意见阶段是不合适的。

仲裁庭指出,关于《公约》是否规定了军舰在领海中豁免的问题,现阶段还无法确定这是一个实际问题(live issue)还是一个抽象问题(abstract question)。如果对乌克兰船只的扣押发生在领海内,那么,在不影响领海地位的情况下,对第32条的解释在本案中至关重要。然而,如果扣押发生在领海之外,将不存在关于第32条的需要裁决的诉求。因此,俄罗斯的第二项初步反对意见不具有完全初步的性质。该问题必须留待审理实体问题再决定,届时才能确定逮捕是否发生在领海中。

## 四、俄罗斯的第三项反对意见:根据《公约》第290条和第296条,仲裁庭对违反ITLOS临时措施令的主张无管辖权(第156段到第168段)

俄罗斯主张,仲裁庭对违反临时措施令的主张缺乏管辖权,理由来源于国际法院对“拉格朗案”的判决:确定当事方是否遵守临时措施的管辖权取决于对“主要争端”(main dispute)的管辖权。[①] 俄罗斯主张,因为有若干依据否认了仲裁庭对主要争端的管辖权,因此对乌克兰主张俄罗斯违反临时措施的诉求无管辖权。

乌克兰对“拉格朗案”与本案进行了区分,因为《维也纳领事关系公约》——该案的管辖权依据——没有规定需要遵守临时措

① LaGrand (Germany v. United States of America), Judgment, I. C. J. Reports 2001, p. 484, para. 45.

施。而另一方面,《公约》第 290 条第 6 款[①]要求当事方遵守临时措施,并且第 296 条[②]进一步强化了该义务。

仲裁庭认为,双方对《公约》第 290 条第 6 款的范围、可适用性和相关性的分歧是关于《公约》解释和适用的争端,仲裁庭对此有管辖权,涉及必须在实体问题阶段裁决的问题,并且不存在俄罗斯主张的拒绝管辖权的依据。此外,仲裁庭还注意到,即使接受俄罗斯对"拉格朗案"的解释,仲裁庭在回应俄罗斯第一项初步反对意见时已认定对乌克兰的部分主张拥有管辖权。因此,仲裁庭驳回了俄罗斯的该项反对意见。

## 五、俄罗斯的第四项反对意见:根据《公约》第 279 条,仲裁庭对加剧争端的主张无管辖权(第 169 段到第 185 段)

俄罗斯主张,仲裁庭没有管辖权裁决俄罗斯违反了《公约》第 279 条加剧了争端,因为第 279 条涉及和平解决争端的义务,[③]并没有提及争端的加剧。俄罗斯认为,应当驳回乌克兰根据该条款的诉求,因为临时措施令本身要求当事方不得加剧争端,乌克兰的该项诉求与其指控俄罗斯违反其他临时措施的诉求并无不同。

乌克兰声称,第 279 条规定了不加剧争端的义务,ITLOS 临时措施令也提出了额外的要求。乌克兰认为,其与俄罗斯关于第 279 条解释的分歧属于实体问题。

---

① 第 290 条(临时措施)规定:"……6. 争端各方应迅速遵从根据本条所规定的任何临时措施。"

② 第 296 条(裁判的确定性和拘束力)规定:"1. 根据本节具有管辖权的法院或法庭对争端所作的任何裁判应有确定性,争端所有各方均应遵从……"

③ 第 279 条(用和平方法解决争端的义务)规定:"各缔约国应按照《联合国宪章》第 2 条第 3 项以和平方法解决它们之间有关本公约的解释或适用的任何争端,并应为此目的以《宪章》第 33 条第 1 项所指的方法求得解决。"

仲裁庭认为,临时措施令要求争端方承担不加剧争端的义务。[①] 此外,仲裁庭已认定其有管辖权审理违反 ITLOS 临时措施令的主张,其中包括了不加剧争端的义务。

尽管如此,仲裁庭指出,ITLOS 临时措施令仅于 2019 年 5 月 25 日生效,不适用于 2019 年 4 月 1 日至 5 月 25 日这段期间。因此,审理此期间内违反不加剧争端义务的主张必须依据其他理由,其中可能包括双方对含义和范围存在争议的第 279 条。这将产生一个关于《公约》解释和适用的争端,仲裁庭对此具有管辖权。因此,仲裁庭不就第 279 条的解释和适用作出裁决,其不具有完全初步的性质,将并入实体问题。

## 六、俄罗斯的第五项反对意见:由于乌克兰未遵守《公约》第 283 条,仲裁庭无管辖权(第 186 段到第 206 段)

《公约》第 283 条要求争端当事方有义务“迅速就以谈判或其他和平方法解决争端一事交换意见”。俄罗斯认为,乌克兰没有遵守该义务。乌克兰于 2019 年 3 月 15 日援引第 283 条,俄罗斯于 2019 年 3 月 25 日回应。在双方没有进一步沟通的情况下,乌克兰于 2019 年 4 月 1 日启动了仲裁程序并请求临时措施。

仲裁程序启动后,双方从 2019 年 4 月 23 日开始进行过讨论。但仲裁庭认为,该日期之后的讨论与第 283 条的遵守问题无关。问题是,乌克兰与俄罗斯之间的两份通信是否构成第 283 条意义上的意见交换,并且在本案的情形中遵守了对该条款。仲裁庭认为,需要根据事实确定,考虑案件情况。因此,仲裁庭必须考虑,根据本案的情况,双方之间发生的情况是否足以证明乌克兰有理由

---

① Case Concerning the Detention of Three Ukrainian Naval Vessels (Ukraine v. Russian Federation), ITLOS Case No. 26, Provisional Measures Order, para. 124(1)(c).

提起仲裁。

仲裁庭指出,乌克兰2019年3月15日的通信没有就争端解决表达过任何意见,因此,在提起仲裁程序时当事方实际上没有交换意见。仅就这些事实而言,仲裁庭不认为第283条得到了遵守,也没有充分理由认为在尚未真正开始谈判时就能断定谈判将是徒劳的。但仍然需要分析,尽管当事方没有按照第283条交换意见,本案中是否存在其他情况,使乌克兰也有理由启动仲裁程序。

当乌克兰提出磋商请求时,乌克兰军人正被俄罗斯当局扣留。但情况即将发生变化,对乌克兰军人的刑事程序越来越有可能进入审判阶段。仲裁庭认为,乌克兰面临这种可能性,鉴于乌克兰船只和军人的权利面临迫在眉睫的风险,启动程序具有紧迫性。因此,在本案的特殊情况下,仲裁庭认为第283条不能阻碍其行使管辖权。

## 七、执行部分(第208段)

### 关于第298条第1款b项的反对意见

第一,认定2018年11月25日事件(直至乌克兰军舰开锚地之前的阶段)构成根据《公约》第298条第1款b项排除在仲裁庭管辖范围之外的“军事活动”;

第二,认定乌克兰军舰被逮捕后发生的事件不构成根据《公约》第298条第1款b项排除在仲裁庭管辖范围之外的“军事活动”;

第三,确定事件不再是《公约》第298条第1款b项所指的“军事活动”的确切时间点,应与实体问题一并裁决。

### 关于第288条第1款的反对意见

第四,宣布《公约》未规定可适用豁免的反对意见不具有完全

初步的性质;

第五,决定该反对意见应与实体问题一并裁决。

## 关于第 290 条和第 296 条的反对意见

第六,驳回仲裁庭对指称违反 ITLOS 临时措施令的行为没有管辖权的反对意见。

## 关于第 279 条的反对意见

第七,宣布仲裁庭根据《公约》第 279 条对加剧争端没有管辖权的反对意见不具有完全初步的性质;

第八,决定该反对意见应与实体问题一并裁决。

## 关于第 283 条的反对意见

第九,驳回乌克兰未遵守《公约》第 283 条的反对意见。

## 后续程序

第十,决定仲裁庭对当事方在上述管辖权限制内的争端具有管辖权;

第十一,决定恢复实体问题的程序,俄罗斯应在本裁决做出之日起 6 个月内提交辩诉状。

## 费用

第十二,决定费用问题应与实体问题一并裁决。

# 大陆架界限委员会2022年进展及相关问题综述*

尹　洁**　方银霞***

2022年，大陆架界限委员会(以下简称委员会)共召开三次会议，正在审议十个划界案，其中三个划界案小组委员会已完成了审议工作。委员会共收到五份新提交的划界案，听取了七个划界案代表团的初次陈述。在6月召开的《联合国海洋法公约》(以下简称《公约》)缔约国会议中，进行了委员的换届选举。本文详细介绍了委员会2022年度工作进展以及换届选举情况，并讨论委员会工作中出现的新问题。

## 一、委员会2022年工作进展

委员会于2022年2月21日至3月11日、7月5日至8月19日、10月5日至11月22日分别召开了第五十四、五十五和五十六届会议。其中第五十六届会议仅安排了小组委员会会议。

委员会正在审议的划界案有十个，分别为俄罗斯北冰洋部分

* 本文是国家社科基金一般项目“大陆架界限委员会《议事规则》对南海外大陆架划界的潜在影响研究”(20BGJ044)成果之一。

** 自然资源部第二海洋研究所副研究员。

*** 自然资源部第二海洋研究所研究员，上海交通大学海洋学院双聘教授。

订正划界案、巴西关于巴西赤道陆缘的部分订正划界案、法国和南非关于克罗泽群岛和爱德华王子群岛海域的联合划界案、肯尼亚划界案、尼日利亚划界案、帕劳有关北部区域的修正划界案、斯里兰卡划界案、葡萄牙划界案、西班牙关于加利西亚海域的部分划界案、印度划界案。其中印度划界案由于巴基斯坦2020年7月6日和2021年1月14日提交的反对照会,其审议并无实质进展,委员会将其推迟到2023年的第五十七届会议再进行讨论。① 在第五十六届会议上,小组委员会完成了俄罗斯北冰洋部分订正划界案、法国和南非关于克罗泽群岛和爱德华王子群岛海域的联合划界案、肯尼亚划界案的审议,并编写建议草案提交至委员会。②

在第五十四、五十五届会议的全会中,委员会听取了七个划界案代表团的初次陈述,分别为孟加拉国修正划界案、哥斯达黎加和厄瓜多尔关于巴拿马海盆(Panama Basin)联合划界案、马来西亚南海划界案、智利关于复活节岛省(Easter Island Province)东部划界案、印度尼西亚关于苏门答腊岛(Sumatera)西南部区域划界案、智利关于南极领地西部区域划界案、厄瓜多尔关于卡内基脊(Carnegie Ridge)南部区域划界案。

初次陈述的七个划界案中,有三个划界案被委员会推迟审议:

一是孟加拉国修正划界案。孟加拉国代表团在陈述中表示,修正后的大陆架外部界限不能再被视为孟加拉国与任何相向或毗邻国家之间任何未决争端的对象。孟加拉国修正划界案已考虑国际海洋法法庭2012年3月14日在孟加拉国诉缅甸"孟加拉湾海洋划界案"的判决,以及根据《公约》附件七设立的仲裁庭2014年7月7日在孟加拉国和印度之间的"孟加拉湾海洋划界案"中划定的具有约束力的海洋边界。因此,缅甸2021年1月26日照会和

① 大陆架界限委员会:《大陆架界限委员会第五十五届会议工作进展主席说明》,CLCS/55/2(2022),第55段。

② 大陆架界限委员会:《大陆架界限委员会第五十六届会议工作进展主席发言》,CLCS/56/1(2022),第4、11、16段。

印度2021年4月16日照会提出的反对意见不应妨碍对其修正后的划界案的审议。委员会决定在该划界案按照接收顺序成为下一个待审议划界案时再进行审议,同时考虑今后可能收到的任何照会。①

二是马来西亚南海划界案。马来西亚代表团在陈述中声称在该划界案主张区域内,200海里以外大陆架有可能存在权利重叠的海域,马来西亚正在努力与相关国家接触,该部分划界案的提出不影响海岸相向或毗邻的国家之间200海里以外大陆架的划界,也不影响陆地或海洋争端当事国的立场。对于其他国家提交的照会,马来西亚还认为菲律宾关于该区域与其未来划界案重叠的说法本质上为时过早,并进一步指出,马来西亚从未承认菲律宾对马来西亚沙巴州(旧称北婆罗洲)的主张。马来西亚代表团认为不应就该部分划界案援引《大陆架界限委员会议事规则》(以下简称《议事规则》)附件一第5(a)段。委员会注意到中国和菲律宾的照会,就部分划界案所涉海域的争端分别援引了《议事规则》附件一第5(a)段和《议事规则》附件一,委员会还表示注意到马来西亚在介绍其部分划界案时就这些函件发表的意见,决定推迟审议该部分划界案。②

三是智利关于南极领地西部区域划界案。智利代表团表示作为南极领土主权主张国之一,可向委员会提交南极附属大陆架外部界限的资料,但要求委员会暂不采取行动。委员会考虑了智利的请求以及英国2022年4月22日提交的照会内容,决定不审议和认定该部分划界案。③

① 大陆架界限委员会:《大陆架界限委员会第五十四届会议工作进展主席说明》,CLCS/54/2(2022),第59~63段。

② 大陆架界限委员会:《大陆架界限委员会第五十五届会议工作进展主席说明》,CLCS/55/2(2022),第56~62段。

③ 大陆架界限委员会:《大陆架界限委员会第五十五届会议工作进展主席说明》,CLCS/55/2(2022),第70~73段。

另外四个划界案,即哥斯达黎加和厄瓜多尔关于巴拿马海盆联合划界案、智利关于复活节岛省东部划界案、印度尼西亚关于苏门答腊岛西南部区域划界案、厄瓜多尔关于卡内基脊南部区域划界,在代表团陈述后,委员会决定列入排队等待审议的划界案队列中。①

在第五十五届会议上,委员会决定于第五十六届会议恢复毛里求斯关于罗德里格斯岛地区划界案的审议工作。该划界案在委员会第四十四届会议上,由于毛里求斯的请求以及毛里求斯正在获取关于罗德里格斯岛周边区域新数据的信息,委员会决定暂停审议该划界案,并决定在收到新的数据和资料后,再根据当时的工作安排来确定审议该划界案的方式。毛里求斯于 2020 年 3 月 3 日提交了关于罗德里格斯岛修正划界案,取代了先前提交的关于该划界案的全部支撑数据和资料。委员会讨论了恢复审议该部分划界案的方式,重新确定了小组委员会成员:坎波斯先生(Mr. Campos)、德兰德罗 - 克拉克女士(Ms. De Landro-Clarke)、格卢莫夫先生(Mr. Glumov)、莫雷拉先生(Mr. Moreira)、拉哈里马纳尼瑞纳女士(Ms. Raharimananirina)、山崎先生(Mr. Yamazaki)和亚涅斯先生(Mr. Yáñez)。随后小组委员会举行会议,选举坎波斯先生为小组委员会主席,山崎先生和亚涅斯先生为副主席。②

2022 年是委员会成立二十五周年。由于划界案审议工作量大,工作安排紧张,委员会没能召开公开会议或其他周年纪念活动,但特别表彰了自委员会成立以来一直任职的资深委员阿沃西卡先生(Mr. Awosika)和朴先生(Mr. Park)。③

---

① 大陆架界限委员会:《大陆架界限委员会第五十五届会议工作进展主席说明》,CLCS/55/2(2022),第 66、69、77 段。

② 大陆架界限委员会:《大陆架界限委员会第五十五届会议工作进展主席说明》,CLCS/55/2(2022),第 83 ~ 86 段。

③ 参见大陆架界限委员会:《大陆架界限委员会第五十五届会议工作进展主席说明》,CLCS/55/2(2022),第 92 段。

## 二、委员会换届选举概况

大陆架界限委员会现任委员的五年任期原定于2022年6月15日届满[①]。第三十一次缔约国会议决定，由于冠状病毒病（COVID-19）大流行造成的前所未有的情况，应破例将任期延长一年，至2023年6月15日届满。[②] 在2022年6月13日至17日第三十二次缔约国会议上将选举新一届委员会21名委员，自2023年6月16日起，任期五年，至2028年6月15日结束。

《公约》附件二第2条第3款规定，每个地理区域应选出不少于3名委员会委员。2009年6月举行的第十九次缔约国会议核准了委员会选举席位分配的安排：5名委员来自非洲国家组，5名委员来自亚洲-太平洋（以下简称亚太）国家组，3名委员来自东欧国家组，4名委员来自拉丁美洲和加勒比国家组，3名委员来自西欧和其他国家组，剩余1名委员来自非洲国家组、亚太国家组、西欧和其他国家组。[③]

本次选举共有26名候选人，其中非洲国家组7名（来自加纳、摩洛哥、安哥拉、莫桑比克、肯尼亚、马达加斯加、阿尔及利亚），亚太国家组9名（来自菲律宾、越南、韩国、巴基斯坦、马来西亚、印度、中国、日本、阿曼），东欧国家组2名（来自波兰、俄罗斯），拉丁美洲和加勒比国家组4名（来自巴西、阿根廷、智利、特立尼达和多巴哥），西欧和其他国家组4名（来自葡萄牙、挪威、加拿大、法国）。[④] 亚太

---

① 《联合国海洋法公约》缔约国会议：《第二十七次缔约国会议的报告》，SPLOS/316（2017），第82段。

② 《联合国海洋法公约》缔约国会议：《缔约国第三十一次会议关于延长大陆架界限委员会现任成员任期的决定》，SPLOS/31/10（2021），第1段。

③ 《联合国海洋法公约》缔约国会议：《缔约国第十九次会议关于国际海洋法法庭和大陆架界限委员会席位分配安排》，SPLOS/201（2009），第2段。

④ 《联合国海洋法公约》缔约国会议：《缔约国提名参加大陆架界限委员会选举的候选人名单》，SPLOS/32/9（2022），附件。

国家组竞争最为激烈,东欧国家组则人数不足。

本次选举分为两部分举行。第一部分的选举于2022年6月15日进行,分四轮投票,共有19名候选人当选。第二部分选举专门选举“剩余席位”,将选举限于在第一部分选举中未当选的候选人,并酌情从非洲国家组、亚太国家组以及西欧和其他国家组提名。投票次数不限,直至其中一个国家组的1名候选人获得最高票数和法定多数票。① 第二部分选举于2022年6月15日至17日举行,进行了九轮投票。② 本次选举选出的20名委员中,有11名是连任委员,8名为新当选委员,1名为卸任的前委员重新当选(详见表1)。

**表1 大陆架界限委员会委员选举情况**

| 编号 | 姓名 | 国籍 | 地理组 | 第一部分选举 | 第二部分选举 | 连任情况 |
|---|---|---|---|---|---|---|
| 1 | 劳伦斯·阿萨恩戈恩戈·阿帕阿尔塞(Lawrence Asangongo Apaalse) | 加纳 | 非洲国家组 | 第一轮,131票 | — | 新当选 |
| 2 | 西蒙·恩朱古纳(Simon Njuguna) | 肯尼亚 | | 第一轮,123票 | — | 连任 |
| 3 | 米卢德·卢基利(Miloud Loukili) | 摩洛哥 | | 第一轮,117票 | — | 新当选 |
| 4 | 多明戈斯·德卡瓦略·维亚纳·莫雷拉(Domingos de Carvalho Viana Moreira) | 安哥拉 | | 第一轮,116票 | — | 连任 |
| 5 | 图鲁贾纳哈里·兰德里亚米亚兰楚阿(Tolojanahary Randriamiarantsoa) | 马达加斯加 | | 第一轮,115票 | — | 新当选 |

① 《联合国海洋法公约》缔约国会议:《缔约国第三十二次会议关于选举大陆架界限委员会二十一名委员秘书长的说明》,SPLOS/32/8(2022),第14段。

② 《联合国海洋法公约》缔约国会议:《缔约国第三十二次会议的报告》,SPLOS/32/15(2022),附件第3段。

续表

| 编号 | 姓名 | 国籍 | 地理组 | 第一部分选举 | 第二部分选举 | 连任情况 |
|---|---|---|---|---|---|---|
| 6 | 唐勇 | 中国 | 亚太国家组 | 第二轮，113 票 | — | 连任 |
| 7 | 拉詹·西瓦拉马克里什南（Rajan Sivaramakrishnan） | 印度 | | 第二轮，112 票 | — | 新当选 |
| 8 | 山崎俊嗣（Toshitsugu Yamazaki） | 日本 | | 第二轮，112 票 | — | 连任 |
| 9 | 阿德南·拉希德·纳赛尔·阿兹里（Adnan Rashid Nasser Al-Azri） | 阿曼 | | 第四轮，116 票 | — | 连任 |
| 10 | 埃弗伦·佩雷斯·卡兰当（Efren Perez Carandang） | 菲律宾 | | 第四轮，113 票 | — | 新当选 |
| 11 | 马特乌什·达姆拉特（Mateusz Damrat） | 波兰 | 东欧国家组 | 第一轮，150 票 | — | 新当选 |
| 12 | 伊万·F. 格卢莫夫（Ivan F. Glumov） | 俄罗斯 | | 第二轮，106 票 | — | 连任 |
| 13 | 海伦娜·因尼斯（Helena Inniss） | 特立尼达和多巴哥 | 拉丁美洲和加勒比国家组 | 第一轮，161 票 | — | 新当选 |
| 14 | 贡萨洛·亚历杭德罗·亚涅斯·卡里索（Gonzalo Alejandro Yáñez Carrizo） | 智利 | | 第一轮，156 票 | — | 连任 |
| 15 | 阿列尔·埃尔南·特罗伊西（Ariel Hernán Troisi） | 阿根廷 | | 第一轮，154 票 | — | 新当选 |
| 16 | 安东尼奥·费尔南多·加尔塞斯·法里亚（Antonio Fernando Garcez Faria） | 巴西 | | 第一轮，151 票 | — | 连任 |

续表

| 编号 | 姓名 | 国籍 | 地理组 | 第一部分选举 | 第二部分选举 | 连任情况 |
| --- | --- | --- | --- | --- | --- | --- |
| 17 | 阿尔迪诺·曼努埃尔·多斯桑托斯·德坎波斯(Aldino Manuel dos Santos de Campos) | 葡萄牙 | 西欧和其他国家组 | 第一轮,136 票 | — | 连任 |
| 18 | 戴维·科尔·莫舍(David Cole Mosher) | 加拿大 | | 第一轮,121 票 | — | 连任 |
| 19 | 哈拉尔·布雷克(Harald Brekke) | 挪威 | | 第一轮,112 票 | — | 2012 年卸任的前委员重新当选 |
| 20 | 埃斯特旺·斯特凡内·马汉雅内(Estevão Stefane Mahanjane) | 莫桑比克 | 非洲国家组 | — | 九轮投票后,141 票 | 连任 |

本次选举共选出 20 名委员会成员。因东欧国家组提名人数不足,委员会仍有一席空缺。第三十二次缔约国会议决定,如果东欧国家组在 2022 年 9 月 16 日之前通知会议主席已确定候选人,秘书长将分发一份征集提名通知。然后将召开第三十二次会议续会,以便在下一次缔约国会议之前举行补选,但须经大会核准。如果东欧国家组到 2022 年 9 月 16 日仍未确定候选人,秘书长将分发征集提名通知,以期在定于 2023 年举行的第三十三次缔约国会议上举行选举,但前提是会议主席必须在第三十三次会议开始前不少于 14 周从东欧国家组收到关于可能候选人的资料。如果没有这种资料,会议将在议程项目"大陆架界限委员会"下重新审议这一事项。①

① 《联合国海洋法公约》缔约国会议:《缔约国第三十二次会议的报告》,SPLOS/32/15(2022),第 76 段。

## 三、2022 年新提交划界案及相应照会情况

自 2001 年 12 月 20 日俄罗斯提交第一份划界案到 2022 年 12 月 31 日为止,委员会共收到 102 份划界案(含 9 份订正划界案),提出 35 份建议。2022 年委员会收到 5 份划界案,分别为智利南极领地西区划界案、厄瓜多尔卡内基脊南部划界案、毛里求斯查戈斯群岛(Chagos Archipelago)北部划界案、密克罗尼西亚雅浦(Yap)北区划界案、印度尼西亚爪哇(Java)南部和小巽他群岛(Nusa Tenggara)南部划界案。

1. 智利南极领地西区划界案

智利于 2022 年 2 月 28 日提交了关于其所主张的南极领地西部区域的划界案。该划界案为智利提交的第二份部分划界案,涉及南极半岛西部区域。智利在划界案执行摘要中详述了其南极领土主张及大陆架主张的历史,声明了保留南极半岛东部区域的权利。智利还提及考虑到《南极条约》和《公约》共有的原则和目标,以及南极条约体系和《公约》相互协调以确保南极地区持续的和平合作、安全和稳定的重要性,7 个南极主张国于 2004 年达成一致,当它们向委员会提交关于南极的划界案时,应依照《议事规则》附件一第 5(a)段请求委员会不采取行动,因此智利在划界案中请求委员会暂时不对划界案采取任何行动。①

在划界案中,智利根据《公约》第 76 条第 4 款(b)项规定的一般规则确定了 14 个大陆坡脚点,其中 10 个点位于别林斯高晋海(Bellingshausen Sea)地区,4 个点位于沙克尔顿断裂带(Shackleton Fracture Zone)地区。随后,根据大陆坡脚外推 60 海里的距离公式

① Chile, "Executive Summary of Western Continental Shelf of the Chilean Antarctic Territory", https://www. un. org/depts/los/clcs_new/submissions_files/chl_89_2022/2022-CHL-WCAT-ES-eng_secured. pdf (Last visited December 5,2022).

和沉积物厚度公式确定了 436 个外部界限定点。①

英国于 2022 年 4 月 22 日对智利南极划界案提出照会,声明依照《南极条约》第 4 条,英国不承认智利南极领土主权主张,委员会暂不能对智利南极划界案采取任何行动。②

阿根廷于 2022 年 11 月 1 日提出照会,就智利南极划界案发表了三条意见:第一,阿根廷与智利在南极半岛的领土主权存在争议,并援引《议事规则》附件一第 5(a)段反对委员会审议智利的南极划界案。第二,阿根廷质疑智利划界案中沙克尔顿断裂带区域的 200 海里外大陆架外部界限定点,不是基于《公约》第 76 条规定的技术方法划定的。第三,阿根廷对智利将其 200 海里大陆架延伸到两国 1984 年《和平友好条约》以东表示反对,认为智利的主张不符合国际法和双边协议。③

2. 厄瓜多尔卡内基脊南部划界案

厄瓜多尔于 2022 年 3 月 1 日提交了关于卡内基脊南部区域的划界案。该划界案是基于加拉帕戈斯群岛(Galápagos Islands)陆地领土划定。厄瓜多尔使用大陆坡脚外推 60 海里的距离公式确定大陆边外缘。划界案将卡内基脊认定为海底洋脊,适用 350 海里的距离限制规则,最终确定了 74 个外部界限定点。厄瓜多尔还说明未来将在科科斯脊(Cocos Ridge)北部地区和科隆海岭(Colón Ridge)地区继续提交相应的划界案。

厄瓜多尔声明卡内基脊南部地区不存在岛屿或领土争端。厄瓜多尔与秘鲁之间 200 海里国家管辖海域已划定。迄今为止,厄

---

① Chile, "Executive Summary of Western Continental Shelf of the Chilean Antarctic Territory", https://www.un.org/depts/los/clcs_new/submissions_files/chl_89_2022/2022-CHL-WCAT-ES-eng_secured.pdf (Last visited December 5, 2022).

② United Kingdom of Great Britain and Northern Ireland, "Note Verbal", https://www.un.org/depts/los/clcs_new/submissions_files/chl_89_2022/20220422GbrNvUn001.pdf (Last visited December 5, 2022).

③ Argentina, "Note Verbal", https://www.un.org/depts/los/clcs_new/submissions_files/chl_89_2022/20221101ArgNvUn001Eng.pdf (Last visited December 5, 2022).

瓜多尔与任何其他国家之间的潜在200海里外大陆架区域尚未进行划界。该区域的外部界限在东部终点的缺失是为了避开秘鲁专属经济区界限。这一行动非常谨慎,以避免对秘鲁200海里国家管辖范围产生任何潜在影响。①

该划界案未收到任何照会评论。

3. 毛里求斯查戈斯群岛北部划界案

毛里求斯于2022年4月12日提交了关于查戈斯群岛北部区域的划界案。划界案中,毛里求斯强调了对查戈斯群岛的主权,基于查戈斯群岛北部的佩鲁斯巴纽斯岛(Peros Banhos)、萨洛蒙群岛(Salomon Islands)和布伦海姆礁(Blenheim Reef)主张了约23,400平方公里的外大陆架区域。外部界限由168个定点组成。其中1个点为公式线与200海里线的交点,118个点由大陆坡脚外推60海里的距离公式确定,49个点由350海里距离限制规则确定。②

毛里求斯于2019年6月对马尔代夫提起《公约》附件七仲裁程序,请求仲裁庭划分毛里求斯主张的查戈斯群岛和马尔代夫之间的海洋边界。同年9月双方达成特别协定,将案件转交给国际海洋法法庭特别分庭进行审理。毛里求斯和马尔代夫分别向特别分庭提交了诉状和辩诉状,根据特别分庭的命令,毛里求斯应在2022年4月14日前提交答辩状,马尔代夫应在2022年8月15日前提交复辩状。③ 基于此,毛里求斯在提交答辩状之前向委员会

① Ecuador,"Partial Submission of Data and Information on the Outer Limits of the Continental Shelf of the Republic of Ecuador in the Southern Region of the Carnegie Ridge", https://www.un.org/depts/los/clcs_new/submissions_files/ecu90_2022/PartI.pdf (Last visited December 5,2022).

② Mauritius,"Submission by the Republic of Mauritius to the Commission on the Limits of the Continental Shelf concerning the Northern Chagos Archipelago Region", https://www.un.org/depts/los/clcs_new/submissions_files/mus2_2022/MCNS-ES-DOC.pdf (Last visited December 5,2022).

③ ITLOS,"Order 2022/1 of 18 August 2022", https://www.itlos.org/fileadmin/itlos/documents/cases/28/C28_Order_2022-1_18.08.2022.pdf (Last visited December 5,2022).

提交了正式的划界案。划界案的提交也是在 2021 年 5 月 24 日毛里求斯提交初步信息的基础上,履行了《公约》提交划定 200 海里外大陆架外部界限数据资料的义务。

马尔代夫于 2022 年 6 月 13 日针对毛里求斯划界案提交照会,照会提到根据特别分庭的命令,毛里求斯需在 2021 年 5 月 25 日前提交诉状,毛里求斯在前一天,即 2021 年 5 月 24 日提交修订的初步信息,以证明与马尔代夫 2010 年提交的划界案存在主张重叠。毛里求斯和马尔代夫的海洋边界案特别分庭目前仍在审理中,毛里求斯又在特别分庭要求提交答辩状截止日期的前两天提交了划界案,以证明其主张。马尔代夫认为目前不适合对该划界案做出回应,但表示严重关切,并保留日后做出回应的权利。马尔代夫声明此照会立场不妨害其在特别分庭诉讼中或者其他任何回应该划界案的立场。[①]

4. 密克罗尼西亚雅浦北区划界案

密克罗尼西亚于 2022 年 4 月 22 日提交了关于雅浦北部区域的划界案。该部分划界案是基于雅浦和恩古卢(Ngulu)岛的水下延伸。其外大陆架经由雅浦弧延伸至九州 - 帕劳洋脊(Kyushu-Palau Ridge),主张范围约 18.9 万平方公里。大陆架外部界限由 667 个定点确定,其中 1 个点为公式线与帕劳 200 海里线相交的点,294 个点由大陆坡脚外推 60 海里的距离公式确定,371 个点由 350 海里距离限制规则确定,1 个点为公式线与乌利西(Ulithi)环礁 200 海里线相交的点。

雅浦北部区域的 200 海里外大陆架与帕劳主张的九州 - 帕劳洋脊区域的 200 海里外大陆架存在重叠,密克罗尼西亚与帕劳达

---

① Maldives, "Note Verbal", https://www.un.org/depts/los/clcs_new/submissions_files/mus2_2022/PICLCSMauritius.pdf (Last visited December 5, 2022).

成协议不反对委员会审议划界案。①

日本于2022年8月17日提交照会,声明该划界案不妨害未来密克罗尼西亚与日本划定海洋边界。②

美国于2022年10月26日提交照会,表示该部分划界案主张区域与美国的200海里外大陆架区域存在潜在重叠,鉴于委员会审议并提出建议不妨害未来两国的划界,美国不反对委员会审议该部分划界案并提出建议。③

5. 印度尼西亚爪哇南部和小巽他群岛南部划界案

印度尼西亚于2022年8月11日提交了关于爪哇南部和小巽他群岛南部区域的划界案。是继苏门答腊西北区、巴布亚(Papua)北区欧里皮克隆起(Eauripik Rise)、苏门答腊西南区之后印度尼西亚提交的第四个部分划界案。

印度尼西亚在划界案中认为从地貌角度,其在爪哇岛南部地区和小巽他群岛南部地区的大陆边延伸到罗奥隆起(Roo Rise)南部。根据该地区的地质研究以及测深数据得出的水下地形剖面证实,罗奥隆起是印度尼西亚陆块的自然延伸。

印度尼西亚在罗奥隆起两侧确定了29个大陆坡脚点,使用大陆坡脚外推60海里的距离公式和350海里距离限制规则,划定593个外部界限定点,确定了约24.6万平方公里的200海里外大陆架。④

---

① Federated States of Micronesia,"Partial Submission by the Federated States of Micronesia to the Commission on the Limits of the Continental Shelf concerning the Area North of Yap", https://www.un.org/depts/los/clcs_new/submissions_files/fsm92_2002/FSM_ANY_ES_DOC.pdf (Last visited December 10,2022).

② Japan,"Note Verbal", https://www.un.org/depts/los/clcs_new/submissions_files/fsm92_2002/PM_22_116.pdf (Last visited December 10,2022).

③ United States,"Note Verbal", https://www.un.org/depts/los/clcs_new/submissions_files/fsm92_2002/20221026UsaNvUn001.pdf (Last visited December 10,2022).

④ Indonesia,"Partial Submission in respect of the Area of South of Java and South of Nusa Tenggara", https://www.un.org/depts/los/clcs_new/submissions_files/idn3_93/es.pdf (Last visited December10,2022).

该划界案未收到任何照会评论。

## 四、审议涉及争端划界案审议的新问题

委员会《议事规则》第46条及附件一对存在海岸相向或相邻国家间的争端或其他未解决的陆地或海洋争端的情况下提出划界案的审议设置了特别程序,即《议事规则》附件一第5(a)段,如果划界案存在陆地或海洋争端,委员会不应审议和认定相关划界案,除非争端所有当事国事前表示同意。委员会充分认识到划界是一个涉及国家主权的敏感问题,需同时考虑政治、经济、自然环境等因素的复杂性。[①] 因此,该程序的制定旨在确保与外大陆架划界相关的争端得以避免或者至少不会加剧。[②] 此外,《议事规则》中还明确规定了,对于在划定大陆架外部界限方面可能发生的"争端"("争端"特指《议事规则》第46条和附件一所述争端),各国对"争端"的有关事项具有管辖权。

实践中,对于委员会《议事规则》所述"争端"范围是存在争议的。从第46条及附件一标题可推知,《议事规则》中的"争端"存在两种类型:一种是"海岸相向或相邻国家间的争端",另一种是"其他未解决的陆地或海洋争端"。"海岸相向或相邻国家间的争端"包含重叠海域的划界争端,[③]沿海国之间的大陆架划界争端显然包括在其中。"其他未解决的陆地或海洋争端"范围更广,有学者将其归纳为包含了与《公约》规定的基线划定有关的争端、大陆

---

① [英]卡利通·库克编:《大陆架外部界限——科学与法律的交汇》,吕文正等译,海洋出版社2012年版,第399页。

② L. D. M. Nelson, "The Settlement of Disputes Arising from Conflicting Outer Continental Shelf Claims", (2009) 24 *International Journal of Marine and Coastal Law* 409, p. 413.

③ 高圣惕:《不以大陆架界限委员会建议为基础的外大陆架外部界限:日本第302号内阁政令》,载《太平洋学报》2019年第11期,第8页。

架延伸部分的领土主权争端以及解释或适用《公约》第 76 条的争端。[①]

当“争端”影响到大陆架外部界限时,委员会推迟审议的做法是较为适当的。[②] 目前已有 8 个划界案由于存在“争端”,第三国援引《议事规则》附件一第 5(a)段反对而被委员会推迟审议。[③] 被推迟的原因均为争端当事国认为存在海域划界争端,或者领土主权争端,抑或上述两种争端的混合型争端从而反对委员会审议。近来,关于委员会对涉争端划界案的审议出现一些新的问题,例如,《议事规则》附件一第 5(a)段是否存在滥用的情况;国际司法仲裁机构已经做出裁决是否必然导致“争端”被解决;涉及南极的问题是否属于议事规则第 46 条和附件一“争端”范畴等。

1. 如何判断《议事规则》附件一第 5(a)段的滥用问题?

印度于 2009 年 5 月提交了划界案。缅甸、孟加拉国和阿曼分别于 2009 年 8 月 4 日、2009 年 10 月 29 日、2010 年 5 月 19 日就印度划界案提交了照会,声明存在主张重叠,其中孟加拉国援引了《议事规则》附件一第 5(a)段反对委员会审议。[④] 委员会在 2019 年第五十届会上设立了印度划界案小组委员会,并指示小组委员会仅审议有关阿拉伯海的印度西部区域,不审议划界案中涉及印

---

① Alex G. Oude Elferink, “Submissions of Coastal States to the CLCS in Cases of Unresolved Land or Maritime Disputes”, in Myron H. Nordquist, John Norton Moore and Tomas H. Heidar, *Legal and Scientific Aspects of Continental Shelf Limits* (Netherlands: Martinus Nijhoff Publishers, 2004), pp. 263 – 285.

② Johnson Constance, Alex G. Oude Elferink, “Outer Limits of the Continental Shelf and ‘Disputed Areas’: State Practice concerning Article 76(10) of the LOS Convention”, (2006) *The International Journal of Marine and Coastal Law* 461, p. 485.

③ 8 个被推迟审议的划界案分别为:缅甸划界案、也门关于索科垂岛东南划界案、英国提交的哈顿 – 罗科尔区划界案、爱尔兰提交的哈顿 – 罗科尔区划界案、斐济划界案、马来西亚和越南联合提交的南海南部划界案、越南提交的北部区域划界案和英国关于福克兰群岛以及南乔治亚岛和南桑威奇群岛划界案。

④ Bangladesh, “Note Verbale”, https://www.un.org/Depts/los/clcs_new/submissions_files/ind48_09/bgd_re_ind_clcs48_2009e.pdf (Last visited December 5, 2022).

度东部近海地区的部分,[1]即孟加拉国照会认为存在主张重叠的区域。巴基斯坦于2020年6月6日和2021年1月14日就印度划界案提出反对照会,认为印度划界案没有反映两国在爵士湾(Sir Creek)的争端,印度单方面将中间线作为海上边界线,并在该线上确定了19个大陆架外部界限点提交委员会审议,违反了《公约》和委员会《议事规则》的相关规定,因此巴基斯坦援引《议事规则》附件一第5(a)段反对委员会审议印度划界案。[2]

《议事规则》没有明确规定关于反对审议的照会应在多长时间内提出为合理。巴基斯坦针对印度划界案的反对照会在印度划界案执行摘要公布11年后且小组委员会已开始审议后才提出。导致在第五十四、五十五届会议上,印度划界案的审议未能有实质进展。委员会暂时未明确停止或继续审议,该问题的讨论推迟到2023年的第五十七届会上进行。

由此引发了关于《议事规则》附件一第5(a)段在实践中存在滥用的讨论。假设沿海国A、B存在"争端",在A国未提出反对的情况下,委员会审议B国的划界案并提出建议。随后当委员会审议A国划界案时,B国援引《议事规则》附件一第5(a)段要求委员会不审议A国划界案。这时,若委员会暂停并推迟A国划界案的审议,是否导致对A国的不公平?若委员会继续审议A国划界案,则与以往基于《议事规则》附件一第5(a)段的实践不符。在此情况下,B国的反对意见是否构成该特殊性程序规则的滥用?该问题的显现将给委员会设置的程序规则适用带来极大挑战。

2. 国际司法仲裁机构裁判对委员会审议划界案的影响

孟加拉国于2020年10月提交了修正的划界案。执行摘要中提及了国际海洋法法庭2012年3月14日就"孟加拉湾海洋划界

① 大陆架界限委员会:《大陆架界限委员会的工作进展—主席的说明》,CLCS/50/2(2019),第81段。

② Pakistan, "Note Verbale", https://www.un.org/Depts/los/clcs_new/submissions_files/ind48_09/20210114PakNvUn002OLA202000189.pdf (Last visited January 5, 2022).

案”做出的判决,以及 2014 年 7 月 7 日印度与孟加拉国海洋边界仲裁裁决。如本文第一部分所述,孟加拉国在 2022 年委员会第五十四届会议上做了陈述,认为与缅甸和印度的争端不复存在,要求委员会审议其划界案。①

事实上,如何界定是否存在“争端”本身是存有争议的法律问题。在国际司法实践中,国家的诉求是否构成一项争端往往是争议的焦点和国际司法机构予以审理的关键点。② 划界案是否存在“争端”理应由当事国来认定。《议事规则》也明确了“争端”的管辖权在于沿海国。提出划界案的沿海国应善意向委员会履行“争端”告知义务,其他相关当事国也有权按照《议事规则》提出照会,向委员会表明存在“争端”。

委员会不是司法仲裁机构,对大陆架外部界限提出建议是其职责,并且不得触及与界限有关的争端解决。委员会既不会对“争端”进行评价,也不会对争端的存在与否作出判断。③ 依照《公约》附件二第 9 条,委员会审议划界案并提出建议不应妨害这种“争端”。由于划界案所涉“争端”问题并非委员会职权范围内可以解决的对象,委员会应避免对“争端”事项采取立场,否则有可能产生新的争端,这并不符合《公约》的宗旨。也有学者指出,委员会的科学性质决定了其缺乏直接适用国际裁判的资质,其对于“争端”的认定应受“争端”当事方的立场制约。④

因此,即便国际司法仲裁机构划定了国家间的海洋边界,如果沿海国依旧认为“争端”存在,反对委员会进行审议,那么委员会

---

① 大陆架界限委员会:《大陆架界限委员会第五十四届会议工作进展主席说明》,CLCS/54/2(2022),第 61 段。

② 尹洁、张丹:《大陆架界限委员会审议涉争端划界案的权力边界探析》,载《中国国际法年刊》(2020 年),法律出版社 2021 年版,第 121 页。

③ Elferink,“Submissions of Coastal States to the CLCS in Case of Unresolved Land or Maritime Disputes”,p. 266.

④ 高健军:《国际裁判对大陆架界限委员会影响的有限性——基于实践的考察》,载《地方立法研究》2022 年第 7 卷第 5 期,第 88 ~ 100 页。

便不得强行介入“争端”。国际司法仲裁机构的裁判不应影响委员会层面的“争端”问题。

3. 南极划界案涉及的“争端”问题

智利2022年提交的南极划界案是基于其2021年发布的国家南极政策的行动。其南极政策第1条明确了“维护和促进智利在南极大陆的利益,在智利南极领土保持有效存在”,并指出智利当前任务是在《公约》框架下向委员会提交智利南极划界案。①

南极大陆架的法律地位备受争议,《南极条约》第4条没有解决领土主权争议,也无法阻止主张国提出200海里外大陆架划界案。《公约》框架下的海域制度及资源开发相关规定冲击着南极条约体系,给南极主张国重提领土主张留下了空间。委员会履行《公约》规定的职责,审议沿海国提出的划界案,将给南极地区的和平稳定带来极大挑战。因此,委员会《议事规则》设置的特别程序是否适用于南极地区值得讨论。

《议事规则》第46条及附件一在南极的适用,首先,需要明确南极存在“海岸相向或相邻国家间的争端,或其他未解决的陆地或海洋争端”。对于“争端”的解释,国际法院在“东帝汶案”中认为“从法理的层面及先例来看,争端是对法律或事实存在不同观点,是当事方直接法律观点或利益的冲突……要确定一个争端的存在,必须可以明显看出一方积极反对另外一方的主张”。② 因此,在沿海国划界案执行摘要公布后,如有沿海国对划界案涉及的法律或事实提出积极的反对,那么则可以认为争端是存在的。其次,南极是否存在“沿海国”。对于南极主张国来说,它们彼此承认各自为沿海国,而对于非主张国来说,南极不存在“沿海国”。在此

① Chile, “POLÍTICA ANTÁRTICA NACIONAL 2021”, https://minrel.gob.cl/minrel/site/docs/20190906/20190906113642/3a___texto_politica_antartica_nacional_de_2021__aprobada_16_3_2021.pdf (Last visited December 5, 2022).

② Case Concerning East Timor (Portugal v. Australia), Judgment, I. C. J. Reports 1995, p. 13, para. 22.

方面,非主张国不承认主张国的"沿海国"地位,已属于"争端"的范畴。[①] 此外,南极领土主权未定,权利保留国和非主张国对于主张国领土主权的不承认也构成了《议事规则》中"未决的陆地争端"。只要在《南极条约》有效期间,关于南极陆地领土主权的"争端"必然持续存在,涉南极划界案必将遭到不同国家的反对,在没有得到一致同意的基础上,委员会便不会对该区域大陆架划界案采取任何行动。

智利提交的南极划界案是继澳大利亚、阿根廷和挪威之后第4份涉及南极陆地的划界案。就澳大利亚、阿根廷和挪威提交了涉南极划界案后其他国家的反应照会来看,除英国、阿根廷和智利在南极半岛区域存在主张重叠从而导致不同意见外,南极其他主张国之间互相并未提出反对照会。南极权利保留国的美国和俄罗斯对于南极陆地附属大陆架表示反对,均不承认任何国家在南极的领土主张,也不承认任何国家基于南极陆地延伸的海床和底土的主张。[②] 日本、荷兰、印度作为非主张国,也提出照会表达了反对立场,其中只有荷兰援引了委员会《议事规则》附件一第5(a)段请求委员会不审议涉及南极的部分。[③] 在智利南极划界案提交后,同为主张国的英国和阿根廷均反对委员会审议智利划界案。英国援引《南极条约》不承认智利的南极领土主权主张;阿根廷则援引《议事规则》附件一第5(a)段认为存在南极领土主权"争端"。

---

① Signe Veierud Busch, *Establishing Continental Shelf Limits Beyond* 200 *Nautical Miles by the Coastal State-A Right of Involvement for Other States*? (Brill Nijhoff,2016),p. 239.

② United States, "Diplomatic Note", https://www.un.org/depts/los/clcs_new/submissions_files/aus04/clcs_03_2004_los_usatext.pdf (Last visited December 5,2022); Russian Federation, "Note Verbal No. 739/n", https://www.un.org/depts/los/clcs_new/submissions_files/aus04/clcs_03_2004_los_russiantext.pdf (Last visited December 5,2022).

③ The Netherlands, "Note Verbal No. NYV/2005/690", https://www.un.org/depts/los/clcs_new/submissions_files/aus04/clcs_03_2004_los_nl.pdf (Last visited December 5, 2022).

# 结　语

委员会的工作实现了沿海国200海里外大陆架外部界限的确定,为履行《公约》规定的职责做出了积极的贡献,并推动了《公约》大陆架制度的发展。随着科学技术的不断进步,沿海国对《公约》第76条的适用和解释也发生变化,出现了许多在《公约》制定时无法预见的问题,使委员会的工作面临较大困难和艰巨的挑战。

2022年是委员会成立二十五周年,也是《公约》签署四十周年。作为一个技术专家机构,委员会在世界政治边界的确定中发挥了特殊的作用。面对层出不穷的新问题与新挑战,委员会应严格按照《公约》及其《议事规则》履行职责,特别是恪守现行《议事规则》附件一"在存在海岸相向或相邻国家间的争端或其他未解决的陆地或海洋争端的情况下提出划界案"的规定,坚定执行《公约》附件二第9条规定的"委员会的行动不应妨害海岸相向或相邻国家间划定界限的事项",以保证其专业性和客观性,最终取得符合国际社会整体利益、经得起科学、法律和时间检验的成果。

# 国际海底管理局2022年工作进展综述

张　丹*

2022年国际海底管理局(以下简称管理局)第27届会议分成三部分,分别于3月14日至4月1日、7月4日至8月5日、10月31日至11月11日在牙买加首都金斯敦召开。理事会自2000年以来首次一年召开三次会议,对《“区域”内矿产资源开发规章》草案(以下简称《开发规章》草案)进行了全面审议,并就2023年《开发规章》制定路线图达成一致。管理局在勘探活动监管、区域环境管理计划制定等方面也取得诸多进展。管理局主要机构顺利完成改选和换届,大会改选了理事会半数成员,选举产生了新一届财务委员会委员;理事会选举产生了新一届法律和技术委员会(以下简称法技委)委员。

## 一、《开发规章》制定取得积极进展

制定《开发规章》是理事会一年来的优先工作,理事会为推进《开发规章》制定设立的“财务问题”“保护和保全海洋环境”“检查、遵守和执行”“机构事项”“理事会全会”非正式工作组在理事会会议

* 自然资源部海洋发展战略研究所副研究员。

期间分别召开会议,就各自负责的《开发规章》草案案文进行了审议(见表1)。经过理事会三次会议的审议,“财务问题”“保护和保全海洋环境”“检查、遵守和执行”三个非正式工作组完成对各自负责的案文草案的一读,“理事会全体会议”“机构事项”两个非正式工作组审议了各自负责的部分案文草案,理事会要求各代表团在2023年1月15日前提交书面修改意见,各非正式工作组协调员将根据各方意见在2023年3月理事会会前提交修订后的案文草案。

**表1 《开发规章》制定各非正式工作组及其工作范围**

| 非正式工作组名称 | 负责《开发规章》草案的工作范围 |
| --- | --- |
| “理事会全会”非正式工作组 | 序言<br>第三部分　承包者的权利和义务<br>第十部分　一般程序、标准和准则<br>附件一　请求核准工作计划以取得开发合同的申请书<br>附件二　采矿工作计划<br>附件三　融资计划<br>附件五　应急和应变计划<br>附件六　健康和安全计划和海上安保计划<br>附件九　开发合同及附表<br>附件十　开发合同的标准条款<br>附录一　应通报的事件<br>附表　用语和范围 |
| “机构事项”非正式工作组 | 第一部分　引言<br>第二部分　请求核准采取合同形式的工作计划申请书<br>第五部分　工作计划的审查和修改<br>第八部分　年费、行政费和其他有关规费<br>第九部分　资料的收集和处理<br>第十二部分　争端的解决<br>第十三部分　本规章的审查<br>附录二　年费、行政费和其他适用的规费表<br>附录三　罚款 |
| “检查、遵守和执行”非正式工作组 | 第十一部分　检查、遵守和强制执行 |

续表

| 非正式工作组名称 | 负责《开发规章》草案的工作范围 |
| --- | --- |
| “保护和保全海洋环境”非正式工作组 | 第四部分　保护和保全海洋环境<br>第六部分　关闭计划<br>附件四　环境影响报告<br>附件七　环境管理和监测计划<br>附件八　关闭计划<br>其他:新增环境相关附件、相关环境标准和准则 |
| “财务问题”特设工作组 | 第三部分　承包者的权利和义务(第27、38、39条)<br>第七部分　开发合同的财政条款<br>附录四　确定特许权使用费负债<br>其他:财务模型、财务相关的标准和准则 |

资料来源:根据国际海底管理局公布的相关文件整理。

《开发规章》制定一年来虽然取得积极进展,但仍有不少问题尚存在分歧。例如,在“缴费机制”问题上,非洲集团继续坚持应提高承包者向管理局缴纳的权益金费率。① 在“保护和保全海洋环境”问题上,各代表团对环境影响评估及监测所要求的主题事项、范围和内容,公众协商,临近沿海国的权利,环境补偿基金等仍存在分歧,一些重要事项,如环境阈值的制定等仍需时日。在“检查、遵守和执行”问题上,各代表团对相关机制框架、负责监督遵守的机构、检查员的权力以及实施机制的细节等问题也未达成共识。

理事会第三次会议对《开发规章》制定进展情况进行了评估,一方面,绝大多数理事会成员认可目前《开发规章》草案磋商取得了积极进展,同意继续以建设性方式进行磋商;另一方面,许多代

① International Seabed Authority, African Group Submission on the Payment Regime for Deep-sea Mining in the Area (June, 2022), https://isa.org.jm/files/files/documents/African_Group_Submission_Payment_Regime.pdf (Last visited January 6, 2023).

表团也承认,无法如期完成《开发规章》制定存在很大的可能性。[①]理事会就2023年《开发规章》制定路线图达成一致,决定明年继续安排三次理事会会议,以积极争取《开发规章》在2023年7月完成制定;[②]同时,理事会决定举办闭会期间非正式对话,进一步讨论《关于执行1982年12月10日〈联合国海洋法公约〉第十一部分的协定》(以下简称《执行协定》)附件第1节第15段所设想的可能情况及相关法律考量,以期探讨各种可能方法和法律解释的共同之处,要求非正式对话协调人编写相关简报,向2023年3月理事会会议提交,以供理事会审议。[③]

理事会还通过了两项与《开发规章》制定相关的决定:一是决定成立"闭会期间专家组"负责研究制定具有约束力的环境阈值;[④]二是决定由秘书处组织开展"区域"内开发活动环境成本内在化问题的研究。[⑤]

在理事会第三次会议上,中国代表就《开发规章》制定路线图议题发言指出,各方应继续积极和建设性参与规章谈判,尽可能按

---

① 2021年6月,瑙鲁总统致函理事会主席,表示瑙鲁担保的勘探合同承包者瑙鲁海洋资源公司有意请求申请核准开发工作计划,要求理事会按照《关于执行1982年12月10日〈联合国海洋法公约〉第十一部分的协定》(《执行协定》)附件第1节第15段有关规定,在瑙鲁请求生效之日(2021年7月9日)起两年内完成开发规章的制定。《执行协定》附件第1节第15段规定,理事会经一个其国民打算申请核准开发工作计划的国家的请求,应在请求提出后两年内完成开发规则、规章和程序的制定;如果理事会未在规定时间内完成拟订工作,而已经有开发工作计划的申请在等待核准,理事会仍应根据《公约》和《执行协定》规定和原则以及理事会可能已暂时制定的任何规则、规章和程序,审议和暂时核准该工作计划。

② International Seabed Authority, Draft Road Map for the Twenty-eighth Session of the Council of the International Seabed Authority in 2023 (Rev. 1), https://isa.org.jm/files/files/documents/DOC-20221110-WA0013.pdf (Last visited January 6, 2023).

③ 国际海底管理局:《国际海底管理局理事会关于涉及〈关于执行《联合国海洋法公约》第十一部分的协定〉附件第1节第15段的可能情况及任何其他相关法律考量的决定》,ISBA/27/C/45(2022)。

④ 国际海底管理局:《国际海底管理局理事会关于制定具有约束力的环境阈值的决定》,ISBA/27/C/42(2022)。

⑤ 国际海底管理局:《国际海底管理局理事会关于由秘书处委托就"区域"内开发活动环境成本内在化为"区域"内矿物生产成本开展一项研究的决定》,ISBA/27/C/43(2022)。

已达成的路线图推进规章制定，同时本着实事求是的态度，适时对规章制定进展进行客观评估，以在确有必要时对规章制定作出更加务实合理的安排。[①]

## 二、积极履行勘探活动监管职能

在审议勘探合同申请方面，法技委在2022年3月和7月会议期间对图瓦卢循环金属有限公司提交的多金属结核勘探合同申请进行了审议，鉴于图瓦卢政府在2022年3月通知管理局其决定撤销对图瓦卢循环金属有限公司的担保，法技委决定终止对图瓦卢循环金属有限公司勘探合同申请的审议。[②]

在监管承包者的活动方面，理事会根据法技委的建议，在2022年3月核准了印度政府提交的多金属结核勘探合同延期申请，同意将该勘探合同延长五年。[③] 法技委在2022年3月和7月会议期间审议了日本石油天然气和金属国有公司、中国大洋矿产资源研究开发协会（以下简称中国大洋协会）提交的勘探合同区域放弃报告，以及德国联邦地球科学和自然资源研究所、法国海洋开发研究所提交的延迟勘探合同区域放弃的申请。[④] 法技委认可日本石油天然气和金属国有公司、中国大洋协会如期完成了相关勘探合同规定的区域放弃义务。理事会根据法技委的建议，核准了德国联邦地球科学和自然资源研究所、法国海洋开发研究所延

① 中华人民共和国常驻国际海底管理局代表处：《中国代表团在国际海底管理局第27届会议第三期理事会上有关开发规章制定路线图的发言》，载 http://isa. china-mission. gov. cn. /hyyfy/202211/t20221115_10974783. htm，最后访问时间：2023年1月6日。

② 国际海底管理局：《法律和技术委员会主席关于委员会第二十七届会议第二期工作的报告》，ISBA/27/C/16/Add. 1(2022)，第23~29段。

③ 国际海底管理局：《国际海底管理局理事会关于印度政府申请延长印度政府与海管局之间多金属结核勘探合同的决定》，ISBA/27/C/18(2022)。

④ 国际海底管理局：《法律和技术委员会主席关于委员会第二十七届会议第一期工作的报告》，ISBA/27/C/16(2022)，第5~6段；《法律和技术委员会主席关于委员会第二十七届会议第二期工作的报告》，ISBA/27/C/16/Add. 1(2022)，第7~8段。

迟勘探合同区域放弃的申请，同意将上述承包者第一次和第二次区域放弃的时间表分别延迟一年。[①] 此外，由于巴西矿产资源研究公司宣布终止其富钴铁锰结壳勘探合同，巴西政府也终止了对该公司的担保，[②]秘书处就该勘探合同规定的尚未履行的法律责任及履行时间等问题与巴西矿产资源研究公司及巴西政府进行了讨论。[③]

在监管规则方面，法技委对其制定的《指导承包者评估"区域"内海洋矿物勘探活动可能对环境造成的影响的建议》进行了审查和修订，[④]补充规定了"审查与测试采矿组件或在勘探期间需要进行环境影响评估的其他活动有关的环境影响报告的程序"，增加了相关的解释性评注，用以就利益攸关方协商相关问题为承包者提供指导。理事会审议了法技委拟定的《勘探合同所定权利和义务转让请求的审议程序和标准草案》，[⑤]要求法技委在理事会审议与《开发规章》草案中开发合同下权利和义务转让有关的问题以及与有效控制有关的问题后，继续修订草案。[⑥] 此外，理事会通过的关于法技委主席报告的决定中，新增了要求"法技委从管理局第28届会议开始，每年列出有哪些承包者对未充分响应或未响应

① 国际海底管理局:《国际海底管理局理事会关于应联邦地球科学和自然资源研究所请求延迟放弃时间表的决定》,ISBA/27/C/19(2022);《国际海底管理局理事会关于应法国海洋开发研究所请求延迟放弃时间表的决定》,ISBA/27/C/39(2022)。

② 巴西矿产资源勘探公司持有的勘探矿区在位置上与巴西主张的200海里以外大陆架范围相重叠,巴西在2018年12月7日向大陆架界限委员会提交了涉该勘探矿区区域的划界案(巴西东部和南部陆缘大陆架修订案),截至2023年1月,大陆架界限委员会尚未对该划界案进行审议。

③ 国际海底管理局:《勘探合同现状及相关事项,包括有关已核准勘探工作计划执行情况定期审查的信息》,ISBA/27/C/28(2022),第5段。

④ 修订后的文本参见国际海底管理局:《指导承包者评估"区域"内海洋矿物勘探活动可能对环境造成的影响的建议》,ISBA/25/LTC/6/Rev. 2(2022)。

⑤ 国际海底管理局:《法律和技术委员会关于勘探合同所定权利和义务转让请求的审议程序和标准的报告和建议》,ISBA/27/C/35(2022),附件一。

⑥ 国际海底管理局:《国际海底管理局理事会关于法律和技术委员会主席的报告的决定》,ISBA/27/C/44(2022),第12段。

理事会的呼吁,处理法技委查出的涉合同义务关切问题”。[①]

## 三、推进区域环境管理计划标准化制定工作

为推动区域环境管理计划的标准化制定,法技委拟定了《促进制定区域环境管理计划的指导意见》(以下简称《指导意见》),[②]提交理事会审议。《指导意见》旨在为“区域”内区域环境管理计划的制定、核准和审查提供标准化方法,并为区域环境管理计划提供了包括指示性要素在内的通用模板。理事会要求法技委“修订标准化程序草案,同时考虑到理事会主席总结的理事会评论、2019年德国和荷兰提出、哥斯达黎加共同提出的呈件,以及各代表团至迟于2023年1月15日提交的书面评论,并说明决定依据”。[③]

理事会还审议了法技委拟定的《以多金属硫化物矿床为重点的北大西洋中脊“区域”的区域环境管理计划》草案。[④] 该计划草案覆盖的地理区域在洋脊轴线两侧各延伸100公里,以确保广泛涵盖洋脊系统,包括其轴线和洋脊侧翼,考虑了三种类型的划区管理工具:需要保护的地区、需要保护的场地和需要采取预防措施的区域和场地。理事会要求法技委“在理事会通过区域环境管理计划制定、核准和审查标准化程序和模板后,参照理事会评论,审查草案”。[⑤]

关于区域环境管理计划,中国代表在管理局大会发言指出,在

---

① 国际海底管理局:《国际海底管理局理事会关于法律和技术委员会主席的报告的决定》,ISBA/27/C/44(2022),第7段。

② 国际海底管理局:《促进制定区域环境管理计划的指导意见》,ISBA/27/C/37(2022)。

③ 国际海底管理局:《国际海底管理局理事会关于法律和技术委员会主席的报告的决定》,ISBA/27/C/44(2022),第13段。

④ 国际海底管理局:《以多金属硫化物矿床为重点的北大西洋中脊“区域”的区域环境管理计划》,ISBA/27/C/38(2022)。

⑤ 国际海底管理局:《国际海底管理局理事会关于法律和技术委员会主席的报告的决定》,ISBA/27/C/44(2022),第14段。

区域环境管理计划建立过程中,应采取协作和透明的方式推进环境数据收集和分享,充分听取各利益攸关方的意见,在切实保护海洋环境的同时,保护承包者的合同权利和开发积极性。①

## 四、主要机构顺利完成改选和换届

管理局大会改选了理事会半数成员,选举产生了新一届财务委员会委员;理事会选举产生了新一届法技委委员。中国提名的财务委员会委员和法技委委员均顺利当选。

2023~2027 年度法技委选举是本届理事会会议讨论的焦点问题之一。鉴于法技委在管理局工作重要性的日益提升,各地区组对法技委名额分配的争夺十分激烈。一些地区组在很多国家已提名候选人的情况下,试图在选举机制中对法技委的专业设置进行要求,以达成获得更多名额分配的目的。中国理事会第二次会议上就法技委委员选举发言表示,法技委委员名额分配应充分考虑不同地区组国家数目,体现“公平地区分配”原则。《公约》中第 163 条并无专业设置要求,因此选举机制可以鼓励但不应强制每个地区组提名不同领域的专家。如某地区组提名人数未达到该组席位人数,建议剩余席位转移给其他超提名地区组。②

经过多轮磋商,理事会第二次会议决定,在不影响今后选举的前提下,增加法技委委员名额。最终新一届法技委委员人数由上一届的 30 名增加至 41 名。

---

① 中华人民共和国常驻国际海底管理局代表处:《中国代表团团长、常驻海管局代表陈道江大使在海管局第 27 届会议大会“秘书长报告”议题下的发言》,载 http://isa. china-mission. gov. cn. /hyyfy/202208/t20220819_10746625. htm,最后访问时间:2023 年 1 月 10 日。

② 中华人民共和国常驻国际海底管理局代表处:《中国代表团在国际海底管理局第 27 届理事会第二期会议上关于法技委委员选举的发言》,载 http://isa. china-mission. gov. cn. /hyyfy/202208/t20220819_10746627. htm,最后访问时间:2023 年 1 月 10 日。

# 五、结　语

2022年管理局的多方面工作都取得了积极进展，特别是《开发规章》制定工作，在各方共同努力下，大部分案文草案已完成一读，基本确定了案文条款框架。中国一贯支持管理局工作，推动国际海底事务向前发展，连续多年向管理局自愿信托基金和海洋科学研究捐赠基金捐款，支持发展中国家委员参加法技委及财务委员会会议，支持发展中国家人员参与海底科学研究。"中国—国际海底管理局联合培训和研究中心"在2022年5月成功举办第一期培训班，为来自20个发展中国家的55名学员提供了培训。中国一年来全程参与了《开发规章》制定各非正式工作组会议，就案文草案积极建言献策，提交了多份案文修改意见，为《开发规章》建立公平合理的财务制度、高标准的海洋环境保护制度、全面有效的监督检查制度等贡献着中国智慧和方案。

**附表　"区域"勘探合同一览**

**附表1　多金属结核勘探合同一览**

| 序号 | 承包者 | 担保国 | 签约时间 | 到期时间 | 位置 |
|---|---|---|---|---|---|
| 1 | 国际海洋金属联合组织 | 保加利亚、古巴、捷克、波兰、俄罗斯、斯洛伐克 | 2001/3/29 | 2026/3/28 | 太平洋CC区 |
| 2 | 海洋地质作业南方生产协会 | 俄罗斯 | 2001/3/29 | 2026/3/28 | 太平洋CC区 |
| 3 | 大韩民国政府 | 韩国 | 2001/4/27 | 2026/4/26 | 太平洋CC区 |
| 4 | 中国大洋矿产资源研究开发协会 | 中国 | 2001/5/22 | 2026/5/21 | 太平洋CC区 |

续表

| 序号 | 承包者 | 担保国 | 签约时间 | 到期时间 | 位置 |
|---|---|---|---|---|---|
| 5 | 深海资源开发有限公司 | 日本 | 2001/6/20 | 2026/6/19 | 太平洋 CC 区 |
| 6 | 法国海洋开发研究所 | 法国 | 2001/6/20 | 2026/6/19 | 太平洋 CC 区 |
| 7 | 印度政府 | 印度 | 2002/3/25 | 2027/3/24 | 印度洋 |
| 8 | 德国联邦地球科学及自然资源研究所 | 德国 | 2006/7/19 | 2026/7/18 | 太平洋 CC 区 |
| 9 | 瑙鲁海洋资源公司 | 瑙鲁 | 2011/7/22 | 2026/7/21 | 太平洋 CC 区 |
| 10 | 汤加近海开采有限公司 | 汤加 | 2012/1/11 | 2027/1/10 | 太平洋 CC 区 |
| 11 | 英国海底资源有限公司 | 英国 | 2013/2/8 | 2028/2/7 | 太平洋 CC 区 |
| 12 | 全球海洋矿物资源公司 | 比利时 | 2013/1/14 | 2028/1/13 | 太平洋 CC 区 |
| 13 | 新加坡大洋矿产有限公司 | 新加坡 | 2015/1/22 | 2030/1/21 | 太平洋 CC 区 |
| 14 | 马拉瓦研究与勘探有限公司 | 基里巴斯 | 2015/1/19 | 2030/1/18 | 太平洋 CC 区 |
| 15 | 英国海底资源有限公司 | 英国 | 2016/3/29 | 2031/3/28 | 太平洋 CC 区 |
| 16 | 库克群岛投资公司 | 库克群岛 | 2016/7/15 | 2031/7/14 | 太平洋 CC 区 |
| 17 | 中国五矿集团公司 | 中国 | 2017/5/12 | 2032/5/11 | 太平洋 CC 区 |

续表

| 序号 | 承包者 | 担保国 | 签约时间 | 到期时间 | 位置 |
| --- | --- | --- | --- | --- | --- |
| 18 | 北京先驱高技术开发公司 | 中国 | 2019/10/18 | 2034/10/17 | 西太平洋 |
| 19 | 牙买加蓝矿有限公司 | 牙买加 | 2021/4/4 | 2036/4/3 | 太平洋 CC 区 |

资料来源：根据国际海底管理局网站公布信息整理。

**附表 2　多金属硫化物勘探合同一览**

| 序号 | 承包者 | 担保国 | 签约时间 | 到期时间 | 位置 |
| --- | --- | --- | --- | --- | --- |
| 1 | 中国大洋矿产资源研究开发协会 | 中国 | 2011/11/18 | 2026/11/17 | 西南印度洋 |
| 2 | 俄罗斯联邦政府 | 俄罗斯 | 2012/10/29 | 2027/10/28 | 大西洋 |
| 3 | 大韩民国政府 | 韩国 | 2014/6/24 | 2029/6/23 | 中印度洋 |
| 4 | 法国海洋开发研究所 | 法国 | 2014/11/18 | 2029/11/17 | 大西洋 |
| 5 | 德国联邦地球科学及自然资源研究所 | 德国 | 2015/5/6 | 2030/5/5 | 中印度洋 |
| 6 | 印度政府 | 印度 | 2016/9/26 | 2031/9/25 | 中印度洋 |
| 7 | 波兰政府 | 波兰 | 2018/2/12 | 2033/2/11 | 大西洋 |

资料来源：根据国际海底管理局网站公布信息整理。

**附表3　富钴结壳勘探合同一览**

| 序号 | 承包者 | 担保国 | 签约时间 | 到期时间 | 位置 |
|---|---|---|---|---|---|
| 1 | 日本国家石油天然气金属公司 | 日本 | 2014/1/27 | 2029/1/26 | 太平洋马尔库斯-威克海山区 |
| 2 | 中国大洋矿产资源研究开发协会 | 中国 | 2014/4/29 | 2029/4/28 | 太平洋麦哲伦海山区 |
| 3 | 俄罗斯联邦自然资源和环境部 | 俄罗斯 | 2015/3/10 | 2030/3/9 | 太平洋麦哲伦海山区 |
| 4 | 巴西矿产资源研究公司〔1〕 | 巴西 | 2015/11/9 | 2030/11/8 | 大西洋里奥格兰德海底高原 |
| 5 | 大韩民国政府 | 韩国 | 2018/3/27 | 2033/3/26 | 太平洋麦哲伦海山区 |

资料来源:根据国际海底管理局网站公布信息整理。

〔1〕2022年1月,秘书长向管理局成员通报了矿产资源研究公司的通知,宣布终止其富钴铁锰结壳勘探合同,并通报了巴西终止对矿产资源研究公司担保的通知。

# 踔厉奋进新征程，笃行不怠创未来

## ——中国国际法学会2022年工作综述

张爱宁*

日月开新元，万象启新篇。回望2022年，中国国际法学会以习近平新时代中国特色社会主义思想特别是习近平法治思想为引领，深刻领悟“两个确立”的决定性意义，增强“四个意识”、坚定“四个自信”、做到“两个维护”，认真学习宣传贯彻党的二十大精神，团结依靠全国国际法同仁，努力开展学会各项工作。

## 一、举办国内和国际高端学术会议

### （一）主办“中国国际法学会2022年学术年会”

2022年5月27至29日，由中国国际法学会和辽宁大学主办，辽宁大学法学院承办的中国国际法学会2022年学术年会以线上方式举行。本届年会主题为“以习近平法治思想为引领，迈向国际法研究和实践新征程”。中国国际法学会会长黄进，外交部条法司司长贾桂德，商务部条法司司长李詠箑，辽宁省高级人民法院院长郑青，辽宁大学党委书记周浩波，中国国际法学会副会长李鸣、孙吉胜、余劲松、张海文、张乃根、肖永平出席开幕式。开幕式由中国

---

* 中国国际法学会秘书长。

国际法学会常务副会长李鸣主持。

开幕式上,中国国际法学会会长黄进教授在致辞中全面总结了学会过去一年的工作,充分肯定了学会在推动国际法理论与实践发展方面取得的成绩,对进一步贯彻落实习近平法治思想进行了部署,对百年大变局下我国的国际法研究如何更好地服务于国家的外交工作和国际战略,提出了明确要求。

在大会报告环节,贾桂德司长和李詠箑司长分别以"当前国际法形势和我国外交条法工作""发展与安全　国际经济法新课题"为主题向大会作报告。中国国际法学会常务副会长孙吉胜主持了大会报告环节。

本届年会设置了20个专题分组讨论会场。参会代表们围绕习近平法治思想的国际法治观、加强涉外法治体系建设、坚持真正的多边主义、维护以国际法为基础的国际秩序等热点问题展开学术讨论,研讨主题包括:习近平法治思想的国际法治观、纪念《联合国海洋法公约》通过40周年、区域贸易协定与自贸区法律问题研究、国内法的域外适用与国际法、纪念《联合国人类环境会议宣言》50周年、联大第2758号决议的法律意义及效力、"长臂管辖"最新发展及中国应对、国际民事诉讼相关问题研究、数字经济与国际法问题研究、国际投资及其争端解决、国际贸易及相关法律问题、核领域全球治理与国际法、极地与外空国际法问题、单边制裁及反制裁法律问题、我国《仲裁法》的修改及相关法律问题、新技术对国际法的影响问题研究、国际刑法相关问题研究、国际人权与人道法新发展、涉外法治体系建设、涉外法治人才培养等。

本届年会在主场之外还在晚间开办了两场国际法青年学者论坛。这是学会第一次在年会期间开设国际法青年学者论坛,论坛的发言人均为博士研究生,主持人和评议人也都是青年国际法学者。论坛旨在给青年国际法人提供一个自由交流的平台,帮助青年国际法人向国际法舞台"迈出第一步",鼓励青年国际法学子树立未来从事国际法理论和实践工作的信心。

本届年会收到论文近四百篇,是历届年会中收到参会论文最多的一次。来自近百家高校、科研院所和实务部门的专家、学者和实务工作者800余人正式报名线上参加会议,会议召开期间超过4000人在线收看直播。

### (二)主办年度"东湖国际法律论坛"

2022年11月26日,由中国国际法学会与中国国际贸易促进委员会、武汉大学、国际商事争端预防与解决组织共同主办的第七届东湖国际法律论坛在线上成功举办。本届论坛的主题是"加强国际法治保障,推进高水平对外开放"。中国国际法学会会长黄进、中国国际贸易促进委员会副会长柯良栋、武汉大学党委书记韩进、国际商事争端预防与解决组织名誉理事长张月姣出席开幕式并致辞。黄进会长在题为"在法治轨道上推进高水平对外开放"的致辞中表示,加强国际法治保障,推进高水平对外开放,讲的就是在法治轨道上推进高水平对外开放,主要要把握以下三点:第一,要正确认识和把握世界之变、时代之变、历史之变;第二,既要坚持统筹推进国内法治和涉外法治,又要坚持协调推进国内法治和国际法治;第三,要坚持与时俱进、守正创新,推进改革和完善国际法治体系。

本次论坛为期一天,来自国内外的多位专家学者分别在上午的主旨演讲及下午的"国际法治赋能高水平对外开放""反制裁、反干涉、反'长臂管辖'的国际法探析"两场专题研讨中发言,参会人员在主持人的引领下围绕研讨主题展开讨论。本次论坛采取线上方式举行,全球约70万人次同步观看本次论坛。

### (三)主办年度香港"国际法论坛"

2022年12月6日下午,由中国国际法学会和亚洲国际法律研究院联合主办的"2022·国际法论坛"在中国香港召开。本届论坛主题为:*The Global Climate Crisis: Finding Common Ground*

*Through International Law*。

中国国际法学会会长黄进以视频方式致欢迎辞,亚洲国际法律研究院主席梁定邦在会议现场致欢迎辞。特区政府行政长官李家超、外交部驻港公署副特派员方建明、特区律政司司长林定国共同担任论坛主礼嘉宾并致辞。中国气候变化事务特使解振华线上出席论坛并发表主题演说。来自 50 多个国家和地区的 600 余名法律界及业界人士以线上线下方式参会。

香港“国际法论坛”从 2016 年开始第一次举办,至今已经连续举办了七届。

### (四)筹备参加 2023 年国际法学会世界大会

第三届国际法学会世界大会将于 2023 年 3 月 23 日至 24 日在秘鲁首都利马举行,黄进会长率中国国际法学会代表团参加本届大会。中国国际法学会从 2022 年开始派代表参加本次大会的筹备工作,大会期间中国国际法学会将主办一场主题为“*International Law of Cyberspace: State of the Situation and Required Developments*”的国际法研讨会(全体圆桌会议)。目前该研讨会正在顺利筹备中。

## 二、主办学会出版物和自媒体

### (一)编辑出版《中国国际法年刊》(2021)

2022 年,《中国国际法年刊》继续坚持呈现中国国际法学研究成果,反映中国国际法立场。《中国国际法年刊》(2021)于 2022 年 3 月顺利完成组稿、编审和其他出版前期准备工作,并于 2022 年 10 月由法律出版社出版。本卷年刊包括特载 2 篇,论文 11 篇,书评 1 篇,机构综述和文件资料数十篇,共计 40 余万字。目前,编辑部正在进行 2022 年卷的组稿和编审工作。组稿重点放在《海洋法公约》通过40周年之际对公约的研究和认识、中美关系中的涉国际法问题(如国内法的域外适用)、多边主义与国际法、国际卫生治理等方面。

《中国国际法年刊》创立于1982年,是改革开放后最早的学术年刊,一直致力于成为中国学界国际法领域最高水准研究成果发表和交流的平台。经过年刊编辑部努力,《中国国际法年刊》已正式被中国知网收录。2021年,《中国国际法年刊》再次入选中国社会科学研究评价中心CSSCI(2021~2022)核心集刊。

## (二)编辑出版《国际法学刊》

2022年,《国际法学刊》(季刊)按计划共出版4期,发表文章29篇,所有文章均被知网全文收录,数篇被《新华文摘》《人大复印报刊资料》等全文转载,实现了较大社会影响。

《国际法学刊》重视政学结合,注重发表外交一线工作者的实务论文,获得读者广泛好评,构成理论界今后国际法研究的重要参考,也形成了《国际法学刊》有别于其他国际法期刊的重要特色。《国际法学刊》注重理论创新,今后一段时间,《国际法学刊》将继续致力于对"习近平法治思想与国际法""人类命运共同体理论与国际法"等重要问题的组稿与发表。

## (三)管理运营"中国国际法学会"微信公众号

2022年,学会微信公众号继续发挥学会对外宣传媒介的作用,对学会的主要工作与重要活动进行及时、准确、简明的播报与宣传。公众号受到国际法学界、实务界同仁以及其他社会公众的广泛关注,所发布内容获得较为热烈的反馈。

从用户数量看,截至2022年12月31日,关注公众号的人数达12,310人,与去年同期相比增长30%。每篇发布文章的阅读量、转发量和收藏量均达新高。从关注用户的年龄统计数据来看,18~35岁群体占总人数78%以上,表明公众号活跃人群年轻群体占主要比例,学会工作信息主要是在中青年国际法学者人群中得到关注。

中国国际法学会微信公众号创建于2013年,旨在为国际法同仁提供一个分享信息、交流意见、促进研究、凝聚共识的平台。学会微信公众号秉持时效性、准确性、简明性原则,是外界了解学会动态的一个窗口。

### (四)管理运营“Global Health and Global Governance”英文网站

“Global Health and Global Governance”网站2020年由中国国际法学会、外交学院共同建设和开始运营。网站设置“Commentaries”“Bibliographies”“News”三个栏目。

2022年,英文网站日常运营维护工作正常有序开展,上述三个栏目侧重关注后疫情时代关于新冠疫情研究的各种学术成果或信息。截至2022年12月31日,网站共发布456篇文章和信息,相比去年同期增长51%。其中,“Commentaries”计10篇文章,相比去年同期增长25%;“Bibliographies”计280篇文章,相比去年同期增长76%;“News”计166篇信息,相比去年同期增长17%。

两年多来,英文网站紧跟国际形势发展,及时更新全球传染性疾病信息,对全球健康和全球治理相关学术研究成果进行持续、广泛、深入、及时的搜集和发布。目前网站运营顺利,并获得越来越多关注。与此同时,由于英文网站运营时间较短,仍需积累运营管理经验,进一步扩大宣传,进一步拓展影响力。

## 三、推动建设国际法专业期刊专门评价体系和标准

随着世界国际力量对比深刻调整、国际环境日趋复杂,单边主义、保护主义、霸权主义、强权政治对世界和平与发展威胁上升,国

际法研究和运用面临更加艰巨任务。习近平总书记高度重视国际法和涉外法治工作,明确指出要加强国际法研究和运用,提高涉外工作法治化水平。党的二十大报告强调,“统筹推进国内法治和涉外法治”,坚定维护“以国际法为基础的国际秩序”。教育部高度重视国际法学科建设,专门下发《教育部加强高校涉外法治人才培养工作方案》,要求“加强国际法学科建设和涉外法治人才培养,支持能够开展学位授权自主审核工作的高校探索设置相关一级学科”。

我国国际法专家学者,服务国家战略需求,积极发挥智库作用,为维护中国国家主权安全发展利益建言献策,作出了重要贡献。然而,国内现有学术环境已无法满足我国国际法学科的发展需求,突出表现为国际法学术平台处于弱势地位,国际法专业论文发表困难。综合类法学期刊出于国际法专业论文引用率和转载数据偏低的考量,近十年来不断大幅压缩国际法专业论文发表版面,某些综合类法学期刊甚至全年不发表一篇国际法专业论文。而国际法专业期刊,由于引用率远低于综合类法学期刊,在现有评价体系和标准下难以进入 C 刊来源期刊及其扩展版,进而难以吸引优质稿源,发展举步维艰。国际法学者发文困难的现状以及国际法专业期刊等学术平台的弱势地位,严重制约了我国的国际法学术研究、学科发展和人才培养。

鉴于上述情况,中国国际法学会于 2022 年 11 月向南京大学中国社会科学评价研究中心正式书面发函,“商请支持国际法学科与学术平台建设”,建议将国际法专业期刊从法学期刊评价大类中独立出来,针对国际法学科建立专门的评价体系和标准,兼顾评价的普遍性与特殊性,充分考虑国际法学科在服务国家主权安全发展大局、发挥智库作用等方面的特殊情况,为国际法专业期刊的发展提供良好环境,促进中国国际法学的发展繁荣,推动涉外工作法治化水平的提升,推进我国积极参与国际法治进程。2023 年,中国国际法学会将继续推进此项工作。

## 四、寄语2023

2022年是极不平静的一年。国际层面,乌克兰危机深刻影响世界格局,重构着冷战后的国际秩序;美国对中国持续发动的政治经济战,加剧了中美关系面临的挑战;世界经济通胀压力陡增,经济危机若隐若现;全球问题治理面临严重赤字。国内层面,中国共产党第二十次代表大会胜利召开,制定了今后一个时期党和国家的大政方针,描绘了以中国式现代化全面推进中华民族伟大复兴的宏伟蓝图。

2023年,是全面贯彻落实党的二十大精神的开局之年。党的二十大报告把"坚持全面依法治国,推进法治中国建设"列为专章阐释,明确强调要"统筹推进国内法治和涉外法治"。党的二十大报告还指出:中国始终坚持维护世界和平、促进共同发展的外交政策宗旨,致力于推动构建人类命运共同体;中国坚定奉行独立自主的和平外交政策,始终根据事情本身的是非曲直决定自己的立场和政策,维护国际关系基本准则,维护国际公平正义;中国坚持在和平共处五项原则基础上同各国发展友好合作,推动构建新型国际关系,深化拓展平等、开放、合作的全球伙伴关系,致力于扩大同各国利益的汇合点;中国坚持对外开放的基本国策,坚定奉行互利共赢的开放战略,不断以中国新发展为世界提供新机遇,推动建设开放型世界经济,更好惠及各国人民;中国积极参与全球治理体系改革和建设,践行共商共建共享的全球治理观,坚持真正的多边主义,推进国际关系民主化,推动全球治理朝着更加公正合理的方向发展。坚定维护以联合国为核心的国际体系、以国际法为基础的国际秩序、以联合国宪章宗旨和原则为基础的国际关系基本准则……

站在新起点,踏上新征程。路虽远,行则将至;事虽难,做则必成。2023年,中国国际法学会全体同仁将深入学习宣传贯彻党的二十大精神,立足祖国,胸怀天下,踔厉奋发,笃行不怠。努力加强国际法研究和运用,以专业所长,服务国家外交外事大局,捍卫国家主权安全发展利益,维护中国公民法人在海外合法权益,为全面建成社会主义现代化强国,实现第二个百年奋斗目标,推进中华民族伟大复兴贡献力量！为促进世界和平与发展事业,推动构建人类命运共同体,不断作出新的贡献！

# 世界卫生组织“大流行病公约”谈判进展

李　杰*

新冠疫情“大流行”暴露出全球公共卫生治理规范不足，各国公共卫生能力差距悬殊，各方应对疫情“大流行”的举措缺乏沟通协调，全球公共卫生治理体系亟待变革。在各方的积极推动下，2021 年 11 月世界卫生大会第二届特别会议决定设立一个政府间谈判机构（INB）负责起草和谈判世界卫生组织关于大流行预防、防范和应对的公约、协定或其他国际文书。2022 年，政府间谈判机构召开了三次正式会议，在听取各方意见的基础上形成了一份“概念零文件”。目前，INB 主席团正在根据各方反馈意见修改“概念零文件”。根据时间安排，2023 年 INB 将转入案文正式谈判阶段，将成立起草小组并召开多次会议，并将成果提交 2024 年第七十七届世界卫生大会审议。

## 一、背景情况

欧盟最先提出制定“大流行病公约”的概念，并一直积极推动相关工作。2020 年 11 月 20 日，欧洲理事会主席米歇尔在 G20 峰

* 现供职于外交部。

会前提出制定“大流行病公约”。12 月 3 日,米歇尔又在新冠疫情特别联大上再次建议制定“大流行病公约”。

2021 年 3 月,欧盟、英国、法国等国 25 位领导人联名发表文章,呼吁国际社会共同努力,制定一项关于大流行病防范和应对的国际条约,该倡议得到世界卫生组织积极响应。此后,英国、智利等牵头组成“大流行病公约”之友小组,组织各方对缔结“大流行病公约”进行讨论,并形成提交第七十四届世界卫生大会的关于“举行世界卫生大会特别会议审议制定世界卫生组织防范和应对大流行公约、协定或其他文书”的共识案文。

2021 年 5 月,第 74 届世界卫生大会通过了第 WHA74(16)号决议,决议主要内容包括:一是要求会员国工作组优先评估制定一项世界卫生组织防范和应对大流行病的公约、协定或其他国际文书的益处,并向世界卫生大会特别会议报告;二是要求总干事于 11 月召开世界卫生大会特别会议,仅审议一项议程,即参考上述会员国工作组报告,审议制定上述公约的益处,并研究建立政府间进程以开展起草、谈判工作;三是要求世界卫生组织执行委员会决定世界卫生大会特别会议的时间、地点和形式。

2021 年 11 月,世界卫生大会第二届特别会议通过第 SSA2(5)号决议,大会决定设立一个政府间谈判机构,负责起草和谈判世界卫生组织关于大流行预防、防范和应对的公约、协定或其他国际文书,以期根据《世界卫生组织组织法》(以下简称《组织法》)第 19 条[①]或政府间谈判机构认为合适的《组织法》其他条款予以通过。根据该决议,政府间谈判机构应在 2022 年 3 月 1 日前举行第一次会议以商定工作方式和时间表,在 2022 年 8 月 1 日前举行第二次会议讨论工作草案的进展情况。谈判机构将向 2023 年第七十六届世界卫生大会提交进展报告,并将结果提交 2024 年第七十

① 第 19 条:“卫生大会有权通过有关本组织职权范围内的任何公约或协定。通过此项公约或协定,须经卫生大会三分之二的多数票决定。经各个会员依照各该国立法程序予以接受后,此项公约或协定即可生效。”

七届世界卫生大会审议。

## 二、INB会议的总体情况

2022年2月,INB召开第一次会议及三次续会。会议选举了谈判机构主席团成员,审议通过了下步工作方法和时间安排。会议期间,主席团根据成员国建议,起草了“大流行病公约”大纲草案白皮书。各方同意将白皮书作为未来INB讨论的基础。根据白皮书,条约内容将涵盖大流行病防范、预防、应对和恢复等不同阶段,涉及公平性、治理和领导力、系统和工具以及筹资等不同技术领域的问题,如加强世界卫生组织领导作用、建立全球卫生应急筹资机制、赋予世界卫生组织调查疫情权力和疫情信息分享、旅行限制、病原体分享、生物安全、疫苗和其他防控工具的公平获取、技术转让和知识产权豁免、履约要求和情况审核等。

2022年7月,INB召开第二次会议。会议主要讨论了主席团根据INB第一次会议编写的工作草案,并讨论了未来国际文书拘束力等问题。本次会议讨论的工作草案包括引言,目标、原则和范围,一般义务,具体义务,体制安排和最后条款等六部分。工作草案仅说明了各条款可规定的内容并列举了相关要素,未规定条款具体内容。各方就条款要素发表了意见。大部分国家支持工作草案总体框架,有国家提出希望调整相关条款结构,体现未来国际文书与《国际卫生条例》(IHR)职能区分,并删减序言段,补充强化能力建设、保护脆弱人群内容等意见。会议还讨论了未来国际文书所依据的《组织法》条款等问题。

2022年12月,INB召开第三次会议。会议主要讨论了主席团起草的“概念零文件”,各方就“概念零文件”发表了意见,确定了起草小组的工作方式,并更新了INB后续会议的时间安排。各方普遍对“概念零文件”表示支持,同意主席团根据该稿和本次会议期间收到的意见编写正式的“零案文”作为INB第四次会议谈判的基础。各方普遍强调 INB 应与 IHR 修订工作加强协调,避免重复。发达国家和发展中国家就共同但有区别的责任原则存在较大分歧。发展中国家重点关注公平性、能力建设、融资等问题,强调应加强对发展中国家的支持。发达国家则强调信息分享、文件的约束性、虚假信息处理及体制机制等内容。

## 三、各方主要关切

### (一)关于未来国际文书与 IHR 的关系

多数国家表示应明确未来国际文书与 IHR 的关系,主席团应加强和 IHR 修订工作组的协调。有的国家表示未来国际文书应避免与 IHR 职能重合,有的国家则强调应明确未来国际文书的目标,根据不同领域重要程度明确大会讨论的优先点和重点。还有国家表示,未来国际文书所建立的机制应与世界卫生大会等机制做好协调,未来国际文书本身也需与现有其他国际文书相协调。

### (二)关于制定未来国际文书的依据

2021 年世界卫生大会第二届特别会议决定,INB 可根据《组织法》第 19 条或其他条款达成未来国际文书。根据该决定,INB 应在第二次会议确定所依据的《组织法》具体条款。《组织法》规定了三种类型的文书:一是根据第 19 条通过有法律拘束力的公约或协定;二是根据第 21 条通过有法律拘束力的规章;三是根据第 23 条通过不具法律拘束力的建议。

绝大多数成员国支持制定有拘束力的未来国际文书。部分国家支持根据《组织法》第 19 条制定国际条约或协定,部分国家可接受根据《组织法》第 19 条或第 21 条制定有法律拘束力的未来国际文书,但不接受根据第 23 条制定无法律拘束力的建议。还有国家强调,根据第 21 条制定条例可能生效更快。

经讨论,会议认为未来国际文书应具有法律拘束力,并同时包含有法律拘束力和无法律拘束力的条款;以《组织法》第19条为依据开展工作,但不排除考虑依据《组织法》第21条制定未来国际文书的可能性(即制定条例,《国际卫生条例》依该条制定);最终将交由世界卫生大会决定。

### (三)未来国际文书拟建立的监督机制

未来国际文书拟建立监督机制和评估审查机制,包括激励措施、提交定期报告、审查、同行评议等。各国对建立怎样的监督机制看法不一,主要观点包括:借鉴缔约方大会(COP)模式,但需明确各方权责;为中低收入国家的个人监督其本国提供支持;支持建立监督机制但不应与现有机制重合,且需经过充分讨论;使用强治理模式,通过问责和提交报告方式缩小各国卫生治理差距;成立国际法问责机制,通过外交和司法途径解决争端;监督机制的相关措施应坚持自愿性,强调国家主导和国家同意原则,避免侵入性机制;考虑到发展中国家能力不足问题,在采取相关监督措施时应充分考虑到这些情况,并为其提供广泛的支持。

### (四)关于公平

各方普遍强调公平的重要性,认为未来国际文书的各个部分都应充分体现公平性。发展中国家普遍强调应加强对其公共卫生能力建设的支持,强调义务应与国家能力相匹配。部分发达国家则强调,公平重要但不应采取过度行动影响供应链的运行,认为共同但有区别的责任原则不宜纳入未来国际文书。部分发展中国家则强调共同但有区别的责任是重要原则,应加以重视,不能删去。

### (五)关于信息共享及技术转让

一些国家表示,未来国际文书应有助于强化现有国际规则在公平、公正和及时的获取和惠益分享领域的有效性。另一些国家则表示,及时分享信息十分重要,可建立信息分享的激励机制。还有国家表示,单纯技术转让并不能为预防、防范和应对大流行病提供及时帮助,更重要的是应考虑如何提高相关国家本地化生产能力。部分发展中国家则表示应促进技术转让。

## 四、下一步工作

INB 计划根据第三次会议收到的意见编写“零案文”供第四次会议审议。INB 第四次会议将成立起草小组负责案文的起草和谈判工作。2023 年至 2024 年,INB 将举行多次会议谈判和磋商以形成共识案文,并提交 2024 年第 77 届世界卫生大会审议。

# 联合国和平利用外层空间委员会第六十五届会议简况

崔宏宇*

2022年6月1日至10日，联合国和平利用外层空间委员会（以下简称外空委）第六十五届会议以线上线下混合形式召开。会议全面盘点一年来各国航天活动及国际合作，深入讨论空间资源开发、外空活动长期可持续性、空间交通管理等外空治理议题，就航天活动服务可持续发展、应对气候变化挑战等广泛交流经验和看法。外交部、国家航天局等有关部门代表和专家学者组成的中国代表团视频与会。本次会议主要动向如下：

## 一、探月热潮为规则制定积蓄动能

《阿尔忒弥斯协议》（以下简称《协议》）签署国群体发力。美国将测试地月往返火箭系统和月球导航；日本月球着陆器将搭载阿联酋月球车落月；韩国、新西兰也将首发月球探测器，印度将第三次探月；俄罗斯也将执行苏联解体后首次探月任务，在月球南极采集月壤。

各国关注空间资源工作组将于2023年启动的规则磋商。美

* 现供职于外交部。

欧国家表示将就空间资源活动实践、现有国际规则等向工作组提交材料,为磋商提供参考。美国等《协议》签署国表示要提高《协议》的“普适性”,主张工作组成果适应不同商业模式,确保空间资源活动自由。德国、芬兰、奥地利等强调在外空委多边平台制定规则,但也认为应从促进技术进步和商业活动角度制定新规则。俄罗斯主张,空间资源除实物资源外,还应包括频率、轨位等非物质资源。伊朗、委内瑞拉等继续强调平等获取空间资源的权利,泰国表示希望加入《协议》,巴西虽已签署《协议》,但认为各国对《协议》接受度不同,制定新规则时应对协议内容有所取舍。

罗马尼亚及墨西哥建议外空委增加“可持续月球活动协调”新议题,就月球安全区、探月信息共享、月球环境保护等问题制定“全谱系”规则。会议最终决定推迟到明年外空委再决定是否设立该议题。

我国代表团在会上介绍“嫦娥”探月任务和中俄国际月球科研站进展及下步规划,主张应坚持以多边方式就空间资源活动制定规则,且不应偏离现有外空法基本原则和规则。

## 二、外空活动长期可持续性(LTS)热度不减

各国普遍认为,2019 年外空委通过的 21 条 LTS 准则是指导碎片减缓、航天器避碰、信息通报等活动的重要软法规则。英国积极推进与外空司合作的 LTS 能力建设项目,通过访谈等方式收集各国执行情况,并主张利用国际技术标准体系(ISO)配合 LTS 的执行。美国继续要求各国全面执行 LTS 准则。俄罗斯及众多欧洲国家通过制定立法、出台政策及培训班等方式推进执行。不少发展中国家表示重视准则执行,同时呼吁航天大国分享技术和经验。

对于将于 11 月举行的 LTS 二期工作组非正式磋商,不少国家表示将根据主席散发的问题单提交材料,期待通过磋商进一步明确工作组如何推进执行现有准则、制定新准则和能力建设这三

项任务。瑞士、伊朗等强调要制定新规则,应对巨型星座等挑战。俄罗斯要求继续谈判其此前提出的准则草案。我国代表团主张工作组应平衡推进三项授权,重视回应发展中国家能力建设和国际合作诉求。

## 三、空间活动安全受到高度关注

针对巨型星座和小卫星加剧空间碰撞风险,德国、荷兰等欧洲国家主张在外空委谈判制定多边条约,开展空间交通管理。美国、英国、日本推动就空间交通协调制定 ISO 技术标准。我国代表团强调巨型星座需要通过完善相关国际规则和国内监管予以治理,同时指出空间交通管理不应脱离现行外空法律制度。

美国 2021 年 11 月以“行星防御”名义测试以探测器撞击改变小行星轨迹,英国、日本继续推进碎片主动移除项目,伊朗等国认为相关技术和数据可能用于军事。

探月活动的活跃再度引发对核动力源安全问题的关注。美国提议在现有核动力源工作组之外成立专家组,制定必要新规则,并允许企业等非政府实体参加,德国、英国、巴西等支持。我国与俄罗斯强调规则制定应仅限政府代表,得到欧空局和法国支持。设立专家组问题将留待后续会议进一步讨论。

## 四、商业航天影响外空合作与治理格局

美国商业航天企业在国际上表现抢眼,SpaceX 已部署 2000 余颗“星链”互联网卫星,在俄乌冲突中为乌克兰提供通信服务,并为国际空间站运送航天员,为土耳其、孟加拉国等发射卫星。英国出台“国家太空战略”,扶持卫星星座及火箭发射企业深度融入国际商业航天产业链。荷兰、奥地利、新西兰、日本等制定关于商业航天的国内法。不少发展中国家也逐渐改变对商业航天的态

度,印度推行航天改革,从经济效益出发向商业航天开放市场。新加坡、菲律宾、印尼、马来西亚等东盟国家纷纷出台政策,期待借美欧商业力量发展航天。此外,美欧商业航天企业限于议事程序难以直接参与外空委规则谈判,但纷纷以游说本国政府、建立非政府组织、推动民间规则制定等方式,对政府间进程施加影响。

我国代表团在发言中介绍促进商业航天发展的国内政策,同时呼吁各国对商业航天参与军事活动加强有效监管,强调应根据既有程序规则处理商业实体对外空委的参与。

## 五、航天合作聚焦可持续发展和应对全球挑战两大主题

多数国家表示重视外空委谈判制定、联大通过的“空间 2030”议程,强调要推进议程框架下的国际合作,促进可持续发展。印尼、南非、伊拉克、委内瑞拉、尼日利亚等发展中国家期待通过国际合作促进导航应用、获取遥感数据,服务城市规划、灾害管理、农业生产、水资源管理等基本需求,助力实现减贫、就业等可持续发展目标。美欧等发达国家在应对气候变化、极地治理、智慧农业等前沿领域扩大空间技术应用,强调航天事业中的女性作用。会议还通过“关于外空与全球健康的决议草案”,建议运用空间技术应对全球健康挑战,将提交联大审议。

我国代表团通过发言和技术报告介绍我通过空间数据开放共享、北斗卫星导航系统应用等方式,向各国提供多样化合作机会,促进空间技术发挥经济社会效益,落实“空间 2030”议程。

此外,会议吸收乌兹别克斯坦和危地马拉为新成员,外空委总成员国上升到 102 个。

# 联合国和平利用外层空间委员会法律小组委员会第六十一届会议简况

王一凡*

2022年3月28日至4月8日,联合国和平利用外层空间委员会(以下简称外空委)法律小组第六十一届会议以线上线下混合形式召开,主要谈判制定空间资源开发工作组工作方案,审议了空间交通管理、小卫星活动、空间碎片等议题。外交部组团与会,驻维也纳代表团、国防科工局等主管单位及国内有关高校和科研机构派员参加。会议主要动向如下:

## 一、空间资源开发规则谈判即将进入实质性阶段

各国普遍认为,空间资源开发活动即将付诸实施,有关国际规则亟待明确。在此背景下,2021年6月法律小组会议成立空间资源工作组,主要任务是厘清现有国际规则并制定新规则。本届会议就有关问题激烈讨论,并谈判制定了工作组五年期工作计划。

美国和日本等主张对空间资源进行商业开发与《外空条约》"不得据为己有"原则并不冲突,合法性问题无需再讨论,要求就

---

* 现供职于外交部。

安全区、信息分享、环境保护、登月遗址保护等实施层面问题制定国际规则，并大力推广《阿尔忒弥斯协议》中有关规则。欧洲国家立场不同：意大利、卢森堡等与美立场接近；德国、奥地利、芬兰等一定程度维护“不得据为己有”等空间法原则，但也同意搁置合法性问题，先制定实施层面的规则。俄罗斯要求厘清空间资源定义，主张卫星频率、轨位等也属空间资源范畴。发展中国家主要强调空间资源开发的利益共享。我国代表团主张有关工作应循序渐进，在明确现行空间法内涵的前提下，再行开展新规则制定；工作组吸收非政府实体意见应避免过多过滥，影响工作效率。

根据商定的工作计划，工作组主席向各成员国征集信息，包括与空间资源开发相关的科技发展、实践活动及对相关规则的看法等，作为后续谈判基础；于2023年就厘清现有规则展开讨论，并筹备拟于2024年召开的面向政府和非政府实体的专题国际会议，包括确定讨论范围和议题等；于2025年开始讨论“初始建议原则”，即新规则，并最终于2027年形成一套新规则和关于现有规则讨论等情况的报告。

## 二、巨型卫星星座持续引发关注

美国太空探索技术公司（Space X）、英国一网（One Web）等私营企业建设的巨型卫星星座快速发展，持续受到各方关注。美国、日本等继续强调巨型星座的遥感、通信作用。德国、希腊、奥地利等欧盟国家认为卫星频率、轨位系有限自然资源，提倡通过国际规则约束巨型星座“野蛮生长”，但也认可此类星座积极作用，支持欧盟自主筹建Govsatcom通信星座。俄罗斯指责巨型星座所用小卫星离轨能力差，可能导致空间碎片数量增加、轨道安全风险上升。伊朗、印尼、智利等发展中国家对巨型星座挤占频轨资源、威胁各国互联网主权、影响天文观测等表达关切，同时也要求给小卫星宽松的发展环境，以便降低进入外空门槛。我国代表团主张在外空委框架下针对性讨论巨型星座的规管，加强规则约束。

“外空五项条约”工作组主席(德国籍)提出改进空间物体登记制度的数个方案,希通过加强登记应对巨型星座带来的挑战。有关方案均要求,在登记卫星本身参数的基础上,增加登记其所属星座信息,部分方案还提出将登记联络点从国家下放至私人运营商。会议未展开全面讨论,墨西哥等国表示原则支持,美国持保留态度。各方同意在工作组继续就此进行磋商。

## 三、空间交通管理热度不减

法、德、荷、奥等欧盟国家宣介欧盟空间交通管理立场文件,主张以此为基础制定一套全球性规则,从技术和法律层面加强空间物体信息汇总,并据此对外空环境进行综合治理。美国主要立足通过双边态势感知合作获取空间物体信息,并积极推动私人态势感知服务等产业发展。美国及不少欧洲国家还继续指责俄罗斯2021年反卫星试验产生大量空间碎片,强调空间交通管理的必要性。

俄罗斯不否定空间交通管理概念,强调其反卫星试验不违反空间碎片减缓准则等软法。伊朗等发展中国家对空间交通管理不持明确立场,但强调不应因此提升外空进入门槛。我国代表团指出空间交通管理应注重保障空间系统稳定有序运行,减少航天器间危险接近,相关规则制定应反映广泛共识。

## 四、发展中国家积极参与讨论

印尼在空间资源开发工作组多次提出照顾俄关切的妥协案文,体现“中立”姿态;菲律宾一面强调发展中国家利益,一面宣介其支持国外商业航天投资的立法和政策;智利、南非天文观测地理位置优越,要求巨型星座运营商采取措施,避免影响其天文观测产业;伊朗、委内瑞拉等坚持要求确保地球同步轨道资源公平分配,通过外空划界约束亚轨道飞行活动。

# 联合国私营军保公司工作组国际监管规则制定进程

伍　剑*

## 一、相关背景

近年来，跨国性私营军事保安公司数量不断增多，除开展人员保护、物资押运、场地安保等活动外，还参与武装冲突、管理战俘等国家军事职能类型活动，甚至出现违法犯罪、侵害人权的恶劣行径。加强对私营军保公司有效监管、追究其违法犯罪行为责任问题引起国际社会进一步重视。

现有规范私营军保公司活动的国际规则主要是《武装冲突期间各国关于私营军事和安保服务公司营业的相关国际法律义务和良好惯例》（以下简称《蒙特勒文件》）和《私营安保服务供应商国际行为准则》两份自律性文件。其中《蒙特勒文件》由瑞士政府和红十字国际委员会共同发起，经包括中国在内的部分国家法律专家参与讨论，于2008年9月通过，主要梳理了与私营军保公司监管相关的国际法规则和良好惯例，为各国及企业提供指引。《私营安保服务供应商国际行为准则》由瑞士政府协助一些私营安保公司在《蒙特勒文件》基础上制定，供企业自愿参与、承诺在经营中

---

* 曾作为中国代表团成员参加有关会议。

遵守国际人道法和人权法规则。

上述两份文件在促进私营军保公司遵守国际人道法和人权法方面发挥积极作用,但均无法律约束力。一些私营军保公司的主要活动国(主要是发展中国家)认为其无法满足监管需求,且主要由少数发达国家主导制定,发展中国家未能广泛参与,有必要通过相应政府间进程,由各国共同参与,形成统一有法律约束力的国际监管机制和规则体系。正是在此背景下,国际社会开始在联合国人权理事会框架内就私营军保公司监管规则制定问题展开讨论。

## 二、联合国私营军保公司工作组成立以来的主要工作

在发展中国家大力推动下,联合国人权理事会于 2010 年 10 月通过第 15/26 号决议,决定设立一个不限成员名额的政府间工作组,就私营军保公司国际监管规则框架制定问题进行讨论。

工作组成立后,先后召开六次会议,就是否以及如何制定关于监管私营军保公司活动国际框架问题进行了深入讨论,包括现行国际法和惯例、各国国内法和政策、私营军保公司侵犯人权行为的追责问题、如何有效援助和救济受害者、建立国际监管框架的可能性、对海上私营安保活动进行监管的特殊性等。2017 年工作组在任期结束前,向人权理事会提交了其工作成果,即私营军保公司国际监管框架要素讨论文件。这一阶段虽未实现制定国际监管规则的目标,但为后续开启实质讨论打下基础。

2017 年 9 月,经反复磋商,各方同意由人权理事会授权成立新一届私营军保公司政府间工作组,在“不预判框架法律性质”的前提下,开启相关国际规则内容的磋商,授权至 2023 年。2019 年新工作组召开第一次会议,主要基于前六届会议通过的讨论文件,讨论了国际监管规则应纳入的要素。2021 年新工作组召开第二次会议,决定由主席结合此前历届会议讨论情况,在不预设法律性

质前提下,起草私营军保公司监管规则“零草案”供各方讨论。2022 年 5 月,工作组第三次会议就主席提交的“零草案”进行初步讨论,在草案法律约束力、定义、立法义务、监管责任划分等核心问题上表达不同观点,显示出仍存在较大分歧,但未及深入讨论。工作组主席拟根据各方在此次会议上的意见修订形成第二版草案,提交 2023 年工作组第四次会议讨论。

中国派代表团参加了工作组框架下的历次会议,本着建设性态度,呼应发展中国家加强监管的诉求,支持达成相对平衡合理的监管规则。

## 三、工作组当前讨论的主要法律问题

### (一)是否制定有法律约束力的国际监管规则

该问题一直是工作组内的分歧焦点,迄今无一致意见。作为私营军保公司的主要运营和使用国,美欧发达国家为了维护企业运营空间、避免增加自身监管义务,更倾向于继续加强自律性监管,不支持制定有法律约束力的国际规则。这些国家在讨论过程中着重强调私营军保公司并非在“法律真空”中开展活动,现有国际法和国内法足以解决相关问题,《蒙特勒文件》和《私营安保服务供应商国际行为准则》等运行状况良好,呼吁更多国家企业加入并采取落实举措,也可通过制定指导原则、国际参考标准等多种模式规范监管私营军保公司活动。

南非、巴拿马、厄瓜多尔、伊朗、伊拉克等国则坚持认为,仅靠自律性监管无法实现有效问责并对受害人提供有效救济,应制定有约束力的国际规则,并需要企业国籍国等各国政府切实承担起监管责任。

除国家以外,部分重视人权的非政府组织积极参与工作组讨论,力求对规则制定施加影响,它们总体上支持制定有法律约束力草案。例如,国际法学家协会、联合国人权理事会框架下雇佣军问题工作组、跨国公司与人权问题工作组等均积极呼吁进一步加强监管,并在案文讨论中力主拓宽监管范围和强化监管力度。

### (二)私营军保公司定义

定义问题的难点在于,既要充分考虑实践中私营军保公司名称各异、业务宽泛,需尽可能将有必要受到监管的企业纳入,又要适度平衡,避免定义过宽,为政府和企业增加不必要的负担。因此,目前工作组仍未就定义问题达成一致。

2022 年工作组会议上,各方初步同意使用“私营军事和/或安保公司”(Private Military and/or Security Company)的表述,以体现实践中军事类、安保类企业存在较大差异,监管上亦应有所区分,对军事类企业适用更加严格的规则。与此同时,对于是以公司性质还是服务内容作为区分监管的标准仍有不同观点。有观点认为应以公司性质为标准,还有意见认为公司性质难以判定,以其所提供的服务内容为准区分监管更易操作。这一问题将直接影响监管力度和不同类型企业承担的相应责任范围,后续还将受到关注。

### (三)各类监管主体的责任界定

基于此前会议共识,各方原则同意监管规则应包括公司雇佣国、领土国、登记国和公司人员国籍国等不同监管主体的责任。不同主体间的责任如何划分与各国直接相关,也是监管规则最重要的组成部分。

工作组主席提交的“零草案”采取了“先总后分”的方法,先列举了各国均应承担的共同和一般性责任,如确保私营军保公司遵守国际人道法和人权法,在国内法中将私营军保公司有关行为规定为犯罪,建立本国私营军保服务进出口和武器规管制度等。在此基础上,分类规定各国作为雇佣国、国籍国等不同类型监管主体时的特殊责任,如雇佣国应确保所雇公司具有合法资质,国籍国应立法管制私营军保公司招募其公民到国外提供服务等。会议讨论中各方总体认可这种方法，但认为有必要从可操作性等角度出发，进一步研究相关具体条款。

### (四)管辖罪名及管辖权

"零草案"要求各国确保对私营军保公司犯罪进行问责，但未列出应管辖问责的罪名，而是使用了"违反国际人道法、人权法的行为"的原则表述。讨论中有观点认为，这一表述太过概括，宜通过列举明确管辖罪名。草案还列举了各国行使管辖权的依据，明确各国可基于属地、属人、保护等原则进行管辖。值得注意的是，草案管辖权条款提出，各国可对私营军保公司发生在本国领土范围外，包括公海上的国际罪行行使管辖权。对此，有观点认为需要澄清该表述不涉及复杂敏感、尚有较大争议的普遍管辖权问题。

## 四、工作组下步计划

工作组第四次会议预计于 2023 年 4 月召开，将讨论基于 2022 年会议意见修改形成的草案。同时，2023 年为工作组任期最后一年，下步工作如何推进、是否继续延期工作组授权等问题也将是会议讨论重点。

# 《联合国打击跨国有组织犯罪公约》第十一届缔约方会议简况

董　优　舒梦瑶*

2022 年 10 月 17 日至 21 日,《联合国打击跨国有组织犯罪公约》(以下简称《公约》)第十一届缔约方会议以线上线下混合方式举行。130 多个缔约国及国际组织代表团与会。联合国毒罪办执行主任瓦利、基里巴斯总统马茂在开幕式致辞。

## 一、总体情况

本次会议是《公约》履约审议机制启动运行后的首届缔约方会议。各方充分肯定《公约》在加强打击跨国犯罪合作方面的重要作用,积极介绍本国履约举措及实践,并重点就《公约》及其议定书的实施、新型犯罪、国际合作及技术援助等议题展开讨论,并通过了打击贩运人口、贩运枪支及保护文化财产等 6 项决议。

中国代表团积极参与各项议程讨论,全面宣介立场主张。外交部境外追逃及国际执法合作特别协调员张坚在一般性辩论上表示,中国始终是世界和平的建设者、国际秩序的维护者和公共产品的提供者。面对当今各种安全挑战,习近平主席提出全球安全倡

* 现供职于外交部。

议,呼吁国际社会做到“六个坚持”,为弥补人类和平赤字贡献了中国智慧,为应对国际安全挑战提供了中国方案。王毅国务委员兼外长在联大宣布中国已决定启动《公约》的《关于打击非法制造和贩运枪支及其零部件和弹药的补充议定书》(以下简称《枪支议定书》)的国内批准程序,这是中方积极落实全球安全倡议的重要举措,体现了中方对《公约》和《枪支议定书》的支持。中方愿与各方一道,携手预防和打击跨国有组织犯罪,推动构建人类命运共同体。

## 二、主要特点

### (一)加强国际合作的共识稳固

各方普遍认为,全球新冠肺炎疫情加剧跨国犯罪,环境犯罪、网络犯罪等新型犯罪带来严重危害。《公约》及其议定书作为打击跨国犯罪领域主要多边平台,为加强国际合作提供了坚实法律基础,顺应了国际社会打击跨国犯罪的共同意愿,各方均应坚持多边主义,共同致力于《公约》及其议定书履约,以携手应对挑战。在此基础上,中国代表团积极倡导真正的多边主义,并会同立场相近国家推动将加强打击各类犯罪国际合作内容写入相关决议。

### (二)各类新型犯罪备受关注

一是随着气候变化、环境保护、粮食安全等全球性议题向执法司法领域投射,涉及自然资源、野生动植物、环境及渔业等新型环境类跨国犯罪问题逐渐成为国际社会关注热点。二是新冠疫情催生数字经济发展,涉互联网犯罪也不断增多。各方高度重视通过电子途径开展送达取证等刑事司法协助合作,呼吁更广泛运用电子技术便捷高效传输刑事协助请求。三是各方亦普遍关注涉疫犯罪、涉文化财产犯罪,呼吁加强国际合作以有效应对相关犯罪增长问题。

## 三、具 体 议 题

### (一)关于《公约》及其议定书实施和履约审议机制

《公约》秘书处介绍履约审议进展情况,表示受疫情和缺乏翻译资源的影响,各国提名履约审议联络人及政府专家程序推进缓慢,履约审议进程迟滞。各方均肯定履约审议机制的重要意义,介绍本国履约实践,并感谢秘书处所作的努力。一些国家表示,非政府组织参与履约审议机制极其重要,应鼓励民间社会广泛参与履约审议机制讨论,以更大的包容性支持其参加建设性对话。一些国家则强调应帮助各国加强履约能力建设,特别是向发展中国家提供援助。

中国代表团表示,中国政府高度重视打击跨国犯罪,在《公约》框架下与各缔约国开展了形式多样、富有成效的合作。中方充分肯定并积极推进相关履约审议工作,希望各方坚持履约审议机制政府间进程性质、主权平等与不干涉内政、非政治化、非对抗性、不搞排名等重要原则,确保履约审议机制健康持续运作。

### (二)关于应对新型跨国犯罪

各方普遍认为,新冠肺炎疫情给应对跨国犯罪带来全新挑战,由跨国犯罪导致的非传统安全威胁日益影响全球安全和发展。跨国犯罪集团运用网络工具及电子技术进行洗钱、人口贩运、贩卖假药及毒品、走私珍贵野生动植物、走私文化财产等,各国应加强合作,开展联合调查。网络犯罪仍是焦点,各方均肯定《联合国打击网络犯罪公约》特委会取得的积极成果,期待特委会主席尽快提出案文进行更加深入的讨论。一些国家呼吁注意网络犯罪背后利益链条,以便从产业链、供应链和资金链等方面入手摸清上下游关联犯罪。一些国家表示环境犯罪带来严重危害,非法采矿、捕鱼、动植物贩运等与洗钱及腐败存在关联,国际社会应加强信息分享与联合调查。一些国家认为文化财产犯罪破坏当地文化资源,呼吁立即采取行动返还被盗文化财产。

中国代表团表示跨国有组织犯罪呈现新趋势、新挑战。面对环境犯罪、网络犯罪等更多非传统安全挑战,没有哪个国家能独善其身,也不能让任何国家成为世界孤岛,各国应加强合作,共同应对。

### (三)关于国际合作

各方普遍认可加强打击跨国犯罪国际合作的重要性。多数国家呼吁加强将《公约》作为开展引渡和司法协助合作的法律基础,提高中央机关合作效率,更广泛地运用电子方式传递司法协助请求。一些国家表示,应充分交流有益经验,增强区域性执法司法合作能力,利用联合国毒罪办法律信息数据库等工具增强各国中央机关能力。还有国家指出国际合作要在尊重各国主权和领土完整的前提下开展,不能违反《联合国宪章》规定。

中国代表团介绍我国实践与成效,表示各国应在充分尊重主权、不干涉内政等基础上,摒弃制度偏见,不附加政治条件,努力克服法律制度的差异,大力推进在公约框架下的合作和谈判缔结有关双边条约。

### (四)关于技术援助

多数国家呼吁加强对发展中国家的技术援助。一些国家表示不应忽视民间社会力量在帮助进行能力建设方面的积极作用。中国代表团重申协助发展中国家加强能力建设不应附加前提条件。援助方在向受援国提供技术援助时,应当以后者的需要和优先事项为依据,并进一步加强援助方与受援国之间的对话协调机制。

# 海牙国际私法会议管辖权项目第二次工作组会议情况

吴　琼　朱容征*

2022年2月14日至18日,海牙国际私法会议(HCCH)视频举行“管辖权项目”第二次工作组会议,包括中国在内的27个HCCH成员及2个观察员组织的60余名代表与会。本次会议在2021年10月第一次工作组会基础上,继续就平行诉讼问题讨论制定法律文书,即相同当事人就同一诉讼标的向不同国家法院起诉时,有关国家法院应如何处理。工作组较第一次会议取得一定进展,但对多数问题仍未形成具体规则,留待后续讨论。会议主要问题和讨论情况如下:

## 一、平行诉讼的定义

法律文书草案将平行诉讼定义为“相同当事人就[同一诉讼标的]在不同[缔约]国家法院进行的民商事诉讼”。该定义借鉴了HCCH 2019年7月通过的《承认与执行外国民商事判决公约》(以下简称《判决公约》)的相关条款。

---

* 现供职于外交部。

### (一)关于“同一诉讼标的”的表述

部分代表表示无法理解“同一诉讼标的”含义,建议改用“相同事实”(same set of operative fact)的表述。多数代表支持采用“同一诉讼标的”,理由是基于相同事实的诉讼可能会有不同的诉讼请求,如采用“相同事实”将扩大平行诉讼的范围。工作组决定暂时使用“同一诉讼标的”的表述,待具体规则确定后再讨论定义问题。

### (二)关于定义是否需纳入判决的承认与执行因素

工作组主席提出,是否需在上述定义基础上增加规定,如果承认与执行另一国法院判决将导致本国法院诉讼程序终止,则该诉讼属于平行诉讼。多位代表提出,诉讼中一国法院可能无法过早地准确评估对另一国法院判决的承认与执行问题,难以判断相关诉讼是否属于平行诉讼、是否适用本法律文书,因此不应纳入此项判断因素。因此,工作组决定不纳入该项因素。

### (三)关于本法律文书是否应仅适用于缔约国之间

多数代表同意本法律文书应仅适用于缔约国之间,有代表提出应进一步考虑如何处理发生在缔约国与非缔约国法院间的平行诉讼。工作组同意现阶段重点讨论缔约国法院之间的平行诉讼问题,如有必要,此后再讨论涉及非缔约国法院的平行诉讼问题。

## 二、适用范围

### (一)关于本法律文书与《选择法院协议公约》等的关系

《选择法院协议公约》规定了在当事人缔结排他性选择法院协议的情形下,如何处理平行诉讼问题。工作组认为,本法律文书与《选择法院协议公约》在适用范围上不应重叠,对于不适用《选择法院协议公约》的其他类型的选择法院协议,应在本法律文书中予以解决,这一问题留待后续讨论。

HCCH 常设局介绍,考虑到有的国际条约涉及对特定事项的直接管辖权和平行诉讼问题,例如,联合国人权理事会设立工作组谈判的跨国公司及其他工商业企业与人权问题法律文书,其中涉及司法管辖权问题,本法律文书可能需要排除适用于这些特定事项,目前正在对相关国际条约开展研究。

### (二)关于国内专属管辖事项是否排除适用本法律文书

法律文书草案列举了平行诉讼规则排除适用的事项范围,其中一项为"涉及一个或多个缔约国国内法规定的由本国法院专属管辖的事项"。有代表提出,如将国内专属管辖作为排除事项,缔约国可能单方面扩大本国专属管辖权,缩小根据本法律文书所应承担的义务范围,因此应当删去该项;建议参照《选择法院协议公约》《判决公约》等规定的声明机制,缔约国可对其国内专属管辖事项声明排除适用本法律文书。个别代表强调应尊重国内法规定的专属管辖,建议将规定声明机制和作为排除事项均列为备选项。工作组决定暂时不将国内专属管辖列为排除事项,参照《判决公约》草拟了声明条款,日后将进一步讨论。

## 三、管辖权规则

### (一)管辖权规则的作用

工作组原则同意以管辖权(jurisdiction)或连接点(connections)[还有代表主张使用优先性(priority)的表述,工作组尚未就有关措辞达成一致,为便于表述,以下统称管辖权]作为平行诉讼的处理原则,即原则上根据本法律文书有管辖权的法院在一定程度上优先于没有管辖权的法院。工作组同意,管辖权的类别和内容可能会根据平行诉讼的具体规则发生变化、有待进一步讨论制定,且制定时应审慎考虑,确保管辖权的充分性。

### (二)"专属"管辖权(exclusive connections)

即如果平行诉讼中的一个法院符合本法律文书规定的"专属"管辖权,则由该法院继续审理,其他法院应中止审理或驳回诉讼。工作组认为,在不动产物权诉讼中,不动产所在地即符合该"专属"管辖权,并参照《判决公约》第 6 条在本法律文书作出规定。

工作组还探讨了扩大"专属"管辖权的可能性,例如,将《判决公约》第 5 条第 3 款规定的不动产居住租赁(residential lease of immovable property)、不动产登记(registration of immovable property)也包括在内。部分代表原则支持,有代表表示一些"专属"管辖权可能会规定在本法律文书排除事项条款中,建议后续讨论。工作组认为应当谨慎处理"专属"管辖权内容,对规定在排除事项或"专属"管辖权条款留待进一步讨论。

### (三)"优先"管辖权(priority connections)

有代表建议将当事人意思自治作为"优先"管辖权,即平行诉讼所涉法院虽根据本法律文书均有管辖权,但符合以下情形之一即"优先"管辖权的法院继续审理,其他法院中止审理或驳回案件:第一,被告在诉讼中明示同意法院管辖权;第二,被告在一国法院就实体问题进行了答辩,并且在该国法律规定的期限内没有对管辖权提出异议,除非根据该国法律对管辖权或者行使管辖权提出反对是明显不会成功的。其他代表初步认为第一项情形可以接受,第二项情形可能更多涉及事实判断,因而较难实现。工作组决定日后进一步讨论"优先"管辖权的具体内容。

### (四)“过度”管辖权(exorbitant jurisdiction)或“较弱”管辖权(weaker connections)

即缔约国不得在特定情形下根据国内法行使管辖。有代表建议将措辞改为“反向优先规则”(negative priority rule),即平行诉讼所涉法院根据本法律文书均无管辖权时,其中一个法院的管辖权符合本法律文书中的“反向优先管辖权”(实际上是“过度”管辖权),则其他法院继续审理,该法院应中止审理或驳回案件。工作组未就此达成共识,留待日后讨论。

## 四、平行诉讼的基础规则

工作组讨论了处理平行诉讼问题的基本步骤,虽未就此达成一致,日后将以此为基础继续讨论并制定具体规则:

1. 平行诉讼所涉法院根据本法律文书判定本法院及其他法院是否具有管辖权。

2. 如果其中一个法院有“专属”管辖权,则该法院继续审理,其他法院中止审理或驳回诉讼。

3. 如果所有法院都没有“专属”管辖权,判定有几个法院符合本法律文书规定的管辖权,分为三种情况:

第一,只有一个法院根据本法律文书有管辖权。原则上应由该法院继续审理,其他法院应当中止审理或者驳回诉讼。有代表提出,如果有管辖权的法院未在合理时间内行使管辖,应在法律文书中规定“保障措施”处理这一情形。工作组后续将讨论保障措施的形式、合理时间等细节问题。

第二,所有法院根据本法律文书都没有管辖权。各个法院可根据其国内法继续审理或者中止诉讼。工作组将进一步讨论反向优先规则。

第三,两个或更多法院根据本法律文书有管辖权。如其中有法院有“优先”管辖权，则该法院继续审理，其他法院中止审理或驳回诉讼；在所有法院都没有“优先”管辖权的情况下应当如何处理，工作组对此未能达成共识，将留待后续讨论。有代表建议结合“更适合法院原则”和“先受理原则”，提出以下方案：平行诉讼所涉法院都要根据本法律文书规定的特定标准判断哪个法院更适合审理，如果判断一致则由该更适合法院审理，其他法院中止审理或驳回诉讼；如果所有法院均同意继续平行诉讼符合公正和效率，则各法院应继续审理；如果判断不一致，或者所有法院均认为本法院为更适合法院，原则上先受理法院继续审理，其他法院应中止审理，例外情况可包括：公共政策、主权安全考虑，各法院先后受理时间间隔非常短，后受理法院不可能承认或执行先受理法院所作判决，后受理法院根据其国内法对案件有专属管辖权，滥用程序或非法诉讼策略，先受理法院未在合理时间内开始程序等。另有代表主张应以“先受理原则”为基础，即原则上应由在先受理的法院继续审理，除非后受理的法院明显更适合审理，以此保障法律的确定性和可预期性。

## 五、法院受理的时限问题

在平行诉讼中，如果其他法院没有在合理期限内开始诉讼程序，是否应赋予先受理法院优先性，工作组存在分歧，未来将继续讨论包括“受理”定义在内的相关问题。主要涉及以下两类情况：

第一，先受理法院已作出判决但其上级法院仍在审理，此时其他法院开始诉讼程序。一些代表认为此类情况不属于平行诉讼，建议本法律文书不予规定；有些代表则表示，如果上级法院仍在审理案件，一审法院判决就不具有既判力，本法律文书应处理此类情况，可考虑赋予先受理法院“优先”管辖权，或就此制定单独条款。

第二，先受理法院已经开始诉讼程序一段时间后，其他法院才开始诉讼程序。有代表建议可以将此种情形纳入更适合法院的判定因素,另有代表建议赋予先受理法院“优先”管辖权,或就此制订单独条款。

## 六、建立合作沟通机制

工作组讨论了在缔约国之间就判定更适合法院问题建立合作沟通机制的必要性和考虑因素,认为有必要考虑建立自愿性、不具有约束力的合作沟通机制,但未来需进一步讨论该机制的细节和运作问题,具体包括:第一,在沟通途径上,是缔约国中央机关沟通,还是各相关法院直接沟通;第二,在发起方式上,沟通是由法院依职权发起,还是依当事人申请发起;第三,有代表提出,各国之间沟通可能存在语言障碍,建立合作沟通机制应考虑该因素;第四,多国代表强调,如本法律文书建立合作沟通机制,必须充分尊重各国主权、司法机关独立审判权和当事人的程序性权利;第五,一些代表强调,判定更适合法院的时限应尽可能短,可考虑在相关法院沟通后的 60 ~ 90 日内。

## 七、下 步 工 作

工作组建议,为继续讨论制定规则,请 HCCH 常设局在 HCCH 2023 年总务与政策理事会会议前,适时组织召开两次工作组会,倾向于召开线下会议,如条件允许可视情增开一次会议。该建议已获 2022 年 3 月总务与政策理事会会议通过。

# 海牙国际私法会议管辖权项目第三次工作组会议情况

吴　琼　朱容征*

2022年9月19日至23日,海牙国际私法会议(HCCH)以线上线下相结合方式举行“管辖权项目”第三次工作组会议,进一步就平行诉讼问题讨论制定法律文书。包括中国在内的24个HCCH成员及2个观察员的60余名代表与会。工作组对绝大多数问题议而未决,并拟于2023年2月召开第四次会议,虽有公约草案作为后续讨论的基础,但制定具体规则仍需弥合大量分歧。本次会议主要问题和讨论情况如下:

## 一、管辖权规则

### (一)关于讨论基础

第二次工作组会形成的公约草案第9条参考2019年《承认与执行外国民商事判决公约》(以下简称《判决公约》)第5条和第6条,将被告惯常居住地、合同义务履行地等作为判断一国法院根据本公约是否具有管辖权的依据。工作组成员普遍认为,《判决公

* 现供职于外交部。

约》的两个条款是讨论制定本公约管辖权依据的良好起点,并认可保持两项公约协调一致的重要性。部分代表提出,考虑到两公约目的不同,应避免完全照搬《判决公约》所列依据,需作出修改。多数代表则强调,本公约应与《判决公约》保持协调一致,这有利于鼓励各国加入两公约;在制定本公约时,除非有充分理由,否则对删除《判决公约》所列依据应持谨慎态度。

### (二)关于"反向"管辖权(non-priority jurisdiction)

即如缔约国法院在本公约规定的特定情形下根据其国内法行使管辖权,其应中止诉讼。有代表建议在公约中规定此类管辖权,依据包括原告国籍、原告在该国有住所、惯常或临时住所或在该国出现、在该国向被告送达文书等。多位代表反对规定"反向"管辖权。工作组决定暂不将该条款纳入公约草案。

## 二、更适合法院的考虑因素

公约草案第 10 条列举了判定更适合法院的考虑因素,包括法院与诉讼之间的联系强度、当事人的诉讼负担、诉讼时效等 9 项因素。

关于是否以现有草案为讨论基础,部分代表认为现有草案过于冗杂,另起炉灶提出"分层式"(cascade approach)判断法,即第一步比较三项因素,包括诉讼相关方在各法院参加诉讼的难度、某一法院针对相关争议作出更全面判决的可行性、各法院审理进展;如经第一步比较未能决定更适合法院,则第二步进一步比较两项因素,包括某一法院相较于另一法院造成延迟审理的可能性、由特定国家解决相关争议所承担公共费用和负担的公平性。大部分代表认为现有草案所列因素更具指导性,支持以现有草案作为讨论基础。

关于所列因素是穷尽还是开放的,工作组同意在假设法院必须考虑草案列举的所有因素的前提下开展讨论,先逐条考虑所列因素,后续再考虑清单是穷尽或开放的。

工作组对草案所列因素进行了逐项讨论:

1. 第 10 条(a)款:受理案件的每个法院与当事人和诉讼之间的相对联系强度(relative strength of connection)

工作组对是否保留该因素存在分歧。一些代表主张保留,指出该因素在适用更适合法院原则的实践中具有重要作用,例如,避免当事人任意挑选法院(forum shopping)。一些代表则指出,草案第 9 条管辖权规则旨在判定法院与诉讼的“联系强度”,第 10 条似无必要重复规定,且“相对”一词会导致该因素难以强制适用。

为避免该款的“connection”与第 9 条“管辖权”(connection)的措辞相同而引起疑义,工作组讨论了修改方法,但未达成一致。部分代表建议将该款表述修改为“适当司法管理”(proper administration of justice),以便更好概括该因素的含义。

工作组决定日后进一步讨论该因素,主席并建议在闭会期间开展相关研究。

2. 第 10 条(b)款:存在非排他性选择法院协议

工作组一致认为,应尊重当事人在选择法院方面的意愿,本公约不应支持违反协议的行为。

有代表提出,鉴于本公约只涉及非排他性选择法院协议,应区别对待不同类型的非排他性选择法院协议(如非对称选择法院协议),该区别亦将对适用该款判定更适合法院产生影响;同时,还应考虑被告同意参与诉讼的程度。一些代表认为,草案第 9 条管辖权规则已将当事人意思自治作为“优先”管辖权,没有必要在更适合法院的判断中再次列出该因素。个别代表还建议可以制定单独条款规定该问题。

工作组决定在日后讨论草案第 9 条后再重新讨论该因素。

3. 第 10 条(c)款:当事人的诉讼负担,特别是其惯常居住地

工作组原则同意将该项作为更适合法院的判断因素。工作组

成员一致认为,“惯常居住地”应当作为一项客观标准,平行诉讼中的各法院均应考虑该因素。

工作组同意进一步完善具体措辞,主席鼓励在闭会期间就此开展工作。

4. 第10条(d)款:证据(包括文件和证人)的性质和所在地,获取该证据的难易程度和程序,包括采取强制措施让证人出庭和提供证据的费用

工作组认可该因素的重要性,但对于应在公约案文中规定还是在解释性报告中具体说明意见不一。部分代表表示其法官不熟悉不方便法院原则,如未来公约仅就总体原则作出抽象规定而不提供详细指导规则,法官将很难适用公约。

有代表强调,应充分考虑电子证据或视频取证对适用该款产生的重要影响。另有代表指出在某些情况下收集证据确实存在困难,应保障法官在这些情况下的自由裁量权。

工作组决定日后进一步讨论该问题,主席鼓励在闭会期间就此开展工作。

5. 第10条(e)款:准据法

工作组对于是否保留该因素存在分歧。有些代表以法官面临实际困难为由主张删除该因素,因为该因素要求法官在判定更适合法院之前考虑准据法问题,这可能涉及对外国法冲突规范的分析,且各国准据法规则不同,在国际层面进行准据法的分析可能很耗时、难以操作。多位代表支持保留该因素,认为准据法是适用不方便法院原则的重要因素。有代表指出,《判决公约》第5(1)(g)条亦提及合同适用的法律。一些代表还表示,准据法问题虽然重要,但并非决定性因素,可以在实践中整体考虑。

工作组决定日后进一步讨论该问题,主席鼓励在闭会期间就此开展工作。

6. 第10条(f)款:适用的诉讼时效或期限

工作组原则同意该因素对于获得司法救济的重要性,但对于

是否应将该因素列入公约草案存在分歧。一些代表指出,如果要列入适用的诉讼时效或期限,应明确相关时限的长度。有代表建议在“平行诉讼”的定义中处理时效和期限问题。

还有代表提出,如保留该款,应避免当事人利用该因素拖延诉讼。有代表强调,公约的主要目的是解决平行诉讼问题,而非保障诉诸司法。另有代表认为这些是政策性问题,超出了工作组的授权。

工作组同意日后进一步讨论该问题,主席鼓励在闭会期间就此开展工作。

7. 第 10 条(g)款:法院的诉讼阶段

工作组原则同意将该条作为更适合法院的考虑因素,但需进一步完善措辞,并考虑诉讼阶段与确定更适合法院之间的联系、法院是否需要就诉讼阶段作出决定等问题。

8. 第 10 条(h)款:判决获得承认和执行的可能性

工作组认可该因素的重要性,并应考虑承认和执行的区别,但对于是否应当作为判定更适合法院的考虑因素意见不一。一些代表主张删除,理由是公约目的是减少平行诉讼,而不是处理判决的承认和执行。一些代表主张保留,认为该因素并不要求法院深入分析判决的承认与执行问题,只需进行初步分析以确定更适合法院。还有代表强调,如果承认和执行程序冗长,该因素可能有失公平,因此应考虑就此规定明确的时间。

有代表提出,应明确该因素要求的考虑范围,即一国法院只需考虑本国承认和执行相关判决的可能性,还是也需考虑相关判决在其他国家法院获得承认和执行的可能性。部分代表认为,法院只需评估本国承认和执行相关判决的可能性,无需考虑在其他国家承认和执行相关判决的可能。工作组一致认为,无法穷尽考虑判决在所有可能的国家的承认和执行问题。主席建议,该条措辞应进行修改,将范围明确限定在本国法院承认和执行相关判决。

部分代表提出案文建议将该项表述为,“一缔约国法院根据

《判决公约》或者包括其他可能适用的国际文书在内的国内法,承认和执行(如适用)另一法院所作判决的可能性”。上述代表解释,该项仅考虑平行诉讼的相关法院承认和执行判决的可能性,提及《判决公约》有助于本公约与之协调一致。其他代表提出,考虑到有的国家承认和执行外国判决是建立在互惠、逐案的基础上,不宜提及《判决公约》等国际文书。各方未能就此达成一致。

工作组决定日后进一步讨论该问题,主席并建议支持纳入该因素的工作组成员完善案文。

9. 第 10 条(i)款:由特定国家公众承担诉讼的公共费用和负担的公平性

工作组对于是否纳入这一因素存在分歧。一些代表支持纳入该因素,认为该因素涉及案件管理和程序,在其国家起着指导性作用。多位代表强调,该问题涉及国家财政资源的分配,不宜由另一国法院考虑。

工作组决定在第四次会议进一步讨论该问题。主席鼓励工作组成员在闭会期间进行沟通。

10. 其他因素

一些代表建议增加“主权或安全利益”作为更适合法院的考虑因素。还有代表建议增加“当事各方在诉诸司法方面的利益”“先受理法院”“各法院可以全面解决争端的能力”“适用于具体案件的任何其他因素”等,本次会议未及展开讨论。

## 三、更适合法院原则的适用方式

工作组对于公约是否规定法院有义务依职权进行更适合法院分析存在争议。有些代表解释,在大多数适用不方便法院原则的法域中,如果当事人提出适用不方便法院原则,法院有义务进行适用。有代表认为,不方便法院分析的自由裁量性质不利于实现本公约宗旨,即在平行诉讼中增强法律确定性;另有代表指出,强制性适用不方便法院原则将使许多法域难以接受公约条款。

## 四、建立合作沟通机制

会议讨论了为解决平行诉讼而建立缔约国之间合作沟通机制的问题。工作组一致认为,考虑到提供信息的主要责任由诉讼当事方承担,诉讼当事方主动提供信息在沟通合作机制中至关重要。

关于机制是否具有强制性,多位代表提出,为符合相关国家宪法以及避免干扰司法,拟建立的合作沟通机制应是非强制性的。有代表还提出,根据其法律规定该国法院不能与其他国家的法院联合解决争端。

部分代表就合作沟通机制联合提出案文,规定各缔约国法院或指定的主管机关应(shall)尽最大可能(to the maximum extent possible)合作,协调和统一程序(coordinating and harmonizing proceedings)以决定更适合法院;缔约国应在批准或加入公约时声明是否接受法院间直接沟通,如不接受,则应指定主管机关进行沟通。

各方就上述代表提出的案文相关措辞表达了关切。一些代表表示,“应”使缔约国承担公约义务,这可能会使公约缔约方难以与其国内法协调。另有代表提出,“协调和统一程序”含义不清,并可能对协调国内程序法造成困难。有代表强调,“尽最大可能”似意味着要求其修改国内法。提出案文的代表解释,“尽最大可能”本旨在使措辞能够符合各方在宪法和正当程序方面的关切,并非要求修改国内法;针对各方提出的上述措辞关切,同意进一步完善。

关于沟通途径问题,即由各国法院直接沟通还是指定主管机关沟通,各方未能达成一致。有些代表认为通过主管机关沟通可能需要投入大量资源,会阻碍沟通;一些代表则以《送达公约》和《取证公约》为例,表示主管机关沟通机制运作良好。关于缔约方加入公约时声明采用何种合作沟通方式的条款,工作组也未达成共识。

工作组决定暂时引入上述建议案文,留待日后进一步讨论。

## 五、法院受理的时限问题

工作组普遍认为,对于两个以上法院依据公约均具有管辖权的情况,公约应对先受理法院以外的其他法院开始其诉讼程序规定具体的时限,如其他法院未在该时限内启动诉讼程序,则应中止审理或驳回起诉。

关于如何规定,各方存在不同意见:有代表建议在公约中规定具体和明确的时限;一些代表建议将其纳入更适合法院的考虑因素;有代表提出可在公约"平行诉讼"的定义中具体规定。

关于具体时限,各方亦未达成共识:有代表提出该时限应为当事方在先受理法院最后提交口头或书面意见时;另有代表提出该时限应为先受理法院作出一审判决时;还有代表建议其他法院应当在先受理法院未作出发生法律效力的判决前开始诉讼程序,以便与《判决公约》协调。工作组同意进一步研究与《判决公约》的协调问题,并在日后继续讨论该问题。

# 国家管辖范围以外区域海洋生物多样性国际协定谈判加速推进

陈昕瑶*

国家管辖范围以外区域海洋生物多样性国际协定(BBNJ)被普遍视为《联合国海洋法公约》(以下简称《公约》)的第三份执行协定。相关谈判已持续了18年,自2018年起进入政府间谈判阶段,是当前海洋领域最重要的国际立法进程,广受国际社会关注。2022年,第四次和第五次政府间大会分别于3月和8月在纽约联合国总部举行,在各方共同努力下,协定谈判不断走深走实,目前已进入关键阶段。第五次政府间大会续会将于2023年2月20日至3月3日在纽约联合国总部举行。

## 一、谈判概况

各方围绕“一揽子、四议题”以及跨领域问题展开深入讨论,取得一定进展,但在关键问题上尚未达成一致。各议题讨论情况如下:

### (一)海洋遗传资源及其惠益分享

该议题聚焦海洋遗传资源获取及利用的监管和惠益分享问

---

* 现供职于外交部。

题。发展中国家坚持海洋遗传资源适用“人类共同继承财产”原则,主张全过程监管遗传资源获取、利用等活动,以实现公平公正分享非货币和货币惠益。发达国家则坚持适用“公海自由”原则,反对全过程监管和分享货币惠益,仅同意公布航次信息、分享样本等。

### (二)海洋保护区等划区管理工具

该议题聚焦机构间关系和决策程序。欧盟力推建立海洋保护区的管总机构,由协定缔约方大会主导设立公海保护区。美国、日本等坚持协定不应损害其他国际机构职权。太平洋岛国、加勒比共同体、拉美核心集团等坚持在设立公海保护区方面引入表决机制,俄罗斯坚持协商一致,美国、日本、澳大利亚提出“选择退出条款”,允许缔约国自行选择不受保护区制度约束。

### (三)环境影响评价

该议题聚焦环评主导权问题。各方在环评应包含的具体环节方面共识增加,普遍同意纳入战略环评,但对其是否为强制义务存在分歧。欧盟、美国、俄罗斯等认为环评应由国家主导、国家决策,加勒比共同体、太平洋岛国和非洲集团则主张各国向缔约方大会提交环评报告,经审查批准后方可开展相关活动。

### (四)能力建设和海洋技术转让

该议题聚焦是否为强制性义务。发展中国家认为,发达国家有义务向其转让技术,增强其能力建设,相关工作应予监测和审查,知识产权制度不能阻碍技术转让。发达国家则主张,能力建设和技术转让应在自愿基础上进行,监测和审查会给缔约方带来过重负担,技术转让应尊重知识产权制度。

### (五)争端解决机制

争端解决机制为跨领域部分核心条款之一。欧盟、美国、太平洋岛国、加勒比共同体等支持比照适用《公约》第十五部分的具有强制拘束力的争端解决程序。哥伦比亚、萨尔瓦多等《公约》非缔约国反对照搬第十五部分,认为应尊重国家自主选择争端解决方式的权利,诉诸第三方机构应遵循国家同意原则。美国、英国、俄罗斯、新加坡等反对由缔约方大会就协定所涉法律问题提请国际海洋法法庭发表咨询意见。

## 二、中国的参与

中国积极参与全球治理体系改革和建设,践行共商共建共享的全球治理观,坚持真正的多边主义,推动全球治理朝着更加公正合理的方向发展。中国代表团全程参加第四次和第五次政府间大会和有关会间工作,多次提交评论意见和案文建议。中国代表还作为政府间大会主席团成员,就谈判进程、工作方式等研提意见,积极贡献中国智慧和方案。

中国在所有议题下踊跃发言并就关键条款提交案文建议,对磋商发挥积极影响。中国强调设立海洋保护区应排除争议海域,兼顾养护和可持续利用,以协商一致方式作出决策;环境影响评价应坚持国家主导、国家决策;争端解决条款不宜简单照搬《公约》,坚持谈判优先和国家同意原则,反对赋予国际海洋法法庭超出《公约》规定的咨询管辖权。

中国引导谈判进程向着公正合理的方向发展。在发展中国家最为重视的海洋遗传资源议题上,中国支持人类共同继承财产原则,支持将遗传资源惠益分享落到实处。在能力建设和海洋技术转让方面,中国充分照顾发展中国家的需要和利益,主张既要“授人以鱼”,更要“授人以渔”,切实提升发展中国家内生能力。

# 国际海底区域矿产资源开发规章谈判稳步推进

时西木*

国际海底管理局(以下简称海管局)于2011年启动国际海底区域矿产资源开发规章(以下简称开发规章)制定。这是当前国际海底领域最重要的建章立制工作。2022年,海管局召开三期理事会讨论开发规章,并在会间举行相关研讨会,以及邀请各方提交书面意见等。在各方共同努力下,案文磋商取得积极进展,目前已基本完成一读。

## 一、谈判及相关活动

### (一)案文内容谈判取得较大进展

2022年,海管局继续分四个非正式工作组("机构事项""保护和保全海洋环境""财务模型""检查、履约和执行"工作组)开展案文讨论,各国并在9月份向各工作组提交有关书面意见。目前,开发规章案文框架已基本确定,大部分案文草案已完成一读。但各国对环保标准、财务制度、承包者义务、机构设置等问题尚未达成

---

* 现供职于外交部。

一致。

关于环保标准，讨论聚焦承包者担责门槛、环境阈值、环境累积影响等问题。意大利、智利、新西兰等多数国家赞同将“有害影响”作为承包者担责门槛，新加坡等坚持三项勘探规章中的“严重损害”门槛。德国、荷兰提案就毒性、噪声污染、浊度、光污染、沉积率等设定具体环境阈值。澳大利亚、新西兰等提出应不仅考虑开发对采矿区域影响，还要考虑对周边区域的累积影响，德国提出当累积影响达到一定程度，承包者就应停止或延期采矿。

关于财务制度，讨论聚焦估值标准和缴费费率等问题。非洲集团等发展中国家坚持较高的缴费费率，以确保其未来经济利益和惠益分享。加拿大等主张应科学确定不同资源的估值标准，制定合理缴费费率。西班牙等主张应首先明确估价依据，再对缴费费率进行确定。

关于承包者义务，讨论聚焦信息公开、环境补偿基金、利益攸关方磋商等问题。美国、英国等要求承包者在开发过程中分享信息数据。阿根廷、哥斯达黎加等要求承包者提供足够的环境补偿基金，在准备环境影响评估报告和环境管理和监测计划过程中与利益攸关方进行充分磋商。密克罗尼西亚、智利等要求承包者对所有邻近沿海国或受影响沿海国履行通知和协商义务。英国将牵头起草有关利益攸关方磋商程序。

关于机构设置，讨论聚焦是否要就检查、遵约等设立独立机构。哥斯达黎加、智利等主张设立单独的遵约委员会，审查承包者履行公约、规章、合同等情况。尼日利亚建议成立独立检查团，对承包者开发活动进行检查。德国、荷兰、哥斯达黎加主张建立独立的专家委员会，负责制定和审查区域环境管理计划。法国、英国、俄罗斯等国家提出应避免与法技委、理事会等现有机构的职能重合。

各工作组已邀请海管局成员、观察员在 2023 年 1 月 15 日前提交新一轮书面意见，并在下届理事会上继续案文磋商。

### (二)理事会重新审议开发规章制定路线图

2021年6月,瑙鲁援引1994年执行协定相关规定,表示瑙鲁担保的勘探承包者有意提交开发工作计划,要求海管局两年内完成开发规章谈判。海管局为此制定"路线图",计划于2023年7月前完成规章谈判。在2022年第三期会上,理事会对开发规章制定"路线图"进行了重新审议,各方对能否在2023年7月前完成开发规章制定莫衷一是。比利时等并建议就两年期完成开发规章制定问题提请国际海洋法法庭出具咨询意见。海管局将在2023年3月理事会上再次审议开发规章制定进程。

### (三)海管局继续推进设立区域环境管理计划(REMP)

法技委提交制定REMP指导意见草案及北大西洋中脊REMP草案供理事会讨论。各方总体认可法技委工作,但认为草案内容仍有较多问题。部分国家认为需要更高标准的程序和模式,强调发挥独立专家和利益攸关方在制定REMP中的作用,并适度考虑临近沿海国、其他渔业组织、国际和地区协定等。关于北大西洋中脊REMP草案,各国认为目前REMP指导意见尚未确定,建议在指导意见确定后再对该区域草案进行研究。海管局邀请海管局成员、观察员在2023年1月15日前就REMP指导意见草案提交书面意见,并将由法技委根据各方意见对指导意见草案进行调整,在下次理事会上继续讨论。

## 二、中国的参与

作为国际海底事务的积极参与者和贡献者,中国支持并践行人类共同继承财产原则,积极参与国际海底开发规章谈判,为规章制定贡献中国智慧和中国方案。

### (一)参加海管局第二十七届会议

中国代表团通过线上线下相结合的方式全程参加海管局第二十七届理事会及大会,积极参与规章磋商。代表团在会上围绕开发规章案文有关内容积极发言,强调开发规章应严格体现《联合国海洋法公约》(以下简称《公约》)及1994年执行协定,平衡处理深海开发与深海环保;采矿缴费机制应更好地体现和落实1994年执行协定有关原则和要求,公平对待承包者和管理局双方;检查机制在行使检查权时应严格限于《公约》授权的范围和事项,担保国有协助海管局进行检查的义务,也享有参与检查的权利。中国的相关主张和建议得到多国呼应和认同,部分已被开发规章草案采纳。

### (二)提交书面评论意见

按照规章制定各工作组要求,2022年9月中国向秘书处提交案文书面意见,重点强调平衡深海开发和环保,合理设定环保标准和缴费比例,严格按照《公约》等界定海底活动各方及各监管主体的权利义务,不应对开发活动构成不当限制等。在下届会议召开前,中国将继续向各工作组及秘书处提交有关书面评论意见,为开发规章制定及设立REMP贡献智慧和力量。

# 《联合国打击网络犯罪公约》特委会会议综述

王渊洁*

2022 年,《联合国打击网络犯罪公约》(以下简称《公约》)特委会召开 3 次谈判会议,第一次会议于 2 月 28 日至 3 月 11 日在纽约举行,第二次会议于 5 月 30 日至 6 月 10 日在维也纳举行,第三次会议于 8 月 29 日至 9 月 9 日在纽约举行。我国外交部、全国人大常委会法工委、中央网信办、最高人民法院、最高人民检察院、工业和信息化部、公安部、司法部、中国人民银行以及常驻联合国代表团、常驻维也纳代表团等组团参会。

## 一、第一次会议情况

各方普遍认同应尽快制定《公约》,支持按联大第 75/282 号决议如期完成谈判。会议以协商一致方式通过《公约》框架和谈判安排。《公约》将分为 8 个章节,包括:一般规定、刑事定罪、程序规定和执法、国际合作、技术援助、预防措施、实施机制和最后条款。特委会将在 2022 年和 2023 年各安排 3 次谈判会议。计划从第二次会议开始案文磋商,第六次会议完成草案三读,于 2024 年 2 月

* 现供职于外交部。

完成《公约》谈判。每次谈判会议前，均将邀请各国提交书面建议，并安排届间会听取观察员意见。此外，会议还围绕《公约》的目标、适用范围和核心要素等关键问题初步交换了意见。

中国代表团积极参与特委会讨论，在“一般性辩论”议题下发言如下：

网络犯罪是各国共同面临的重大挑战。网络技术在促进经济社会发展、帮助人类应对疫情挑战的同时，正越来越被犯罪分子和犯罪集团滥用于实施犯罪。2021 年，世界经济因网络犯罪造成的损失高达 1 万亿美元。电信网络诈骗、勒索软件等新型犯罪在全球蔓延，许多传统犯罪也因使用信息通信技术而致使危害结果扩大、打击难度显著增加。与此同时，现有区域性公约以及双边司法警务合作等渠道无法有效应对网络犯罪挑战，制定《公约》，提升各国打击网络犯罪的合作成效，已经成为各国的共同责任。

制定《公约》是一项具有紧迫性的重要任务。受疫情影响，特委会会议不得不延期举行，但犯罪分子并没有停下脚步，并利用各种技术手段和法律漏洞逃避罪责。根据联大第 75/282 号决议，特委会要向第 78 届联大提交《公约》草案。各方应切实提高紧迫性，加强沟通合作，充分展现灵活性，确保如期完成《公约》谈判。

中方认为，《公约》谈判应立足当今犯罪和信通技术深度融合的现状，立足各国打击网络犯罪的实践，充分考虑发展中国家的特殊需要。同时，中方支持特委会根据联大 75/282 号决议，在坚持政府主导原则的基础上，广泛听取学界和业界等各方意见，积极促进预防和打击网络犯罪领域的国际合作，让互联网和信息通信技术更好造福人类社会。

## 二、第二次会议和第三次会议

根据特委会谈判安排，第二次会议重点讨论定罪、一般规定、程序规定和执法三个章节，第三次会议重点讨论国际合作、技术援助、预防措施和执行机制等章节。特委会主席围绕三个章节的重点问题梳理形成“指导问题清单”，引导各方开展讨论。会前，我国与俄罗斯、美国、印度、巴西、南非、澳大利亚、欧盟等国家或国际组织提交或联合提交《公约》建议案文。通过这两次会议，各国完成了对《公约》各章节的首轮讨论，主席将根据讨论情况和各方提交的案文建议形成《公约》“零案文”，并提交第四次和第五次会议进一步磋商。

中国代表团在与会期间积极分享我国在打击网络犯罪定罪、执法、国际合作、预防等领域相关立法与实践，坚定维护我网络主权和数据安全，倡导充分尊重和考虑发展中国家的需要和关切，呼吁各方建设性参与《公约》务实讨论，为维护《公约》谈判良好势头、推动会议取得积极成果做出贡献。

# 东盟地区论坛第二届打击网络犯罪研讨会简况

姜博谦*

2022年3月15日至16日，中国、俄罗斯、泰国共同举办东盟地区论坛（ARF）第二届打击网络犯罪专题线上研讨会。来自中国、俄罗斯、东盟国家、印度、韩国、蒙古国、东帝汶、东盟秘书处、业界和学界近百人参会，《联合国打击网络犯罪公约》特委会主席应邀与会介绍情况。

## 一、开幕致辞

中国外交部条法司副司长苟海波、俄罗斯外交部信息安全司司长克鲁茨基赫、泰国外交部东盟事务司副司长颇拉蓬代表主办方致辞，强调国际社会必须合作打击网络犯罪，并就如何制定公约、打击犯罪提出了具体建议，呼吁各方开展务实讨论。

苟海波欢迎《联合国打击网络犯罪公约》特委会第一次谈判会议取得积极成果，倡导各方建设性参与谈判，推动如期达成一项务实有效的普遍性公约，并提出三点建议：一是秉持合作精神，争取以协商一致方式达成公约；二是寻求务实方案，各国社情、能力、

* 现供职于外交部。

需求各不相同,公约谈判应寻找平衡务实方案照顾不同关切,尤其应照顾发展中国家需要;三是坚持与时俱进,公约应基于现有国际合作机制和各国成功经验,结合犯罪发展趋势与各国实际需求,提供具有前瞻性的法律框架。

克鲁茨基赫表示网络犯罪形势日趋严峻,制定《联合国打击网络犯罪公约》正当其时。该公约的首要目标是开展不受干扰、迅速有效的国际司法合作,同时还要给予发展中国家技术协助,强化能力建设、弥补技术鸿沟。颇拉蓬强调各国需增强伙伴关系,共同应对网络犯罪威胁,要加强能力建设,提高司法协助效率,强化信任措施,提高公众防范意识,与私营部门等非国家行为体通力合作。

## 二、专题研讨

### (一)网络犯罪国际规则制定最新进展

特委会主席详细介绍第一次谈判会议情况和达成的共识,强调《联合国打击网络犯罪公约》作为联合国在网络领域制定的第一个公约具有重大意义。中俄专家就该公约谈判有关重要问题阐明立场,强调应尊重主权和不干涉内政原则,切实维护各国司法主权,反对片面注重人权保护;定罪范围中应纳入利用信通技术实施的传统犯罪;应以"真实、充分"原则确立管辖权及属地管辖优先原则。

与会人员高度关注谈判进展,欢迎特委会第一次谈判会议就该公约的框架和谈判安排达成共识,询问主席对后续谈判进程的看法。主席表示将严守中立,按照授权推进谈判,但就阿尔及利亚本国立场而言,对部分国家过度强调人权表示担忧,呼吁各国在后续谈判中放下政治成见,集中精力开展务实讨论,按计划完成公约谈判。

## (二)具体议题

关于定罪和预防,与会专家介绍了各自国内打击利用网络实施传统犯罪的立法和实践。俄罗斯专家介绍了打击利用网络实施恐怖主义以及利用加密货币洗钱等网络犯罪,以及加强对危害青少年的内容进行监管的实践。中国专家介绍了帮助信息网络犯罪活动罪和网络服务者拒不履行信息网络安全管理义务罪,并围绕犯罪线索快速发现、执法能力持续建设、重要信息安全防范、组织开展专项行动等方面分享了打击网络犯罪的经验。

关于国际合作,与会专家介绍了各自国家开展电子证据合作的渠道和具体要求,并指出管辖权冲突、犯罪构成要件差异、电子证据的收集和使用困难、初步侦查合作机制缺位等障碍依旧存在,更高效的国际合作公约不可或缺。能力建设方面,专家介绍了开展技术交流、网络威胁对抗训练、课程培训等项目帮助发展中国家和企业提升网络安全技术水平的经验。

关于数字取证,与会专家介绍了数字取证技术的实践应用及困难,如网络犯罪行为难以被及时发现;数据传输过程中部分丢失、伪造数据造成身份识别困难;高度加密延长密码破解时间等。建议各国执法机关创设专门网络部门加强交流合作、建立犯罪数据库等。新技术方面,专家介绍了犯罪分子在暗网“九头蛇”上的交易情况,表示犯罪分子开始利用比特币等加密货币、数字艺术品(NFT 技术)等进行洗钱、犯罪资产转移等操作,主张应利用公约予以打击。

# “跨国公司及其他工商企业与人权”法律文书政府间工作组第八次会议综述

刘梦钊*

2014 年，联合国人权理事会通过第 26/9 号决议，决定设立“一个跨国公司及其他工商企业与人权问题的不限成员名额政府间工作组”，谈判跨国公司及其他工商企业与人权问题法律文书，旨在从国际层面明确跨国公司侵害人权的法律责任，建立预防、监督和追责机制。工作组迄今已召开了八次会议。

2022 年 10 月 24 日至 28 日，工作组第八次会议以线上线下混合方式举行。中国代表团由外交部、最高人民法院、最高人民检察院、国资委及相关行业组织组成。近 70 个国家及有关国际组织、行业组织和非政府组织与会，外交部条法司副司长孙劲任团长。

## 一、总体情况

为推动谈判进程，工作组主席、厄瓜多尔常驻日内瓦代表团大使就预防、法律责任等重要条款提出案文建议，引发较大争议。部分发展中国家认为主席案文偏离第三版修订案文，没有公开征求

* 现供职于外交部。

各方意见。

围绕跨国公司的人权义务等重要问题,各方仍存在严重分歧。一些发展中国家主张对跨国公司侵害人权行为全面追责,确保对受害人提供充分、及时、有效的救济,强调应保护土著人等弱势群体,并主张将环境权纳入法律文书,要求企业对气候环境造成的损害担责。发达国家和对外投资大国强调应以《联合国工商业与人权指导原则》为蓝本,对跨国公司规定的义务应具备法理依据和可操作性,不应罗列过多过细要求。

我国代表团深入宣介党的二十大精神,强调中国不断推动人权事业全面发展,以中国新发展为世界提供新机遇,更好惠及各国人民。中国高度重视跨国商业活动中的人权保障,一直采取有力措施预防跨国企业在经营活动中侵犯人权的行为,取得了一系列积极成效。中国政府主张应坚持公平原则,统筹兼顾发展权和其他人权;充分尊重各国司法主权,为跨国企业提供稳定可预期的法律指导;坚持协商一致,最大程度凝聚共识。

## 二、会议具体讨论情况

### (一)新任联合国人权高级专员图尔克开幕致辞

图尔克肯定跨国商业活动对促进人权的积极作用,也指出不少地区仍存在跨国企业侵害人权且受害人救济无门的情形,特别是申诉机制缺位、法律规定不明等,呼吁各国切实承担责任,确保企业经营活动中尊重和保护人权。图尔克表示,欧洲许多国家将企业人权尽责确定为法律义务,体现工商业人权领域的发展趋势。各国应推进工商业人权国内立法,制定有法律约束力的国际公约,重点关注弱势群体的权利,杜绝有罪不罚。

### (二)法律文书谈判进展缓慢

首先,关于法律文书的适用范围,人权理事会第 26/9 号决议明确“跨国公司及其他具有跨国性质的工商企业”,但一些国家坚持扩大法律文书适用范围,要求适用于“所有工商业活动”。许多国家重申,法律文书应严守人权理事会第 26/9 号决议的授权。

其次,关于预防义务和保护受害人,一些国家主张法律文书应采取措施保障“人权卫士”免遭报复,一些国家以“人权卫士”没有明确定义为由反对。同时,个别国家强调企业的人权尽责义务应同企业规模相适应,由各国国内法自行决定。

最后,关于司法管辖权,一些国家要求各国就跨国公司侵犯人权行为行使域外管辖,以便利受害人寻求司法救济,还要求各国确保法院不以“不方便法院”为由驳回受害人的起诉。但多国明确反对过度扩张管辖,反对依据被害人国籍或住所地行使管辖等。

## 三、前景展望

根据第八次会议讨论达成的共识,工作组主席已成立“主席之友小组”机制,计划开展非正式磋商,并将于 2023 年 10 月举行工作组第九次会议。因各方立场分歧较大,法律文书谈判进程仍将曲折。

# 《联合国气候变化框架公约》第二十七次缔约方大会综述

高正霖*

2022年11月6日至20日，《联合国气候变化框架公约》(以下简称《公约》)第二十七次缔约方大会(COP 27)在埃及沙姆沙伊赫举行，会议就减缓、适应、资金、损失与损害等百余项议题展开磋商。来自195个缔约方以及千余家观察员、媒体等共约3万余名代表与会。期间还举行了“沙姆沙伊赫气候履行峰会”。由生态环境部、外交部、发展改革委等部门组成的中国代表团线下参会。

## 一、“沙姆沙伊赫气候履行峰会”

11月7日至8日，COP 27主席国埃及在会议期间举办“沙姆沙伊赫气候履行峰会”，旨在凝聚国际社会共识，为COP 27取得成功提供政治引领。埃及总统塞西、联合国秘书长古特雷斯等出席开幕式，法国总统马克龙、英国首相苏纳克、德国总理朔尔茨、南非总统拉马福萨、肯尼亚总统鲁托、《公约》第二十八次缔约方大会(COP 28)候任主席国阿联酋总统穆罕默德以及欧洲理事会主席米歇尔、欧盟委员会主席冯德莱恩等90余位领导人出席峰会并

* 现供职于外交部。

发言。各方普遍强调气候危机极为紧迫,应对窗口稍纵即逝,必须进一步展现雄心,加强合作,聚焦落实《巴黎协定》目标要求,弥补行动差距,加强适应及损失与损害应对。

习近平主席特别代表、中国气候变化事务特使解振华在"沙姆沙伊赫气候履行峰会"发言,宣介党的二十大关于实现碳达峰碳中和目标最新部署,介绍中方在节能减排、可再生能源发展、生态碳汇、碳市场交易等方面取得的最新进展成就,彰显中方致力实现人与自然和谐共生的决心和大国担当。

除国别发言外,峰会还平行举办了以公正转型、粮食安全、气候发展创新融资、绿色氢能、水安全、气候变化与脆弱社区可持续性等为主题的六场高级别圆桌会,发布了《下一代可持续城市韧性倡议》《建设拥有体面生活的气候韧性非洲倡议》《粮食和农业可持续转型倡议》三份主席国倡议,作为峰会成果。

## 二、重点议题成果

COP 27 时值《公约》达成三十周年,聚焦《巴黎协定》务实履行,达成了包括减缓、适应、资金、损失与损害等在内相对平衡的一揽子成果,释放了坚持多边主义、合力加强应对气候变化挑战的积极信号。

关于减缓,会议达成减缓工作方案,决定围绕与减缓相关的广泛主题,由缔约方和非缔约利益相关方开展交流,其成果不具指定性、惩罚性,体现促进性,尊重国家主权和国情。工作方案为期 4 年,每年召开至少两次对话会,形成总结报告,并向年度部长级圆桌会汇报。缔约方大会每年将基于报告作出决定。

关于适应,决定启动建立全球适应目标工作框架,并于 2023 年 COP 28 通过,旨在指导实现全球适应目标、评估整体进展,并强化适应行动和支持等。

关于资金,进一步强调 2025 年后新的集体量化资金目标相关讨论应于 2024 年完成，强调此目标旨在为加速实现全球温控目标做贡献，认识到需推动相关工作取得实质进展，以期 2024 年取得有意义的成果。

关于损失与损害，会议首次将损失与损害出资安排纳入会议正式议程，并决定建立损失与损害基金，以切实为发展中国家应对损失与损害提供支持。决定建立过渡委员会，负责相关制度构建，于 COP 28 前形成结论。会议还完成圣地亚哥网络机制建设，发达国家将出资启动网络全面运转，并为发展中国家应对损失与损害提供技术支持。

## 三、中国贡献

党的二十大报告将实现人与自然和谐共生作为中国式现代化的基本特征之一，指出要推动绿色发展，促进人与自然和谐共生，积极参与应对气候变化全球治理。作为全球气候治理的参与者、贡献者和引领者，中国高度重视 COP 27，全力支持埃及成功办会。

会议期间，中方代表团全面深入参与近百项议题磋商，与公约秘书处、埃及主席国及各方密切协调，坚定维护发展中国家共同利益，为会议取得一揽子积极成果做出了重要贡献。

# 干旱与土地可持续治理领导人峰会综述

王劲松*

2022年5月9日，干旱与土地可持续治理领导人峰会在科特迪瓦阿比让举行。峰会是《联合国防治荒漠化公约》第十五次缔约方大会高级别部分，科特迪瓦总统瓦塔拉主持会议，来自法国、吉布提、纳米比亚等国的十余位国家领导人，以及非盟委员会主席法基、第七十六届联大主席阿卜杜拉·沙希德、联合国常务副秘书长阿明娜等出席会议。

国务委员兼外长王毅作为习近平主席特别代表以视频方式出席峰会并致辞，阐释习近平生态文明思想、全球发展倡议和中国荒漠化防治成就，强调中国支持建设绿色非洲，并就全球荒漠化治理提出切实加强国际合作、坚定推进绿色发展、有效完善国际规则等三点建议。

与会各方盛赞王毅国务委员讲话，积极评价中方生态文明建设成就和参与全球环境治理所做贡献，希加强与中国合作，共促全球绿色发展。

本次峰会在里约联合国环境与发展大会召开30周年之际举办，受到国际社会高度关注。峰会通过了《阿比让倡议》，为全球荒漠化治理提供了政治动力，提升了各方对土地恢复、应对干旱的雄心愿景。

---

* 现供职于外交部。

# 第四十一届国际民航组织大会气候变化议题综述

陈慕涵*

2022年9月27日至10月7日，国际民航组织（ICAO）第四十一届大会在加拿大蒙特利尔举行。国际民航与气候变化议题作为本届大会的焦点之一引起各方激烈讨论。讨论主要围绕全球国际航空长期理想目标2050年净零碳目标（LTAG）可行性、国际航空碳抵消和减排计划（CORSIA）的实施机制等问题展开。

## 一、全球国际航空长期理想目标2050年净零碳目标（LTAG）

2019年第四十届国际民航组织大会在第A40－19号决议中提出"要求理事会继续探索国际航空长期理想目标的可行性"。2020年以来，美欧持续渲染气候危机论，强推全球提升减排力度，主张2050年前实现全球国际航空碳中和。2022年7月19日至22日，ICAO举行了国际航空碳减排长期理想目标可行性高级别会议，首次提出了国际民航2050年净零碳排放的长期目标。

本届大会上，发达国家认为民航业需要在减排目标上迈进一

* 现供职于外交部。

步,力推ICAO通过上述长期理想目标。部分发展中国家表示,长期理想目标需要充分的可行性研究,不能仅有技术可行性分析而缺少社会与经济层面的可行性分析,而且发展中国家在实现上述目标时存在资金技术方面的困难,民航减排作为全球合作应对气变的一部分,也必须严格依照《联合国气候变化框架公约》(UNFCCC)及其《巴黎协定》,充分反映全球气候治理的基本原则。

## 二、国际航空碳抵消和减排计划(CORSIA)

ICAO于2016年制定全球"国际航空碳抵消和减排计划"(CORSIA),形成首个全球性行业减排市场机制。该机制旨在通过航空公司购买碳排放单位抵消排放增长的方式,实现2020年后国际航空行业排放零增长的整体目标。实施CORSIA的标准细则已于2018年在ICAO理事会通过,从2019年1月1日起适用。本届大会继续审议CORSIA机制实施办法。在燃油未有革命性技术突破的情况下,CORSIA的本质是要求航空公司为未来增长的排放"买单"。因此,中方在会上指出国际航空2020碳中性增长目标(CNG2020)和基此制定的CORSIA实施路径与标准以及抵消基线确定,需要正视发达国家的历史排放责任,需要坚守共区原则、公平原则、各自能力原则等全球气候治理基本原则,并提议通过各国自主贡献的方式参与CORSIA。

## 三、中方代表团的参与

本届大会,代表团积极参与相关议题谈判,开展边会开办展台,阐述中国民航长期坚持绿色发展的理念,宣介了在国家碳达峰碳中和目标引领下,中国民航结合发展实际并参照ICAO有关标准,制定中国民航绿色发展十大重点行动,出台一揽子政策法规与行动方案,形成一套完善的绿色发展规划政策体系。

虽然我国对两份民航减排决议提出了保留,但经有效工作,大会最终形成的气候变化决议在长期目标问题上体现了“国家自主贡献”,强化了对发展中国家援助机制安排。而我国坚持“国家自主贡献”实施 CORSIA 的立场,也为后续 CORSIA 实施机制保留了完善空间。

# 《湿地公约》第十四届缔约方大会综述

朱　勇*

2022 年 11 月 5 日至 13 日，我国承办的《湿地公约》第十四届缔约方大会（COP14）在中国武汉和瑞士日内瓦以线上线下相结合方式同步举行。来自该公约 142 个缔约方、48 个观察员组织的 803 名代表线下参加会议。由国家林草局、自然资源部、外交部、发展改革委等部门和相关专家组成中国代表团与会。

## 一、习近平主席致辞

11 月 5 日，国家主席习近平以视频方式出席大会开幕式并发表题为《珍爱湿地　守护未来　推进湿地保护全球行动》的致辞。习近平主席在致辞中强调了湿地保护的重要性，介绍了中国湿地保护取得的历史性成就，并对湿地保护全球行动提出了凝聚珍爱湿地全球共识、推进湿地保护全球进程、增进湿地惠民全球福祉等三点主张。习近平主席讲话引发国际社会热烈反响。与会代表盛赞中国领导人高度重视对湿地保护以及中国在湿地保护领域取得的历史性成就，认为中国生态文明、绿色发展理念与实践将助推全球湿地保护进程。

---

* 现供职于外交部。

## 二、会议主要成果

本次大会以“珍爱湿地　人与自然和谐共生”为主题。大会经过磋商,取得了下述三项重要成果:

第一,发布《武汉宣言》。部级高级别会议通过了这份以承办城市命名的成果文件,体现大会共识,推进全球共同行动。

第二,审议并通过《〈湿地公约〉2025—2030 年战略框架》。我国与工作组主席及 20 多国多次举行双多边磋商和工作组会议,推动大会审议并通过了该决议草案,为 2025 年后国际湿地保护制定了战略框架。

第三,同意在中国建立国际红树林中心。“建立红树林中心”决议草案系由我国提交。经我积极推动和广泛磋商,大会顺利通过该决议。国际红树林中心将重点开展国际培训研讨、科研宣教及红树林保护项目。

大会共通过 24 项决议。除上述“建立红树林中心”决议外,我国提交的“湿地保护修复纳入国家可持续发展战略”“加强小微湿地保护”以及我国与韩国联合提交的“国际湿地城市认证”和“正规教育部门中的湿地教育”等决议均获得通过。

## 三、中方贡献

这是我国首次承办《湿地公约》缔约方大会。我国精心筹备大会各项工作,认真履行大会主席职责,积极组织开展各项活动,确保大会圆满成功。各方广泛赞誉中方领导力。

此次大会有效凸显了湿地作为独立生态和珍贵资源在全球可持续发展中的作用,对传播习近平生态文明思想、展示我国生态文明建设成就、引领全球环境治理、彰显我国负责任大国形象起到重要推动作用。

# 《生物多样性公约》第十五次缔约方大会第二阶段会议综述

刘　韩*

2022年12月7日至19日，《生物多样性公约》（以下简称《公约》）第十五次缔约方大会（COP15）第二阶段会议在公约秘书处所在地加拿大蒙特利尔成功举办。来自190多个国家以及国际机构等约17,000余名代表参会。会议延续第一阶段主题“生态文明：共建地球生命共同体”，中国作为大会主席国，领导大会政治和实质进程，推动各方达成兼具雄心务实和平衡的“昆明—蒙特利尔全球生物多样性框架”。

## 一、习近平主席视频出席并致辞

12月15日，习近平主席以视频方式向COP15第二阶段高级别会议开幕式致辞，提出凝聚生物多样性保护全球共识、推进生物多样性保护全球进程、通过生物多样性保护推动绿色发展、维护公平合理的生物多样性保护全球秩序四点倡议。习近平主席还介绍了中国特色的生物多样性保护之路，并表示未来中国将持续加强生态文明建设，站在人与自然和谐共生的高度谋划发展，推动全球

* 现供职于外交部。

生物多样性治理迈上新台阶。习近平主席的致辞引发国际社会强烈反响,各方高度赞赏习近平主席为全球生物多样性治理指明了方向,提供了强大推动力。

## 二、主要成果

大会通过了兼具雄心务实和平衡的“昆明—蒙特利尔全球生物多样性框架”(以下简称框架),为2030年和2050年全球生物多样性治理制定了目标和路线图。框架包括5个2050年长期目标、23个2030年行动目标,并辅以资源调动、遗传资源序列信息等重要决议为支撑。主要内容包括:一是确立了“3030”目标,通过设立保护地和其他有效区域养护措施,到2030年保护至少30%的陆地和海洋;二是建立了有力的资金保障,到2030年调动至少2000亿美元用于生物多样性保护,2025年前每年为发展中国家提供200亿美元、2030年前每年提供300亿美元,在全球环境基金下建立特别信托基金,支持框架的执行;三是首次承认应当公平公正分享遗传资源数码序列信息(DSI)产生的惠益,并决定设立DSI惠益分享多边机制。

国际社会及舆论对框架的达成给予高度评价,认为框架具有里程碑意义,堪称生物多样性领域的“巴黎协定”,将有效推动全球生物多样性保护进程。

## 三、中国贡献

一是提供政治推动力。中国作为大会主席国,于会议期间主持举行高级别会议,来自140个缔约方和60个国际组织机构的代表出席开幕式,其中包括近200位部级代表,这是缔约方大会历史上高级别代表参会人数最多的一次,为框架的成功达成注入动力,增强信心,提供了政治推动力。

二是发挥主席国领导力。中方通过组织密集的双多边磋商、团长会、盘点会等方式积极推动框架谈判,并在最后关键时刻提出主席案文,获得各方支持。框架终获通过后,各缔约方代表盛赞中国领导力,欧盟代表表示“世界在过去两周重燃了团结的精神”。

三是讲好中国故事。中方充分利用边会、展览、会见等场合,积极宣介习近平生态文明思想,讲好美丽中国故事。

# 文件资料

# 中国代表在第七十七届联合国大会“国际法院的报告”议题下的发言

主席先生：

中国代表团感谢多诺霍院长所作国际法院工作报告，对全体法官和工作人员勤勉履职表示敬意，对特林达德法官的不幸逝世表示哀悼。

自 1945 年成立以来，法院共作出 140 项判决，发布 28 份咨询意见，涉及领土和海洋划界、非殖民化、不使用武力、外交和领事关系、条约的解释和适用等诸多重要国际法问题，为解释、适用和发展国际法作出突出贡献，在和平解决国际争端、维护国际和平与安全方面发挥重要作用，国际社会对法院的期待和信任不断上升。

过去一年，法院克服新冠疫情，继续高效运作，作出 3 项判决，发布 16 项命令。法院正在处理的案件涉及大陆架划界、国家主权豁免、人权保护及单边制裁等重要国际法问题。作为最权威的国际司法机构，法院司法活动不仅直接影响当事国的利益，也对相关国际规则发展产生深远影响。中方期待并相信，法院将继续依照《联合国宪章》和《国际法院规约》忠实履行职责，切实尊重国家自主选择，维护国家同意原则，审慎行使管辖权；坚持客观、公正立场，完整、准确解释和适用国际法规则，高质量开展司法活动。

中方很高兴地看到，法院在积极开展司法活动的同时，也在致力于促进国际法的传播和发展。在法院的司法研修助理项目下，包括中国在内众多国家青年学生得以参与法院工作，期待有更多来自发展中国家学生参与该项目，相信这将有利于增加法院自身的多样性和代表性,也有利于发展中国家的年轻一代增进对国际法的理解。

主席先生,

中国古人讲:“法者,治之端也。”当前世界进入新的动荡变革期,百年未有之大变局加速演进,多边主义和国际法治受到前所未有的挑战。国际法院作为联合国的主要司法机关,肩负着维护多边主义和国际法治的崇高使命。中方始终倡导和践行真正的多边主义,始终坚持做国际法治的建设者和维护者,将与各方一道,一如既往地支持法院依法履行司法职能,为维护联合国宪章宗旨和原则,维护联合国为核心的国际体系、以国际法为基础的国际秩序作出更大贡献。

谢谢主席先生。

# 中国代表在第七十七届联合国大会“国际刑事法院的报告”议题下的发言

主席先生：

中方感谢霍夫曼斯基院长关于国际刑事法院活动的报告，并祝贺国际刑事法院成立 20 周年。中方一直密切关注国际刑事法院的工作，注意到法院在过去一年里同有关国家和国际组织开展合作，在调查、审判以及受害者赔偿方面作出努力。

主席先生，

国际刑事法院在其书面报告中提到，在应对国际社会关切、可能会破坏国际和平与安全的最严重罪行方面，法院和安理会扮演着不同但相辅相成的角色。中方认为，安理会根据《联合国宪章》承担维护国际和平与安全的首要职责。国际刑事法院通过依法追究有关最严重罪行的刑事责任，促进实现公平正义，为国际和平与安全作出贡献。中方支持安理会与法院在《联合国宪章》《联合国和国际刑事法院间关系协定》等国际文书确立的法律框架下，以符合各自职责目标和工作程序的方式开展合作。中方欢迎国际刑事法院继续优先处理安理会移交的情势，并通过例行报告等现有方式与安理会保持沟通。

主席先生，

中方支持国际社会惩治最严重国际罪行、促进实现司法正义的努力，希望有关努力最终有利于促进和平与发展，真正服务于有关地区和人民的福祉。我们注意到,一年来,国际刑事法院检察官通过实地访问等方式,与苏丹、尼日利亚等国开展沟通。冲突后重塑和平稳定殊为不易,希望法院通过更积极的接触和沟通,就有关情势听取相关国家意见,充分考虑当地各方面复杂因素,遵循《罗马规约》补充性管辖原则和相关国际法,为问题的妥善解决发挥建设性作用。

主席先生,

我们注意到,国际刑事法院当前一些司法实践引发了法律争论。例如,法院认为,只要其"管辖范围内的犯罪至少有一个要素或犯罪的一部分发生在《罗马规约》缔约国领土上,法院就可行使管辖权"。这种做法事实上允许法院对非缔约国行使管辖权,为非缔约国不当施加了条约义务,缺乏充分的国际法依据。再如,法院对已经退约的缔约国启动调查,这涉及到退约国在与国际刑事法院合作方面到底承担怎样的义务,也涉及到尊重国家主权和国家同意原则的适用等问题,有必要进一步澄清。

中方期待国际刑事法院以《罗马规约》生效20周年为契机,认真回顾和审视自身发展得失,秉持独立、公正和非政治化立场,严格依据国际法履行职责,通过实践赢得广泛的信任和支持,为促进司法正义、维护国际和平与安全作出贡献。

谢谢主席先生。

# 中国代表在第七十七届联大四委“和平利用外层空间的国际合作”议题下的发言

主席先生：

首先，中方祝贺外空委第六十五届会议取得圆满成功，借此机会感谢外空委主席沙拉夫（Omran Sharaf）先生、科技小组委员会主席法塞蒂（Juan Francisco Facetti）先生、法律小组委员会主席马加加（Nomfuneko Majaja）女士，并对外空司前司长迪皮波（Simonetta Di Pippo）女士、代理司长海德曼（Niklas Hedman）先生领导秘书处辛勤工作表示赞赏。

当前，随着航天技术快速发展，空间资源开发、低轨巨型卫星星座等新型空间活动对“不得据为己有”等外空基本规则框架构成挑战。不同国家空间技术及应用的鸿沟依然存在，非政府实体参与空间活动的能力及意愿大大提升，外空的可进入性（accessibility）问题更需关注。外空国际合作蓬勃发展，但针对性、有效性仍有提升空间，发展中国家对外空国际合作助力实现减贫、就业等可持续发展目标抱有更高期待。面对外空新形势带来的机遇与挑战，维护以国际法为基础的外空国际秩序、加强外空全球治理势在必行。在此，中方愿提出以下几点主张：

第一，要坚持与时俱进。从《外空条约》到《空间碎片减缓指南》，在人类的外空探索史上，实践创新与规则完善总是相辅相成、相伴而生。确保新型空间活动行稳致远，也离不开相关规则的发展完善。中方乐见外空委两小组委员会下设外空活动长期可持续性(LTS)工作组和空间资源工作组高效推进,期待两工作组在后续讨论中坚持《外空条约》及其奠定的外空法基本原则,制定规则促进相关空间活动以合法、有序且有利于各国共同利益的方式开展。中方欢迎外空委"五项条约"工作组提交的"大型星座和巨型星座的登记"汇编文件,支持外空委对低轨巨型卫星星座带来的挑战开展更有针对性的讨论。

第二,要坚持平等参与。《外空条约》规定,探索和利用外层空间应为所有国家谋福利和利益,而不论其经济或科学发展程度为何。我们要践行真正的多边主义,确保发展中国家和新兴航天国家在外空规则制定、治理体系完善中全过程参与权、发言权。作为和平利用外空领域参与范围最广,参与成员最具代表性的政府间多边平台,外空委在保障各国平等参与方面发挥着不可替代的作用,也可在议事规则和既有实践框架内,采取更有效手段与非政府实体进行互动,适应不断变化的现实和需求。各方应坚决维护外空委主平台地位,共同促进和平利用外空全球治理。

第三,要坚持造福社会。空间科技的进步应当有助于落实联合国 2030 可持续发展议程,提高人民生活水平。为实现这一目的,各方需共同推动相关国际合作进一步走深走实。2021 年第七十六届联大审议通过"空间 2030"议程,指引未来 10 年外空国际合作,在此方面迈出坚实一步。中方希望各方拿出实际行动,努力实现普惠包容、互利共赢的外空国际合作格局,推动进一步发挥空间技术的经济和社会价值,将议程所反映的各方在和平探索外空、为全人类谋福利方面的共同利益落到实处。

主席先生,

中方始终积极支持外空委继续加强职能和作用,以建设性态度参与了外空委及其下设两小组委员会维护和发展外空国际规则等工作,也始终积极支持所有国家特别是发展中国家平等参与外空全球治理。

中方并秉持人类命运共同体愿景,持续推进和平利用外空领域国际合作:

自去年10月至今年4月,中国空间站神舟十三号乘组共在轨飞行183天,创造了中国航天员连续在轨飞行时间的最长纪录。神舟十四号载人飞行任务进展顺利。中国空间站开放国际合作,与外空司共同遴选出首批空间科学国际合作实验项目,并已签署合作协议和任务规划,正在按计划推进实施工作,中方还将适时发布第二轮合作机会。中国探月工程第四期已正式立项,并与阿联酋等国启动合作,国际月球科研站项目正持续推进,欢迎感兴趣的国家、国际组织和国际合作伙伴共同参与相关合作。

中方重视运用空间技术应对气候变化、自然灾害等共同挑战。中国的8颗卫星和3个卫星星座加入空间与重大灾害国际宪章(CHARTER)机制,于2021年向近40个国家的87次自然灾害提供千余景卫星数据,支持各国防灾减灾。今年5月,金砖国家航天合作联委会成立,将引导五国航天机构在环境保护、应对气候变化等领域开展更高水平合作。9月,中国科学院可持续发展科学卫星1号(SDGSAT-1)数据面向全球开放共享,助力各国可持续发展研究和决策。中国还持续支持联合国灾害管理与应急反应天基信息平台(UN-SPIDER)项目,为UN-SPIDER北京办公室提供资金和技术保障。

主席先生,

中方赞赏联大一委、四委再次就外空问题举行联席会议。和平利用外空与外空安全问题的相互联系日益密切。希望联席会议能够促进联大一委和四委间的互动与协调,以更好推动各国就应对外空安全挑战、确保外空活动长期可持续和加强相关国际合作达成共识。

谢谢主席。

# 中国代表在第七十七届联大六委“国际法委员会第七十三届会议工作报告”议题下的发言（第一部分）

主席先生：

作为联合国负责国际法编纂和逐渐发展的主要机构，国际法委员会在过去70多年间成果斐然，对条约法、外交法、海洋法等领域一系列重要国际法律文件的制定作出重要贡献。近年来，委员会对国家责任、习惯国际法的识别等专题的研究成果也被广泛认可，一些成果被用于指导实践，为推动相关国际法规则研究和应用作出积极贡献。

主席先生，

当今世界正面临多重挑战，国际社会对法治的需求更加迫切，维护以国际法为基础的国际秩序重要性更加凸显。在此背景下，中方期待委员会立足自身职能，发挥更大作用，对委员会工作有两点总体建议：

一是充分吸收各国意见，继续提升选题质量。各国在联大及其六委等平台就厘清或完善当前国际规则提出不少关切和建议。作为联大附属机构，委员会要进一步加强同联合国会员国的交流，充分听取各国诉求，从国际社会实际需要出发，更有针对性地选择研究专题。

二是充分尊重国家实践,不断改进工作方法。无论是国际法的编纂还是逐渐发展,都不能脱离国家实践和法律确信,委员会工作中有必要对此更加重视。此外,应考虑明确指南草案、原则草案、结论草案、条款草案等不同工作成果形式分类的标准和依据,就不同议题明确定位、精准分类. 以提升透明度和工作效率。

中方注意到,委员会决定将“无法律约束力的国际协定”专题纳入长期工作计划,期待委员会能够本着严谨审慎、包容平衡的态度开展本专题研究,充分考虑各国意见和国家实践,确保工作成果更贴近当前需求。

主席先生,

中方感谢国际法委员会主席特拉迪先生就委员会第七十三届会议工作所做报告。下面,我愿针对报告第一部分有关专题发表看法:

关于“一般国际法强制性规范(强行法)”专题。中方注意到委员会二读通过本专题结论草案及评注,感谢委员会和特别报告员所做工作。正如特别报告员在其 2014 年提交的介绍文件中所说,强行法等渊源问题是国际法上的核心问题。因此,对相关规则的阐释必须有坚实的实践和理论基础,并充分体现共识,方能有说服力。中方注意到,最终通过的草案包括一些存在很大争议内容,愿就此重点表达两点意见:

一是关于与强行法“冲突”的安理会决议不产生国际法义务的问题。虽然第 16 条结论草案没有指向特定国际组织决议,但在其评注中却明确“包括有约束力的安理会决议”。而众所周知,《联合国宪章》第 103 条规定,宪章义务优先于其他国际法义务。评注对此的解释是,根据第 16 条结论草案,违反强行法的安理会决议“不产生国际法义务”,也就不存在优先于其他义务的问题,因此该条结论草案及有关评注与宪章并不冲突。

中方认为,宪章第 103 条对于在联合国框架下确保国际法律体系统一性极其重要。评注有关解释并没有真正解决法律逻辑上的漏洞,反而可能导致第 103 条被规避甚至架空。而且,安理会决议与强行法出现冲突仅仅是一种理论假设,实践中从未也不可能出现。即使特定安理会决议可能与强行法“冲突”,如何认定、谁来认定也将引发极大争议。从维护宪章权威性和联合国集体安全机制出发,中方呼吁继续审慎看待安理会决议与强行法的关系问题,完整、善意履行宪章义务。

二是关于草案附录中列举的强行法说明性清单。中方认为,该专题的主要目的应当是探讨强行法的识别方法和法律后果等“次级规则”,而非直接列举强行法规范具体内容。中方注意到,早在上世纪《维也纳条约法公约》强行法条款起草过程中,委员会就考虑过列举强行法具体内容的可能性,鉴于这需要首先对可能涉及的国际法各个分支进行长期研究,最终没有采取这一做法。在本专题讨论期间,委员会在列举清单时,并未按照结论草案中的识别方法对其充分讨论,相关规则的内涵及实践基础也并不清晰。中方认为,如果随着国际实践的日渐丰富,基于有关识别标准逐步形成公认的强行法规则,相信比现阶段在草案中写入一个清单更有利于实现研究的宗旨。

很多代表团曾对上述问题反复提出关切,但令人遗憾的是,最终通过的草案和评注并没有全面充分解决有关国家的关切。总的来看,委员会在本专题上的工作方式和最终成果均有改进空间。

关于“与武装冲突有关的环境保护”专题。中方祝贺委员会二读通过本专题原则草案及评注,赞赏两位特别报告员为此付出的努力,认为这项工作对于加强与武装冲突有关的环境保护具有积极意义。

就草案内容而言,考虑到国际性和非国际性武装冲突在性质、参与主体、危害程度等方面的较大差别,将原则草案不加区分地适用于二者,虽然可能是出于约束武装冲突的意图,但法理上论证不够充分。例如,本次届会期间新增的原则草案第 13 条第 2 款 b 项关于“禁止使用永久改变环境的作战方式”的规定来源于日内瓦公约《第一附加议定书》,而该议定书适用范围仅限于国际性武装冲突,能否直接将其适用于非国际性武装冲突还有待进一步论证。中方担心,类似的内容可能在一定程度上影响该草案在国际上被接受的程度。

谢谢主席先生。

# 中国代表在第七十七届联大六委“国际法委员会第七十三届会议工作报告”议题下的发言（第二部分）

主席先生：

中国代表团感谢委员会和所有特别报告员的辛勤工作。针对国际法委员会第七十三届会议工作报告第二部分，中方愿发表如下看法：

关于“国家官员的外国刑事管辖豁免”专题。委员会今年通过了第18条争端解决条款。一般来说，仅当预备基于条款草案制定公约时，在其中规定争端解决事项才有实际意义。在不预判是否就该条款草案制定公约的前提下，中方对该条的内容有如下意见：

第1款规定，法院地国和官员所属国可通过谈判或其自己选择的其他和平方式解决争端，中方赞赏这一规定，相信这是最有效的争端解决方式，将其写入条款草案将有助于鼓励相关实践。

第2款规定，如法院地国和官员所属国在合理时间内不能就条款草案的解释和适用达成一致，则根据其中一方请求，应当将争端提交国际法院或其他争议解决机制。根据“国家同意原则”，国家有权决定是否接受强制性第三方争端解决。同时，何为合理时间，可能有不同解释，在实际操作中反而容易引发新的争议。为解决上述问题，建议委员会考虑两种处理办法：一是删除第2款；二是在草案中补充规定,允许各国对第 2 款作出保留。

同时,中方希重申,就整套草案而言,一项根本性缺陷在于第 7 条属事豁免例外。过去几年,包括中方在内的许多国家多次明确提出对该条的修改建议甚至反对意见。从内容上看,本条规定了几项不适用属事豁免的罪名,其依据仅是少数几个国家的国内法规定以及《国际刑事法院罗马规约》,缺乏充分实践依据,可能为政治性滥诉大开"方便之门",进而影响外国国家官员正常履职。从程序上看,本条未经协商一致通过,反映出即使在委员会内部也存在很大分歧;委员会并未公布确定这些豁免例外的标准。

中方建议委员会不再列举具体的例外情形,而代之以"国际法规定的最严重罪行"这一表述,并在充分讨论基础上,明确属事豁免例外的标准,使研究成果反映各方共识。

关于"与国际法有关的海平面上升"专题。中方注意到,研究组共同主席已提交两份"问题文件",对本专题涉及的海洋法、国家地位及受影响人员保护问题进行了初步梳理,并计划未来几年重新审议这三方面问题,争取 2025 年形成一份实质性报告。中方希望委员会进一步明确后续具体设想,比如,接下来的报告与此前的"问题文件"有何不同?要实现何种效果和目的?中方建议,委员会应根据自身授权并结合既有国家实践,审慎制定下步工作计划,务实、高效推进研究。

同时,考虑到海平面上升涉及多个领域国际法规则,相关国家实践还在不断发展,委员会下步工作中要充分认识到该问题的复杂性,注意完善工作方法。委员会明确,本专题不会对《联合国海洋法公约》等现行国际法提出修正建议。同时,委员会列出了该专题所要处理的具体海洋法问题,包括海平面上升对基线、海域外部界限、海洋划界、岛屿在构成基线和海洋划界方面作用等可能产生的法律影响。这些问题既涉及对公约的解释,也涉及沿海国切身利益,高度复杂敏感,应选准角度、审慎处理,避免陷入政治性争论,或造成规则的碎片化甚至冲突。同时,中方认为,为确保最大限度凝聚共识,委员会今后对该专题的研究可不局限于研究组闭门会的形式。

主席先生,

由于我因工作安排无法参加下周会议,我想借此机会介绍一下中方对第三部分两项专题的意见。

关于“国家责任方面的国家继承”专题,中方感谢特别报告员为完成这一富有挑战性的专题所做的努力,向特别报告员和委员会严谨认真的工作态度表示敬意。

特别报告员今年提交了第五次,也是本届委员会最后一次报告,讨论了多个受害继承国和多个责任继承国的问题,并对迄今提交的条款草案进行了合并及调整。中方赞同委员会不再就涉及多个国家的责任继承问题提出单独条款草案,同意委员会有关结论,即相关问题可通过国家责任的一般原则予以解决。

本专题的研究具有相当难度,主要因为国家实践较为匮乏,且各有其特殊政治和地域背景,不具普遍性,也难以反映各国的法律确信。此前六委讨论中,包括中方在内的一些代表团建议将成果改为指南草案或研究报告。特别报告员采纳了上述建议,中方对此表示赞赏,也希望新一届委员会以现有成果为基础,从增强实践指导意义的角度对指南草案进一步予以充实,比如,在评注方面增加对一国解体等产生新国家情形的背景说明,以此实现委员会在“白板”原则,即新独立国家不承担被继承国家所承担的条约义务,与自动继承规则间取得平衡的目的。

关于“一般法律原则”专题。本届会议讨论了特别报告员的第三次报告,暂时通过了部分结论草案及其评注。中方感谢特别报告员和委员会所做工作,希借此机会对本届会上讨论的结论草案作几点评论:

关于结论草案 5 所述“确定世界主要法律体系共有的原则存在时,必须经过广泛且有代表性的比较分析”,中方对此总体认同。同时希进一步强调,部分国家间的特殊安排、有争议的司法机构裁决等,无法证明为世界各国普遍认可,并不足以认定“共有的原则”。中方建议,在该条案文评注中进一步明确,仅为少数国家或国家群体所认可的法律原则,不属于这里所指的“共有的原则”。

关于起草委员会暂时通过的结论草案6。中方认为,国内法原则和国际法规则的效力来源完全不同,判断某一国内法原则是否已向国际法体系“移植”,需要严格的标准,特别是需要得到国际社会的普遍认同。而且,表述相同的原则,在国内法和国际法体系中可能具有不同内涵。因此,建议委员会在研究中避免使用部分国家特有的国内法概念解释“移植”后的一般法律原则。

关于结论草案3(b)。中方认为,本条所涉“在国际法体系内形成的一般法律原则”的存在缺乏足够的理论和实践支撑。例如,特别报告员用作例证的马尔顿斯条款,通常被视为国际人道法领域的习惯国际法,而非一般法律原则。其他一些代表团以及委员也有类似观点。中方注意到委员会暂时通过的3(b)已经改为“可能在”(that may be)国际法律体系内形成的一般法律原则,但此种可能性仍需更加有说服力的论证。

关于与3(b)密切相关的结论草案7。中方注意到本条分为第1款“在国际法体系内形成的一般法律原则”的识别门槛以及第2款“不妨碍条款”(without prejudice clause),即本条第1款规定不代表预判此类原则真实存在。中方认为,当前识别门槛在前、“不妨碍条款”在后的排列顺序,似乎在暗示这种原则默认存在,可能导致读者误解。在讨论这种原则的识别门槛之前,应首先说明其存在与否并不明确。建议委员会考虑将本条第2款位置调整至第1款之前,避免误读。

国际法渊源是国际法领域的基础性问题。一般法律原则作为《国际法院规约》第38条确认的国际法渊源之一,其相关研究具有重要意义,中方期待委员会今后继续以《规约》相关规定为出发点,确保研究结论的严谨性、合理性。

谢谢主席先生。

# 中国代表在第七十七届联大六委“消除国际恐怖主义的措施”议题下的发言

主席先生：

我祝贺你当选第七十七届联大六委主席。中方愿与你和主席团其他成员以及各国代表团一道，推动本届联大六委工作取得成功。

恐怖主义是全人类公敌，反恐是国际社会共同责任，国际反恐斗争近年来取得重要进展，但依然任重道远。

——恐怖主义威胁国际和平与安全。当前全球恐怖活动加速回潮，恐怖组织在叙利亚、阿富汗依然活跃。他们利用高新技术宣扬极端思想，采取“游击战”策略开展恐袭活动，预防和打击难度明显增加。发展中国家是恐怖势力主要流向，在反恐方面承受更大压力。

——恐怖主义阻碍可持续发展进程。安全是发展的根本前提，在恐怖主义带来的安全威胁之下，全球实现 2030 年可持续发展议程困难重重。近年来，新冠疫情导致贫困和社会问题加剧，极端思想蔓延，助长恐怖主义滋生，国际社会推动可持续发展面临更大挑战。

——国际反恐合作面临复杂挑战。一些大国收缩全球反恐战略，造成地区反恐真空。一些国家炮制人权人道问题，干预别国反恐努力。一些国家打着反恐旗号，奉行单边主义和霸凌行径，干扰国际反恐合作进程。

主席先生，

面对全球安全新形势新挑战，中国国家主席习近平提出全球安全倡议，特别强调要坚持统筹维护传统领域和非传统领域安全，共同应对恐怖主义等全球性问题。中方愿与国际社会团结合作，共同打击恐怖主义。为此，中方提出以下主张：

第一，坚持真正多边主义。人类是不可分割的安全共同体，没有哪个国家能够独立应对恐怖威胁。反恐必须践行真正的多边主义，充分发挥联合国在全球反恐领域的中心协调作用，继续推动在国际、区域和国家层面加强信息共享、经验交流、行动协调。

第二，强化反恐国际法治。反恐必须遵守《联合国宪章》宗旨和原则，各国主权必须得到尊重，内政不容干涉，合理安全关切应得到重视。不能奉行双重标准，搞选择性反恐。更不能将恐怖主义与特定国家、政府、民族或宗教挂钩，将反恐问题政治化、工具化。应尽快出台《关于国际恐怖主义的全面公约》，完善反恐国际法律框架。

第三，加强反恐能力建设。国际社会应充分利用高新科技精准打击恐怖活动，同时防止这些新工具被恐怖组织滥用。发展中国家是恐怖势力主要流入地，国际社会应采取切实举措，提升发展中国家反恐能力。中方将继续在中非合作论坛、金砖国家反恐工作组等框架下，为有关国家自主维护地区安全和反恐努力提供支持。

第四，消除恐怖主义根源。反恐必须综合施策、标本兼治，采取政治、经济、司法、社会等手段，铲除滋生恐怖主义的土壤。反恐必须重视发展问题，加快落实2030年可持续发展议程，打破贫困与恐怖主义之间的恶性循环。反恐必须重视青年问题，解决好教育和就业，加大力度去极端化，防止青年受恐怖主义思想毒害。

主席先生，

中国是恐怖主义受害者。“东伊运”是联合国安理会列名的国际恐怖组织,打击以“东伊运”为代表的“东突”恐怖势力是国际反恐斗争的重要组成部分,符合国际社会共同利益。

安理会制裁委监测小组的报告显示,“东伊运”目前在叙利亚、阿富汗等地依然活跃,仍在策划和从事恐袭活动,同“基地”组织、“巴基斯坦塔利班”等其他暴恐势力保持联系,并设法壮大其组织。中方希望国际社会认清“东伊运”的暴恐本质和严重危害,严格执行安理会对其实施的制裁措施,共同打击这股恐怖势力,我们敦促有关国家从国际反恐合作大局出发,停止对此问题进行政治操弄。

主席先生,

中方反对任何形式的恐怖主义,始终是国际反恐合作的参与者和贡献者。中方将继续同各方一道,践行共同、综合、合作、可持续的安全观,不断深化国际反恐合作,共同应对恐怖主义威胁,维护世界和平与稳定。

谢谢主席先生。

# 中国代表在第七十七届联大六委“国内和国际法治”议题下的发言

主席先生：

法治是人类文明进步的重要标志。中方欢迎联大六委在“国内与国际法治”议题下讨论“新冠肺炎疫情对国内和国际法治的影响”，这对国际社会坚守法治精神、携手抗击疫情具有重要意义。

主席先生，

新冠肺炎疫情是全人类面临的严峻挑战。中方始终秉持人民至上、生命至上理念，依法防控疫情，在法治轨道上统筹推进各项防控工作。

一是完善卫生立法。国家立法机构制定了《生物安全法》，修改了《传染病防治法》，地方立法机构和有关部门出台了相应法规，确保各层级、各领域疫情防控工作有法可依。

二是推进公正司法。中国各级司法机构依法打击妨害疫情防控的违法犯罪行为，妥善处理各类疫情防控民商事纠纷，在严格防控疫情的过程中重视和保障公众合法权利。

三是强化应急举措。中国政府根据《突发事件应对法》等法律法规授权，第一时间启动应急机制，以最快速度阻断疫情传播，最大程度保护人民生命安全和健康，最大限度减少疫情对经济社会发展的影响。

中方在立法、司法、执法领域采取的举措为统筹疫情防控和经济社会发展提供了坚强有力的法治保障，取得了举世公认的积极成果。疫情暴发两年多来，疫情在中国的感染率、死亡率保持全球最低水平。同时,中国保持了经济总体稳定增长。事实证明,中国的疫情防控是科学、正确、有效的,是对人民负责的。

主席先生,

当前,新冠疫情、地缘政治冲突、能源和粮食危机、气候变化相互交织,严重影响联合国2030年可持续发展议程的落实进程。面对世界性挑战,中国并不"独善其身",而是"兼济天下"。习近平主席提出全球发展倡议,为破解发展难题贡献中国智慧,提出中国方案。

中国秉持人类卫生健康共同体理念,尽己所能提供抗疫物资、分享防疫经验,为构建全球免疫屏障,重振全球发展事业作出重大贡献。

中国最早承诺将新冠疫苗作为全球公共产品,最早支持疫苗知识产权豁免,已向120多个国家和国际组织提供超过22亿剂疫苗。

中国致力于推进疫情防控国际法治合作,积极参与、配合世界卫生组织《国际卫生条例》的修改工作并认真履行条例义务,推动完善公共卫生秩序。

世纪疫情提醒我们,全球卫生治理体系仍存在短板和漏洞。以邻为壑、零和博弈解决不了本国问题,也应对不了新冠肺炎疫情等全球性挑战。要破解困局,必须开展全球行动、全球应对、全球合作,在防疫领域加强国际法治合作。中方主张:一是坚定支持联合国和世界卫生组织发挥中心协调作用,切实维护全球公共卫生安全。二是不断完善全球防控法律框架,提高国际社会预防和应对传染病流行的能力。三是坚持疫苗作为全球公共产品的属性,确保疫苗在发展中国家的可及性和可负担性。

主席先生,

当前,国际安全形势持续不靖,全球经济复苏脆弱曲折,各种风险危机层出不穷,世界比以往任何时候都更呼唤公平正义和共同发展。

各国要完善法治和全球治理。应坚定维护以联合国为核心的国际体系,维护以国际法为基础的国际秩序,维护以联合国宪章宗旨和原则为基础的国际关系基本准则。

各国要践行真正的多边主义。法治不是少数国家的专利,国际立法应由各国共同平等参与,国际规则要平衡反映各国关切。不能把个别国家的规则当作国际规则,也不能把个别国家的标准当作国际标准。

各国要坚持统一适用国际法。必须依法行使权利,善意履行义务,不能搞双重标准和例外主义,不能以“法治”之名行侵害他国权益之实,更不能对国际法合则用、不合则弃。

疫情终将退散,法治未曾远离。中方愿同国际社会一道,继续推进国际法治,不断完善全球卫生治理,共同推动构建人类卫生健康共同体,促进实现更加美好的世界。

谢谢主席。

# 中国代表在第七十七届联大六委“危害人类罪”议题下的发言

主席先生：

中方赞同委内瑞拉代表宪章之友小组所作发言。危害人类罪是国际公认的严重罪行。第二次世界大战期间，中国人民深受危害人类罪戕害，有着惨痛的经历。中方支持依法防止和惩治危害人类罪，以实现公平和正义，促进和平与安全。

近年来，联大六委围绕是否需就危害人类罪制定专门公约进行讨论。虽然各方看法不尽相同，但讨论本身体现了国际社会对防止和惩治危害人类罪的高度重视和持续努力，有重要价值，应当继续。

主席先生，

就危害人类罪制定专门公约是一项重大系统工程，各方应秉持负责任态度，充分协商，增进理解，循序渐进，慎重决策。为此，中方强调以下几点：

第一，缔约谈判之前必须先行探讨核心问题，凝聚国际共识。国际法委员会虽于 2019 年提出《防止及惩治危害人类罪条款草案》，但从一些国家提交的书面评论以及联大六委讨论情况看，各国对危害人类罪的定义、普遍管辖权的适用、争端解决机制、公约与国内法关系等核心问题仍存重大分歧。经验表明，在缺乏基本共识情况下仓促启动公约谈判，往往事与愿违，欲速则不达。中国有句谚语，磨刀不误砍柴工。我们认为应在联大六委继续就核心问题深入交换意见，逐步理清思路，弥合分歧，为后续的缔约谈判奠定基础。

第二,推进议题讨论必须尊重联大六委传统,坚持协商一致。一些代表团背离六委惯常工作模式,在未经磋商情况下,自行抛出危害人类罪议题决议草案,甚至扬言强推表决,这种做法极不具建设性。联大六委的工作攸关国际法律规范的创设和实施,攸关国际社会的整体和长远利益,长期以来形成了协商一致决策的良好传统。背弃这一传统,将动摇六委工作基础,损害各国利益,也不符平等协商、民主决策、共同遵守的法治精神。中方呼吁各方继续以负责任的态度推进六委工作。

第三,启动缔约谈判必须营造团结合作氛围,排除政治干扰。近年来,个别国家出于政治目的,滥用危害人类罪概念,单方面擅自给其他国家贴标签,并大肆炒作,借法律之名行干涉内政之实。这种政治操弄行径严重破坏公平正义,严重干扰国际关系,给国际社会在危害人类罪问题上开展务实合作带来严重负面影响。我们奉劝这些国家改弦更张,采取切实举措,为在危害人类罪问题上打击有罪不罚、开启缔约谈判积累政治互信、创造有利条件。

主席先生,

尽管国际社会尚未就危害人类罪制定专门公约,但危害人类罪本身或其所涉具体行为已被绝大部分国家纳入国内法予以惩处,亦被国际人道法、人权法等国际法规则所禁止。防止和惩治危害人类罪并非毫无法律框架。中方愿与各方一道,继续探讨就危害人类罪制定专门公约。与此同时,中方支持各国以符合自身国情的方式,加强国内立法执法,拓展国际法律合作,共同为防止和惩治危害人类罪作出贡献。

鉴于上述,中方支持继续在联大六委框架下,务实探讨国际社会进一步防止和惩治危害人类罪的有效方式、缔约时机和具体规范等问题。相关讨论不应预设讨论结果、时间表或路线图,而应充分发扬民主,逐步凝聚共识,在平衡反映各方关切基础上推进工作。

谢谢主席。

# 中国代表在第七十七届联大六委“国家对国际不法行为的责任”议题下的发言

主席女士：

国家责任是国际法上极为重要的问题。明确国家需对其不法行为承担责任，准确界定国家责任相关规则，对促进国际法治和公平正义具有重要意义。“国家对国际不法行为的责任条款草案”是国际法委员会于 2001 年完成的一项重要研究成果。20 年来，条款草案受到国际社会广泛重视，为各国处理实践中的国家责任问题提供了指引，也被国际法院和一些区域性司法机构在相关案件的裁决中予以援引，例如，国际法院处理的刚果（金）诉乌干达案、国际海洋法法庭处理的巴拿马诉意大利案等。

中方认为，条款草案总体较为成熟，对国家责任问题作了比较全面、平衡的规定，在实践中也发挥重要作用。同时，条款草案并非尽善尽美，对“严重违背依一般国际法强制性规范承担的义务”“反措施”“受害国以外的国家采取措施”等问题，各国仍有不同理解和重大关切。中方支持继续在六委框架下就国家责任条款草案实质问题和如何采取下步行动深入讨论，凝聚共识。

中方注意到，目前联大六委正就国际法委员会提交的其他研究成果进行讨论，许多国家呼吁应在工作方法上公正对待国际法委员会的研究成果，避免采取双重标准。我们对此表示赞同，并呼吁各方维护协商一致传统，善意、建设性开展工作，不应出于个别国家利益,将某些议题置于优先地位。只有采取公正合理的工作方法,才能确保六委和国际法委员会之间的良性互动,发挥六委民主协商的优势,确保有关工作成果获得普遍认可和执行,促进国际法的编纂和逐渐发展。

谢谢主席。

# 中国代表在第七十七届联大六委“考虑有效措施以加强外交和领事使团及代表的保护、安保和安全”议题下的发言

主席先生：

加强对外交和领事使团及代表的保护，是发展国家间外交和领事关系、促进国际友好合作的重要保障。中方欢迎联大六委继续就本议题进行讨论，愿在此分享以下几点看法：

第一，各国负有保护外交和领事使团及代表的国际法义务。根据《维也纳外交关系公约》和《维也纳领事关系公约》，接受国有义务采取措施，维护外交领事使团馆舍的安全、安宁和尊严，防止外交和领事代表的人身、自由或尊严受到侵犯。基于此，接受国政府不仅要约束自身行为，不侵犯外交和领事使团及代表，而且要采取行动，防止本国境内的外交和领事使团及代表受到第三方的侵犯。

第二，各国保护外交和领事使团及代表需预防和惩处并举。各国要在立法、行政和司法领域综合施策，一方面采取积极的预防措施，确保外交和领事使团及代表的安全免受威胁，另一方面完善调查和追责制度，依法严惩针对外交和领事使团及代表的违法犯罪行为，并妥善处理受害人赔偿事宜。1973 年《关于防止和惩处侵害应受国际保护人员包括外交代表的罪行的公约》在国际上获

得普遍接受，各缔约国应诚意和忠实履行公约义务。

第三，各国要尊重外交和领事使团及代表依法享有的特权与豁免。派遣国的外交和领事使团及代表应尊重驻在国法律法规，不能滥用特权与豁免。接受国则应切实保障有关机构和人员依法享有的特权与豁免，这是加强外交和领事使团及代表的保护、安保和安全的应有之义。

主席先生，

中方一贯高度重视并严格履行《维也纳外交关系公约》和《维也纳领事关系公约》，制定了《外交特权与豁免条例》《领事特权与豁免条例》等国内法，积极采取保护驻华外交和领事使团及代表安全的措施。比如，中方根据需要为外交和领事使团馆舍配备武警保卫，及时通报安全风险信息，高效处理涉及驻华使团及人员的各类突发情况和案件。这些措施取得良好效果，为驻华外交和领事使团及代表顺利履职提供了坚实保障。

主席先生，

从联合国秘书长就本议题发布的报告看，外交和领事使团及代表的安全仍面临挑战。与报告提及的不少国家类似，近两年，中国驻多国外交和领事使团及代表的安全受到威胁和侵犯。有的使馆馆舍和大使官邸长期受到不法滋扰，严重扰乱使馆和馆员的工作生活秩序，但接受国政府并未采取有效措施制止滋扰行为。有的使馆收到炸弹恐吓，外交活动现场遭到暴力破坏，但违法犯罪分子没有受到应有惩戒。有的馆舍遭投掷燃烧瓶、爆炸物和汽车冲闯等恶性事件，严重危及馆舍和外交人员安全。有的外交、领事官员合法履行职务，却遭到诬告滥诉，豁免权受到挑战。

中方认为，上述情况不利于外交和领事使团及代表履职，强烈呼吁各国切实履行国际义务，采取有效的预防和惩处措施，加强对外交和领事使团及代表的保护。中方也愿与各方继续就保护外交和领事使团及代表的有效措施加强沟通交流。

谢谢主席先生。

# 中国代表在第七十七届联大六委“普遍管辖权原则的范围和适用”议题下的发言

主席先生：

普遍管辖权是一个涉及法律、政治和外交的综合性问题。联大六委于2009年设立本议题，其初衷是合理界定普遍管辖权的适用范围，确保各国审慎确立和行使普遍管辖权，避免损害国际关系稳定。基于此，中方愿就普遍管辖权问题阐明以下立场：

第一，普遍管辖权具有特殊法律属性，必须严格限定其适用范围。根据国家主权平等原则，一国确立和行使管辖权不得损害他国主权，在通常情形下应以所涉案件与本国具有真实、足够的联系为前提。普遍管辖权是在所涉案件与一国缺乏属人、属地或本国安全与利益等联系因素的特殊情况下，由该国确立并行使的管辖权，因此普遍管辖权的适用仅限于极其例外的个别情形，并且要有清晰的范围和标准，否则将损害有关国家的司法主权。

第二，普遍管辖权旨在维护公共利益，必须基于广泛国际共识予以确立和行使。根据习惯国际法，所有国家对海盗行为均享有普遍管辖权，《联合国海洋法公约》对此亦予确认。除此之外，对于在其他情形下是否存在普遍管辖权，各国立场不一，分歧明显，远未形成广泛接受的国际法规则。一些国际条约或国家实践被援引作为“普遍管辖权”的法律基础，实际上它们是国际条约规定的“或引渡或起诉”规则，以及有关国家基于特定联系因素实施的域外管辖权,并非真正意义上的普遍管辖权。对于普遍管辖权问题,多数国家态度审慎。

第三,普遍管辖权攸关国际关系稳定,必须确保其在实践中不被滥用。一国确立和行使普遍管辖权,必须严格遵守国家主权平等和不干涉内政等国际法基本原则,以及国际法公认的豁免规则。一段时间以来,少数国家的法院以"普遍管辖权"为名实施与其领土、国民或财产毫无联系的域外管辖,甚至出现政治化滥诉和侵犯外国官员刑事管辖豁免的情况。这显然是对普遍管辖权的滥用,不利于维护国际关系的稳定。在联大六委就普遍管辖权的适用范围达成共识之前,除针对海盗行为外,一国法院应克制行使普遍管辖权,避免引发争议。

主席先生,

中方注意到,一些国家主张将普遍管辖权问题交由国际法委员会讨论。鉴于普遍管辖权问题具有较强的政治属性,并且各国立场和观点尚存明显分歧,目前将该问题提请国际法委员会处理的时机还不成熟。中方支持继续在联大六委框架下就普遍管辖权问题开展讨论。

谢谢主席先生。

# 中国代表在第七十七届联大六委“联合国国际贸易法委员会第五十五届会议工作报告”议题下的发言

主席女士：

中方感谢联合国国际贸易法委员会第五十五届会议主席西蒙诺维奇先生和秘书长乔宾－布莱特女士就贸法会工作所做全面报告。过去一年来，联合国国际贸易法委员会在推动国际商事规则的协调统一和现代化方面取得了重要进展，特别是制定《船舶司法出售国际效力公约》等国际文书，为后疫情时代全球经济复苏提供了有力的法治支撑。

中方历来高度重视和支持联合国贸法会的工作，一直积极参与各项议题的讨论和相关规则的制定，对贸法会过去一年的工作成果表示赞赏。

主席女士，

联合国贸法会历经多年谈判，形成了《船舶司法出售国际效力公约》草案。公约草案充分考虑了不同国家、不同法系的立法和司法实践，为船舶司法出售的国际承认问题确立起法律规范，确保船舶买受人的所有权在其他缔约国获得承认，有利于增强相关权利的稳定性，有利于保护金融机构进行船舶融资的积极性，有利于促进国际贸易发展。中方支持第七十七届联大审议通过该公约。

主席女士，

在联合国贸法会关于公约草案的谈判过程中，各方一致同意，在公约正式通过后，由中方于2023年在北京举办公约签署仪式，并按惯例将公约简称为《北京船舶司法出售公约》。在此，我谨代表中国政府，诚挚邀请并欢迎各国届时派代表赴北京出席公约签署仪式。在今天上午的发言中，巴基斯坦、塞拉利昂、喀麦隆、伊朗等国代表支持在北京举办签署仪式，我向他们表示衷心感谢！

主席女士，

中方将一如既往地重视并参与联合国贸法会工作，愿与其他成员国共同努力，推动贸法会工作取得新的成绩。

谢谢主席。

# 中国代表在第七十七届联大六委“联合国宪章和加强联合国作用特别委员会报告”议题下的发言

主席女士：

中方支持委内瑞拉代表《联合国宪章》之友小组所作发言。

面对百年变局与世纪疫情，国际社会需要加强团结，共同应对，携手维护以联合国为核心的国际体系、以国际法为基础的国际秩序。《联合国宪章》是当代国际法的坚实基础，是处理国际关系的根本遵循，是稳定国际秩序的重要基石。中方支持宪章特委会根据联大授权开展工作，期待特委会为捍卫《联合国宪章》、加强联合国作用付出更多努力、作出更大贡献。

主席女士，

“维护国际和平与安全”是联合国的宗旨之一，也是会员国在《联合国宪章》下的庄严承诺。近年来，特委会在该议题下就联合国制裁、禁止使用武力等问题进行了有益探讨，中方对此表示赞赏。

关于联合国制裁问题，中方愿重申：制裁是手段而不是目的，应当服务于有关问题的政治解决，安理会对制裁应采取慎重和负责任态度。制裁应以用尽其他和平手段为前提，应符合《联合国宪章》和相关国际法原则，最大限度降低对普通民众和第三国的影响。中方主张各方严格遵守和执行安理会制裁决议，反对额外施加与《联合国宪章》不符的单边制裁，损害联合国制裁的有效性和权威性。

主席女士,

关于“和平解决争端”议题,中方一贯主张争端当事国通过谈判协商等和平手段妥善解决争端,主张应尊重各国自主选择争端解决方式的权利。作为联合国创始会员国和安理会常任理事国,中国始终秉持客观公正立场,致力于推动和平解决国际争端,为解决地区和国际热点问题发挥积极作用。

宪章特委会今年届会对《联合国宪章》第 33 条所规定的“司法解决”进行了讨论。中方愿借此机会强调,与其他涉及第三方介入的和平解决争端方法一样,司法解决必须恪守“国家同意”原则,严格按照条约授权或当事国约定确立和行使管辖权,忠实、善意地解释和适用法律。只有这样才能真正发挥促进和平解决争端的作用。

今年是《关于和平解决国际争端的马尼拉宣言》生效四十周年,《宣言》是特委会的重要工作成果,具有里程碑意义。中方支持特委会与时俱进,出台更多成果,为维护《联合国宪章》,加强联合国作用作出新贡献。

主席女士,

中国一贯致力于和平解决争端。近年来,国际社会对调解的需求日益增加,但目前国际上还没有专司调解的政府间国际组织。为顺应国际调解发展态势和需求,中方与持相近理念的国家签署了《关于建立国际调解院的联合声明》,决定共同发起建立国际调解院,专门提供调解服务,为各类国际争端提供友好、灵活、经济、便捷的解决方案。根据《联合声明》,中方将在中国香港特别行政区设立国际调解院筹备办公室。该办公室预计自 2023 年起组织开展建立国际调解院的公约谈判。

主席女士,

不久前,中国共产党第二十次全国代表大会胜利闭幕,中共中央总书记、中国国家主席习近平在二十大报告中指出,“中国始终坚持维护世界和平、促进共同发展的外交政策宗旨,致力于推动构建人类命运共同体。”中国作为第一个在《联合国宪章》上签字的国家,将始终做世界和平的建设者、全球发展的贡献者、国际秩序的维护者。中国愿同各国秉持共商共建共享理念,继续弘扬全人类共同价值,践行真正的多边主义,共同维护国际和平与安全,共同促进世界发展与进步。

谢谢主席女士。

# 中国代表在第七十七届联大六委“追究联合国官员和特派专家刑事责任”议题下的发言

主席女士：

对于联合国官员和特派专家实施的犯罪行为，中方全力支持依法追究其刑事责任，以惩处犯罪并维护联合国的形象、声誉和威望。具体而言，中方主要谈三点主张：

第一，采取预防性举措，加强监督管理。派遣国和联合国应注重将预防性措施和惩罚性措施相结合，综合施策，对联合国官员和特派专家加强警示教育、岗位培训和监督管理，提高其职业操守，指导其行为规范，最大限度预防犯罪行为。

第二，坚持零容忍政策，打击有罪不罚。各国尤其是涉案联合国官员和特派专家的国籍国，应在立法、执法、司法领域采取一切必要措施，严厉打击有关犯罪活动。联合国应坚决执行零容忍政策、确保所有犯罪行为依法得到惩处，实现公平和正义。

第三，加强各领域合作，推进国际协调。涉案联合国官员和特派专家的国籍国与其工作地点的东道国之间应积极开展引渡和刑事司法协助。联合国与行使管辖权的国家应加强情报交换等合作。联合国系统也应加强内部协调，防范和打击有关犯罪活动。

主席女士，

联合国秘书长针对本议题，向本届联大提交了 A/77/225 和 A/77/237 报告，进一步更新各国关于追究联合国官员和特派专家刑事责任的立法、司法和国际合作实践,也概述了联合国系统在该领域开展的系列工作。中国对两份报告表示欢迎,对联合国秘书处付出的努力表示感谢。

秘书长报告鼓励所有国家依法对联合国官员和特派专家实施的严重犯罪行为确立管辖权。借此机会,中方愿重申,中国《刑法》及其他法律法规在这方面已作出相应规定。如果中国籍联合国官员或特派专家涉嫌从事犯罪行为,中国可依据国内法确立管辖权,追究其刑事责任。

此外,中方也高度重视在追究联合国官员和特派专家刑事责任方面与各方加强国际合作。截至2022年9月,中国已参加20余项涉及司法合作的多边条约,与82个国家缔结了总计170项司法合作类双边条约,其中141项已经生效。对于未与中国缔结双多边条约的国家,中国可根据其《引渡法》和《国际刑事司法协助法》的规定,基于互惠原则,在个案基础上与有关国家开展引渡和刑事司法协助。对于联合国方面,中国也愿意探讨开展相关合作的可行方式。

主席女士,

中国期待与各方加强协作,预防和打击联合国官员及特派专家的犯罪活动,促进公平正义,维护联合国的整体利益。

谢谢主席女士。

# 中国观察员代表在《国际刑事法院罗马规约》第二十一届缔约国大会上的发言

中方祝贺《国际刑事法院罗马规约》生效和国际刑事法院成立20周年，注意到法院20年来为惩治严重国际罪行所做工作。中方一直密切关注法院工作，作为观察员参加历届缔约国大会，将继续支持国际社会促进司法正义的努力。

中方注意到，法院过去一年在案件调查、审判及补偿受害者等方面取得进展，并积极加强同有关国家和国际组织合作。法院检察官开展实地访问，与苏丹、利比亚等国就加强合作等问题进行建设性沟通，定期向联合国安理会通报相关工作进展。法院还在联大、安理会有关专题会议等场合与联合国会员国互动。

中方对法院相关努力表示赞赏，支持法院继续加强与有关国家的接触和沟通。中方认为，这种接触和沟通有利于法院进一步了解有关国家实际情况和各方面复杂因素，听取其意见和自身选择。在此基础上，法院可以遵循《罗马规约》补充性管辖原则和相关国际法的方式，为问题的妥善解决发挥建设性作用，在工作中兼顾司法正义与和平稳定，特别是充分考虑冲突后重塑和平稳定殊为不易，顾及有关地区和人民的福祉。

中方也支持法院继续加强与联合国包括安理会的互动。在应对国际社会关切、可能会破坏国际和平与安全的最严重罪行方面，法院和安理会扮演着不同但相辅相成的角色。安理会根据《联合国宪章》承担维护国际和平与安全的首要职责。法院作为司法机构,通过依法追究有关最严重罪行的刑事责任,也可为促进国际和平与安全作出贡献。二者可以在《联合国宪章》《联合国和国际刑事法院间关系协定》等确立的法律框架下,以符合各自职责目标和工作程序的方式开展合作。

同时,我们也关切地注意到,法院近期一些司法实践在管辖权问题上引发争议。比如,在孟加拉国—缅甸情势中,法院认为只要其"管辖范围内的犯罪至少有一个要素或犯罪的一部分发生在《罗马规约》缔约国领土上,法院就可行使管辖权"。这种做法涉及为非缔约国施加条约义务,可能需要更充分的国际法依据予以支撑。再比如,法院已启动调查的菲律宾情势,涉及退约国在同法院合作方面承担怎样的义务,也关系到尊重国家主权和国家同意原则的适用等问题,有必要进一步澄清。

中方一直以来支持国际社会惩治最严重罪行、促进实现司法正义的努力。期待法院以《罗马规约》生效20周年为契机,认真回顾和审视自身发展得失,秉持成立时的初心,坚守独立、公正和非政治化立场,确保司法活动始终符合包括《联合国宪章》宗旨与原则在内的国际法基本原则,确保在解释和适用《罗马规约》时采取统一标准,杜绝政治操弄,避免选择性司法和双重标准,以实际行动赢得更广泛的信任和支持,为促进司法正义、维护国际和平与安全作出贡献。

# 中国代表在联合国外空委第六十五届会议上的一般性发言

主席先生：

祝贺您当选联合国外空委第六十五届会议主席，相信在您的领导下，本届会议将取得圆满成功。主席先生和 Niklas Hedman 代理司长带领的秘书处克服新冠肺炎疫情影响召开本届会议，中方对此表示赞赏。中方支持突尼斯代表“77 国集团加中国”所做发言。

主席先生，

当前，新型空间活动不断涌现，空间活动主体日益多元。面对外空技术快速发展传播带来的机遇和挑战，加强外空治理，维护以国际法为基础的外空国际秩序势在必行。各方应继续支持外空委发挥主平台作用，促进和平利用外空全球治理和国际合作，避免这种作用遭到侵蚀；维护并践行真正的多边主义，确保发展中国家和新兴航天国家在规则制定中全过程参与权、发言权。中方乐见外空委持续扩员和提升影响力，支持危地马拉、乌兹别克斯坦成为外空委成员国。中方期待与各方一道，依据国际法加强外空全球治理，为世界各国人民共享航天技术发展成果作出贡献。

中方欢迎第五十九届科技小组委员会和第六十一届法律小组委员会的报告，乐见两小组委员会下设外空活动长期可持续性(LTS)工作组和空间资源工作组高效推进，赞赏工作组在主席团领导下完成建章立制工作，期待两工作组在后续实质讨论中坚持外空条约及其奠定的外空法基本原则，促进有关空间活动以合法、有序且有利于各国共同利益的方式开展。中方注意到众多成员国及一些国际组织关注低轨巨型卫星星座带来的挑战,支持外空委对此开展更有针对性的讨论,以确保星座活动符合对轨道和频率的可持续利用,维护外空的可进入性(accessibility)。

"空间 2030"议程业经 2021 年第七十六届联大审议通过,中方期待同各方一道,进一步发挥空间技术的经济和社会价值,将议程所反映的各方在和平探索外空、为全人类谋福利方面的共同利益落到实处。

主席先生,

过去一年,中方始终秉持人类命运共同体愿景,持续推进和平利用外空领域国际合作。今年 3 月,中国国家航天局同巴西航天局就中巴地球资源卫星后续星达成共识;4 月,中国国家航天局发布《国家民用卫星遥感数据国际合作管理暂行办法》,促进卫星遥感数据的国际应用与开放共享。中俄共同发起的国际月球科研站项目持续推进,欢迎感兴趣的国家、国际组织和国际合作伙伴共同参与相关合作。

自去年 10 月至今年 4 月,中国空间站神舟十三号乘组共在轨飞行 183 天,创造了中国航天员连续在轨飞行时间的最长纪录。中国空间站开放国际合作,与外空司共同遴选出首批空间科学国际合作实验项目,并已签署合作协议和任务规划,正在按计划推进实施工作,中方还将适时发布第二轮合作机会。

去年 12 月,中国卫星导航系统管理办公室与南非国家航天局签署《中国卫星导航系统管理办公室与南非国家航天局关于卫星导航用于和平目的合作谅解备忘录》,与阿拉伯信息通信技术组织签订《中国 - 阿拉伯国家卫星导航领域合作行动计划(2022 - 2023 年)》,继续加强与发展中国家在卫星导航领域的合作。

中方重视运用空间技术应对气候变化、自然灾害等共同挑战。今年 5 月,金砖国家航天合作联委会成立,将引导五国航天机构在环境保护、应对气候变化等领域开展更高水平合作。2019 年 6

月，中国国家航天局与全球 23 个航天机构与组织共同签订《空间气候观测平台(SCO)联合声明》，共建 SCO 平台。中国的 8 颗卫星和 3 个卫星星座加入空间与重大灾害国际宪章(CHARTER)机制，于 2021 年向近 40 个国家的 87 次自然灾害提供千余景卫星数据，支持各国防灾减灾。中国还持续支持联合国灾害管理与应急反应天基信息平台(UN-SPIDER)项目，为 UN-SPIDER 北京办公室提供资金和技术保障。

外空安全(security)挑战和威胁与日俱增，防止外空军备竞赛，是确保外空和平、安宁、可持续利用的重要前提。要注意的是，夸大甚至滥用“安全威胁”，可能为发展中国家和平利用外空设置过高门槛。中方呼吁各方平衡处理外空安全与和平利用的关系，尊重并确保各国平等享有和平利用外空的权利，特别是关注发展中国家和新兴航天国家利益。

谢谢主席先生。

# 中国代表在联合国外空委法律小组委员会第六十一届会议“空间资源探索、开发和利用活动的潜在法律模式的一般意见交流”议题下的发言

主席女士：

中国代表团欢迎本届会议继续审议“空间资源探索、开发和利用活动的潜在法律模式的一般意见交流”议题。下面中方就空间资源活动一般性法律问题及空间资源工作组五年期工作计划分别发表以下看法：

第一，空间资源活动相关规则应符合《外空条约》确立的法律框架。根据《外空条约》的规定，探索和利用外层空间应为所有国家谋福利；各国不得将包括月球和其他天体在内的外层空间据为己有。而目前一种引发讨论的做法是，个别国家通过签订协议，就空间资源开发利用及相关活动制定适用于他们彼此的规则。需要指出的是，《外空条约》是外空国际法律制度的基石，在空间资源活动中，任何对《外空条约》条款的解释和适用，以及对有关规则的发展，均应符合《外空条约》确立的法律框架，这涉及所有缔约国的权利和关切。因此，在联合国框架下秉持真正的多边主义开展讨论，显得尤为重要。

第二，工作组应明确现有外空基本规则适用于空间资源活动，并本着审慎态度予以必要的发展。法律小组委员会设立空间资源

工作组，既及时回应现实挑战，也承载着成员国对外空委这一外空规则制定首要平台的期待。中方感谢工作组主席 Andrzej Misztal 大使和 Steven Freeland 教授所做准备、协调工作，愿基于主席团起草的建议进一步讨论，并尽早确定五年期工作计划，以便工作组尽早启动实质性工作。中方认为，工作组应在国际法，特别是现行国际空间法的指导下开展工作，就包括空间资源开发合法性在内的法律、政策和治理问题进行全面、实质的讨论。工作组成果应充分反映各项授权内容，并与现有国际空间法的基本原则保持一致。中方赞成工作组在资源允许的范围内，选择合适时机召开一次国际会议，就相关问题进行广泛、深入讨论。

谢谢主席女士。

# 中国代表团团长在亚非法协第六十届年会一般性辩论上的发言

主席先生(女士):

首先,我谨代表中国代表团对您当选亚非法协第六十届年会主席表示祝贺,相信在您的领导下,本届年会将取得圆满成功。我也愿借此机会,对皮尼普瓦多秘书长及秘书处过去一年来的工作表示赞赏,对印度政府为年会所作的周到安排表示感谢。

主席先生(女士),

当前世界变局加速演进,全球性挑战层出不穷。新冠疫情暴露全球卫生治理短板,贸易保护主义与金融霸权主义阻滞世界经济复苏进程。一些国家重拾冷战思维,挑动意识形态对抗,削弱了国际社会共同应对挑战的能力。面对变乱交织的国际局势,中国国家主席习近平提出全球发展倡议、全球安全倡议,为破解全球发展困局、弥补国际安全赤字贡献中国方案。

9月20日,在"全球发展倡议之友小组"部长级会议上,王毅国务委员兼外长全面介绍中方推动落实2030年可持续发展议程、落实全球发展倡议的七大方面举措,包括发布全球发展倡议项目库首批项目清单等。王毅国务委员指出,每一个国家都有发展的权利,每一个人都有发展的愿望。这正是全球发展倡议的朴素愿景,也是联合国倡导的努力目标。

与此同时,维护国际和平与安全,是联合国宪章的根本宗旨,也是国际法的核心课题。全球安全倡议秉持联合国宪章宗旨原则，坚持安全不可分割，坚持对话协商，呼吁各国走对话而不对抗、结伴而不结盟、共赢而非零和的新型安全之路，推动实现共同安全。中国将积极落实全球发展倡议和全球安全倡议，同亚非广大发展中国家站在一起，推动构建全球发展伙伴关系，推动构建人类命运共同体，共同建设持久和平、普遍安全、共同繁荣、开放包容、清洁美丽的世界。

主席先生(女士)，

中国政府一直高度重视亚非法协的作用，呼吁亚非国家携手并肩，推动国际法发展，更好参与和引领全球治理变革。关于亚非法协的工作，我愿提出以下建议：

第一，亚非法协要成为多边主义的坚定支持者。1955 年万隆会议上，亚非国家共同提出万隆十项原则，切实丰富了多边主义的内涵，为国际法发展做出不可磨灭的贡献。法协作为万隆会议结出的硕果，应当立足真正的多边主义，坚持相互尊重和对话协商，摒弃零和博弈和集团政治，旗帜鲜明反对单边主义、霸权主义，为多边主义和国际法发展注入更加持久的动力。

第二，亚非法协要成为国际法治的积极推动者。践行和维护国际法治，是亚非国家实现稳定、发展、繁荣的必由之路。亚非法协成员国应当秉持共商共建共享原则，共同维护以联合国为核心的国际体系、以国际法为基础的国际秩序，为当前动荡变革的国际局势注入更多稳定性和确定性。

第三，亚非法协要成为国际法规则制定的重要参与者。亚非法协是唯一横跨亚非的国际法合作平台，应进一步加强与世贸组织、世卫组织及联合国其他机构的沟通交流，推动成员国积极参与国际多边机构工作，提升发展中国家代表性和话语权。同时，当前新兴领域国际法规则制定进入活跃期，法协成员国应积极参加气候变化、公共卫生、经贸金融、极地、海洋、外空、网络等领域新的国际法规则制定，确保国际立法全面平衡反映各方立场，保障亚非发展中国家权益。

主席先生(女士),

下个月,中国共产党即将召开第二十次全国代表大会,为中国迈向发展新阶段制定行动纲领和大政方针,以中国的新发展给世界带来新机遇。中国一贯大力支持亚非法协各项工作,迄今已三次承办法协年会,去年设立的亚非法协香港区域仲裁中心已于今年5月顺利投入运营,我们也将在疫情允许的情况下,尽早恢复举办"中国—亚非法协国际法交流与研究项目",为亚非国家开展国际法交流合作提供平台。

最后,预祝亚非法协第六十届年会取得圆满成功!

谢谢大家!

# 中国代表在亚非法协第六十届年会“国际法委员会”相关议题下的发言

主席先生：

国际法委员会积极致力于国际法的编纂和逐渐发展，今年克服新冠疫情影响，继续以线上线下混合方式召开第七十三届会议，就一般国际法强制性规范等6个议题进行讨论。中方对全体委员及秘书处各位同事的辛勤工作表示赞赏。

主席先生，

借此机会，中方愿就几个具体议题和亚非地区同事分享看法：

关于“一般国际法强制性规范（强行法）”专题。委员会本届会议二读通过该专题结论草案，中方感谢南非籍特别报告员 Tladi 先生付出的努力。强行法是国际法上的重要问题，对相关规则的阐释必须以极其审慎、扎实的研究为基础。结论草案对强行法的性质、定义、识别方法及法律效力等进行论述，发展了本领域的国际法规则。中方注意到，从委员会和联大六委相关讨论看，草案部分内容始终存在争议，例如，第16条评注中提及的安理会决议同强行法冲突的情形，以及草案附录中列举的强行法说明性清单等。总的看，中方认为委员会在本专题上的工作方式及最终成果尚有改进空间。

关于“国家官员的外国刑事管辖豁免”专题。本专题是委员会迄今讨论时间最长且分歧最为明显的专题。中方注意到，委员会在本届会上继续审议了豁免例外的程序保障问题，然而这并不能弥补现有条款草案在实质问题上的根本缺陷。对于草案第7

条,中方和许多国家一样在联大六委表达了关切,认为各方对属事豁免例外等重要问题远未达成一致,条款草案 7 并非对习惯国际法的编纂,缺乏国家实践支撑。中方担心,草案第 7 条扩大了属事豁免的例外范围,容易导致针对外国领导人及政府官员的滥诉。而实践中,发展中国家往往是这种滥诉的受害者。中方希望委员会在二读期间对此认真研究,作出有普遍国家实践和法律确信支持的正确结论。

关于"一般法律原则"专题。中方支持委员会加强对一般法律原则的研究,认为这有利于增进对国际法的理解。本届会议上特别报告员提交的第三次报告内容总体较为平衡。对于其中的结论草案 5,即"确定世界主要法律体系共有的原则存在时,必须经过广泛且有代表性的比较分析",中方原则认同,认为有必要体现《国际法院规约》第 38 条第 1 款(寅)项要求,充分反映国际社会包括发展中国家普遍共识,建议委员会在结论草案评注中进一步强调,仅为少数国家或国家群体认可的法律原则,不属于这里所指的"共有的原则"。对于结论草案 7,即"对在国际法体系内形成的一般法律原则的识别",中方认为目前缺乏足够的理论和实践支撑此类一般法律原则的存在,不必纳入讨论。

主席先生,

中国一贯高度重视并积极支持国际法委员会的工作。今年是本届委员会工作的最后一年,明年起,将有 12 名来自亚非法协成员国的委员开始履职。相信这些委员的工作,将有助于在委员会充分反映亚非国家的国际法实践及关切。中方将一如既往地支持亚非法协与国际法委员会开展合作互动,期待双方共同维护以国际法为基础的国际秩序,将国际法治事业推向前进。

谢谢主席先生。

# 中国代表在亚非法协第六十届年会“环境与可持续发展”相关议题下的发言

主席先生：

今年是联合国环境与发展大会30周年。然而，国际社会面临新冠肺炎疫情跌宕反复、经济复苏乏力、气候变化、生态环境问题等多重挑战。在此背景下，我们深入讨论“环境与可持续发展”议题具有重要现实意义。

今年议题聚焦跨界空气污染。该问题与社会经济发展密切相关，已被纳入数个可持续发展目标。国际社会已在该领域制定多项法律文书和区域协调机制，包括《远程越界空气污染公约》、东盟《防止跨国界烟雾污染协议》、南亚《控制和预防空气污染马累宣言》、东北亚环境合作机制等，并有丰富的案例实践。近年来，联合国大会第六委员会、联合国国际法委员会等也将跨界损害问题作为重点讨论议题。

中方认为，跨界空气污染是区域性和全球性挑战，需要各方共同努力、协调推进。中方赞赏亚非法协将该问题纳入环境与可持续发展议题，欢迎各方就该问题交流经验和看法，建议各区域环境合作机制协同增效，鼓励亚非法协将发展中国家有关经验和案例汇编成册，供各方参考，互学互鉴。

主席先生，

中国秉持生态文明理念，坚定走绿色发展道路。中国政府把解决大气污染问题作为改善民生的优先领域,采取综合治理行动并取得显著成效。近年来,中国空气质量持续改善,雾霾、沙尘暴天气显著减少。

中方始终积极参与全球环境治理,认真履行《联合国气候变化框架公约》《保护臭氧层公约》《蒙特利尔议定书》《联合国防治荒漠化公约》等公约义务,为全球应对气候变化、保护臭氧层、防治荒漠化和缓解沙尘暴危害做出重要贡献。在双边及区域环境合作方面,中国积极参与"中韩晴天计划""中日韩大气政策对话会""东亚酸沉降监测网""东北亚清洁空气伙伴关系"等机制,与周边国家共同推动区域空气质量改善。此外,中国支持"非洲绿色长城"建设,开展中蒙荒漠化防治技术合作等国际合作,助力解决跨界沙尘暴问题。

中方愿秉承开放、务实、合作的态度,继续参与跨界空气污染治理国际合作与交流,与各国携手推动全球环境保护、实现可持续发展目标。

谢谢主席先生。

# 中国代表在亚非法协第六十届年会“以色列在巴勒斯坦和其他被占领土上违反国际法以及与巴勒斯坦问题相关的其他国际法问题”议题下的发言

主席先生：

今年以来，巴以之间再次爆发冲突，造成包括儿童在内的大量平民伤亡，令人痛心。在地区国家的劝和促谈下，冲突双方已达成停火协议，中方对此表示欢迎，对各方的斡旋努力表示赞赏。当前，巴以双方实现停火，但局势仍然十分脆弱，我们敦促各方保持克制，遵守联合国决议，切实履行国际人道法义务，避免再度激化矛盾，维护巴以局势稳定。

主席先生，

中方在巴勒斯坦问题上的立场是明确的、一贯的。我们始终坚定支持巴勒斯坦人民争取恢复民族合法权利的正义事业，支持建立以 1967 年边界为基础、以东耶路撒冷为首都、拥有完全主权的、独立的巴勒斯坦国，从根本上实现巴勒斯坦和以色列的和平共存，实现中东地区的持久和平。

中方始终为解决巴勒斯坦问题发挥建设性作用。今年 8 月，作为安理会轮值主席，中国倡议并主持召开联合国安理会巴以冲突问题紧急公开会，为推动局势缓和降温，和平解决巴以问题发挥了积极作用。中方将继续同国际社会一道,为巴勒斯坦问题的全面公正解决作出不懈努力。

谢谢主席先生。

# 中国代表在亚非法协第六十届年会“难民处境及待遇”议题下的发言

主席先生：

当前全球难民形势依然严峻，亚非国家接收了大部分的难民。中国高度赞赏亚非法协在应对难民问题方面所做努力和贡献，欢迎亚非法协成员国继续就“难民处境及待遇”议题展开讨论，就如何减少难民数量、更好实现难民保护共商对策。

中国高度重视并积极致力于解决难民问题。作为安理会常任理事国，中国积极参与热点问题解决，致力于通过对话协商和政治手段和平解决争端，消除产生大规模难民的根源。中国坚定支持多边主义，认真履行《关于难民地位的公约》及其议定书规定的国际义务，支持联合国大会通过《难民问题全球契约》。中国并通过双多边渠道，积极为有关国家应对难民危机提供多批援助。中方愿同各方加强合作协调，为全球难民保护事业贡献力量。

主席先生，

保护难民是国际社会的共同责任。中方主张，为更好实现难民保护：一要坚持多边主义，尊重国家主权，发挥联合国难民署等多边机构在解决难民问题上主渠道作用，切实落实好《难民问题全球契约》。二要坚持综合施策，既要加大人道援助，缓解难民困境，又要消除地区冲突等产生难民的重要根源。三要坚持通过发展解决难民问题。难民来源国、过境国和目的地国应加强团结，在尊重各国国情和法律制度的基础上,根据自身能力承担各自责任。国际社会应加大对发展中国家援助,推动难民来源国实现长治久安和发展繁荣。

值得注意的是,当前一些违法、犯罪分子为逃避本国法律的制裁,逃往外国申请难民地位,一些非法移民也希望通过难民身份获得庇护。中方认为,应该将他们与真正需要帮助和保护的难民区分开,避免国际难民保护机制被滥用和政治化。

谢谢主席先生。